HANS-JOACHIM HOFFMANN

Die Abstufung der Fahrlässigkeit in der Rechtsgeschichte

NEUE KÖLNER RECHTSWISSENSCHAFTLICHE ABHANDLUNGEN

HERAUSGEGEBEN VON

DER RECHTSWISSENSCHAFTLICHEN FAKULTÄT

DER UNIVERSITÄT ZU KÖLN

HEFT 54

Berlin 1968

WALTER DE GRUYTER & CO.

vormals G. J. Göschen'sche Verlagshandlung · J. Guttentag, Verlagsbuchhandlung
Georg Reimer · Karl J. Trübner · Veit & Comp.

Die Abstufung der Fahrlässigkeit in der Rechtsgeschichte

Unter besonderer Berücksichtigung der culpa levissima

Von

Hans-Joachim Hoffmann

Berlin 1968

WALTER DE GRUYTER & CO.

vormals G. J. Göschen'sche Verlagshandlung · J. Guttentag, Verlagsbuchhandlung
Georg Reimer · Karl J. Trübner · Veit & Comp.

Archiv-Nr. 27 08 68 0

Satz und Druck: Saladruck, Berlin 36

INHALTSVERZEICHNIS

ABKÜRZUNGSVERZEICHNIS

A	Auflage
A. (a.) A.	A(a)nderer Auffassung
a. a. O.	am angegebenen Ort
ABGB	Allgemeines Bürgerliches Gesetzbuch (Österreich) vom 1. 6. 1811
Abt.	Abteilung
AcP	Archiv für die civilistische Praxis
ADHGB	Allgemeines Deutsches Handelsgesetzbuch vom 5. 6. 1869
a. E.	am Ende
a. F.	alter Fassung
Afric	Africanus
AG	Arbeitgeber
AKB	Versicherungsbedingungen für die Kraftfahrversicherung vom 31. 7. 1940
Alex	Alexander
Alf Var	Alfenus Varus
ALR	Allgemeines Landrecht für die Preußischen Staaten vom 1. 6. 1794
AN	Arbeitnehmer
Anm.	Anmerkung
Ant	Antoninus
AP	Arbeitsrechtliche Praxis. Nachschlagewerk des Bundesarbeitsgerichts, herausgegeben von Hueck-Nipperdey-Dietz
art., Art.	article, Artikel
AtG	Atomgesetz vom 23. 12. 1959
B	Basiliken
BAG	Bundesarbeitsgericht
BB	Der Betriebsberater
BBG	Bundesbeamtengesetz in der Fassung vom 22. 11. 1965
Betrieb	Der Betrieb
BGB	Bürgerliches Gesetzbuch vom 18. 8. 1896
BGH	Bundesgerichtshof
BGHSt	Entscheidungssammlung des Bundesgerichtshofs in Strafsachen
BGHZ	Entscheidungen des Bundesgerichtshofs in Zivilsachen
BIDR	Bulletino dell'istituto di diritto romano

BRRG	Beamtenrechtsrahmengesetz in der Fassung vom 22. 11. 1965
BT-Drucks.	Bundestagsdrucksache
C	Codex
C.	caput
cap.	caput
Callistr	Callistratus
cc	code civil vom 21. 3. 1804
cci	codice civile italiano (vom 25. 6. 1865 oder vom 16. 3. 1942)
Coll	Collatio
cons.	consilia
const.	constitutio
CMBC	Codex Maximialianeus Bavaricus Civilis von 1759
CTher	Codex Theresianus
D	Digesten
D.	Definitio
DAR	Deutsches Autorecht
Dd.	Doctores
D. H.	Dalloz, recueil hebdomadaire
Diocl et Maxim	Diocletianus et Maximianus
Diss.	Dissertation
D. J.	Dalloz, jurisprudence
DJT	Verhandlungen des Deutschen Juristentages
DJZ	Deutsche Juristenzeitung
D. P.	Dalloz, recueil périodique et critique
D. P. chr.	Dalloz, recueil périodique et critique, chronique
DRdA	Das Recht der Arbeit
E I	Erster Entwurf zum BGB
E II	Zweiter Entwurf zum BGB
EheG	Ehegesetz vom 20. 2. 1946
E Horten	Entwurf Hortens
EinfV	Einführungs-Verordnung
E Martini	Entwurf Martinis
f.	für oder folgend
ff.	folgende
Festg.	Festgabe(n)
Festschr.	Festschrift
GA	Goltdammers Archiv für Strafrecht und Strafprozeß
Gai	Gaius
Gai inst	Gai institutiones
Gaz. Pal.	Gazette du Palais
GbrmG	Gebrauchsmustergesetz in der Fassung vom 9. 5. 1961
GG	Grundgesetz für die Bundesrepublik Deutschland vom 23. 5. 1949
gl	glossa
Gnomon	Gnomon, Kritische Zeitschrift für die gesamte klassische Altertumswissenschaft
Gord	Gordianus

GrünhZ	Zeitschrift für das Privat- und öffentliche Recht, herausgegeben von Grünhut
GS	Gerichtssaal, Zeitschrift für Zivil- und Militär-Strafrecht und Strafprozeßrecht sowie die ergänzenden Disziplinen
HansRZ	Hanseatische Rechtszeitschrift
HJahrb.	Heidelbergische Jahrbücher der Literatur
h. t.	hoc titulo (zu diesem Titel — des Corpus Iuris)
I	Institutionen
Iav	Iavolenus
Iulian	Iulianus
IURA	IURA. Rivista internazionale di diritto romano e antico
Iustin	Iustinianus
J. C. P.	Jurisclasseur périodique (Semaine juridique)
JCtus	Jureconsultus
JenAllgLitZ	Jenaer Allgemeine Literaturzeitung
JherJ	Jherings Jahrbücher für die Dogmatik des bürgerlichen Rechts
JurBl.	Juristische Blätter
JUS	Jus. Rivista di scienza giuridiche
JuS	Juristische Schulung
JZ	Juristenzeitung
KF	Karlsruher Forum, Beiheft zur VR
l.	linke
l., L. oder L	Lex
LM	Lindenmaier-Möhring, Nachschlagewerk des Bundesgerichtshofs
LuftVG	Luftverkehrsgesetz vom 21. 8. 1936
LZ	Leipziger Zeitschrift für Deutsches Recht
Marcian	Marcianus
MDR	Monatsschrift für Deutsches Recht
Modestin	Modestinus
N	Novellae
n	Randnummer (in Werken vor 1900)
n. = no	
n. F.	neue Fassung
no (s)	numéro(s)
OLG	Oberlandesgericht
OR	Obligationenrecht (Schweiz) vom 20. 3. 1911/18. 12. 1936
P	Pars
p.	page oder pagina
PatG	Patentgesetz in der Fassung vom 9. 5. 1961
Paul	Paulus
Phil	Philippus
Pomp	Pomponius
pr	principium
PraxVersR	Praxis des Versicherungsrechts, Beilage zur Öffentlich-rechtlichen Versicherung

PS	Pauli Sententiae
r	rechts
r.	rechte
RdA	Recht der Arbeit
RdK	Das Recht des Kraftfahrers
Recht	Das Recht, Rundschau für den deutschen Juristenstand
RG	Reichsgericht
RGSt	Entscheidungen des Reichsgerichts in Strafsachen
RGZ	Entscheidungen des Reichsgerichts in Zivilsachen
RHG	Reichshaftpflichtgesetz vom 7. 6. 1871
RIDA	Revue Internationale des Droits de l'Antiquité, 3. Série
Riv. dir. civ.	Rivista di diritto civile
Rubr.	Rubrice
S	Recueil Sirey
S.	Seite
s.	siehe
sächsBGB	Bürgerliches Gesetzbuch für das Königreich Sachsen vom 1. 3. 1865
SDHI	Studia et documenta historiae et iuris
Sev et Ant	Severus et Antoninus
SHG	Gesetz über die Haftpflicht der Eisenbahnen und Straßenbahnen für Sachschäden vom 29. 4. 1940
Sp.	Spalte
sv	sub voce
SZ	Zeitschrift der Savigny-Stiftung für Rechtsgeschichte, Romanistische Abteilung
th.	thesis
Tit.	Titulum
TR	Tijdschrift voor Rechtsgeschiedenis
u. a.	und andere oder unter anderem
Ulp	Ulpianus
u. ö.	und öfter
Urt.	Urteil
VA	Verkehrsrechtliche Abhandlungen und Entscheidungen
Val Theod et Arc	Valentianus Theodosius et Arcadius
VEnergR	Veröffentlichungen des Institutes für Energierecht an der Universität Bonn
V(v)gl.	Vergleiche
VR	Versicherungsrecht. Juristische Rundschau für die Individualversicherung
VVG	Gesetz über den Versicherungsvertrag vom 30. 5. 1908
WHG	Gesetz zur Ordnung des Wasserhaushaltes (Wasserhaushaltsgesetz) vom 27. 7. 1957
X	Liber Extra — liber decretalium extra Decretum vagantium
z. B.	zum Beispiel

ZHR	Zeitschrift für das gesamte Handelsrecht und Konkursrecht
ZStW	Zeitschrift für die gesamte Strafrechtswissenschaft

LITERATURVERZEICHNIS

Zum römisch-byzantischen Recht

Quellen

Basilica Leos des Weisen, herausgegeben von Heimbach, 1833—70; mit Ergänzungen von Zachariae von Lingenthal, 1846; Ferrini und Mercati, 1897.

Corpus Iuris Civilis, herausgegeben von Mommsen-Krüger-Kunkel, 17. A., Berlin 1953.

Fontes Iuris Romani Antejustiniani, Pars Prima — Leges, herausgegeben von Salvator Riccobono, Florentiae 1941; Pars Altera — Auctores, herausgegeben von Baviera-Furlani, Florentiae 1964; Pars Tertia — Negotia, herausgegeben von Vincentius Arangio-Ruiz, Florentiae 1943.

Palingenesia Iuris Civilis von Otto Lenel, Graz 1960.

Sekundärliteratur

Arangio-Ruiz, Vincentius	Responsabilità contrattuale in diritto romano, 2. A., Napoli 1933, Neudruck Napoli 1958.
Berger, Adolf	Encycolpedic dictionary of roman law, Philadelphia 1953.
Betti, Emilio	*Istituzioni* di diritto Romano *II 1,* Padova 1962.
Buckland, W. W.	Diligens Paterfamilias, *Studi* in Onore di Pietro *Bonfante II* (Milano 1930) 85 ff.
Buckland-Stein	A Textbook of Roman law, 3. A., Cambridge 1963.
Cannata, Carlo Augusto	Ricerche sulla responsabilità contrattuale nel diritto romano I, Milano 1966.
Carcaterra, Antonio	Intorno ai bonae fidei iudicia, pubblicazioni della facultà giuridica dell'università di Bari 12, Napoli 1964.
Casavola, Franco	*Dolo,* diritto romano, Novissimo Digesto Italiano, 3. A., Torino 1965.
Cian, Giorgio	„Lata culpa dolo aequiparatur", *Riv. dir. civ. 63.1.* 148 ff.
Coing, Helmut	Zum Einfluß der Philosophie des Aristoteles auf die Entwicklung des römischen Rechts, *SZ 69 (1952)* 24 ff.
Crifò, Giuliano	*illecito,* diritto romano, Novissimo Digesto Italiano, 3. A., Torino 1962.
Giffard-Villers	Droit Romain et ancien droit français, obligations, Paris 1958.
Gordon, William	The liability of the Mandatary, *Synteleia Vincenzo Arangio-Ruiz,* Biblioteca di Labeo II 1 (Napoli 1964) 202 ff.

Heumann-Seckel	Handlexikon zu den Quellen des römischen Rechts, 10. A., Graz 1958.
Huvélin, Paul	Etudes d'histoire du droit commercial romain, Paris 1929.
Jörs-Kunkel	Römisches Privatrecht, 3. A., Berlin 1949.
Kaser, Max	Das Römische Privatrecht, 2 Bände, München 1955—59.
—	Infamia und ignomia in den römischen Rechtsquellen, *SZ 73 (1956)* 220 ff.
—	Periculum locatoris, *SZ 74 (1957)* 155 ff.
—	Typisierter „Dolus" im altrömischen Recht, *BIDR 65 (1962)* 79 ff.
—	Rezension von Alan Watson, mandate, *TR 30 (1962)* 262 ff.
Kniep, Ferdinand	Gai Institutionum, Text mit Erläuterungen und Anhängen, 3 Bände, Jena 1911—17.
Krückmann, Paul	Custodia, *SZ 64 (1944)* 1 ff.
Krüger-Kaser	Fraus, *SZ 63 (1943)* 117 ff.
Kübler, Bernhard	Das Utilitätsprinzip als Grund der Abstuftung bei der Vertragshaftung im klassischen römischen Recht, *Festg.* f. Otto von *Gierke II* (Breslau 1910) 235 ff.
—	Die Konträrklagen und das Utilitätsprinzip, *SZ 38 (1918)* 73 ff.
Kunkel, Wolfgang	Diligentia, *SZ 45 (1925)* 266 ff.
Lenel, Otto	Culpa lata und culpa levis, *SZ 38 (1918)* 263 ff.
Lepointe-Monier	Les obligations en droit romain et dans l'ancien droit français, Paris 1954.
Lusignani, Luigi	Studi sulla responsabilità per custodia secondo il diritto Romano II, Parme 1903.
Luzzatto, Giuseppe Ignazio	Spunti critici in tema di responsabilità contrattuale, *BIDR 63 (1960)* 47 ff.
—	Rezension von D. Nörr, Fahrlässigkeit im byzantinischen Vertragsrecht, *BIDR 64 (1961)* 368 ff.
Marton, Geza	Un essai de reconstruction du développement probable au système classique de la responsabilité civile, *RIDA 3* (1949) 177 ff.
—	Rinascità della dottrina della responsabilità per custodia, *IURA 7 (1956)* 124 ff.
—	Versuch eines einheitlichen Systems der zivilrechtlichen Haftung, *AcP 162 (1963)* 1 ff.
Mayer-Maly, Theo	Höhere Gewalt, Falltypen und Begriffsbildung, *Festschrift* für Artur *Steinwenter* (Graz-Köln 1958) 58 ff.
—	Die Wiederkehr der culpa levissima, *AcP 163 (1964)* 114 ff.
—	Bemerkungen zum Aufbau der Digestentitel, *Synteleia Arangio-Ruiz*, Biblioteca di Labeo II 2 (Napoli 1964) 878 ff.
Medicus, Dieter	Rezension von Alan Watson, mandate, *Gnomon 35 (1963)* 200 ff.

Niederländer, Hubert	Rezension von Alan Watson, mandate, *SZ 79 (1962)* 449 ff.
Nörr, Dietrich	Die Entwicklung des Utilitätsgedankens im römischen Haftungsrecht, *SZ 73 (1956)* 68 ff.
—	Die *Fahrlässigkeit* im byzantinischen Vertragsrecht, München 1960.
Ourliac-Malafosse	Droit Romain et Ancien Droit, Les Obligations, Paris 1957.
Paris, Jean	La responsabilité de la custodia en droit romain, Paris 1926.
Pastori, Frango	Il commodato nel diritto romano, Milano 1954.
Robertis, Francesco M. de	Spunti di responsabilità obbiettiva nel diritto postclassico, *Studi* in onore di Pietro de *Francisci IV* (Milano 1956) 407 ff.
—	Exactissima diligentia, *SDHI 23 (1957)* 119 ff.
—	La *responsabilità del tutore* nel diritto romano, Bari 1960.
—	Culpa et diligentia nella compilazione giustinianea, *Studi* in onore di Emilio *Betti II* (Milano 1962) 349 ff.
Rosenthal, Joachim	Custodia und Aktivlegitimation zur Actio furti, *SZ 68 (1951)* 217 ff.
Sachers, Erich	Die Haftung des auftraglosen Geschäftsführers, *SDHI 4 (1938)* 309 ff.
Sargenti, Manlio	Problema della responsabilità contrattuale, *SDHI* 20 (1954) 127 ff.
Schulz, Fritz	Classical Roman Law, Oxford 1951.
Seidl, Erwin	Römisches Privatrecht, Berlin 1963.
Selb, Walter	Das Problem des relativen „dolus“, *Synteleia Arangio-Ruiz* Biblioteca di Labeo II 2 (Napoli 1964) 1173 ff.
Sertorio, Luigi	La „Culpa in Concreto“ nel diritto romano e nel diritto odierno, Torino 1914.
Siber, Heinrich	Römisches Privatrecht, Berlin 1928.
Solazzi, Siro	Tutore e periculum culpae, *SDHI 4 (1938)* 135 ff.
—	Rezension von Pastori, commodato, *IURA 6 (1955)* 258 ff.
Stein, Peter	Pauli Libri tres manualium, *RIDA 7 (1960)* 479 ff.
Thomas, Joseph A. C.	Custodia and Horrea, *RIDA 6 (1959)* 371 ff.
Oven, J. C. van	Actio de recepto et actio locati, *TR 24 (1956)* 137 ff.
Watson, Alan	Contract of mandate in roman law, Oxford 1961.
Wenger, Leopold	Die Quellen des römischen Rechts, Österreichische Akademie der Wissenschaften, Denkschrift der Gesamtakademie, Band 2, Wien 1953.
Wieacker, Franz	Haftungsformen des römischen Gesellschaftsrechts, *SZ 54 (1934)* 35 ff.
Wolff, Hans Julius	Zur Geschichte der diligentia quam suis, *IURA 6 (1955)* 152 ff.

Glossatoren

Accursius	Corpus Iuris Civilis Justinianeum cum commentariis Accursii, scholiis Contii et Dion. Gothofredi, 6 Bände, Lugduni 1618.
Azo	Aurea Summa Codicis (ohne Ort und Jahr — Bibliothèque Nationale, Réserve F. 538).
—	ad singulas leges *XII* librorum Codicis Just. commentarius, Parisiis 1577.
Blanasco, Ioann. de	in Tit. de actionibus in Instit. Commentaria, in: de actionibus Tractatus, ed. Bergierius, Ioan. I (Lugduni 1596) fol. 222 ff.
—	Blanasque, Jean de, *Ordo judiciarius* famatissimi et consumatissimi, Lugduni 1515.
Brachylogus	Iuris Civilis sive Corpus Legum, ed. Senckenberg, Francofurti et Lipsiae 1743; ed. Bartol. Grav., Lovani 1551.
Bulgarus	ad Digestorum titulum de diversis regulis iuris antiqui commentarius et Placenti ad eum additiones sive exceptiones, ed. Beckhaus, Bonnae 1856.
Distinctiones antiquissimorum glossatorum in:	Scripta Anecdota Glossatorum, Band 1, besorgt von Scialoia-Palmerio, Bononiae 1913.
Durantis, Guilleaume	speculum iuris, Francofurti 1592.
Exceptiones Petri	Exceptiones Legum Romanorum, Anhang I zu Savigny, Geschichte des Römischen Rechts im Mittelalter II (Heidelberg 1816) 295 ff.
Incerti Auctoris Ordo Judiciarius	ed. Gross, Innsbruck 1870.
Irnerius	*Quaestiones* de iuris subtilitatibus, ed. Fitting, Berlin 1894.
—	Summa Codicis, ed. Fitting, Berlin 1894 (bei beiden Werken wird heute die Autorenschaft des Irnerius bestritten).
—	Wernerii Summa *I*nstitutionum cum glossis Martini, Bulgarii, Alberici Aliorumve, Scripta Anecdota Glossatorum, Band 1, besorgt von Scialoia-Palmerio, in additionibus, Bononiae 1913.
Liber iuris florentinus	ed. Conrat (Das florentinische Rechtsbuch), Berlin 1882.
Lo Codi	in der lateinischen Übersetzung des Ricardus Pisanus, ed. Fitting, Halle 1906.
Odof(f)redus	Commentaria super digesto veteri (ohne Ort und Jahr — Stadtbibliothek Trier).
—	in secundam Digesti Veteris partem Praelectiones, Lugduni 1552.
—	in primam Codicis partem Praelectiones (quae Lecturae appellantur), Lugduni 1552.
Orto, Anselm de	Juris Civilis Instrumentum, Scripta Anecdota Glossatorum, Band 2, besorgt von Scialoia, Bononiae 1913.

Placentinus	Commentaria in quattuor libros Institutionum, Moguntiae 1537.
—	Summa Codicis, Moguntiae 1536, Neuauflage Torino 1962.
—	*Summa „Cum essem Mantue"* sive de accionum varietatibus, ed. Pescatore, Greifswald 1897.
Rogerius	Summa Codicis, Scripta Anecdota Glossatorum, Band 1, besorgt von Scialoia-Palmerio, Bononiae 1913.
Summa Trecensis	Summa Codicis des Irnerius.
Vacarius	Liber Pauperum, ed. Zulueta, London 1927.
	Kommentatoren und Kanonisten
Albericus de Rosate	In secundam ff. novi (veteris) partem commentarii, Venetiis 1585.
—	de regulis iuris, Lugduni 1543.
Alexander de Imola (Tartagnus)	Commentaria in Corpus Iuris Civilis, Lugduni 1552 oder Venetiis 1576.
—	Consilia, Lugduni 1535.
Angelus Aretinus	opus super quattuor libris Institutionum, Lugduni 1523.
Angelus Carletus de Clavisio	Summa Angelica, ohne Ort, 1529.
Angelus de Ubaldis	Commentaria super Digesto vetero et novo, Lugduni 1534.
Anglebermeus, *Pyrrhus*	Elegans Interpretatio L. Contractus de regulis iuris ff. ubi tota paene contractuum causa agitur, Aureliae 1518
Baldus de Ubaldis	Commentaria in Corpus Iuris Civilis, Augustae Taurinorum 1576 oder Lugduni 1585.
Bartholomaeus Socinus	Commentaria super Digesto veteri et Infortiato et Digesto novo, Venetiis 1523.
—	*Regulae* cum suis ampliationibus et fallentiis, Lugduni 1522.
Bartolus de Sassoferrato	Commentaria in Corpus Iuris Civilis, Augustae Taurinorum 1574/75 oder Venetiis 1602.
Bellapertica, Petrus a (Pierre de Belleperche)	Lectura aurea super librum Institutiones, Parisiis 1513.
—	Commentaria in Digestum novum, Francofurti 1571.
Bernhard von Parma	in: Decretales D. Gregorii Papae IX, cum glossis, Lugduni 1584.
Bernhard von Pavia	Summa Decretalium, ed. E. A. T. Laspeyres, 1860, Neudruck Graz 1956.
Butrigarius, Jacobus de	in primam et secundam Veteris Digesti partem Commentaria, Romae 1606.
Cumanus, Raphaelis	Commentationes in Pandectarum partiis primam (quam Infortiatum) et (quam Digestum novum), Lugduni 1544.
Cuneo, Guilhelmus de Cungno	super Codice Lectura, Lugduni 1513.

Cy(i)nus	In Codicem et aliquot titulos primi Pandectarum Tomi commentaria, Francofurti 1578, Neudruck Torino 1964.
—	Super Codice et Digesto veteri lectura, Lugduni 1547.
Decius, Philippus	In titulum FF. de regulis iuris, Lugduni 1591 oder Coloniae Agrippinae 1598.
Dynus	de regulis iuris, Mercuriali 1543.
—	Rubrice totius iuris canonici et civilis, Parisius 1512.
Faber, Joannis (Jean Faure)	In Institutiones iuris civilis commentarii, Lugduni 1593.
Fulgosius, Raphaelis	Commentariorum in Codicem, Lugduni 1547.
Gofredus de Trano	Summa perutilis d. Gofredi super titu. Decreta., Venetiis 1502.
Hostiensis	Summa aurea, Lugduni 1588.
Igneus, Joannis (Jean Feu)	Repetitio Legis Contractus ff. de RI, Lugduni 1519.
—	in titulum de sillaniano et claudiano SCta quarum testamenta aperiantur libro Dig. 21, Lugduni 1539.
Jacobus	Aurea practica libellorum, Coloniae Agrippinae 1575.
Jason de Mayno	Commentaria in Digestum vetus, Infortiatum, Digestum novum et Codicem, Venetiis 1589/90.
Johannes Andreae	Novella super Decretales, Venetiis 1489.
Johannes de Imola	commentaria super Decretalibus, ohne Ort, 1525.
Oldradus de Ponte	Consilia seu Responsa et Quaestiones Aureae, Francofurti 1576.
Panormitanus	Commentaria super Decretalibus, Lugduni 1547.
Paulus de Castro	Commentaria in Digestum vetus, Infortiatum, Digestum novum et Codicem, Augustae Taurinorum 1576 oder Venetiis 1593.
Portius, Christopherus	super tres priores Institutionum libros commentaria, Basilia 1547.
Ravanis, Jacobus de	Petri de Bella Perthica Lectura insignis super Prima parte Codicis cum Additionibus, Parrhisiis 1519.
Salicetus	In XII Codicis libros, Venetiis 1574; in Digestum vetus commentaria, ohne Ort, 1533.

Wichtigste Sekundärliteratur zur Lehre der Glossatoren und Kommentatoren

Beschütz, Max	Die Fahrlässigkeit innerhalb der geschichtlichen Entwicklung der Schuldlehre, Strafrechtliche Abhandlungen, Heft 76, Breslau 1907.
Dilcher, Hermann	Die Theorie der Leistungsstörungen bei Glossatoren, Kommentatoren und Kanonisten, Frankfurter Wissenschaftliche Beiträge, Rechts- und Wirtschaftswissenschaftliche Reihe, Band 19, Frankfurt 1960.
Engelmann, Waldemar	Die Schuldlehre der Postglossatoren und ihre Fortentwicklung, Leipzig 1895.

Grossmann, Hans	Die Grenze von Vorsatz und Fahrlässigkeit. Ein neuer Beitrag zu einer alten Frage, Hamburgische Schriften zur gesamten Strafrechtswissenschaft, Heft 6, Hamburg 1924.
Maffei, Domenico	Caso fortuito e responsabilità nell'età dei glossatori, Milano 1957.
Leonhard, Franz	Fahrlässigkeit und Unfähigkeit, Festgaben für Enneccerus (Marburg 1913), 2. Abhandlung.

Juristischer Humanismus

Quellen

Advenas, Petro à	Regularum utriusque iuris, Lugduni 1557 oder Venetiis 1567.
Alciatus, Andreas	de verborum significatione libri quattuor, Francofurti 1532.
—	*Cons*ilia seu Responsa juridica, Basiliae 1582.
Aldobrandinus, Sylvester	Institutiones, Lugduni 1554.
Althusius, Ioannis	Iurisprudentia Romana, 2. A., Herbornae 1587.
Bargalius, Celsus	Tractatus de dolo et culpa, Norimbergae 1700.
Baro, Eguinar	Opera Omnia, 3 Bände, Lutetiae 1562.
Benincasius, Benincasa	ad titulum de actionibus in Inst. interpretatio, Florentinae 1561.
Bocer, Henricus	Commentarius in celebrem L. Contractus 23 D. de reg. iur. quibus . . ., Spirae 1587.
Borcholten, Ioannis	Commentaria in quattuor libros Inst., Genevae 1653.
Bronchorst, Everardus	in titulum Digestorum de diversis regulis iuris Enarrationes, Francofurti 1607 oder Lugduni Batavorum 1641.
Burgius, Petrus,	Electorum, in: Thesaurus Juris Romani Ottonis, 2. A., I (Trajecti ad Rhenum 1733) 304 ff.
Burgundius, Nicolas	Commentarius de periculis et culpis in contractibus, 2. A., Coloniae Agrippinae 1662.
Caballino, Gaspare (= Carolus Molinaeus = Charles Dumoulin)	Tractatus dividi et *individi,* Venetiis 1576.
Cagnolus, Hieronymus	Commentatio in titulum Digestorum de regulis iuris, Coloniae Agrippinae 1585.
Calvinus (Kahl), Ioannis	Lexicon Juridicum, 3. A., Hanoviae 1619.
—	Ad Tit. de Diversis Regulis Iuris, Francofurti 1612.
Campanus, Hugo	ad utilissimam L. Contractus ff. de regulis iuris, Lutetiae P. 1574.
Cinus	
Charonda, Ludovicus	Verisimilium libri duo, in: Thesaurus Juris Romani Ottonis, 2. A., I (Trajecti ad Rhenum 1733) 782 ff.
Connanus, Franciscus	Commentariorum iuris civilis libri X, Napoli 1724.
Contius, Antonius	ad L. Contractus de diversis regulis iuris antiqui dictatae praelectiones, Biturigibus 1574.
Corrasius, Ioannis	Miscellaneorum Iuris Civilis libri septem, Coloniae Agrippinae 1598.
Costa, Baptista	Tractatuum Tomi duo, Venetiis 1630 oder 1681.

Cuiacius, I.	Opera Omnia, Napoli 1722.
Curtius, Jacobus	Variorum Iuris Civilis Quaestionum libri tres, Antverpiae 1590.
Damhouderius, Jodocus	Opera Omnia, Antverpiae 1646.
Decianus, Tiberius	Tractatus criminalis, Venetiis 1590.
Delrio (del Rio) Martinus Antonius	Exercitatio ad L. Contractus de regulis iuris, in: Ex miscellaneorum scriptoribus ... interpretatio allecta, Parisiis 1580.
Donellus, Hugo	Commentarii de iure civili, XXVIII libri, Francofurti 1596 oder Florentinae 1840 (cum notis Oswaldi Hilligeri) (alleinstehende römische Zahlen beziehen sich auf liber 16, caput 7).
Duarenus, Franciscus	Opera Omnia, Lugduni 1584.
Dyemenus, Guilielmus	ad regulas iuris Romanorum antiqui notae, ed. Arn. Dyemenus, Lugduni Batavorum 1616.
Faber, Antonius	Rationalia in tertiam partem Pandectarum, Coloniae Allobrogum 1624.
Faber, Petrus	ad titulum de diversis regulis iuris antiqui commentarius, Parisiis 1585 oder Lugduni 1602.
Ferrarius Montanus, Ioannis	ad titulum Pandectarum de regulis iuris integer commentarius, Lugduni 1537.
Fornerius	Commentarius ad titulum Digestorum de Verborum Significatione, Aurelianis 1584.
Francus, Hieronymus (Duacamus)	in regulas iuris, Basilia (ohne Jahr — epistola nuncupatoria von 1558).
Giphanius, Hubertus	Commentarii in titulum Digestorum de regulis iuris, Francofurti 1606.
Goddaeus, Johan	Commentarius in titulum XVI libri L Pandectarum, 7. A., Herborniae 1642.
Gothofredus, Dionysius	Opuscula iuris varia, darunter Epitome I, Parisiis 1586.
Gothofredus, Jacobus	commentarius in titulum Pandectarum de diversis regulis iuris antiqui, Genevae 1653.
Gregorius Tholosanus, Petrus	Syntagma Iuris Universi Legumque pene omnium gentium et rerum publicarum praecipuarum, Genevae 1623.
Gudelinus, Petrus Paulus	Commentariorum de iure novissimo libri sex, Arnhenii 1643.
Hilligerus, Oswaldus	Enucleatus sive commentarii Hugonis Donelli de iure civili in Compendium ita redacti, Jenae 1617.
—	Anmerkungen in der Florentiner Ausgabe der commentarii de iure civili von Donellus zu liber 16, caput 7.
Hopperus, Ioachimus	ad Iustinianum de obligationibus libri Quinque, Lovanii 1553.
Hotomanus, Francus	Novus Commentarius de *V*erbis *I*uris, Venetiis 1569.
Lagus, Conradus	Methodica iuris utriusque tractatio, Lugduni 1562.
Latrus, Hector Capycius	Selectiorum consultationum iuris, Genevae 1664.

Lopez Maderae, Gregorius	*Animadv*ersionum Juris civilis liber singularis, in: Thesaurus Juris Romani Ottonis III (Basiliae 1744) 421 ff.
Lopez, Ludovico	Tractatus de Contractibus et Negotionibus, 2 Bände, Lugduni 1594.
Loriotus, Petrus	Commentaria ad secundam FF. veteris partem, Lugduni 1556.
Magirus, Davidus	Praelectiones ad postremas duos Digestorum titulos, de Verborum significatione et de regulis iuris, curante Henricus Frederus, Tubingae 1628.
Matthaeus, Antonius	Collegium Institutionum Juris sive Controversiae, Antonomiae et Difficultates Librorum quattuor Institutionum Juris pleraeque omnes, Herbornae Nassoviorum 1604.
Matthaeus, Philippus	Commentarius in regulas juris civilis, Marpurgi 1615.
Maranta, Robertus	Aurea praxis — tractatus de ordine iudiciorum, Coloniae Agrippinae 1586.
Medices, Sebastian	Tractatus Illustrium, Venetiis 1584.
Meier, Justus	Collegium Argentoratense, Argentorati 1607 oder 1657.
Molina, Ludovicus	Disputationes in contractibus, Venetiis 1601.
Molinaeus, Carolus	Extricatio labyrinthi *de eo* quod interest, Lugduni 1555.
—	Tractatus de eo quod interest, Venetiis 1574.
Molinaeus-Wesenbeck	Commentarius in Codicem, Hanoviae 1604 (liber 4 ist allein von Wesenbeck kommentiert).
Mozza, Petrus Nicolaius	Tractatus de contractibus, Venetiis 1585.
Mynsingerius, Joachimus	Apotelesma, Genevae 1633.
Neldelius, Johannis	Commentarius in Titulum Digestorum de Regulis Iuris Antiqui, Francofurti 1614.
Norimberger, Joann Apellus	Dialogus in quattuor libros Institutionum, Lovanii 1551.
Oldendorp, Joh.	Actionum forensium progymnasmata, Coloniae Agrippinae 1544 oder Lugduni 1566.
Raevardus, Jac.	Commentarius ad titulum Pandectarum de diversis regulis iuris antiqui, Antverpiae 1568.
Ramus, Ioannis	commentariorum in omnes regulas juris, tam civilis, quam canonici libri duo, ed. Ioannis Forsterus, Francofurti 1606.
Rebuffus, Petrus	in titulum Digestorum de verborum et rerum significatione commentaria, Lugduni 1568.
Regius, Gilbertus	E'NANT IOPHANON iuris civilis libri duo, Antverpiae 1564.
Rittershusius, Conradus	Commentarius novus in 4 libros Institutionum, Argentorati 1618.

—	Commentarius novus, pulcherrimus, in celeberrimam legem 23 Contractus D. de diversis regulis iuris antiqui, Argentorati 1616.
Rysvichius, Henricus	Paratitla et Notae Breves in Tit. de Diversis Regulis Iuris Antiqui, Coloniae Agrippinae 1572.
Sande, Joannis à	Ad Titulum Digestorum de Divers. Reg. Iur. ant. Commentarius, ed. Wissenbachius, Leovardiae 1647 oder ed. Bernh. Schotanus, 2. A., Lugduni Bat. 1652.
Schneidewin, Johannes	in 4 Institutionum libros, 9. A. Argentorati, Francofurti 1677.
Soar, Emanuel	Observationum Juris liber, in: Novus Thesaurus Juris Civilis, ed. Meermann, Band 5, Hagae-Comitum 1751.
Spiegel, Cl. V. D. Jac.	Iuris Civilis Lexicon, Argentorati 1538.
Sturcius, Christopherus	In titulum Pandectarum de diversis regulis iuris commentarius, cura Henricus Hahnius, Helmstadii 1658.
Treutlerus, Hieronymus	Selectorum disputationum ad ius civile Justinianeum, 2 Bände, Marpurgi 1596 oder 5. A., Marpurgi 1606.
Vulteius, Hermann	Disceptationum iuris scholasticorum, Marpurgi 1618.
Wegner, Henning	Commentarius in titulum Pandectarum de verborum et rerum significatione, 2. A., Gothae 1655.
Wesenbecius (Wesenbeck), Matthaeus	In Pandectas iuris civilis et Codicis libros commentarii, Coloniae Agrippinae 1630.
—	Commentarius in Institutionum libros 4, Witenbergae 1609.
Wesenbecius (Wesenbeck), Petrus	Commentarius in Titulum Digestorum de Regulis Juris, ed. Joannis Flitnerus, Francofurti 1625.
Zasius, Ulrich	Opera Omnia, 6 Bände, Lugduni 1550 (IV 1 ff.: singularum responsarum liber duo; IV 32 ff.: caput secundum: culpam non dividi per species, ut habet communis Doctorum opinio — darauf beziehen sich die zitierten Randnummern).

Keine Sekundärliteratur; nur wenige Autoren gehen am Rande auf die hier erörterten Fragen ein; siehe Verzeichnis zur Pandektistik des 19. Jahrhunderts und zum heutigen Zivilrecht

Usus Modernus Pandectarum und Naturrecht des 17. und 18. Jahrhunderts

Avezan, Joannis d'	liber Contractuum, Lutetiae 1659.
Bachovius, Reinhardus	Notae et animadversiones ad disputationes Hieronymi Treutleri, 4. A., Coloniae Agrippinae 1688.
Bauriedel, Johann Albrecht	Theoretisch-praktischer Commentar über die Pandekten nach Anleitung des Hellfeldischen Lehrbuchs, Bayreuth 1789.
Beckmann, Nicolas	Reformata doctrina, Norimbergae 1681.
Beierus, Adrianus — Pühel, Ioan. Leonhardus A.	Dissertatio juridica de culpa imputativa, Jenae 1666.
Berger, Io. Henricus	Oeconomia Iuris ad Usum Hodiernum accomodati, 2. A., Lipsiae 1719.

Biccius, Georgius	Aurea Juris Civilis, Argentorati 1683.
Blumberg, Paulus — Struve, Adam (praeses)	Disputatio inauguralis de dolo et culpa a procuratore praestanda, Jenae, ohne Jahr.
Böhmer, Justus Henning	Introductio in ius digestorum, Halae 1704.
Bois, Nicolas du	Explicatio regularum utriusque iuris, Lovanii 1653.
Braun (ohne Vornamen)	Abhandlung über die Einteilung der Schuld, Erlangersche Gelehrte Anzeigen 1751, Nr. 13, 97 ff.
Brissonius, Barnabas	de Verborum Significatione seu dictionarium iuridicum, Halae Magdeburgicae 1746.
Bruckner, Wilhelm Hieronymus — Grobe, Elias Christoph	de culpa quae concretive talis dicitur et in omni contractu venit praestanda, Jenae 1693.
Brunnemann, Johannis	Commentarius in L libros Pandecatarum, Coloniae Allobrogum 1762.
—	Memoriale praecipuarum Legum Codicis, 4. A., Francofurti ad Oderam 1700.
Busius, Paulus	Commentarius in Universas Pandectas Domini Justiniani, cum differentiis consuetudinem communium, Daventriae 1656.
Bynkershoek, Cornelius van	Observationum Juris Romani, 2 Bände, Lugduni Batavorum 1710.
Carpzov, Benedict	Definitiones forenses Saxonicas Constitutiones electorales — Jurisprudentia forensis Romano-Saxonica, ed. A. Mylius, Lipsiae et Francofurti 1694.
Cellarius, Caspar	Disputatio inauguralis de negligentia, Altdorphi 1672.
Chesius, Bartholomaeus	Interpretationes iuris (Liber 1, Caput 45), in: Jurisprudentia Romana et Attica, ed. J. G. Heineccius, II (Lugduni Batavorum 1739) 226 ff.
Coccejus, Henricus	Tractatus de doli, culpae et negligentiae praestationes in quolibet negotio, Heidelbergae 1672.
—	*Coll*ationes Juridicae, Heidelbergae 1677.
Coccejus, Samuelis de	Introductio ad Grotium illustratum — Dissertationes prooemiales XII, Halae 1748.
Cramer, Johann Ulrich von	Academische Reden über die Gemeine Bürgerliche Rechtslehre, Ulm, Frankfurt, Leipzig 1766.
Domat, Jean	Les Loix Civiles dans leur ordre naturel, 2 Bände, Luxembourg 1702.
Edenus, Borchardus	Tractatus juris de damnorum culpa casuve factorum, itemque infectorum praestatione, Argentorati 1646.
Eichelius, Joannis	Commentarius in Tit. ff. de diversis Regulis Iuris antiqui, Helmstadii 1684.
Engelbrecht, Georgius — Heine, Abrahamus	Exercitatio juridica de culpa, Helmstadii 1683.
Eckolten, Amadeus — Benigk, Gothofredus	de culpa, Lipsiae 1663.
Falckner, Johannes Christopherus	discursus juridicus de dolo, culpa et casu quatenus in contractibus praestentur, Jenae 1737.

Fries, Jakob	Philosophische Rechtslehre und Kritik aller positiven Gesetzgebung, Jena 1803, Neuauflage Leipzig 1914.
Glafey, Adam Friedrich	Vernunft und Völkerrecht, Frankfurt und Leipzig 1723.
Glück, Chr. Fr.	Ausführliche Erläuterung der Pandekten nach Hellfeld, Band 4, Erlangen 1796.
Hackeman(n), Io. Gottl. — Olthoff, Adolphus Fridericus	culpa methodo demonstrativa pertractata, Halae Salicae 1741.
Hahn, Henricus	Observata theoretico practica ad M. Wesenbecii in L Libros D. commentarios, Coloniae Agrippinae 1675.
— Struven, Georg Adam	Dissertatio de damnis praecipue vero de illis, quae ex dolo culpa aut casu proveniunt horumque correctionibus et praestationibus, Helmstadi 1642 (gedruckt 1656).
Heineccius, Joh. Gottlieb	Elementa iuris civilis secundum ordinem Institutionum, Frankfurt 1748.
Hellfeld, Jo. August	Jurisprudentia forensis, 2. A., Jenae 1792.
Hermann, Johann Hieronymus	Teutsches Systema Juris Civilis, Jenae 1762.
Hilligerus, Oswaldus	siehe Literaturverzeichnis zum jurist. Hum.
Hofacker, Karl Christoph	Principia Juris Civilis Rom.-Germ., Tubingae 1800.
Höpfner, Ludwig Julius Friederich	Theoretisch practischer Commentar über die Heineccischen Institutionen, Francofurti 1803.
Hoppe, Joachimus	Commentatio succinta ad Institutiones, Francofurti 1728.
Huberus, Ulricus	Praelectionum iuris civilis . . ., Maceratae 1838.
Kant, Immanuel	Metaphysik der Sitten, Hamburg 1959.
Klein, Johannes	Annotationes ad . . . Schöpffer . . ., Lipsiae 1706.
Klengelius, Christianus — Erschelius, Christianus	Dissertatio juridica de negligentia, Wittebergae 1662.
Koehler, Henricus	Exercitationes juris naturalis, Frankfurt 1737.
Krausius, Georgius Fridericus — Koenigsdoerffer, Augustus Fridericus	Dissertatio iuridica de actione de recepto casum fortuitum non persequente ad explicat. L. 3 §. 1 D. Naut. Caup. Stab., Vitembergae 1750.
Kressius, Io. Paul.	specimen iurisprudentiae privatae sive civilis, 2. A., Lipsiae et Helmstadii 1726.
Kubach, Quirinus	Centuriae tres Quaestionum Illustrium Politico-Juridicarum, Jenae 1615.
Lauterbach, Wolfgang Adam	Collegium theoretico-practicum ad Pandectas, 3 Bände, Tubingae 1743—45.
Lebrun (le Brun), M.	Essai sur la prestation des fautes . . ., Paris 1764, rezensiert von *Blondeau,* H., *Thémis* ou Bibliothèque du Jurisconsulte *II* (Bruxelles *1824)* 313 ff.; *Hasse,* Anhang III (504 ff.) zur 2. A., Die Culpa . . .
Leibniz, G. W.	Textes inédits, ed. Grua, Gaston, Paris 1948.

Leyser, Augustinus à	Meditationes ad Pandectas, Halae 1772—75.
Liebhaberus, Ericus Daniel	Exercitatio prior ad lib. 4 Tit. 9 Digest. Nautae, Caupones, Stabularii ut recepta restituant, Hanoverae 1747.
Locamerus, Georg David	Disputatio de *culpa,* Argentorati 1627.
—	Quaestiones Justinian., Argentorati 1659.
Locherus, Conradus	Dissertatio juridica de doli, culpae et casus praestatione in contractibus, Basileae 1664.
Ludovicus, Jac. Frider.	Doctrina Pandectarum, Halae 1734.
Ludwel, Wilhelm	Commentarius de diversis regulis iuris antiqui, Altdorphi Noricorum 1663.
Lynckerus, Nic. Christopher	Analecta ex discursis Academicis, Jenae 1691.
Meier, Justus	Tractatus de *culpa* in contractibus praestanda, ed. Frid. Schragius, Argentorati 1696 (Der Tractatus de culpa, ein Spätwerk von J. Meier, ist im Usus Modernus berücksichtigt worden, zumal er in dieser Ausgabe von Schragius inhaltlich verbessert wurde. Das Collegium Argentoratense ist noch eindeutig dem 16. Jahrhundert verhaftet.).
Menckerius, Lüder	Systema, Lipsiae 1754.
Mevius, David	Decisiones, 2 Bände, Francofurti 1740.
Mögling, Joh. David — Golther, Johann Jacobus	Tractatio juridica de culpa levissima, Tubingae 1692.
Nisetus, Guilielmus	dissertatio inauguralis de culpa ejusque natura in contractibus, Argentorati 1675.
Noodtius, Gerardus	Opera Omnia (I 1 ff.: *Prob*abilium Juris Civilis libri IV; I 297 ff.: *Obs*ervationum libri II; II 1 ff.: Commentarium in D. Justiniani Libros XXVII).
Otto, Everardus	Dissertatio de praestatione cas. (nur sekundär zitiert).
Patachich de Zajesda, Joannes Comes	Tractatus de dolo, culpa et casu, Wien 1749.
Peilicke, Johannes	Tractatio Synoptica de nautis, cauponibus et stabulariis, Tubingae 1676.
Poll, Lucas vande — Cary, Wilhelm Ferdinandus	Disputatio juridica inauguralis de praestatione doli, culpae et casus, Trajecti ad Rhenum 1706.
Pothier, R. J.	*Traité d. Contrat de Société,* nouvelle édition, mise en rapport avec le code civil par M. Hutteau, Paris 1807.
—	Pandectae Justinianae, 4. A., Parisiis 1821.
—	Les traités du droit français, Brüssel, Amsterdam 1829.
Promtuarium Juris Novum	2. A., besorgt von Ernestus Justus Müller, Lipsiae 1793.

Prousteau, Guillelmus	recitationes ad L. 23 de R I, in: Novus Thesaurus Juris Civilis, e. Meermann III (Hagae-Comitum 1752) 483 ff.
Pufendorf, Samuelis	de *jure na*turae *et gen*tium libri octo, Londini Scanorum 1672.
—	Tractatus de *culpa,* Lemgow 1741.
Rebbanus, Ioann. (Rebhahn)	*Hode*geta Juris, Argentorati 1656.
Reiffenstuel, Analectus	Theologia moralis, 7. A., Mutinae 1747.
Reiger, Johann Friederich	Theatrum Juridicum, Nürnberg 1724.
Rennemann, Henning	Jurisprudentia Rom.-Germanica, 4 Bände, Erfurt 1651—58 (Teil 2 des 1. Bandes, disputatio 21: Fide Bona et Mala: deque diligentia et custodia: Hinc de dolo, neglegentia et culpa, in negotio juridico spectanda).
Robertus, Ioh.	receptae juris civilis lectionis liboi duo, Aureliae 1567 (jur. Humanismus).
Roys, Francisco Xav.	Ethica et Jus naturae in usum, 3. A., Vindobonae 1765.
Runge, Didericus	Dissertatio inauguralis legate fundamentum, culpae in abstracto et concreto (ut dicitur) per interpretationem L. 32 Dig. Depositi erutum, sistens, Gottingae 1751.
Schacher, Quirinus — Artzat, Adam Caspar ab	Theses juridicae de culpa, Lipsiae 1655.
Schierschmid, Io. Iustinus — Mirus, Carolus Godofredus	dissertatione tertia imputationem culpae circa emptionem venditionem, Lipsiae 1735.
Schilter, Joh.	Praxis iuris Romani in foro Germanico, Francofurti 1733.
Schröterus, Ernestus Fridericus — Behrisch, Hieronymus Gottfried	dissertatio juridica de diligentia, Jenae 1669.
Schultingius, Antonius	Notae ad titulos Digestorum de Verborum significatione et Regulis Iuris, edidit, atque animadversiones suas adjecit Nicolaus Smallenberg, Lugduni Batavorum 1799.
Stephanus, Matthias	Ad extremum Pandectarum titulum qui est de diversis regulis iuris antiqui Notae, Rostochi 1628.
Strauchius, Johannes	Dissertationes ad ius Justinianeum, Jenae 1718.
Strube, David Georg	Rechtliche Bedenken, ed. E. Sp., Hannover 1827.
Struvius, Georg Adam	Syntagma Jurisprudentia, 3 Bände, Francofurti et Lipsiae 1738.
—	Evolutiones controversiarum in syntagmate Juris Civilis, Jenae 1675 *(ex., th.).*
—	*De*cisiones *Sabbath*inae Saxonicae, Jenae 1677.

Stryckius, Samuelis	Specimen usus modernis Pandectarum, 3 Bände, 5. A., Halae Magdeburgiae 1728.
Tabor, Joh. Otto	jurisprudentiae partitiones elementariae, Argentorati 1660.
Faßnacht, Johannes M.	Dissertatio juridica de culpa, Argentorati 1653.
Thesaurus	locorum communium, herausgegeben von Barbosa-Tabor-Stryckius, Lipsiae 1697.
Thomasius, Christian	*Fundamenta* juris naturae et gentium, 4. A., Hallae 1718, Neudruck Aalen 1963.
— Wilhelm, Fridericus	Dissertatio de usu practico . . ., Halae 1705.
— Arend, Gajus Matthias	Larva legis Aquiliae detracta actioni de damno dato receptae in foris Germ., Halae 1703.
Titius, Gottl. Gerh.	Jus privatum R. Germ., Lipsiae 1709 oder 2. A., ibid. 1724.
Tuldenus, Diodorus	in IV libros Institutionum juris civilis commentarius, 3. A., Lovani 1702.
Vinnius, Arnoldus	Commentarius in IV libros Institutionum, 3. A., Amsterdam 1659.
Voet, Johannis	Commentarius ad Pandectas, Coloniae Allobrogum 1778.
Waechtlerus, Christfried — Nergerus	ad Ulpiani L. V par. II Commod. et L. XXIII d. R. J. sive de gradibus culpae in contractibus commentatio inauguralis, Wittenbergae 1680.
Wagner, Io. Georg	de arbitrio iudicis circa quaestiones de praestatione culpae in concreto, Halae 1730.
Walrab, Sebastian	Dissertatio inauguralis de praestationibus in contractibus, Marpurgi Cattorum 1657.
Wehrn, Christianus Guilielmus	doctrina juris explicatrix principiorum et causarum damni habita doli mali, culpae, morae, eiusque quod interest ratione, praestandi, Lipsiae 1795.
Wernher, Iohannis Balthasar	Elementa Juris Naturae et Gentium, Vitembergae 1705.
—	*Sel*ectae *Obs*ervationes forenses, 3 Bände, Jenae 1756.
Wildvogelius, Christ. — Böhmer, Justus Henningus	Dissertatio juridica de imputatione culpae propriae, Jenae 1695.
Wincop, Joannis Matthias — Bellmont, Philippus Franciscus à	dissertatio jur. de culpa, Erfordiae 1705.
Wissenbachius, Johannis Jacobus	in Libros VII priores Codicis Just. repetitae praelectiones, Franequerae 1701.
Wolff, Christian	Philosophia practica universalis Methodo scientifica pertractata, Francofurti et Lipsiae 1738.
Woltär, Johann Christian	Grundsätze der Rechtsgelehrsamkeit für diejenigen, welche nicht Juristen sind, Halle 1785.
Würfel, Ludovicus Augustus	Jurisprudentia civilis definitiva, Francofurti 1749.
Zoesius, Henricus	Commentarius ad Digestorum seu Pandectarum juris civilis libros L, Coloniae Agrippinae 1745.

Zollerus, Frid. Gottlieb — Kees, Jacobus Fridericus	Disputatio iuridica de eo, quod iustum est circa praestationem culpae, Lipsiae 1773.

Außer einer Dissertation von *Ranjard*, La responsabilité civile dans Domat, Paris 1943, gibt es keine nennenswerte Sekundärliteratur.

Die Kodifikationen des 18. und 19. Jahrhunderts

Codex Maximilianeus Bavaricus Civilis

Kreittmayr, Wiguläus Xaverius Aloysius Frhr. v.	Anmerkungen über den CMBC, 5 Bände, München 1844.

Codex Theresianus und seine Umarbeitungen

Der Codex Theresianus und seine Umarbeitungen, herausgegeben und mit Anmerkungen versehen von Philipp Harras Ritter von Harrasowsky, 5 Bände (Band 1—3: CTher; Band 4: E Horten; Band 5: E Martini), Wien 1883—86.

Allgemeines Landrecht für die Preußischen Staaten

Allgemeines Landrecht für die Preußischen Staaten, mit Erläuterungen, herausgegeben von Rehbein-Reinicke, Berlin 1880—81.

Bornemann, W.	Von Rechtsgeschäften überhaupt und von Verträgen, insbesondere nach preußischem Recht, 2. A., Berlin 1833.
—	Systematische *Darstellung* des Preußischen Zivilrechts, 2. A., Berlin 1845.
Dernburg, Heinrich	Lehrbuch des Preußischen Privatrechts, 2 Bände, Halle 1875.
Hiersemenzel	siehe Literaturverzeichnis zur Pandektistik des 19. Jhs.
Koch, E. F.	Das Recht der Forderungen nach Preußischem Recht, Glogau 1836.

Code Civil

Boileux, J.-M.	Commentaire sur le Code Napoléon, 6. A., Paris 1856.
Crome, Carl	Allgemeiner Teil der modernen französischen Privatrechtswissenschaft, Mannheim 1892.
Demolombe, C.	Cours de Code Napoléon, Traité des contrats ou des obligations conventionnelles en général, Band 24, Paris (ohne Jahr).
Duranton, M.	Cours de droit français suivant le code civil, Band 10, Paris 1830.
Esmein, Paul	in: Traité pratique de droit civil français, par Marcel Planiol, Georges Ripert, Band 6 (obligations, première partie), 2. A., Paris 1952.
Hutteau fils	Neuausgabe von: Pothier, Traité du Contrat de Société, mise en rapport avec le code civil, Paris 1807.
Lalou, Henri	La gamme des fautes, D. H. chr. 1940, 17 ff.
Laurent, F.	Principes de droit civil, Band 16, Brüssel—Paris 1887.

Locré, J. G.	Législation civile, commerciale et criminelle ou commentaire et complément des codes français, Band 6, Bruxelles 1836.
Mazeaud-Tunc	Traité théorique et pratique de la responsabilité civile délictuelle et contractuelle, 3 Bände, 5. A., Paris 1957.
Meyer, Anneliese	Die Gleichstellung von Vorsatz und grober Fahrlässigkeit im französischen und deutschen Vertragsrecht (Diss.), Köln 1965.
Toullier, C. B. M.	Le droit civil français suivant l'ordre du Code, Band 3, Bruxelles 1847.
Zachariae von Lingenthal-Crome	Handbuch des französischen Zivilrechts, Band 2, 8. A., Freiburg 1894.

Allgemeines Bürgerliches Gesetzbuch (Österreich)

Haemmerle, Hermann	Handelsrecht, 2 Bände, Graz—Wien—Köln 1959.
Just, Hermann	Die Schadenshaftung des Arbeitnehmers gegenüber dem Arbeitgeber, *JurBl. 61,* 505 ff.
Krainz-Pfaff	System des österreichischen Privatrechts, Band 1, 5. A., bearbeitet von A. Ehrenzweig, Wien 1913; Band 2, 4. A., besorgt von A. Ehrenzweig, Wien 1907.
Mayer-Maly, Theo	Die Wiederkehr der culpa levissima, *AcP 163 (1964)* 114 ff.
Ofner, Julius	Der Urentwurf und die Beratungs*protokolle* des österreichischen ABGB, 2 Bände, Wien 1889.
Randa, Anton Ritter von	Die Schadensersatzpflicht nach österreichischem Recht, 3. A., Wien 1913.
Swoboda, Ernst	Das Allgemeine Bürgerliche Gesetzbuch im Lichte der Lehren Kants, Graz 1926.
Unger, Joseph	System des österreichischen allgemeinen Privatrechts, Band 2, Leipzig 1859.
Wahle, Karl	Grobe Fahrlässigkeit, *JurBl. 61,* 497 ff.
Zeiller, Franz Edlen von	Commentar über das allgemeine bürgerliche Gesetzbuch für die gesamten Deutschen Erbländer der Oesterreichischen Monarchie, 4 Bände, Wien—Triest 1813.

Bürgerliches Gesetzbuch für das Königreich Sachsen

Danz, H. A. A.	Die Wirkung der Codificationsformen auf das materielle Recht, Leipzig 1861.
Schaumburg, Joh. Gottfr.	Einleitung zum sächsischen Recht, Band 3, Leipzig und Dresden 1781.
Schmidt, Bernhard Gottlob	Vorlesungen über sächsisches Privatrecht, Leipzig 1869.
Siebenhaar, Eduard	Lehrbuch des sächsischen Privatrechts, Leipzig 1872.

Codice Civile Italiano (von 1865 und 1942)

Chironi, P.	La colpa nel diritto civile odierno, colpa contrattuale, Torino 1884.

Cian, Giorgio — „Lata colpa dolo aequiparatur", Riv. dir. civ. 1963.1. 148 ff.

Cupis, Adriano de — Commentario del codice civile, libro quarto, delle obbligazioni, Art 1992—2059 (Art 2043 ff.), Roma 1958.

Forchielli, Paolo — La colpa lievissima, Riv. dir. civ. 1963.1. 179 ff. (zitiert nach selbständig paginiertem Sonderdruck).

Maiorca, Carlo — colpa civile, teoria generale, enciclopedia del diritto VII (Varese 1960) 534 ff.

Majello, Ugo — Custodia e deposito, pubblicazioni della facoltà giuridica dell'università di Napoli 32, Napoli 1958.

Rodotà, Stefano — Il problema della responsabilità civile, Studi di diritto civile, Università di Roma, Facoltà di Giurisprudenza 1, Milano 1964.

— *diligenza, diritto civile,* enciclopedia del diritto XII (Varese 1964) 539 ff.

Ruggiero, Roberto de — Istituzioni di diritto civile, 7. A., 3. Bände, Messina-Milano 1934/35.

Pandektistik des 19. Jahrhunderts

Arndts R. von Arnsberg, L. — Lehrbuch der Pandekten, 10. A., besorgt von L. Pfaff und F. Hofmann, Stuttgart 1879.

Bar, Ludwig von — Die Lehre vom Kausalzusammenhange im Rechte, besonders im Strafrechte, Leipzig 1871.

Baron, J. — Diligentia exactissima, diligentissimus paterfamilias oder die Haftung für Custodia, *AcP 52 (1869)* 44 ff.

— Die Haftung bis zur höheren Gewalt, *AcP 78 (1892)* 203 ff.

Berding, Ernst — Gesetzliche Haftung für technische Custodia (Diss.), Halle 1898.

Berner, Alb. Fr. — Lehrbuch des deutschen Strafrechts, Leipzig 1857.

Bethmann-Hollweg, August — Über die Classification der Contracte in Beziehung auf Culpa, Anhang IV zu Hasse, Die Culpa.

Binding, Karl — Die Normen und ihre Übertretung, Band 2, Leipzig 1877.

Böcking, Eduard — Römisches Privatrecht, Institutionen des römischen Civilrechts, 2. A., Bonn 1862.

Braun, J. R. — Erörterungen über die bestrittensten Materien des Römischen Rechts in Zusätzen zu Thibauts Pandectensystem, 7. A., Stuttgart 1831.

Brinz, Alois — Lehrbuch der Pandekten, Band 1, 1. A., Erlangen 1857; Band 2, 2. A., Erlangen 1879; Band 3, 2. A., Erlangen 1886.

Bruckner, Fr. X. — Die Custodia, München 1889.

Chironi, P. — la colpa nel diritto civile odierno, colpa contrattuale, Torino 1884.

Croissant, F. — Eigenes Verschulden und Handlungsfähigkeit, Straßburg 1893.

Dresch, Leonardus — Programma de indole et gradibus culpae, Mannhemii 1808.

Elvers, Christian. Frid. — Doctrinae juris civilis romani de culpa prima lineamenta, Gottingae 1822.

Engelmann, Th. — Die custodiae praestatio nach römischem Recht, Nördlingen 1887.

Exner, Adolf — Der Begriff der höheren Gewalt (vis maior), im römischen und heutigen Verkehrsrecht, GrünhZ 10 (1883) 497 ff.

Feuerbach, Paul Jh. Ans. von — Lehrbuch des peinlichen Rechts, 1. A., Gießen 1801; 14. A., Gießen 1847.

— Betrachtungen über dolus und culpa, insbesondere den dolus directus, *Bibliothek für peinliche Rechtswissenschaft und Gesetzkunde II (1800)* 193 ff.

Fischer, H. A. — Vis major im Zusammenhang mit der Unmöglichkeit der Leistung, *JherJ 37 (1897)* 199 ff.

Gensler, I. C. — *Exercitationes* iuris civilis ad doctrinam de culpa, Jenae 1813; rezensiert von Löhr HJahrb. 8 (1815) 289 ff. (Heft 19).

— *Beitrag* zu der Lehre von der diligentia und culpa, Heidelberg 1819.

— Erklärung des § 3 Inst. de emptione venditione 3, 24, *AcP 1 (1820)* 416 ff.; Nachtrag a. a. O. 476 ff.

Gerth, G. — Der Begriff der vis maior im römischen und Reichsrecht, Berlin 1890.

Goldschmidt, L. — Das receptum nautarum, cauponum, stabulariorum, *ZHR 3 (1860)* 58 ff., 331 ff.

— Über die Verantwortlichkeit des Schuldners für seine Gehülfen, *ZHR 16 (1871)* 287 ff.

Gries, J. C. — Dissertatio inauguralis de generibus et gradibus culpae, Gottingae 1805; rezensiert von P — r, JenAllgLitZ vom 3., 4. und 5. 2. 1807, S. 217 ff.

Hänel, Friederich — Versuch einer kurzen und faßlichen Lehre vom Schadensersatze, nach heutigem Römischen Recht, Leipzig 1823.

Hasse, J. Chr. — Die Culpa des römischen Rechts, 1. A., Kiel 1815; 2. A., besorgt von Bethmann-Hollweg, Bonn 1838, Rezension der 1. A. von A. F. T. Thibaut, HJahrb. 8 (1815) 945 ff. (Heft 60).

Hesse, Chr. A. — Zur Lehre von dolus und culpa, *AcP 61 (1878)* 203 ff.

Heimberger, A. — Reines Römisches Privatrecht, Wien 1835 (zitiert nach der versione italiana, Venezia 1839).

Hepp, F. C. Th. — Die Zurechnung auf dem Gebiete des Zivilrechts, Tübingen 1838.

Heyßler, Moriz — Das Civilunrecht und seine Formen, Wien 1870.

Hiersemenzel, C. C. E. — Vergleichende Übersicht des heutigen Römischen und Preußischen gemeinen Privatrechts I, Berlin 1852.

Hollander, H. von — Vis maior als Schranke der Haftung nach römischem Recht, Jena 1892.

Hugo, Ritter von	Lehrbuch des Naturrechts, 4. A., Berlin 1819.
Jhering, Rudolf von	Der *Geist* des römischen Rechts auf den verschiedenen Stufen seiner Entwicklung, 4 Bände, 2. A., Leipzig 1866.
—	Das *Schuldmoment* im Römischen Privatrecht, Giessen 1867.
Kaufmann, Johann Baptist Maria	Von Obligationen und Verträgen nach den Grundsätzen des römischen Rechts, Wien 1820.
Löhr, Egid von	Die Theorie der culpa (I), Gießen 1806; rezensiert von P — r, JenAllgLitZ vom 3., 4. und 5. 2. 1807, S. 217 ff.
—	Beiträge zu der Theorie der Culpa (II), Gießen und Darmstadt 1808.
Molitor, J. P.	Les obligations en droit romain avec l'indication des rapports entre la législation romaine et le droit français, 3 Bände, Gand 1851—53.
Mommsen, Friederich Frieder.	Beiträge zum Obligationenrecht III (Die Lehre von der Mora nebst Beiträgen zur Lehre von der Culpa), Braunschweig 1855.
Mühlenbruch, Christ. Frieder.	Lehrbuch des Pandectenrechts, nach der Doctrina Pandectarum deutsch bearbeitet, 3 Bände, 4. A., besorgt von O. C. Madai, Halle 1844.
Pernice, Alfred	Marcus A. Labeo, Das Römische Privatrecht im ersten Jahrhundert der Kaiserzeit, Band 2, 1. A., Halle 1878 (nur der 1. Teil dieses Bandes erschien 1900 in 2. A.).
Puchelt, Ernst	Commentar zum ADHGB, 1. A., Leipzig 1874.
Puchta, F. G.	*Vorlesungen* über das heutige römische Recht, 2 Bände, 3. A., Leipzig 1852.
—	*Pandekten*, nach seinem Tode fortgeführt von Th. Schirmer, Leipzig 1877.
Regelsberger, Ferdinand	Pandekten, Leipzig 1893.
Roßhirt, E. F.	Zwei Bemerkungen zu der Lehre von der culpa, *Zeitschrift für Civil- und Criminalrecht 2 (1834)* 49 ff.
Rümelin, Max	Der Zufall im Recht, Freiburg und Leipzig 1896.
Sander, Eugen	Ein Beitrag zu der Lehre von der diligentia quam suis, Berlin 1898.
Schaaf, F. W.	Abhandlungen aus dem Pandektenrecht, Band 1, Heidelberg 1857.
Schoeman, Franz	Handbuch des Zivilrechts, 2 Bände, Gießen und Wetzlar 1806; rezensiert von P — r, JenAllgLitZ vom 3., 4. und 5. 2. 1807, S. 217 ff.
Schweppe, Albrecht	Das Römische Privatrecht, 3. A., Altona 1822.
Seuffert, Johann Adam	Erörterungen einzelner Lehren des Römischen Privatrechts zum Gebrauche seiner Pandekten-Vorlesungen nach Albrecht Schweppes Leitfaden, 2. Abt., Würzburg 1820/21.
Staub, Hermann	Kommentar zum ADHGB, 1. A., 1891—93.

Stintzing, Wolfgang	Über vis maior im Zusammenhang mit periculum und Haftung, *AcP 81 (1893)* 427 ff.
Stobbe, Otto	Zur Geschichte des deutschen Vertragsrechts, Leipzig 1855.
Stucki, Hans	Über den Begriff der höheren Gewalt, Bern 1890.
Thibaut, Anton Friederich Justus	System des Pandektenrechts, 2 Bände, 7. A., Jenae 1827.
Trendelenburg, Adolf	Naturrecht auf dem Grunde der Ethik, 2. A., Leipzig 1868.
Unterholzner, K. A. D.	Quellenmäßige Zusammenstellung der Lehre des römischen Rechts von den Schuldverhältnissen mit Berücksichtigung der heutigen Anwendung, ed. Ph. E. Huschke, 2 Bände, Leipzig 1840.
Vangerow, Karl Adolf	Lehrbuch der Pandekten, 3 Bände, 7. A., Marburg und Leipzig 1863—69.
Virozsil, Antonio	Jus naturae privatum, Pesthini 1833.
Wening Ingenheim, J. N.	Die Lehre vom Schadensersatze nach Römischem Rechte, Heidelberg 1841.
Windscheid-Kipp	Lehrbuch des Pandektenrechts, 3 Bände, 9. A. (Band 2 nur nach der 8. A. — Frankfurt 1900 — zitiert), Frankfurt 1906.
Wyss, Friederich von	Die Haftung für fremde culpa nach römischem Recht, Zürich 1867.

Zum deutschen (germanischen) Recht

Sachsenspiegel (Landrecht)	ed. von Schwerin-Thieme, Reclam-Heft 3355 f., Stuttgart 1959.
Kaufmann, Ekkehard	Die Erfolgshaftung, Frankfurter Wissenschaftliche Beiträge, Rechts- und Wirtschaftswissenschaftliche Reihe, Band 16, Frankfurt 1958.
Planitz, Hans	Deutsche Rechtsgeschichte, Graz 1950.
Schroeder-v. Künßberg	Lehrbuch der deutschen Rechtsgeschichte, 7. A., Berlin und Leipzig 1932.
Stobbe, Otto	Zur Geschichte des deutschen Vertragsrechts, Leipzig 1855.

Sekundärliteratur, soweit nicht im folgenden aufgeführt

Luchsinger, Johann Rudolf	Das Verschuldensprinzip in der Lehre von der Schadensersatzpflicht im römischen Rechte, Leipzig 1909.
Luzzatto, Giuseppe Ignazio	Spunti critici in tema di responsabilità contrattuale, *BIDR 63 (1960)* 47 ff.
Mayer-Maly, Theo	Johann Maria Baptist Kaufmann, *Festheft Schönbauer*, Napoli 1965, 23 ff.

Schrifttum zum BGB und Nebengesetzen

Bar, Ludwig von	Gesetz und Schuld im Strafrecht, Band 2, Berlin 1907

Beitzke, Günter	Anmerkung zum Urteil des BGH vom 25. 3. 58 (6. S.), *MDR 58*, 503, *MDR 58*, 678 f.
Blomeyer, Arwed	Nochmals: Zur Frage der Anwendung des § 1359 BGB bei Kraftfahrzeugunfällen, *MDR 64*, 21.
Böhmer, Emil	Höhere Gewalt und unabwendbares Ereignis, *RdK 54*, 19.
—	Verschuldenshaftung oder Verursachungshaftung?, *MDR 58*, 288 ff.
—	Zur Haftungsbeschränkung bei Gemeinschaften, *NJW 59*, 1713 f.
—	Milderung der Kraftfahrerhaftung auf Grund von § 708 BGB?, *VR 60*, 104 ff.
—	Zur Frage der Sorgfalt in eigenen Angelegenheiten im Sinne des § 277, *VR 61*, 393 f.
—	Ist die Halterhaftung nach § 7 StVG eine reine Gefährdungshaftung?, *VR 61*, 965 f.
—	Zur Frage der Anwendung des § 1359 bei Kraftfahrzeugunfällen, *MDR 63*, 885 ff.
—	Definition des Begriffs der Gefälligkeitsfahrt, *VR 64*, 807 f.
Bolla-Kotek, Sibylle	Gedanken zum Schadensrecht in der modernen Industriegesellschaft, *Festschrift für* Walter *Wilburg*, Graz 1965, 31 ff.
Brodmann, Erich	Über die Haftung für Fahrlässigkeit, insbesondere über die Haftung des Schiffers, *AcP 99 (1906)*, 327 ff.
Bruck-Möller	Kommentar zum Versicherungsvertragsgesetz, Band 1, 8. A., Berlin 1961.
Brunner, Karl	Die Haftung nach Bürgerlichem Recht und die höhere Gewalt (Diss.), Bonn 1904.
Caemmerer, Ernst von	Die absoluten Rechte in § 823 I BGB, *KF 61*, 19 ff.
Clauss, Karl	Zur Bedeutung des § 7 StVG, *NJW 62*, 1708 ff.
Danz, Erich	Der Begriff des verständigen Normalmenschen, *DJZ 14*, 840 ff.
Deutsch, Erich	Fahrlässigkeit und erforderliche Sorgfalt, Köln 1963.
Dickertmann, Werner	Zum entlastenden „unabwendbaren Ereignis" nach § 7 Abs. 2 StVG, *DAR 57*, 141 ff.
Diederichsen, Uwe	„Schadensersatz wegen Nichterfüllung" und Ersatz von Mangelfolgeschäden, *AcP 165 (1966)* 150 ff.
Edlbacher, Oskar	Wandel und Krise des Haftungsgrundes des Verschuldens, *Festschrift für* Walter *Wilburg*, Graz 1965, 81 ff.
Egger, August	Über die Rechtsethik des Schweizerischen Zivilgesetzbuches, 2. A., Zürich 1950.
Ehrenzweig, Albert A.	Die *Schuldhaftung* im Schadenersatzrecht, Wien 1936.
—	*negligence* without fault, Berkeley 1951.
Endemann, Wilhelm	Lehrbuch des Bürgerlichen Rechts, Einführung in das Studium des BGB, Band 1, Berlin 1899.

Enneccerus-Nipperdey	Allgemeiner Teil des Bürgerlichen Rechts, 2 Halbbände, 14. A., Tübingen 1954/55; 15. A., Tübingen 1959/60.
Erdsiek, G.	Bedarf unser Haftungsrecht einer Überprüfung und in welchen Punkten, *KF 60,* 3 ff.
Esser, Josef	Grundfragen der Reform des Schadensersatzrechts, *AcP 148 (1943)* 121 ff.
—	Die Zweispurigkeit unseres Haftpflichtrechts, *JZ 53,* 129 ff.
—	Handlung — Tatbestandsmäßigkeit — Rechtswidrigkeit — Verschulden, *KF 59,* 15 ff.
—	*Schuldrecht,* Allgemeiner und Besonderer Teil, 2. A., Karlsruhe 1960.
Exner, Franz	Das Wesen der Fahrlässigkeit, Leipzig und Wien 1910.
Fischer, Hans-Detlev	Gefälligkeitsfahrt und vorvertragliche Haftung, Beiträge zum Problem des fiktiven Vertrages, Kieler Diss. 1938.
Fischerhoff, Hans	Deutsches Atomgesetz und Strahlenschutzrecht, Baden-Baden und Bonn 1962.
Floegel-Hartung	Straßenverkehrsrecht, 15. A., München und Berlin 1965.
Flume, Werner	Rechtsgeschäft und Privatautonomie, Hundert Jahre Deutsches Rechtsleben, Festschrift zum hundertjährigen Bestehen des Deutschen Juristentages 1860—1960, I (Karlsruhe 1960) 135 ff.
Fonk, Friedrich	Gefährdungshaftung für radioaktive Stoffe?, *Atom und Strom 57/6,* 45 ff.
Friese, Hans	Höhere Gewalt, *JR 50,* 333 ff.
Gamillscheg-Hanau	Die Haftung des Arbeitnehmers, Beiträge zum Privat- und Wirtschaftsrecht, Band 3, Karlsruhe 1965.
Gaul, Dieter	Schaden und Haftung im Arbeitsverhältnis in Stichworten, Beiträge zur Praxis des Arbeitsrechts und der Arbeitswissenschaft, Band 5, Köln 1962.
—	Zur Haftung im Arbeitsverhältnis, *NJW 66,* 329 ff.
Geigel, Reinhart u. Robert	Der Haftpflichtprozeß, 12. A., München und Berlin 1964.
Gierke, Julius von	Handelsrecht und Schiffahrtsrecht, 8. A., Berlin 1958.
Gieseke, Paul	Rechtsfragen der Atomenergie, Vorabdruck aus der Festschrift Schmidt-Rimpler, Karlsruhe 1956.
Gieseke-Wiedemann	Wasserhaushaltsgesetz, München und Berlin 1963
Gmür, Rudolf	Das Schweizerische Zivilgesetzbuch, verglichen mit dem Deutschen Bürgerlichen Gesetzbuch, Abhandlungen zum Schweizerischen Recht, Band 366, Bern 1965.
Greulich, Peter	Das Recht der Beförderung radioaktiver Stoffe, Studien zum Internationalen Wirtschaftsrecht und Atomenergierecht, Band 8, Göttingen 1962.
Hafferburg, A.	Der Begriff der Fahrlässigkeit im Zivilrecht, *NJW 59,* 1398 ff.

Hagen, Wilhelm von	Die sogenannte culpa in concreto nach dem BGB, Berliner Diss. 1901.
Hartmann, G.	Der Civilgesetzentwurf, das Äquitätsprinzip und die Richter, *AcP 73 (1888)* 309 ff.
Heck, Philipp	Zur Entstehungsgeschichte des § 276 BGB, *AcP 137 (1933)* 259 ff.
—	Grundriß des Schuldrechts, Tübingen 1929.
Heinsheimer, K.	Die Haftung Unzurechnungsfähiger nach § 829 des Bürgerlichen Gesetzbuches, *AcP 95 (1904)* 234 ff.
Henckel, Heinrich	Recht und Individualität, Berlin 1958.
Herschel, Wilhelm	Das Unternehmerwagnis in Arbeits- und Wirtschaftsrecht, *JherJ 90 (1942)* 145 ff.
Himmelschein, Jury	Zur Frage der Haftung für fehlerhafte Leistung, AcP 158 (1959) 273 ff.
Hubmann, Heinrich	Anmerkung zum Urt. d. BGH v. 19. 9. 61 (6. S.), JZ 62, 120 f., *JZ 62*, 121 f.
Hueck, Alfred	Das Recht der offenen Handelsgesellschaft, 3. A., Berlin 1964.
Kelso, Robert C.	Rechtsprobleme, die aus der industriellen Verwendung der Atomenergie entstehen, Schriftenreihe der Juristischen Studiengesellschaft Karlsruhe, Heft 25, Karlsruhe 1956.
Kruse, Hans	Atomenergierecht, Kommentar zum Atomgesetz, Verden 1961.
Kuhlenbeck, Ludwig	Von den Pandekten zum Bürgerlichen Gesetzbuch, 2 Halbbände, Berlin 1898/99.
Landsberg, Ernst	Das Recht des BGB, 1. Hälfte, Berlin 1904.
Lange, Heinrich	Vom alten zum neuen Schuldrecht, Der deutsche Staat der Gegenwart, Heft 7, Hamburg 1934.
—	Herrschaft und Verfall der Lehre vom adäquaten Kausalzusammenhang, *AcP 156 (1957)*, 114 ff.
Larenz, Karl	Möglichkeiten einer Begrenzung der Haftung über Kausalität, Rechtswidrigkeit, Verschulden, *KF 59*, 10 ff.
—	Lehrbuch des Schuldrechts, I. Band, Allgemeiner Teil, 7. A., München und Berlin 1964; II. Band, Besonderer Teil, 6. A., ebenda 1964.
Linckelmann, Karl	Die Schadensersatzpflicht aus unerlaubten Handlungen nach dem BGB, Berlin 1898.
Litten, Fritz	Die Ersatzpflicht des Tierhalters, Berlin 1905.
—	Beiträge zu der Lehre von der Schadenszurechnung nach römischem und bürgerlichem Recht, *JherJ 49 (1905)* 419 ff.
Leonhard, Franz	Fahrlässigkeit und Unfähigkeit, Festgaben für Enneccerus, Marburg 1913, 2. Abhandlung.
Luchsinger, Johann Rudolf	Das Verschuldensprinzip in der Lehre von der Schadensersatzpflicht im römischen Recht, Leipziger Diss. 1909.

Lütkes, Hermann	Straßenverkehr, Frankfurt 1960.
Mandl, Vladimir	Zivilistischer Aufbau des Schadensersatzrechtes, Breslau 1932.
Marton, Geza	*Verschuldensprinzip* — Verursachungsprinzip, München 1926.
—	Versuch eines einheitlichen Systems der zivilrechtlichen Haftung, *AcP 162 (1963)* 1 ff.
Mataja, Victor	Das Recht des Schadensersatzes, Leipzig 1888.
Mattern-Raisch	Kommentar zum Atomgesetz, Berlin und Frankfurt 1961.
Mauczka, Josef	Der Rechtsgrund des Schadensersatzes außerhalb bestehender Schuldverhältnisse, Leipzig und Wien 1904.
Maurach, Reinhart	Deutsches Strafrecht, Allgemeiner Teil, 3. A., Karlsruhe 1965.
Mayer-Maly, Theo	Die Wiederkehr der culpa levissima, *AcP 163 (1964)* 114 ff.
Merkel, Rudolf	Die Kollision rechtmäßiger Interessen und die Schadensersatzpflicht bei rechtmäßigen Handlungen, Straßburg 1895.
Motive	zum Entwurf eines BGB für das Deutsche Reich, 2. A., Berlin 1896.
Müller, Fritz	Straßenverkehrsrecht, 21. A., Berlin 1959.
Münzberg, Wolfgang	Verhalten und Erfolg als Grundlagen der Rechtswidrigkeit und Haftung, Frankfurt 1966.
Niese, Werner	Die moderne Strafrechtsdogmatik und das Zivilrecht, *JZ 56*, 457 ff.
Niessen, Hermann	Zur Reform der Haftung der Beherbergungsbetriebe, *MDR 66*, 718 ff.
Nipperdey, Hans Carl	Rechtswidrigkeit, Sozialadäquanz, Fahrlässigkeit, Schuld im Zivilrecht, *NJW 57*, 1777 ff.
Oertmann, Paul	Kommentar zum Bürgerlichen Gesetzbuch, Das Recht der Schuldverhältnisse, 2. A., Berlin 1906.
Palandt, Otto	Bürgerliches Gesetzbuch, Kommentar, 25. A., München und Berlin 1966.
Piérard, Jean-Paul	Responsabilité civile — Energie atomique — et droit comparé, Centre Interuniversitaire de droit comparé, Bruxelles 1963.
Protokolle	der Kommission für die zweite Lesung des Entwurfs des Bürgerlichen Gesetzbuches, ed. Achilles-Gebhard-Spahn, Berlin 1897.
Ratz, P.	Die Aufwertung und der öffentliche Glaube des Grundbuches, *AcP 128 (1928)* 309 ff.
Reichel, Hans	Kosten- und Gefahrtragung beim Leihvertrag, *LZ 22*, 543 ff.
Reinhardt, Rudolf	Beiträge zum Neubau des Schadensersatzrechts, *AcP 148 (1943)* 147 ff.

—	Empfiehlt es sich, die verschiedenen Pflichten des Staates zur Entschädigungsleistung aus der Wahrnehmung von Hoheitsrechten nach Grund, Inhalt und Geltendmachung gesetzlich neu zu regeln, *41. DJZ I* (München und Berlin 1956) 233 ff.
Richter (ohne Vornamen)	Schuld im Zivilrecht, *NJW 58,* 1171 f.
Rittler, Theodor	Lehrbuch des österreichischen Strafrechts, Band 1, Allgemeiner Teil, Wien 1933.
Roloff, Werner	Zur Übergangsfähigkeit der Leistungen der Sozialversicherungsträger an die berufstätige Ehefrau, *VR 64,* 703 f.
Rother, Werner	Haftungsbeschränkung im Schadensrecht, München und Berlin 1963.
—	Adäquanztheorie und Schadensverursachung durch mehrere, *NJW 65,* 177 ff.
—	Grenze des mitwirkenden Verschuldens, *NJW 66,* 326 ff.
Rümelin, Gustav	Culpahaftung und Kausalhaftung, *AcP 88 (1898)* 289 ff.
Rümelin, Max	Die *Gründe* der Schadenszurechnung und die Stellung des deutschen bürgerlichen Gesetzbuches zur allgemeinen Schadensersatzpflicht, Freiburg 1896.
—	*Schadensersatz* ohne Verschulden, Tübingen 1910.
Sander, Eugen	Ein Beitrag zu der Lehre von der diligentia quam suis, Berlin 1898.
Scheffler, Friedrich	Grenzfragen der Verantwortung bei Arzt, Anwalt und Notar, *KF 59,* 48 ff.
Scheidwimmer, M.	Das Atomhaftungsrecht, *BB 60,* 73 ff.
Schindel, Jost	Die Haftung für Atomschäden, Studien zum Internationalen Wirtschaftsrecht und Atomenergierecht, Band 15, Göttingen 1964.
Schmidt, Reiner	Kernenergie und Versicherungsrecht, Sonderdruck aus den deutschen Landesreferaten zum 5. Int. Kongreß für Rechtsvergleichung in Brüssel 1958, Berlin 1958.
Schollmeyer, Friedrich	Das Recht der einzelnen Schuldverhältnisse im BGB, Berlin 1897.
Seydel-Salger	Haftung für Atomschäden, *NJW 56,* 1357 ff.
Soergel-Siebert	Bürgerliches Gesetzbuch, Kommentar, 9. A., Stuttgart 1959—64.
Staudinger, J. v.	Bürgerliches Gesetzbuch, Kommentar, 11. A., Berlin 1954 — (noch nicht abgeschlossen).
Titze, Heinrich	Die Unmöglichkeit der Leistung nach deutschem bürgerlichen Recht, Leipzig 1900.
Tuhr, Andreas von	Der allgemeine Teil des deutschen bürgerlichen Gesetzbuches, 2 Bände 1910—18.
Weimar, Robert	Der „Rechtfertigungsgrund" des verkehrsrichtigen Verhaltens, *JuS 62,* 133 ff.

Weitnauer, Hermann	Das Atomhaftungsrecht in nationaler und internationaler Sicht, Beiträge zum Internationalen Wirtschaftsrecht und Atomenergierecht, Band 1, Göttingen 1964.
—	Atomschäden — Haftungs- und Versicherungsfragen, *VEnergR*, Heft *3/4* (Düsseldorf 1961) 21 ff.
Wendt, Otto	Die im Verkehr erforderliche Sorgfalt, BGB § 276, *AcP 87 (1897)* 422 ff.
Weyl, Richard	System der Verschuldensbegriffe im Bürgerlichen Gesetzbuche für das Deutsche Reich, München 1905.
Wiethölter, Rudolf	Der Rechtfertigungsgrund des verkehrsrichtigen Verhaltens, Karlsruhe 1960.
Wilburg, Walter	Die Elemente des Schadensrechtes, Arbeiten zum Handels-, Gewerbe- und Landwirtschaftsrecht Nr. 84, Marburg 1941.
Wilts, Walter	§ 1359 und das Deliktsrecht, *VR 64*, 455 ff.
Wussow-Wussow	Das Unfallhaftpflichtrecht, *8*. A., Köln 1963.
Zeuner, Albrecht	Gedanken über Bedeutung und Stellung des Verschuldens im Zivilrecht, *JZ 66*, 1 ff.

Zur Zitierweise: Alleinstehende arabische Ziffern bezeichnen die Seite; Randnummern (n) aus einem Kommentar zum letzten Digestentitel (D 50, 17) beziehen sich auf die Lex 23.

EINLEITUNG

Die Entwicklung der Fahrlässigkeitsstufen ist von doppeltem wissenschaftlichen Interesse: Dem Rechtshistoriker bietet sie einen Einblick in den Werdegang des zentralen Problems jedes differenzierten Haftungsrechts; dem Rechtsdogmatiker liefert sie ein reichhaltiges Anschauungsmaterial für die verschiedenen — nicht nur als Möglichkeit betrachteten, sondern für die richtige Regelung gehaltenen — denkbaren Entscheidungen zu diesem Fragenkreis. Er kann, indem er die Entwicklungstendenzen freilegt, die wahrscheinliche zukünftige Entwicklung voraussagen, sie nach kritischer Wertung entweder bejahen oder auch ablehnen und mit entsprechenden Vorschlägen versuchen, auf die künftige Neugestaltung Einfluß zu nehmen.

Der Rahmen der Studie unterscheidet sich durch den umfaßten Zeitraum von der Mehrzahl der bisherigen einschlägigen Arbeiten. Sie möchte eine Gesamtschau der Entwicklung der Fahrlässigkeitsstufen bieten, wie sie sich, aufbauend auf der Interpretation des Corpus Iuris, im Mittelalter und der Neuzeit vollzog[1]. Den Abschluß bildet die Kodifikation der Pandektistik des 19. Jahrhunderts im BGB. Fragen des heutigen Zivilrechts wird nur insoweit nachgegangen, als es gilt, Klarheit über die Existenz einzelner Fahrlässigkeitsgrade und -formen zu gewinnen. Die moderne Problematik der subjektiven oder objektiven Bestimmung der Fahrlässigkeit, der Übernahme der finalen Handlungslehre in das Zivilrecht und Ähnliches sind daher ausgeklammert.

Die Versuche, das römische Recht zu erläutern, die Wissenschaft und Praxis bis zu den Kodifikationen beherrschten, werden nicht nur als unselbständige Exegesen römischer Rechtsquellen gewertet; ihnen wird daneben eine eigene Bedeutung zuerkannt[2]. Obwohl sich die Rechtsänderung oft unter dem Deckmantel einer bewußt oder unbewußt falschen Auslegung vollzog — insbesondere in den Anfängen der kontinentaleuropäischen Rechtsentwicklung — hat es nicht an einzelnen

---

[1] Vgl. das Vorgehen von Ourliac-Malafosse für den Sonderfall der Entwicklung vom römischen Recht über das ancien droit zum code civil.

[2] Diese Bedeutung der Interpretationsversuche der römischen Rechtsquellen wird in neuester Zeit nur noch selten vernachlässigt; vgl. Dilcher 16; Maffei passim und besonders die strafrechtlich orientierten Autoren wie z. B. Beschütz und Engelmann.

Rechtsgelehrten, ja ganzen rechtsgeschichtlichen Epochen[3] gefehlt, die das römische Recht am eigenen, an der ratio gemessen haben und auf diesem Wege eine Fortbildung erreichten.

Erhebliche, in der Natur der Sache begründete Schwierigkeiten wirft die Darstellung des Rechtszustandes, den das Corpus Iuris widerspiegelt, auf. Einerseits verbietet es die Anlage der Arbeit, über mehrere hundert Seiten die Entwicklung des Haftungsrechts vom klassischen über das nachklassische zum justinianischen Recht zu analysieren, andererseits ist es für das Verständnis der mittelalterlichen und neuzeitlichen Versuche, die Quellen zu erklären, unumgänglich, einen Überblick über den Ausgangspunkt der Betrachtungen voranzustellen. Am sachdienlichsten erscheint es daher, die einzelnen, zeitlich weit auseinander liegenden Quellen in einer Gesamtschau zu vereinen, gegebenenfalls unter einem Hinweis auf die historischen Deutungen ihrer Divergenzen durch die Lehre im 20. Jahrhundert. Damit ist gleichzeitig der methodische Ansatz der Glossatoren und Kommentatoren nachgezeichnet, die das Corpus Iuris als eine einheitliche und widerspruchsfreie Kodifikation betrachteten.

Das Naturrecht ist in keinem besonderen Abschnitt behandelt worden. Seine Hauptvertreter sind, sofern sie zu strittigen exegetischen Fragen Stellung beziehen, in der Darstellung des Usus Modernus, vereinzelt der Pandektistik des 19. Jahrhunderts berücksichtigt. Abweichende theoretische Stellungnahmen werden im jeweiligen Sachzusammenhang gebracht.

Der Stoff ist systematisch nach Sachproblemen und nicht nach den Lehren der einzelnen Autoren gegliedert, um die Darstellung zu straffen und die unterschiedlichen Meinungen besser vergleichen zu können.

Aus den zugänglichen geschichtlichen Quellen mußte eine Auswahl getroffen werden, um den Anmerkungsapparat nicht zu überlasten[4]. Die kleineren Traktate, Disputationen und Dissertationen, von denen zwei Drittel erwähnt werden, erschöpfen sich regelmäßig in wenig originellen Zusammenfassungen der bekannten Lehrmeinungen. Wie die große Anzahl[5] neuerer Arbeiten zeigt, liegen im Bereich der Fahrlässigkeit die eigentlichen Unzulänglichkeiten der geltenden Regelung. Vorsätzliche Rechtsverletzungen ziehen bis auf völlig unbeachtliche Ausnahmen immer eine Schadenersatzpflicht nach sich. Die Bestimmung des Zufalls läßt sich nur durch Abgrenzung zum jeweils untersten Fahrlässigkeitsgrad vollziehen. Das Verhältnis von Zurechnung aufgrund fahrlässigen Verhaltens und Gefährdungshaftung bedarf einer

---

[3] Hinzuweisen ist auf den späten Usus Modernus und das Naturrecht.

[4] Pernice II 1 280 spricht von einer „Wolke von Literatur über culpa"; vgl. auch Luzzatto, BIDR 63 (1960) 47.

[5] Deutsch; Marton, AcP 162 (1963) 1 ff.; Mayer-Maly, AcP 163 (1964) 114 ff.; Münzberg; Wiethölter.

neuen Überprüfung. Hier liegt folglich auch der Schwerpunkt der Arbeit.

Mit der Darstellung wird versucht, die historische Dimension der Problematik zu entwickeln, die in der bisherigen Diskussion nahezu völlig übergangen wurde. Eine gesunde Rechtsentwicklung ist nur möglich, wenn der eigene historische Standpunkt erkannt wird. Eine eingehende Auswertung des Materials für rechtspolitische Änderungsvorschläge muß einer späteren Arbeit vorbehalten werden, wenn über Grundlagen und zu verfolgende Ziele Einigkeit besteht. Auch ist der Zeitpunkt einer Neukodifikation noch nicht abzusehen. Daß sie kommt — besonders auch im Hinblick auf ein zukünftiges europäisches Zivilrecht[6] —, ist zu wünschen. Ihre Förderung ist das Ziel der vorliegenden Untersuchung.

---

[6] Insofern möge den zukünftigen Vereinigten Staaten von Europa ein anderes Schicksal beschieden sein als den USA mit ihrer starken Zersplitterung des Zivilrechts.

1. Kapitel: Das römisch-byzantinische Recht

§ 1. Das Recht des Corpus Iuris

1. Bedeutung und inhaltliche Bestimmung der einzelnen Fahrlässigkeitsstufen

a) culpa lata

(1) nimia (magna) neglegentia und gratia ductus

Dem justinianischen Recht ist eine schwere Fahrlässigkeitsform bekannt, die im Corpus Iuris am häufigsten mit dem terminus technicus culpa lata[7] benannt wird. Andere Wendungen betonen die Annäherung dieser Fahrlässigkeitsart an den dolus. Ulpian spricht von einer äußersten Fahrlässigkeit, die prope dolum est[8], von einer Fahrlässigkeit, quae dolo proxima est[9]. Nach Gaius liegt in großer Nachlässigkeit ein crimen doli[10].

In einzelnen überlieferten Entscheidungen wird der Schuldner für ein schuldhaftes Verhalten haftbar gemacht, ohne daß es unter Verwendung des Ausdrucks culpa oder dolus gekennzeichnet wird. Ulpian D 24, 3, 24, 5 läßt den Ehemann bei der Verwaltung der Dotalsachen für eine immoderatam saevitiam[11] gegenüber den eingebrachten Sklaven haften. Aufgrund unserer Wertungen würde eine zügellose Wildheit, die zur Tötung oder Gesundheitsschädigung eines Menschen oder Tieres führt, in der überwiegenden Mehrzahl der Fälle den Vorwurf vor-

---

[7] Ulp D 11, 6, 1; 17, 1, 8, 10; 18, 4, 2, 5; 21, 1, 31, 12; 27, 8, 1, 3; 36, 1, 23, 3; 36, 4, 5, 15; 43, 26, 8, 6; 50, 16, 213, 2; Paul D 48, 8, 7; 50, 16, 223 pr; Marcian D 47, 9, 11. Diocl et Maxim C 2, 18, 17; 2, 18, 20, 1; 5, 51, 7; Alex C 4, 34, 1; 5, 55, 2; 5, 75, 2; Ant C 5, 51, 2; 5, 53, 2, 1; Sev et Ant C 5, 54, 1. Zur Frage, ob dieser Fahrlässigkeitsgrad bereits den Klassikern bekannt war, vgl. die ablehnende Stellungnahme von CANNATA 5 f., mit guter Darstellung des Streitstandes; vermittelnd CIAN, Riv. dir. civ. 63, 157 ff.; a. A. z. B. MARTON, RIDA 3 (1949) 177 ff.

[8] Ulp D 17, 1, 29 pr; ähnlich in D 26, 10, 7, 1 (sed lata neglegentia, quia ista prope fraudem accedit).

[9] Ulp D 2, 13, 8; 11, 1, 11, 11; 16, 3, 7, 1; 30, 47, 5; 36, 1, 23, 3; 43, 26, 8, 3; 47, 4, 1, 2; 47, 9, 11; ferner Papin D 34, 3, 24.

[10] Gai D 44, 7, 1, 5; vgl. die Übersicht über ähnliche Stellen bei Binding II 344 f., Fn. 515 f.

[11] Vgl. Paul D 9, 2, 6 (praeceptoris enim nimia saevitia culpae adsignatur).

sätzlicher Verletzung nach sich ziehen. Bis auf den heutigen Tag erblicken die Interpreten des Corpus Iuris in der Wendung immoderatam saevitiam einen Hinweis auf die Haftung des Ehemanns für eine culpa lata. Diese Ansicht ist insofern zutreffend, als in dem von Ulpian geschilderten Sachverhalt eine Schädigungsabsicht fehlen wird, weil der Ehemann mit eigenen Sklaven nicht anders umgeht. Da auch noch nach justinianischem Recht[12] der dolus dieses Absichtselement enthielt, verblieb ein Bereich bewußter Schadenszufügungen, der nur als fahrlässiges Verhalten bestimmt werden konnte.

Dieser enge dolus-Begriff des Corpus Iuris tritt noch deutlicher in anderen Sachverhalten in Erscheinung. Im justinianischen Recht werden bewußte Schadenszufügungen nicht als dolos bewertet, wenn der Schädiger achtbare Motive nachweist. Ulpian spricht in D 4, 3, 7, 7 dem Kläger nur ein actio de dolo in factum zu, wenn der Beklagte seinen gefesselten Sklaven aus Mitleid befreit. Ein technischer Ausdruck taucht nicht auf. Dagegen bezichtigt Ulpian in D 16, 3, 7 pr einen Sequester eines Verhaltens dolo proximum, wenn er jemanden vor der quaestio aus Mitleid fliehen läßt. Ob eine actio depositi (in factum) gewährt wird, bleibt unausgesprochen, ist jedoch entsprechend D 4, 3, 7, 7 anzunehmen. Ein drittes Beispiel enthält das Ulpian-Fragment D 17, 1, 8. Im § 10 wird der Beauftragte für culpa lata haftbar gemacht; in Klammern erscheint der Fall, daß der Beauftragte es aus Dankbarkeit gegenüber einem anderen Kaufinteressenten unterlassen hat, den bezeichneten Sklaven zu erwerben.

Fr. Mommsen[13] glaubt diese Quellenstellen dadurch erklären zu können, daß er einen juristischen Kunstgriff annimmt, der den Eintritt unbilliger Nebenwirkungen bestimmter Klagen verhindern soll. Wer aus ethisch billigenswerten Motiven, aus Mitleid oder Dankbarkeit, wissentlich einen rechtswidrigen Erfolg herbeiführt, verdient nicht, daß ihn die infamierende Wirkung[14] der actio de dolo, der actio depositi trifft. Freilich werde eine actio in factum zugebilligt, denn die Leugnung des dolus solle nur die Nebenwirkung der Infamie ausschließen. Zweifel an dieser Erklärung entstehen schon deshalb, weil die Prämisse, daß eine actio in factum keine Infamiewirkung besitzt, nicht bewiesen und auch nicht wahrscheinlich ist[15]. Richtiger erscheint es anzunehmen, daß im Vergleich zum heutigen Recht der dolus-Bereich zugunsten der culpa durch eine betont rechtsethische Wertung enger

---

[12] So richtig z. B. Braun 247; Hesse AcP 61 (1878) 233 ff.; Koch I 234; Molitor I 243; vgl. neuerdings Cian, Riv. dir. civ. 63, 161 ff.

[13] Fr. Mommsen III 348, Fn. 1; ihm folgen Binding II 341; Ihering, Schuldmoment 52, Fn. 100.

[14] Zur Infamie vgl. besonders Kaser, SZ 73 (1956) 220 ff.

[15] Vgl. Kaser I 237.

begrenzt wurde. Der Grund dafür könnte in der pönalen Herkunft des Schadenersatzrechtes liegen[16].

Diese schweren Fahrlässigkeitssachverhalte werden — sofern von den soeben behandelten wissentlichen Schadenszufügungen abgesehen wird — recht einheitlich definiert. Ulpian[17] und Paulus[18] kennzeichnen sie als eine große Nachlässigkeit, als ein Nichterkennen dessen, was allen einleuchtet. In anderen Digestenstellen werden sie als große[19] oder zügellose[20] oder schmutzige[21] Nachlässigkeiten charakterisiert.

Im Corpus Iuris wird die culpa lata in vertraglichen und vertragsähnlichen Rechtsbeziehungen uneingeschränkt dem dolus gleichgesetzt[22]. In einigen Fällen[23] wird sogar — in rhetorischer Übersteigerung — von ihr behauptet, daß sie dolus sei.

In dieses Bild von der culpa lata scheint sich das Paulus-Fragment D 50, 16, 226, ein Exzerpt aus dem liber primus manualium, nur schwer einordnen zu lassen. Magna neglegentia sei culpa; magna culpa dagegen dolus. Unklar ist bei diesem aus seinem Zusammenhang gerissenen Satz der Bedeutungsgehalt der ersten und zweiten culpa. Es ist logisch denkbar, daß culpa im ersten Halbsatz die Bedeutung von fahrlässigem, im zweiten von schuldhaftem Verhalten hat[24]. Dann würde Paulus dargelegt haben, daß nicht jede geringe Nachlässigkeit als Fahrlässigkeit zuzurechnen sei, im dolus grob schuldhaftes Verhalten liege. Damit wäre nicht behauptet, daß grobfahrlässige Pflichtverletzungen zum dolus gehören. Für eine solche auch heute inhaltlich annehmbare Aussage spricht jedoch wenig. Es ist kaum vorstellbar, daß der Ausdruck culpa bei einer solch engen Verknüpfung beider Satzteile eine doppelte Bedeutung annimmt. Culpa bedeutet daher beide Male entweder schuldhaftes oder fahrlässiges Verhalten[25].

---

[16] Dazu neuerdings MARTON, AcP 162 (1963) 4 ff.

[17] Ulp D 50, 16, 213, 2.

[18] Paul D 50, 16, 223 pr u. D 22, 6, 9, 2 (quid enim si omnes in civitate sciant, quod ille solus ignorat?).

[19] Paul D 22, 6, 9, 2; Gai D 44, 7, 1, 5.

[20] Ulp D 17, 1, 29 pr.

[21] Ulp D 22, 6, 6 (crassa neglegentia).

[22] Ulp D 11, 6, 1, 1; 47, 4, 1, 2 (dolum repraesentat); dazu besonders CIAN, Riv. dir. civ. 63, 156 ff. mit reichhaltigen Literaturangaben.

[23] Paul D 50, 16, 226 (magna culpa dolus est).

[24] In diese Richtung geht das Verständnis von BUCKLAND, Studi Bonfante II 105: where a man's conduct is grossly reckless (magna neglegentia) we may call it carelessness (culpa), but where another's interest are concerned it is very like bad faith (magna culpa) and this is dolus; STEIN, RIDA 7 (1960) 488.

[25] SERTORIO 88 will das Problem auf eine ganz andere Weise lösen, indem er magna neglegentia auf Unterlassungssachverhalte einschränkt, unter magna culpa auch Begehungen zieht. Für diese Annahme spricht jedoch nichts.

Im ersten Fall sagt das Fragment in juristisch unverbindlicher Weise aus, daß grobe Nachlässigkeiten schuldhaft seien, schwere Schuld zum dolus führe. Erst im zweiten Fall gewinnt der Text eine größere Bedeutung für die hier zu untersuchenden Fragen. Er würde befinden, daß grobe Nachlässigkeiten als fahrlässige Pflichtverletzungen zu betrachten sind, schwere Fahrlässigkeit im dolus aufgeht.

Die Wahrscheinlichkeit spricht für diese Alternative, da sie allein eine juristisch bedeutungsvolle Aussage enthält. Die Schwierigkeiten dieser Digestenstelle liegen dann darin, daß sonst im Corpus Iuris die culpa lata durch magna neglegentia umschrieben wird, hier aber die culpa schlechthin, von der die magna culpa abgehoben ist. Der Umkehrschluß aus dem ersten Halbsatz würde zum Ergebnis haben, daß geringe und durchschnittliche Nachlässigkeit für den Schuldner Zufall wäre. Diese Äußerungen des Paulus werden verständlich, wenn berücksichtigt wird, daß sie sich auf die Haftung des Beauftragten oder Vormundes[26] bezogen. Paulus hat sich dafür ausgesprochen, daß der Vormund oder Beauftragte auch für magna neglegentia zu haften habe, er insoweit Fahrlässigkeit vertreten muß. Diese große Fahrlässigkeit sei eben als dolus zu bewerten.

In der Antoninischen Konstitution C 5, 51, 2 wird ein Vormund haftbar gemacht, der es durch culpa lata zuließ, daß Ansprüche des Vaters an Bonität verloren, si palam dolo tutoris vel manifesta neglegentia cessatur. Es entsteht zunächst der Eindruck, als ob hier unter den Begriff culpa lata auch der dolus fällt[27]. Es handelt sich aber wohl nur um eine ungeschickte Formulierung. Es sollte ausgeführt werden, daß der Vormund für culpa lata haftet, seine Verantwortlichkeit stehe somit fest, wenn er dolos oder offensichtlich nachlässig gehandelt hat. Wenn für das Geringere, die culpa lata, gehaftet wird, so ist auch das Mehr, der dolus, haftungsbegründend.

Eine ebenfalls mit der üblichen Terminologie nicht harmonisierende Passage begegnet in Sev et Ant C 5, 54, 1: Heredes tutoris ob neglegentiam, quae non latae culpae comparari possit, condemnari non oportet. Gemeint ist, daß die Erben des Vormundes für nimia (magna) neglegentia ihres Erblassers einzustehen haben. Aus dem Verb comparari sind keine besonderen Schlußfolgerungen zu ziehen, es dürfte sich ebenso wie in Ant C 5, 51, 2 um eine unglückliche untechnische Ausdrucksweise handeln.

---

[26] Vgl. Lenel, Paling. Paul. 1004. Er läßt offen, ob das Fragment auf das mandatum oder die tutela zu beziehen ist. Da Paulus im liber primus manualium außerdem nach D 29, 2, 48 noch Fragen des Auftragsrechts erörtert, ist das erstere wahrscheinlicher.

[27] Es ist nicht völlig auszuschließen, daß culpa als Oberbegriff „Schuld" gebraucht ist; vgl. Ulp D 9, 2, 5, 1 (in inuriam... id est si culpa quis occiderit); dazu u. a. Heumann-Seckel s v culpa.

(2) Verletzung der diligentia quam suis nach Cels D 16, 3, 32

Celsus erwähnt in D 16, 3, 32 eine culpa latior[28], von der Nerva angenommen habe, daß sie dolus sei, wogegen sich Proculus gewandt hätte. Celsus stimmt Nerva uneingeschränkt zu, denn wenn jemand nicht in dem Maß, wie es die menschliche Natur verlangt, sorgfältig ist, so entbehre er nicht der fraus[29], falls er nicht wenigstens seine gewohnte Sorgfalt bei der Verwahrung aufbringt. Der Schuldner könne nämlich nicht eine geringere Sorgfalt als in eigenen Angelegenheiten entwickeln, ohne die fides zu verletzen.

Hier wird der schwere Fahrlässigkeitsgrad nicht wie in den anderen Corpus Iuris-Stellen durch eine überdurchschnittliche Nachlässigkeit bestimmt, sondern durch die Zurücksetzung der fremden Angelegenheiten gegenüber eigenen. Allerdings enthält das Celsus-Fragment die Voraussetzung, daß der Schuldner schon in eigenen Angelegenheiten nicht die von der menschlichen Natur geforderte Sorgfalt erbringt. Er würde somit, falls er fremde und eigene Angelegenheiten mit gleicher Sorgfalt behandelte, sich bei einem Schadenseintritt der culpa levis schuldig machen. Verletzt er unter diesen Voraussetzungen die diligentia quam suis, so wird nicht selten aus der gewöhnlichen eine überdurchschnittliche Nachlässigkeit werden[30]. Bei einer typisierenden Betrachtungsweise kann daher dieser Sachverhalt als Unterfall der culpa lata im Sinne einer nimia neglegentia betrachtet werden.

Die zu der Nachlässigkeit hinzutretende Zurücksetzung der fremden Sachen qualifiziert die culpa lata sodann zu einer unselbständigen culpa latior, da sich in der unterschiedlichen Sorgfalt ein bewußter Verstoß gegen die bona fides ausdrückt. Diese qualifizierte Form einer schweren Fahrlässigkeit wird nicht, wie es im allgemeinen bei der culpa lata geschieht, dem dolus gleichgesetzt, sie wird als dolus, als fraus bezeichnet. Damit soll sicherlich nicht behauptet werden, daß die culpa latior ein Unterfall des eigentlichen dolus im Sinne von Ulp D 2, 14, 7, 9; 4, 3, 1, 2 ist; in rhetorischem Stil wird aus der juristischen Gleichwertigkeit faktische Identität.

b) culpa levis

Neben der culpa lata begegnet in den Quellen eine culpa levis, die allerdings nicht häufig mit diesem terminus technicus belegt wird[31].

[28] Zur Genese und klassischem Gehalt dieser Stelle neuerdings Cian, Riv. dir. civ. 63, 168 ff.; Selb, Synteleia Arangio-Ruiz 1173 ff., mit wohl zu weitgehendem Interpolationsverdacht (a. E.).

[29] Zur Bedeutung von fraus vgl. Carcaterra 145 ff.; Kaser I 524 f.; Krüger-Kaser, SZ 63 (1943) 117 ff.; 167 zum Celsus-Fragment.

[30] Ähnlich Cian, Riv. dir. civ. 63, 169.

[31] Pap D 26, 7, 39, 6; Ulp D 30, 47, 5; 36, 1, 23, 3; Diocl et Maxim C 2, 18, 20, 1; 5, 51, 7; zur Datierung dieser Fahrlässigkeitsstufe vgl. nur Cannata 5 f., der sich der h. L. anschließt, daß die Wendung bei den Klassikern nur untechnisch auftritt und Marton, RIDA 3 (1949) 177 ff. mit der entgegengesetzten Meinung.

Der Sache nach jedoch bestimmt dieser Fahrlässigkeitsgrad den Haftungsumfang in der Mehrzahl aller Rechtsbeziehungen. Dementsprechend ist der Ausdruck culpa in den Quellen regelmäßig als culpa levis zu verstehen. Ein deutliches Beispiel liefert dafür das Paulus-Fragment D 9, 2, 31. Nachdem in diesem und dem vorhergehenden Fragment bezüglich der Haftung des deliktischen Schädigers nur von culpa die Rede war, heißt es: culpam autem esse, quod cum a diligente provideri poterit, non esset provisum aut tum denuntiatum esset, cum periculum evitari non possit.

Als abstrakter Maßstab zur Bestimmung der culpa levis dient der bonus[32] (diligens[33], prudens[34], studiosus[35], idoneus[36]) paterfamilias (homo[37], vir[38]), die homines frugores et diligentes[39].

Es wird häufig behauptet, daß der Typus des bonus paterfamilias im römischen Recht invariabel gewesen und die Gruppenbildung neueren Ursprungs sei[40]. Das ist wenig wahrscheinlich. Dem Charakter des römischen Rechts als Fallrecht widerspräche ein solches abstraktes Gedankengebilde. Auch muß a priori einleuchten, daß einem Hirten ganz andere Sorgfaltspflichten obliegen als einem Arzt oder einem Bildhauer.

Den besten Beleg für einen differenzierten Idealtypus[41] liefert D 45, 1, 137, 3: sed modus adhibendus est secundum rationem diligentis aedificatoris.

Kaum zu lösende Rätsel gibt die diligentia quam suis auf, die in einigen Fragmenten die culpa schlechthin näher erläutert. So heißt es z. B. bei Gaius[42] in den Res Cottidianae in bezug auf die Haftung des Gesellschafters: culpa autem non ad exactissimam diligentiam dirigenda est: sufficit etenim talem diligentiam communibus rebus

---

[32] Gai D 18, 1, 35, 4; Callistr D 26, 7, 33 pr.

[33] Paul D 10, 2, 25, 16; 13, 7, 14; Labeo (Paul) D 19, 1, 54 pr; Venul D 45, 1, 137, 2.

[34] Labeo a. a. O.

[35] Paul D 22, 3, 25 (dicit homo diligens est et studiosus paterfamilias, cuius personam incredibile est in aliquo facile errasse).

[36] Ulp D 26, 7, 10.

[37] Paul a. a. O. (diligens).

[38] Ulp D 3, 5, 5, 14 (diligens); Paul D 24, 3, 25, 1 (bonus).

[39] Alf Var D 18, 6, 12.

[40] So insbesondere Dilcher 75, Fn. 250; auch Crome I 486, Fn. 23; dagegen Luchsinger 29; Schaaff 29 ff., 136 ff.; Wendt, AcP 87 (1897) 426 ff.; Weyl 115 ff. Ungenau Deutsch 30, der die Gruppenbildung für gemeinrechtlichen Ursprungs hält.

[41] Daneben sind das Paulus-Fragment D 22, 6, 9 und Venul D 45, 1, 137, 2 noch besonders aufschlußreich; weitere Stellen bei Wendt a. a. O.; Weyl a. a. O.

[42] Gai D 17, 2, 72; Ourliac-Malafosse 172 sehen darin eine Haftungsverschärfung gegenüber einer Verantwortlichkeit für culpa levis.

adhibere, qualem suis rebus adhibere solet. Unter einem anderen Blickwinkel sieht sie Paulus[43] in D 18, 6, 3. Beim Kauf ist eine diligentia exactior quam in suis rebus anzuwenden. Diese beiden Sätze zeigen, daß hier die diligentia quam suis als geringerer Sorgfaltsgrad gegenüber einer der culpa levis korrespondierenden diligentia betrachtet wird. Nirgendwo findet sich jedoch eine Aussage, nach der diese Fahrlässigkeitsform als culpa lata zu werten ist, sich ihr nähert. Am gerechtesten wird der Quellenlage daher die Auffassung, daß die Verletzung der diligentia quam suis ein unselbständiger Unterfall der culpa levis ist, eine regelmäßig leichtere Form[44].

Damit läßt sich Cels D 16, 3, 32 durchaus in Einklang bringen, indem die dort aufgestellte Voraussetzung berücksichtigt wird, daß nämlich ein bereits in eigenen Angelegenheiten Nachlässiger handelt. Somit fand die Haftungsmilderung durch die diligentia quam suis dort ihre Grenze, wo der Schuldner in eigenen Angelegenheiten bereits überdurchschnittlich nachlässig war. Es sollten nur die Schuldner besser gestellt werden, die im großen und ganzen sorgfältig waren, aber unter besonderen Umständen bei einzelnen Sachverhalten nicht den Anforderungen entsprachen, denen ein bonus paterfamilias nachgekommen wäre.

Dieses Quellenverständnis bestätigt u. a. auch Ulp D 24, 3, 24, 5. Ist der Ehemann gegenüber den Dotalsklaven heftig, so ist bei einem Schadenseintritt zunächst zu prüfen, ob er eigene Sklaven ebenso behandelt. Tut er es nicht, dann haftet er. Der folgende Satz beweist, daß Ulpian dabei einen im wesentlichen sorgfältigen Ehemann voraussetzt. Führt eine zügellose Heftigkeit zum Schaden, so haftet er unabhängig davon, wie er eigene Sklaven zu behandeln pflegt.

Einige wenige Quellenstellen[45] erwecken sogar den Eindruck, als besitze die diligentia quam suis eine haftungsverschärfende Funktion. Paulus läßt in D 23, 3, 17 den Ehemann sowohl für dolus als auch

---

[43] Paul D 18, 6, 3.

[44] Zur Datierung der Entstehung dieser Fahrlässigkeitsform siehe Arangio-Ruiz 49, 257, 60, Fn. 1 (la sopravvenienza della diligentia quam suis come un rimedio conciliativo dell'ultim'ora); Crifò 159; anders Wolff, IURA 6 (1955) 55, der für die Entstehung dieses (neuen) diligentia quam suis-Verständnisses die spät- oder frühnachklassische Zeit verantwortlich macht; vgl. auch Nörr, SZ 73 (1956) 105, Fn. 144, der die Frage aufwirft, ob die diligentia quam suis bei der societas und der dos nicht nur eine Konkretisierung der spätklassischen culpa darstellt. Nur innerhalb eines historischen Gesamtüberblicks über den Streit, ob in einem Rechtsverhältnis dolus oder culpa zu leisten ist, besitzt das Bild von einer Vermittlerrolle der diligentia quam suis einige Berechtigung.

[45] Paul D 23, 3, 17; Ulp D 27, 3, 1 pr (praestando dolum, culpam et quantam in suis rebus diligentiam).

für culpa haften, weil er causa sua[46] die Mitgift annimmt. An diese Ausführungen schließt sich der Zusatz an: sed etiam diligentiam praestabit, quam in suis rebus exhibet. Anhaltspunkte dafür, daß culpa eng, z. B. als nimia (magna) neglegentia aufzufassen ist, sind nicht erkennbar. Zwei Lösungsversuche sind ernsthaft diskutabel. Dem Verfasser des Fragments ist logische Unschärfe vorzuwerfen. Er hat nicht gesehen, daß die Verletzung der diligentia quam suis jedenfalls regelmäßig nur dann zum Tragen kommt, wenn der Schuldner nachlässiger ist als der Durchschnitt[47]. Oder Paulus wollte die diligentia quam suis nur insoweit angewandt wissen, als sie im Einzelfall tatsächlich eine Haftungsverschärfung bedeutet. Er kann sie so verstanden haben, daß sie diejenigen Fälle erfassen sollte, die außerhalb der culpa liegen, in denen aber der Schuldner eigene Sachen so sorgfältig hüten würde, daß sie nicht beschädigt oder zerstört worden wären[48]. Diese diligentia quam suis besäße keine praktische Bedeutung, denn welcher Gläubiger wäre in der Lage nachzuweisen, daß sein Schuldner eine eigene Sache in einer vergleichbaren Lage besonders sorgfältig gehütet hätte. Es ist nicht zu verkennen, daß eine scholastische moralisierende Schule zu einem solchen Ergebnis gelangen kann. Völlig auszuschließen ist daher ein derartiges Verständnis der diligentia quam suis — vielleicht nur durch wenige, deren Auffassung in einer geringen Zahl von Fragmenten ihren Niederschlag gefunden hat — nicht. Bei der Haftung des Ehemanns für die Herausgabe von Dotalsachen[49] läßt sich durchaus der Standpunkt vertreten, daß der Ehemann in seiner Individualität zu würdigen sei und besondere Sorgfalt in eigenen Angelegenheiten für ihn erschwerend wirke.

Naheliegend ist diese Erklärung der Stellen jedoch nicht. Angesichts des regelmäßigen Verständnisses als Haftungsmilderung erscheint es wahrscheinlicher, daß Paulus und Ulpian oder nachklassischen Bearbeitern der Texte ein Versehen unterlief[50].

c) culpa levissima

An verschiedenen Stellen des Corpus Iuris — vorwiegend in den

[46] Diese angreifbare Begründung — der Ehegütervertrag ist gegenseitig — liefert auch Modestin Coll X 2, 2.

[47] Allein schon deswegen, weil ein nachlässiger Schuldner häufiger einen Schaden verursachen wird als ein besonders vorsichtiger.

[48] Diese Kombination von culpa levis und diligentia quam suis enthält nach Ansicht verschiedener Rechtshistoriker nichts anderes als die Pflicht zur exactissima diligentia: DE ROBERTIS, SDHI 23 (1957) 119 ff.; 138 ff.; Studi Betti II 347 ff., 352; ihm folgen BETTI, Istituzioni II 1, 402, Fn. 6; CRIFÒ 160; Kaser II 256, Fn. 25. Ansätze für diese Auffassung im 20. Jh. schon bei SERTORIO 102 ff., 208 f. In der mittelalterlichen und neuzeitlichen Interpretation des römischen Rechts bis zum BGB wird dieser Standpunkt verschiedentlich eingenommen, vgl. unten 46, 64, 82, 145 f.

[49] Paul D 23, 3, 17 pr.

[50] So z. B. KÜBLER, Festg. Gierke II 246.

Digesten — tritt das Adjektiv exactissima[51] oder diligentissimus[52] in Verbindung mit diligentia, bzw. paterfamilias auf. Einmal wird eine culpa levissima[53] erwähnt, aber außerhalb der vertraglichen Haftung, im Zusammenhang mit der lex Aquilia. Es liegt nahe, in allen drei Fällen einen untechnischen Gebrauch der Superlative anzunehmen. Das drängt sich um so mehr schon deswegen auf, weil diese Ausdrucksweise in den Digesten nur Fragmente des Gaius aufweisen, wenn von Ulp D 9, 2, 44 pr abgesehen wird. Ein Bearbeiter der Texte scheint sie einer nüchternen Sprache vorgezogen zu haben. Mit einem technischen Gebrauch steht weiterhin in Widerspruch, daß andere Texte bei der Leihe von culpa[54], diligentia[55] oder culpa et diligentia[56] sprechen. Ebenso liegt es bei der locatio conductio[57]. Der Bearbeiter scheint mit der Einfügung des Superlatives nur auszudrücken, daß der Schuldner sehr sorgfältig zu sein habe, die culpa an einem strengen Maßstab gemessen werde.

Bedenken gegen dieses Verständnis entstehen jedoch, wenn der Schluß von Gai D 13, 6, 18 pr[58] betrachtet wird. Nachdem ausgeführt worden ist, daß beim commodatum talis diligentia praestanda est qualem quisque diligentissimus paterfamilias suis rebus adhibet, folgt die Einschränkung haec ita, si dumtaxat accipientis gratia commodata sit res. Sodann erwähnt der Verfasser des Fragments, daß bei einer Leihe mit beiderseitigem Nutzen der Standpunkt vertreten wird, es sei nur für

---

[51] Gai D 17, 2, 72, beim socius sei die culpa non ad exactissimam diligentiam dirigenda; ebenso I 3, 25, 9; Gai D 44, 7, 1, 4 bestimmt die Haftung des Entleihers; vgl. dazu auch PS 1, 4, 1; I 3, 27, 1 setzen die Haftung des negotiorum gestor fest.

[52] Gai D 13, 6, 18 pr betrifft die Leihe; D 19, 2, 25, 7 bezieht sich auf die locatio conductio; ebenso I 3, 24, 5.

[53] Ulp D 9, 2, 44 pr; für untechnischen Gebrauch Jörs-Kunkel 180, Fn. 10; Kaser I 423; II 259; Marton RIDA 3 (1949) 183 f.; a. A. Verschuldensprinzip 44 (indem die „et levissima culpa" bei der Aquilischen Haftung auch die Fälle des niederen Zufalls in sich schloß); Mayer-Maly, AcP 163 (1964) 124, Fn. 77; a. A.: Arangio-Ruiz 232 ff.; Edlbacher, Festschr. f. Wilburg 87; Lauria, IUS 7 (1956) 209; Girard 412, Fn. 5 (la faute est envisagée rigoureusement).

[54] Ulp D 13, 6, 1, 2; 13, 6, 5, 4 u. 7 u. 13; 13, 6, 10 pr; Gai D 43, 26, 3 u. ö.

[55] Ulp D 13, 6, 5, 9.

[56] Ulp D 13, 6, 5, 3; 50, 17, 23.

[57] In Ulp D 13, 6, 5, 2 wird der Haftungsumfang mit Hilfe des Ausdrucks culpa, in Ulp D 50, 17, 23 durch das Binom culpa et diligentia erläutert.

[58] Vgl. dazu Sertorio 43 ff., dem nicht darin gefolgt werden kann, daß beim commodatum gratia utriusque für diligentia quam suis einzustehen ist. In ähnlicher Weise versucht Fr. Mommsen III 352, Fn. 2 das Fragment zu erklären.

dolus einzustehen. Er fährt nun fort, sed videndum est, ne et culpa praestanda sit ut ita fiat culpae aestimatio, sicut in rebus pignori datis et dotalibus aestimare solet. Diese Darlegungen lassen erkennen, daß die Ansicht[59] bestanden hat, beim commodatum gratia utriusque sei nur für dolus zu haften. Sie erläutern ferner, daß der Ausdruck culpa erst durch eine aestimatio seines Inhalts eine nähere Bestimmung erfährt.

Es wäre nicht richtig, die Gleichstellung mit dem pignus und der Haftung des Ehemanns bei der Herausgabe von Dotalsachen auf die Leihe schlechthin zu beziehen, wie es de Robertis[60] tut. Der Vergleich dient nur dazu, die Ansicht der quidam zu widerlegen, die sich mit dem commodatum *gratia utriusque* befaßten.

Gai D 17, 2, 72 gibt deutlich zu erkennen, daß bei der exactissima diligentia nicht an eine dem Durchschnittsmenschen unmögliche Sorgfalt gedacht ist. Andernfalls würde sie nicht in einen Gegensatz zur diligentia quam suis gebracht werden.

Mit Vorliebe verweisen Anhänger einer technischen exactissima diligentia auf Ulp D 30, 47, 5 (culpa autem qualiter sit aestimanda, videamus, an non solus ea quae dolo proxima sit, verum etiam quae levis est? an numquid et diligentia quoque exigenda est ab herede[61]). In rhetorischer Form wird nur die Frage wiederholt, ob neben den gravierenden Fahrlässigkeitsverhalten, die dem dolus nahekommen, auch die leichte Fahrlässigkeit, die Sorgfalt schlechthin, zu vertreten ist.

Die Bedenken, die Gai D 13, 6, 18 pr erzeugt, werden verstärkt, wenn in den Kreis der Betrachtungen die Umwandlung der custodia[62]

---

[59] Eigentümlicherweise weist das Corpus Iuris keine dahingehende Stellungnahme auf.

[60] de Robertis, SDHI 23 (1957) 123, Fn. 18.

[61] Dazu Kunkel, SZ 45 (1925) 284; Marton, RIDA 3 (1949) 191; de Robertis, Studi Betti II 352.

[62] Nach der (noch) durchaus h. L. ist die custodia eine Haftungsform, mit deren Hilfe in der Klassik in objektiver Weise bestimmte Schadensereignisse wie z. B. das furtum — über ein Verschulden hinaus — zugerechnet wurden. Betti, Istituzioni II 1, 333 ff., 350, Fn. 1 kritisiert Kaser I 425, der wie die Mehrzahl neuerer Autoren die custodia als typisierte Verschuldenshaftung versteht und macht darauf aufmerksam, daß die custodia eine Regelung der Risikotragung enthalte; ebenso, unabhängig von Betti, Jörs-Kunkel 176. — Über die Anzahl der Rechtsverhältnisse, in denen techn. custodia zu vertreten war, besteht Streit. Allgemein anerkannt sind die von Gai inst III 205 f. erwähnten Fälle, das commodatum und die locatio conductio operis. Vgl. zu diesem Fragenkreis Arangio-Ruiz 66, 138 ff.; Berger s v custodia; Betti a. a. O.; Brunner 58; Buckland-Stein 561; Cannata 23 ff.; Crifò 158 f.; Heumann-Seckel s v custodia; Jörs-Kunkel 175, 221; Kaser I 426; Kniep III 487, 502; Kübler a. a. O. 257; Marton, AcP 162 (1963) 7; Mayer-Maly, locatio conductio 212; Pastori, Labeo 2 (1956) 291 ff.; Rosenthal, SZ 68 (1951) 222 ff.; Sargenti, SDHI 20 (1954) 156 ff.; Siber II 248 ff.

in eine culpa-Form und das Utilitätsprinzip mit seinen Abstufungen gezogen wird. Insoweit sind, über das eigentliche Ziel dieses Überblicks hinaus, die Grundzüge der wahrscheinlichen Entwicklung vom klassischen zum justinianischen Recht kurz zu skizzieren.

(1) Auswirkungen der Umwandlung der custodia in eine Sorgfaltspflicht

In Gai D 13, 6, 18 pr ist an die Stelle der klassischen custodia die diligentia diligentissimi getreten[63]. Wie allgemein anerkannt[64] ist, hat sich damit materiell nur sehr wenig geändert[65]. Für das furtum[66] ist weiterhin einzustehen, Schäden durch Mäusefraß[67] bleiben zu ersetzen. Dieser Verantwortlichkeit muß eine Sorgfaltspflicht entsprechen, die in Einzelfällen, z. B. beim Diebstahl und Mäusefraß, der durchschnittliche paterfamilias nicht mehr erbringt. Das kann verdeckt werden, indem festgelegt wird, daß für bestimmte Ereignisse zu haften ist, ohne daß ein Entlastungsbeweis zulässig ist. Diese Figur, so heißt es, laufe auf eine Schuldfiktion[68] hinaus.

Diese Ansicht wird häufig für das nachklassische und justinianische Recht vertreten[69]. Es ist jedoch zweifelhaft, ob ihr in vollem Umfang gefolgt werden kann.

---

[63] Vgl. Kunkel a. a. O. 270 ff.

[64] Betti a. a. O. 354; Cannata 143 ff.; Crifò 159; Jörs-Kunkel 179; Kunkel a. a. O. 284 f.; Luzzatto, BIDR 63 (1960) 55, 58; Mayer-Maly, locatio conductio 213; Nörr, Fahrlässigkeit 62.

[65] I 3, 24, 5 wird als einzige materielle Änderung angeführt: custodia ... quam si praestiterit et aliquo casu rem amiserit, non tenebitur. Fraglich ist nur, ob unter casus z. B. auch das unverschuldete furtum zu ziehen ist. Dafür spricht die Interpretation einer ähnlichen Stelle in der Turiner Institutionenglosse, gl zu I 3, 14, 3. — In diesem Zusammenhang bereitet Gai D 18, 1, 35, 4 Schwierigkeiten. In dem Paragraphen wird die Frage angeschnitten, ob und wie der Verkäufer haftet, falls die verkaufte Sache gestohlen wird. Sofern keine custodia-Vereinbarung bestand, wäre die Sorgfalt des bonus paterfamilias zu erbringen, womit sich durchaus Sachverhalte ergeben können, in denen der Verkäufer mangels Verschuldens nicht haftet. Aus einer ursprünglichen custodia-Entscheidung scheint ein subjektiv bewerteter Diligenzfall geworden zu sein, mit der Konsequenz, daß schuldlose Diebstähle haftungsbefreiend wirken.

[66] Gai D 4, 9, 5 pr; Afric D 13, 6, 21 pr; Ulp D 47, 2, 14, 17; 47, 2, 48, 4; dazu Kunkel a. a. O. 269.

[67] Ulp D 19, 1, 13, 6.

[68] Vgl. Kunkel a. a. O.; Luzzatto a. a. O. 70.

[69] Kunkel a. a. O.; Marton, AcP 162 (1963) 8 ff.

Die culpa unterliegt der aestimatio[70], die sie in den einzelnen Rechtsbeziehungen näher bestimmt. Bei der Leihe und der locatio conductio (operis), dem Transport einer Säule finden wir superlativische Wendungen in untechnischem Gebrauch. Es wurde die Behauptung aufgestellt, daß damit nicht an eine Sorgfalt gedacht ist, die über die Sorgfalt des Durchschnittsmenschen hinausgeht. Sie scheint sich nicht mit den Ausführungen über die custodia-Haftung, die sich in eine culpa-Verantwortlichkeit mit besonders strenger aestimatio verwandelt hat, zu vertragen.

Die Verschärfung einer Sorgfaltspflicht braucht nicht dazu zu führen, daß sie vom Durchschnittsmenschen nicht mehr erbracht werden kann. Bei den ehemaligen custodia-Sachverhalten verlangt der Bearbeiter der Gaius-Fragmente ausdrücklich das Höchstmaß der dem bonus[71] paterfamilias[72] möglichen Sorgfalt, mehr als in sonstigen Rechtsbeziehungen.

Der Idealtypus verhindert in bestimmten Rechtsverhältnissen den Diebstahl fremder Sachen[73], den Mäusefraß[74], das Zerbrechen von Säulen auf dem Transport[75]. Die klassischen Entscheidungen sind lediglich in ein subjektiv wertendes System hineingestellt[76], ohne daß ihre Vereinbarkeit[77] mit ihm konsequent geprüft ist.

Indem dem Idealtypus die Fähigkeit beigelegt wird, bestimmte Ereignisse zu verhüten, ist der subjektive Ausgangspunkt (das Verschulden) verlassen. Das wird jedoch nicht erkannt, wenigstens nicht zugegeben. Der Konstruktion nach verhindert der bonus paterfamilias unter Anspannung aller ihm möglichen Sorgfalt die erwähnten Ereignisse. Der Sache nach ist über die von einem besonnenen Mann zu erwartende höchste Sorgfalt hinausgegangen, da auch er dann z. B. nicht jeden Diebstahl verhindert. Unter dem Deckmantel der Konstruktion

---

[70] Vgl. Gai D 13, 6, 18 pr; Ulp D 30, 47, 5. Vgl. dazu BRODMANN, AcP 99 (1906) 330, 333, 338.

[71] Der quisque diligentissimus paterfamilias in Gai D 13, 6, 18 pr ist nicht als Idealtypus zu betrachten, der über dem bonus paterfamilias steht. Der Superlativ drückt das Höchstmaß der vom bonus paterfamilias geforderten Sorgfalt aus; er steht verkürzend für bonus paterfamilias, qui diligentissime suis rebus ...

[72] BETTI a. a. O. 404 kommt zu einem ähnlichen Ergebnis: tipo d'uomo normale (diligens paterfamilias), inteso come tipo ideale (diligenti a exactissima) o come tipo ordinario (con termino antitetico nella culpa levis). Vgl. zum Idealtypus des bonus paterfamilias COING, SZ 69 (1952) 51; KASER II 257 f.; LUZZATTO a. a. O. 55; SERTORIO 118 ff.

[73] Vgl. oben Fn. 66 und KASER a. a. O.

[74] Ulp D 19, 1, 13, 6.

[75] Gai D 19, 2, 25, 7.

[76] MARTON, AcP 162 (1963) 8.

[77] Vgl. aber oben Fn. 65.

eines Idealtypus verbergen sich unwiderlegbare Schuldvermutungen[78], weil davon ausgegangen wird, daß der bonus paterfamilias und damit der angesprochene durchschnittliche Mitbürger nicht sorgfältig genug war.

In der Umwandlung der custodia in eine Haftung für die Verletzung einer diligentia in custodiendo unter Beibehaltung der klassischen Entscheidungen sind Ansätze für eine culpa levissima enthalten[79]. Sobald nämlich erkannt wurde, daß die klassischen Entscheidungen in einem Schuldsystem nur dann einen Platz behalten können, wenn eine Sorgfalt gefordert wird, die der durchschnittliche bonus paterfamilias nicht mehr erbringt, folgt dieser Schritt nahezu mit Notwendigkeit. Von dieser Einsicht her mußten einem retroaktiven Verständnis der Quellen Wendungen wie exactissima diligentia oder diligentissimus paterfamilias als Ausdrücke für eine culpa levissima erscheinen.

(2) Folgerungen aus dem dreiteiligen Utilitätsprinzip.

Einem solchen Verständnis kommt ferner das Utilitätsprinzip zu Hilfe[80]. Bei Gaius[81] dienen Utilitätserwägungen zur Feststellung, ob in einer Rechtsbeziehung custodia oder dolus zu vertreten ist, bei Modestin[82] zur Rechtfertigung einer uneingeschränkten culpa-Haftung. Anhand von zwei Fragmenten[83] soll die Fortbildung dieses Prinzips im nachklassischen und justinianischen Recht gezeigt werden.

In Gai D 13, 6, 18 pr wird zwischen dem commodatum gratia accipientis, bei dem die Sorgfalt eines diligentissimus paterfamilias zu

---

78 Die erkennbare Einschätzung des Gesetzgebers, des Autors entscheidet also darüber, ob in einem bestimmten System eine Regelung als Fiktion oder unwiderlegbare Vermutung zu bewerten ist; freilich muß sich die Wertung im Rahmen der Sachvernunft bewegen. Wenn davon ausgegangen wird, daß ein bestimmter Erfolg regelmäßig schuldhaft verursacht wird, so bietet sich eine unwiderlegbare Vermutung an; soll trotz deutlicher Schuldlosigkeit gehaftet werden, so eine Fiktion (vorausgesetzt, das System beruht auf grundsätzlicher Schuldzurechnung). — Die italienische Lehre nimmt presunzioni legali an; vgl. LUZZATTO a. a. O. 55, 59, 72, Fn. 48, 93, anders 70, wo von fictiones di culpa gesprochen wird; DE ROBERTIS, Studi Francisci IV 419. Siehe noch MARTON a. a. O. 3, ihm schwebt eine „fiktionsartige Präsumtion" vor.

79 Der Sache nach ebenso JÖRS-KUNKEL 179; KASER II 256; ROSENTHAL, SZ 68 (1951) 237; PASTORI 237 ff.; SOLAZZI, IURA 6 (1955) 261 ff.

80 Vgl. bes. ARANGIO-RUIZ 29 f.; BETTI, Istituzioni II 1, 377 ff.; KASER II 254; KÜBLER, Festg. Gierke II 237 ff.; SZ 38 (1917) 73 ff.; KUNKEL, SZ 45 (1925) 312 ff.; NÖRR, SZ 73 (1956) 68 ff.

81 Gai inst III 205 f.; ebenso bei Ulp D 13, 6, 10, 1, anders in den übrigen Ulpian-Fragmenten.

82 Modestin Coll X 2.

83 Aus Raumgründen muß auf eingehendere Ausführungen verzichtet werden. Zu den actiones contrariae vgl. Afric D 47, 2, 62, 3 ff.; dazu KÜBLER a. a. O.

erbringen ist und dem commodatum gratia utriusque, bei dem die culpa dieselbe aestimatio erfährt wie im Falle der pignus- oder Dotalhaftung, unterschieden. Der Autor des Fragments hat es für richtig gehalten, das normale commodatum mit einer strengen aestimatio der culpa zu versehen.

Drei[84] Utilitätskonstellationen werden in Ulp D 13, 6, 5, 2 ff. sichtbar. In § 2 a. a. O. wird der unentgeltliche Verwahrer für dolus solus verantwortlich gemacht, quia nulla utilitas eius versatur apud quem deponitur[85]. Darauf wird erläutert, daß beim venditum, der locatio conductio, der dos, dem pignus und der societas für dolus und culpa gehaftet wird, da hier die utilitas bei beiden Vertragsteilen liege. In § 3 a. a. O. wird zum commodatum dargelegt, daß es meistens allein dem Nutzen des Entleihers dient und deswegen sei die Ansicht des Quintus Mucius durchaus richtig, daß für culpa et diligentia aufzukommen sei.

Als verschiedene Sachverhalte folgen Rechtsbeziehungen mit alleinigem Nutzen des Gebenden (einer Sache), beiderseitigem Nutzen und ausschließlichem Nutzen des Empfangenden aufeinander. Diese Aufgliederung ist nur sinnvoll, wenn die Haftung entsprechend unterschiedlich zu bestimmen ist.

Beim depositum, dem Beispiel für den ersten Sachverhaltstypus, ist für dolus solus einzustehen. Nach Cels D 16, 3, 32 ist die Verletzung der diligentia quam suis seitens eines Nachlässigen darunter zu ziehen, gemäß Gai D 44, 7, 1, 5 die magna neglegentia. Die Haftung reicht somit bis zur culpa lata.

In den Beispielfällen für den zweiten Utilitätstypus, dem venditum und der locatio conductio, haften die Vertragspartner für culpa schlechthin, bis zur culpa levis[86].

Größte Schwierigkeiten bereitet die Bestimmung des Haftungsumfangs beim commodatum gratia accipientis. Im Ulpian-Fragment ist dunkel von culpa et diligentia die Rede. Diesem Binom könnte die Unterscheidung zwischen Begehungs- und Unterlassungssachverhalten zugrunde liegen, letztere würden dann von dem Begriff diligentia erfaßt werden. Dagegen läßt sich einwenden, daß die römischen Ju-

---

[84] In einigen wenigen Fragmenten sind nur zwei verschiedene Sachverhalte berücksichtigt, die Vor- und Nachteilhaftigkeit des Geschäfts für den jeweiligen Vertragspartner; z. B. Ulp D 19, 5, 17, 2 (secundum haec, si cui inspiciendum dedi sive ipsius causa sive utriusque, et dolum et culpam mihi praestandam esse dico propter utilitatem, periculum non: si vero mei dumtaxat causa datum est, dolum solum); dazu Nörr, SZ 73 (1956) 88.

[85] Vgl. Ulp D 13, 6, 5, 10, beim commodatum gratia dantis werde ebenfalls nur für dolus gehaftet.

[86] Völlig abweichend Sertorio 61 ff. et passim, der die diligentia quam suis als den klassischen Haftungsmaßstab für diesen Typus hält.

risten es immer für nötig befunden haben, eine Einschränkung auf Begehungen ausdrücklich hervorzuheben[87].

Die grundsätzliche Gleichwertigkeit von Begehungen und Unterlassungen im Kontraktsbereich geht am deutlichsten aus Paul D 50, 17, 121 (qui non facit quod facere debet, videtur facere adversus ea, quia non facit) hervor. Aufschlußreich ist ferner Ulp D 27, 3, 1 pr (in omnibus quae fecit tutor, cum facere non deberet, item in his quae non fecit, rationem reddet hoc iudicio, praestando dolum, culpam et quantam in suis rebus diligentiam). Beide Verhaltensformen sind in gleicher Weise unter dem Gesichtspunkt des dolus und der culpa zu würdigen. Den letzten Zweifel behebt Proc D 18, 1, 68 pr: Bezüglich der Nebenpflicht des Verkäufers, den Mietzins vom Mieter einzutreiben, wird ausgeführt, non solum bonam fidem, sed etiam diligentiam praestare debere, id est non solum aut a te dolus absit, sed etiam ut culpa[88].

Durch den Zusatz et diligentia[89] wird verdeutlicht, daß eine positive Sorgfaltspflicht zu erbringen ist[90]; Ulp D 50, 17, 23 (in his quidem et diligentiam) liefert hierfür einen Beweis. Es wird klargestellt, daß Sorgfalt anzuwenden ist. An eine Aufnahme einer noch nicht erfaßten culpa in omittendo ist dabei nicht gedacht.

Die Zusammenstellungen culpa et diligentia oder et custodia oder gar et diligentia et custodia[91] werden häufig durch spätere Glossen

---

[87] Vgl. zur Haftung aus der stipulatio Paul D 45, 1, 91 pr; dazu KRELLER 300; LUZZATTO, BIDR 63 (1960) 120, Fn. 152; MAYER-MALY, IURA 7 (1956) 9ff.; Eine Haftung für Unterlassungstatbestände wird ausdrücklich erwähnt, falls Zweifel auftauchen konnten; siehe Ulp D 3, 5, 5, 14, zur Verantwortlichkeit des negotiorum gestor; dazu SACHERS, SDHI 4 (1938) 320ff.

[88] Dazu ARANGIO-RUIZ 175ff.; SERTORIO 82, 84.

[89] Das gleiche gilt für et custodia.

[90] JÖRS-KUNKEL 179; KASER II 256, Fn. 19; KRELLER 302; KUNKEL a. a. O. 297; MARTON, RIDA 3 (1949) 188; PARIS 205; Pastori 344f.; SIBER 244f.; ARANGIO-RUIZ 172 unterscheidet: Im klassischen Recht habe diligentia die Bedeutung von attività, bei Justinian des massimo grado di coscienziosità. BETTI, Istituzioni II 1, 383f. hält den Zusatz et diligentia für justinianisch, um im Rahmen des dreiteiligen Utilitätsprinzips gegenüber der kommissiven culpa eine gesteigerte Haftungsform feststellen zu können; ähnlich DE ROBERTIS, Studi Betti II 350, Fn. 8 und passim, einschränkend 353, Fn. 20. Von einer ursprünglichen Beschränkung der culpa auf Begehungssachverhalte gehen BUCKLAND-STEIN 557f. im Anschluß an MITTEIS 330ff. aus; ebenso LUSIGNANI II 101. ROSENTHAL, SZ 68 (1951) 220f. folgt der h. L., stellt in Fn. 11 die Frage, ob nicht ursprünglich culpa nur fahrlässiges Handeln i. e. S. erfaßte. SERTORIO 19f. hält das Binom für klassisch; 86f. schließt er sich der Auffassung an, daß et diligentia eine Haftungssteigerung bedeute, eine culpa in non faciendo statuiere; vgl. Übersicht über die Lehre vor 1914 auf den Seiten 88f., Fn. 2.

[91] Ulp D 13, 6, 5, 15.

entstanden sein. Im Einzelfall mag es auch nur ein Hendiadyoin sein, ein Zeichen lateinischer Eloquenz.

Zu prüfen bleibt, ob dieses Verständnis nicht zu vertiefen ist[92]. Es ist nicht dem Zufall zuzuschreiben, daß die Haftung beim venditum schlicht mit culpa umschrieben wird, während bei dem commodatum et diligentia hinzutritt. Über die Verdeutlichung hinaus kann der Zusatz nur die Aufgabe wahrnehmen, einen größeren Haftungsumfang anzugeben, um die Differenzierung zwischen negotia gratia utriusque und gratia accipientis sinnvoll zu machen[93]. Durch den Zusatz sollte erreicht werden, daß ähnlich wie in Gai D 13, 6, 18 pr die aestimatio der culpa zu einer besonderen Betonung der Diligenzpflicht führte. An eine Bestimmung der aestimatio durch den terminus technicus diligentia als Synonym für eine culpa levissima wird nicht gedacht sein.

Das Wort diligentia hatte daher in diesem Zusammenhang die doppelte Aufgabe, die aestimatio der culpa zu klären und gegenüber den negotia gratia utriusque zu verschärfen. Dem dreiteiligen Utilitätsprinzip, wie es uns in Ulp 13, 6, 5, 2 ff. und Gai D 13, 6, 18 pr entgegentritt, korrespondiert somit eine dreifach abgestufte Fahrlässigkeit, ohne daß damit eine technische culpa levissima impliziert wird. Nach den Quellen bleibt es bei der Aufteilung in culpa lata und culpa levis oder besser in culpa dolo proxima und culpa schlechthin. Die aestimatio[94] der culpa schlechthin erfolgt auf eine unterschiedliche Weise, je nachdem ob der Empfangende den alleinigen Nutzen hat oder ihn sich mit dem Gebenden teilt. Im ersten Fall wird eine besondere, über die übliche hinausgehende Sorgfalt des bonus paterfamilias verlangt. Infolgedessen ist im Corpus Iuris noch keine technische culpa levissima entwickelt, jedoch weist das Gesetzgebungswerk Ansätze dafür auf. Sie liegen in der verschärften aestimatio der culpa bei ursprünglichen custodia-Sachverhalten und negotia gratia accipientis[95].

---

[92] Vgl. insbes. ARANGIO-RUIZ 172, allerdings mit einem zu krassen Gegensatz von klassischem und justinianischem Recht.

[93] ARANGIO-RUIZ 30 (si possa pretendere da quello un massimo di responsabilità); LUZZATTO a. a. O. 94; zweifelnd NÖRR a. a. O. 106 (für eine solche hielten sie wenigstens die Scholiasten); zu weitgehend PARIS 320 (il pèse sur le commodataire une obligation à la diligentia diligentissimi, une responsabilité pour culpa levissima); PASTORI 225, Fn. 32, 344 f.; DE ROBERTIS, Studi Betti II 351.

[94] Ausdruck der Quellen: Gai D 13, 6, 18 pr (culpae fiat aestimatio); Ulp D 30, 47, 5 (culpa autem qualiter sit aestimanda).

[95] Beim commodatum z. B. überschneiden sich beide Gesichtspunkte. Zu einem ähnlichen Ergebnis gelangen LUZZATTO, BIDR 63 (1960) 58 ff.; PASTORI a. a. O. und 237 ff.

2. *Der Haftungsumfang bei der actio directa in den contractus von Ulp D 50, 17, 23*

Zur Verdeutlichung der Bedeutung der einzelnen Fahrlässigkeitsarten und -stufen sollen in einem Überblick die eine Reihe ausgewählter Rechtsbeziehungen betreffenden Ausdrücke der Quellen kritisch zusammengestellt werden. Bis auf die wenig bedeutsame rerum communio sind alle contractus aus D 50, 17, 23 behandelt. Diese Darstellung ist ferner für das Verständnis der Interpretationsversuche durch die Glossatoren und Kommentatoren unentbehrlich, da auch noch bei ihnen die Kasuistik eine größere Rolle als die Systematik spielt.

a) commodatum

Nach Ulp D 13,6, 5, 3, und D 50, 17, 23 hat der Entleiher culpa et diligentia[96], nach Gai 13, 6, 18 pr diligentia diligentissimi, bzw. exactissima diligentia custodiendae rei gemäß D 44, 7, 1, 4 zu erbringen. Der Zusatz et diligentia und die Superlative erwecken den Eindruck einer Haftungssteigerung gegenüber einer culpa-Verantwortlichkeit. Andererseits begegnen in anderen Digestenfragmenten Ausdrücke, die nicht in dieses Bild passen, z. B. culpa[97], diligentia[98], cura et diligentia[99], custodia[100], custodia diligens[101].

Der Sprachgebrauch der Institutionen bringt keine Klärung. Sie weisen culpa[102], exacta diligentia custodiendae rei[103] und custodia[104] auf. Ebenso wie in den Pauli Sententiae[105] wird der Positiv und nicht der Superlativ verwendet. Ulp D 13, 6, 5, 2 und Gai D 13, 6, 18 pr deuten auf eine verschärfte Haftung des Entleihers hin. Wie bereits dargelegt wurde[106], heben beide Autoren die Haftung beim commodatum gratia accipientis, dem Regelfall, von der Verantwortlichkeit im Rahmen eines negotium gratia utriusque ab und weisen durch den Zusatz et diligentia und den Superlativ auf eine verschärfte Haftung hin. Die Unsicherheit in der Terminologie und das Schweigen in der Mehrzahl der Fragmente zu dieser Frage sind nur durch die Annahme zu erklären, daß zur Zeit der Kodifikation die Entwicklung im Fluß

---

[96] Vgl. auch Ulp D 13, 6, 5, 15 (dolus et culpa et diligentia et custodia).

[97] Ulp D 13, 6, 1, 2; 13, 6, 5, 4 u. 7 u. 13; 13, 6, 10 pr; Gai D 13, 6, 18 pr; 43, 26, 3; 44, 7, 1, 4; Pomp D 13, 6, 23; 13, 1, 16.

[98] Ulp D 13, 6, 5, 9.

[99] Julian D 13, 6, 19.

[100] Ulp D 13, 6, 5, 6 u. 10 u. 14; 13, 6, 10, 1; 19, 5, 17, 4; 47, 2, 14, 10 u. 15; Paul D 18, 6, 3.

[101] Ulp D 13, 6, 5, 5.

[102] I 3, 14, 2.

[103] A. a. O.

[104] I 4, 1, 16.

[105] PS 1, 4, 1.

[106] Vgl. oben 19.

war. Erst spät scheinen einzelne nachklassische Bearbeiter der klassischen Texte den Schritt vom zwei- zum dreiteiligen Utilitätsschema vollzogen zu haben[107], mit der Konsequenz, daß der Entleiher verschärft haftete. Es darf nicht verwundern, daß die Institutionen sich über das Problem ausschweigen. Noch nicht völlig geklärte Einzelfragen sind in einem Einführungswerk nicht zu erwarten[108].

In die Richtung auf eine verschärfte Haftung des Entleihers weist I 3, 14, 4. Zwar ist die Verantwortlichkeit sowohl des Entleihers als auch des Pfandgläubigers in gleicher Weise mit exacta diligentia bezeichnet, jedoch heißt es: sed quia pignus utriusque gratia ... placuit sufficere. Darin klingt der Gedanke an, daß bei einem einseitig vorteilhaften Rechtsverhältnis der Begünstigte schärfer haftet.

Für das commodatum gratia utriusque wird eine culpa-Haftung[109] festgelegt; beim commodatum gratia dantis ist nur für dolus[110] einzustehen.

Ulpian macht in D 13, 6, 5, 4 einen Entleiher dafür verantwortlich, daß er in einer Notlage, vor die Wahl gestellt, die eigenen oder die fremden Sachen zu retten, die eigenen vorzieht. Irgendwelche Einschränkungen fehlen, waren aber möglicherweise ursprünglich vorhanden. Denkbar ist auch, daß Ulpian von einem objektiven Verständnis der diligentia quam suis ausging. Der Schuldner hat eigenen Sachen eine größere Aufmerksamkeit als den fremden zugewandt. Daß er nur eine von beiden Sachen retten konnte, wird nicht beachtet[111].

b) mandatum

Ulpian legt dem Beauftragten, der es unterläßt, den Auftrag durchzuführen, eine Haftung für dolus und culpa lata[112] auf. Dagegen hält er in D 17, 1, 22, 11 die culpa[113] für das richtige Haftungsmaß. Die gleiche Entscheidung trifft er in D 17, 1, 8, 10 für den Fall, daß der Beauftragte den Sklaven bereits gekauft hat, ihn aber so schlecht be-

---

107 Dazu insbes. Nörr, SZ 73 (1956) 106.

108 Vgl. Wenger 494, Fn. 44 (Da die Institutionen dem Anfänger zu dienen bestimmt sind, sind schwierige Partien unerörtert.).

109 Gai D 13, 6, 18 pr.

110 Ulp D 13, 6, 5, 10; 13, 6, 10, 1; 13, 6, 13. Auf die Frage, ob auch culpa lata darunter zu ziehen ist, wird im Zusammenhang mit der Haftung des Verwahrers eingegangen.

111 Dazu neigt auch Brodmann, AcP 99 (1906) 335 f., unter Berufung auf Hasse.

112 Ulp D 17, 1, 8, 10. In den beiden vorhergehenden Paragraphen wird nur der dolus erwähnt.

113 Ulp D 17, 1, 22, 11 (et quidem si is cui mandatum est ut aliquid mercaretur mercatus non sit neque renuntiaverit se non empturum idque sua, non alterius culpa fecerit, mandati actione teneri eum convenit).

wacht, daß er entfliehen kann[114]. Unterläßt es der Beauftragte, sich beim Kauf des Sklaven über dessen Gesundheit zu unterrichten, so gilt dasselbe[115].

Nach D 17, 1, 29 pr macht Ulpian den Beauftragten dafür verantwortlich, daß er es wissentlich unterläßt, z. B. die exceptio doli gegenüber einem Gläubiger geltend zu machen: ubi vero ignoravit, nihil est quod ei imputetur. In einer Klammer, die im Widerspruch zu diesem Nachsatz steht, wird dem dolus eine dissoluta neglegentia gleichgesetzt.

In D 17, 1, 10 pr wird der Haftungsumfang beim Auftrag mit dem über das nähere Haftungsmaß nichts aussagenden Ausdruck bona fides, in D 50, 17, 23 pleonastisch mit culpa et diligentia bezeichnet.

Im Codex bietet sich ein anderes Bild. Diokletian und Maximian machen in C 4, 35, 11 den procurator für culpa schlechthin haftbar. In einer ein Jahr später, im Jahre 294 ergangenen Konstitution[116] heißt es sogar: omnem culpam. Konstantin hält in C 4, 35, 21 den Beauftragten dazu an, seine Aufgabe als exactum officium zu betrachten und sich jeder culpa zu enthalten.

Damit ist in diesem Teil des Corpus Iuris die Haftung des Beauftragten gegenüber den Digesten verschärft. Diese Wandlung bezieht sich nicht nur auf den procurator, sondern auch auf den Beauftragten schlechthin, wie es die Konstitution von Konstantin zeigt. Die Klassiker hingegen waren offenbar noch nicht zu einer klaren Lehrmeinung darüber gelangt, wie weit die Anforderungen der bona fides gehen. Paulus und Ulpian widersprechen einander, Ulpian läßt den Beauftragten in den verschiedenen Abschnitten des Auftragsvollzuges unterschiedlich haften. Die eindeutige Entscheidung für eine culpa levis-Haftung in Ulp D 50, 17, 23 ist nur als spätere Veränderung des Fragments erklärbar, da eine solche falsch[117] verallgemeinernde Aussage von Ulpian nicht zu erwarten ist.

In den Fragmenten und Konstitutionen zur Verantwortlichkeit des Beauftragten tritt damit in aller Deutlichkeit die geschichtliche Entwicklung von einer dolus- zu einer culpa-Verantwortlichkeit zu Tage[118].

---

[114] Ulp D 17, 1, 8, 10 (sed et si servus quem emisti fugit, si quidem dolo tuo, teneberis, si dolus non intervenit nec culpa, non teneberis).

[115] Ulp D 17, 1, 10, 1; vgl. auch Paul D 17, 1, 26, 8 (Mela ait non praestaturum id ei mandatorem, nisi posteaquam emisset sine dolo malo eius hoc vitium habere coeperit servus).

[116] Diocl et Maxim C 4, 35, 13.

[117] Denn seiner Ansicht nach sind die einzelnen Phasen des Auftrags unterschiedlich zu bewerten.

[118] Vgl. Watson, mandate 219 ff., dessen Auffassung, nach der die culpa-Haftung in der Mehrzahl der Auftragstypen bereits klassisch ist, von vielen zurückgewiesen wurde; vgl. Gordon, Synteleia Arangio-Ruiz 202 ff.; Kaser, TR 30 (1962) 271 f.; Medicus, Gnomon 35 (1963) 203 f.; Niederländer, SZ 79 (1962) 456.

c) negotia gesta

Scaevola[119] will den Geschäftsführer ohne Auftrag nur für dolus verantwortlich machen. Den gleichen Standpunkt vertritt Ulpian[120] für den Sonderfall, si affectione coactus, ne bona mea distrahantur, negotiis te meis optuleris. Daneben finden sich in den Digesten die Bezeichnungen culpa[121], culpa et diligentia[122], diligentia diligentis patrisfamilias[123], fides et diligentia[124] und die Sorgfalt des vir diligens[125] — Synonyme für eine culpa levis. Werden Geschäfte geführt, die der Abwesende nicht vorzunehmen pflegte, so verschärft sich die Haftung auf den casus[126].

Im Codex haften die successores curatoris im Falle einer Geschäftsführung für culpa lata[127]. In den zwei anderen Konstitutionen, die die Verantwortlichkeit des negotiorum gestor behandeln, finden sich die Ausdrücke culpa levis[128] und omnis diligentia[129].

Die Institutionen schreiben exactissima diligentia[130] vor. Darin drückt sich eine Haftungsverschärfung aus, die sich bereits in dem Reskript Diokletians[131] andeutet. Durch den Ausdruck exactissima (auch exacta?) diligentia wird wahrscheinlich wie in den Digesten eine verschärfte aestimatio der culpa verlangt[132].

d) tutela

Nach Ulp D 26, 7, 7 pr haftet der Vormund, der es unterlassen hat, ein Vermögensverzeichnis aufzustellen, wegen dolus. Aus dieser Entscheidung kann im Umkehrschluß aber nicht gefolgert werden, daß für einen Fahrlässigkeitsgrad nicht einzustehen ist. Bereits im § 2 a. a. O. wird der Vormund, der wenig geeignete Grundstücke aufkauft, für solam latam neglegentiam verantwortlich gemacht, in Ulp D 27, 3, 1 pr ganz allgemein für culpa et quanta in suis rebus diligentia.

---

[119] Scaevola D 3, 5, 8.

[120] Ulp D 3, 5, 3, 9.

[121] Ulp D 21, 1, 31, 4; Paul D 47, 2, 54, 3; 47, 2, 86; Papin D 3, 5, 30, 2; 3, 5, 31 pr; Pomp D 3, 5, 10.

[122] Ulp D 50, 17, 23.

[123] Paul D 10, 2, 25, 16.

[124] Callistr D 49, 14, 3, 5.

[125] Ulp D 3, 5, 3, 9.

[126] Pomp D 3, 5, 10.

[127] Diocl et Maxim C 2, 18, 17.

[128] Diocl et Maxim C 2, 18, 20, 1.

[129] Diocl et Maxim C 4, 32, 24.

[130] I 3, 27, 1.

[131] Vgl. Fn. 128.

[132] Vgl. oben 19.

Die Autoren der übrigen Digestenfragmente umschreiben die Haftung des Vormunds mit culpa[133], culpa et diligentia[134], diligentia[135], diligentia quam bonus paterfamilias suis rebus bona fide praebere debet[136], fides et diligentia[137].

Der Codex enthält die Ausdrücke culpa lata[138], negligentia, quae latae culpae comparari possit[139], lata culpa quae est palam dolus vel manifesta neglegentia[140], incuria et fraus[141], in fraudem vel neglegenter actum[142], culpa seu segnitia[143], culpa[144], dolus vel lata vel levis culpa[145].

Die Institutionen übergehen die Haftung des Tutors. Die Novellen verpflichten den curator (gilt entsprechend für den tutor) zur gubernatio quam in suis[146], nichts zu vernachlässigen[147].

Somit ist der Meinungsstand zur Haftung des Vormunds durch eine verwirrende Zahl von Divergenzen in den Quellen gekennzeichnet. Während in den Digesten häufiger ein Synonym für eine culpa levis anzutreffen ist, begegnen im Codex im größeren Umfange Wendungen mit einer Haftungseinschränkung auf culpa lata.

Es erscheint kaum glaubhaft, daß hier eine Gegensätze ausgleichende Gesetzgebungskommission am Werke gewesen ist. Dies deutet darauf hin, daß zum mindesten dem Ergebnis nach das justinianische Gesetzgebungswerk nur eine autoritative Dokumentation der überkommenen Juristenschriften und Kaiserkonstitutionen war[148].

e) societas

Ulpian läßt in D 17, 2, 63 pr u. 7 den socius nur für dolus haften. In § 7 a. a. O. heißt es ausdrücklich: si tamen non dolo, sed culpa sua

---

133 Ulp D 21, 1, 31, 4; Paul D 47, 2, 86; 27, 7, 8 pr; Papin D 26, 7, 41; 26, 7, 39, 2f. u. 7; 27, 3, 18; Pomp D 26, 7, 61; Scaevola D 26, 7, 57 pr; Modestin D 26, 7, 32, 1.

134 Ulp D 50, 17, 23.

135 Paul D 47, 2, 54, 3.

136 Callistr D 26, 7, 33 pr.

137 Pomp D 27, 5, 4.

138 Diocl et Maxim C 2, 18, 17; 2, 18, 20, 1; Alex C 5, 55, 2.

139 Sev et Alex C 5, 54, 1.

140 Ant C 5, 51, 2.

141 Val Theod et Arc C 5, 35, 2, 2.

142 Gord C 5, 37, 12.

143 Phil C 5, 38, 3.

144 Const C 5, 37, 23.

145 Diocl et Maxim C 5, 51, 7.

146 N 72, 8.

147 N 72, 7.

148 Dazu neigt Mayer-Maly, Synteleia Arangio-Ruiz 885. Nach der Const. Tanta war der Zweck aber ein anderer; die digestierten Juristenschriften sollten harmonisiert werden. Wohl nur die Kürze der Zeit, in der das Corpus Iuris geschaffen wurde, erklärt die äußerst mangelhafte Arbeit der Redaktoren.

facere posse desiit, dicendum est condemnare eum non debere. Paul D 17, 2, 65, 6 stellt keine Haftungsgrenze bei der Gesellschaft auf.

In D 17, 2, 65, 9 scheint sich Paulus für eine culpa-Haftung des Gesellschafters auszusprechen. Der Erbe eines Gesellschafters hafte bei der Liquidation für dolus und culpa in eo quod ex ante gesto pendet tam ab herede quam heredi praestandum est. Damit sind nicht die zur Auflösung notwendigen Geschäfte gemeint, sondern die vom Erblasser geführten.

Nach Ulpian D 17, 2, 52, 2 haftet der Gesellschafter bis zur culpa levis, allerdings nur unter bestimmten Voraussetzungen: Der eine Gesellschafter verspricht bei Vertragsschluß, ein Werk zu erstellen, ein Handwerk auszuüben, für gemeinsame Rechnung Vieh zu weiden oder Äcker zu bewirtschaften.

Bei dieser Entscheidung hat die Überlegung eine Rolle gespielt, daß unter den geschilderten Bedingungen neben dem Gesellschaftsverhältnis noch ein Dienst- oder Werkvertrag besteht, in dem culpa levis zu vertreten ist. Dazu steht der Schlußsatz des Paragraphen im Widerspruch: quod si rei communi socius nocuit, magis admittit culpam quoque venire. Damit wird die culpa-Haftung nahezu voraussetzungslos, denn regelmäßig wird der Gesellschaft durch Beschädigung ihrer Gegenstände geschadet.

Nach dem wenig präzisen Ulpian-Fragment D 50, 17, 23 zu urteilen, trifft den socius wie andere Schuldner aus negotia gratia „utriusque" eine Verantwortlichkeit für culpa et diligentia. Eine strenge custodia-Haftung wird im soeben erwähnten Schäferfall nach allgemeinen Grundsätzen statuiert, falls die Sachen zum Schätzwert übergeben worden waren.

Gaius[149] hält eine Verantwortlichkeit für diligentia quam suis für richtig, weil, wer einen wenig sorgfältigen socius aussucht, den Schaden sich selbst zuzuschreiben hat.

Die Institutionen kennen lediglich die diligentia quam suis; damit scheint der spät-nachklassische Rechtszustand wiedergegeben zu sein.

Erstaunlich sind die Widersprüche zwischen einzelnen Digestenstellen, die sich nur historisch erklären lassen und verschiedene Stufen einer Entwicklung widerspiegeln — von einer dolus- über eine culpa-Haftung zu einer Verantwortlichkeit für diligentia quam suis.

f) dos

In der Mehrzahl der Digestenstellen wird der Ehemann für culpa[150] (levis) haftbar gemacht. Wie weit diese Haftung gehen konnte, ver-

---

[149] Gai D 17, 2, 72.

[150] Ulp D 13, 6, 5, 2; Paul D 23, 3, 17 pr; 23, 3, 72, 1; 24, 3, 25, 1; 24, 3, 49, 1; Iulian D 23, 3, 49; 24, 3, 30, 1; Pomp D 24, 3, 9; 24, 3, 18, 1; Gai D 13, 6, 18 pr; Iav D 24, 3, 66 pr.

deutlicht Iav D 24, 3, 66 pr. Danach haften die Erben des Gracchus der Licinnia, seiner Witwe, für die bei der Ermordung ihres Erblassers zerstörten Dotalsachen wegen culpa, weil Gracchus den Aufstand schuldhaft herbeigeführt hatte.

Aufgrund von zwei Fragmenten ist der Ehemann jedoch nur für die Verletzung der diligentia quam suis[151] und die immoderata saevitia[152] verantwortlich.

Nach einer justinianischen Konstitution[153] hat der Ehemann die diligentia anzuwenden, qualem circa res suas habere invenitur.

Zwei Erklärungen für das Nebeneinander von culpa und diligentia quam suis in den Digesten bieten sich an: Die Verantwortlichkeit für culpa ist entweder später gemildert worden — dahin geht die weitaus überwiegende Lehre[154] — oder bei der dos ist seit jeher unter dem undifferenzierten Begriff culpa die Verletzung der diligentia quam suis verstanden worden[155]. Für diese These läßt sich nichts Entscheidendes ins Feld führen, während die erstere den Vorteil hat, in die Texte nichts hineinzudeuten. Es ist nicht wahrscheinlich, daß die römischen Juristen in einem Dutzend von Fällen einfach nur die culpa erwähnen, während sie die Verletzung der diligentia quam suis meinen, die nur zwei Fragmente aufweist. Die Entscheidung z. B. zum Gracchenaufstand läßt es auch an jeder Berücksichtigung der persönlichen Eigenschaften des Ehemanns fehlen.

g) emptio venditio

Ulpian läßt in D 19, 1, 11, 15 ff. und D 19, 1 13 den Verkäufer nur für dolus haften, wenn er fremde oder mangelhafte Sachen veräußert, sofern von der auf besonderer Rechtsgrundlage stehenden Auktoritätshaftung abgesehen wird.

---

151 Ulp D 24, 3, 24, 5; Paul D 23, 3, 17 pr.

152 Ulp D 24, 3, 24, 5.

153 Iust C 5, 14, 11, 4.

154 Arangio-Ruiz 49, 60, Fn. 1, 69, Fn. 1, 257, 268; Betti, Istituzioni II 1, 403; Jörs-Kunkel 180; Kaser II 258 f.; Kübler, Festg. Gierke II 252; Ourliac-Malafosse 172, anders nur für den socius, bei ihm wäre die Haftung durch das Einfügen der diligentia quam suis in den Text verschärft worden, vgl. dazu oben 9 ff.; de Robertis, resp. del tutore 13, vgl. aber oben; Wolff, IURA 6 (1955) 55. Sertorio 105 ff. entwickelt eine weitgehend abweichende Meinung. Im klassischen Recht (204 f.) habe die diligentia quam suis die Haftung gemildert, unter Justinian dagegen verschärft.

155 Dazu tendiert Nörr, SZ 73 (1956) 105, Fn. 144.

Pomponius[156] dagegen stellt die dolus-Verantwortlichkeit unter die Voraussetzung, daß der Verkäufer weder bestimmte Eigenschaften noch allgemein eine einwandfreie Beschaffenheit des Kaufgegenstandes zugesichert hat.

Von der grundsätzlichen dolus-Haftung weicht Ulpian[157] bei Nebenpflichten des Verkäufers ab. Hat er rückständigen Mietzins für den Käufer einzufordern, dann erweitert sich die Haftung auf culpa levis. Bezüglich Beschädigungen der Kaufsache in der Zeit zwischen Abschluß des Spezieskaufs und Übergabe der Sache gehen Labeo und Paulus davon aus, daß für culpa[158] einzustehen ist.

Scheinbar ohne Einschränkung macht Paulus in D 18, 6, 3 den Verkäufer für eine diligentia exactior quam in suis rebus verantwortlich. Aus dem Zusammenhang ergibt sich jedoch, daß die Haftung des Weinverkäufers zwischen Abschluß des Kaufvertrages und Abfüllen des Weines behandelt wird.

Größere Schwierigkeiten verursacht die Wendung custodiam autem venditor talem praestare debet, quam praestant hi quibus res commodata est. Ein Widerspruch zum dreiteiligen Utilitätsprinzip läßt sich nicht leugnen. Erklärbar ist der Text nur dadurch, daß er in eine historische Entwicklungskette eingegliedert wird. Zur Zeit des Paulus wird das Utilitätsprinzip — zumindestens teilweise — noch zweiteilig gewesen sein, so daß negotia gratia solus accipientis und negotia gratia utriusque hinsichtlich der haftungsrechtlichen Folgen nicht getrennt wurden[159].

Auf die besonderen Probleme im Zusammenhang mit der Gefahrtragung beim Weinkauf[160] kann hier nicht eingegangen werden.

---

[156] Pomp D 19, 1, 6, 4 (Si vas aliquod mihi vendideris et dixeris certam mensuram capere vel certum pondus habere, ex empto tecum agam, si minus praestes. Sed si vas mihi vendideris ita, ut adfirmares integrum, si id integrum non sit, etiam id, quod eo nomine perdiderim, praestabis mihi: si vero non id actum sit, ut integrum praestes, dolum malum dumtaxat praestare te debere), vgl. auch § 8 a. a. O.

[157] Ulp D 19, 1, 13, 16 (In his autem, quae cum re empta praestari solent, non solum dolum, sed et culpam arbitror: nam et Celsus libro octavo digestorum scripsit, cum convenit, ut venditor praeteritam mercedem exigat et emptori praestet, non solum dolum, sed et culpam eum praestare); ebenso Pomp D 18, 1, 68 pr.

[158] Labeo (Paul) D 19, 1, 54 pr; ebenso Alf Var D 18, 6, 12. Paulus spricht in D 39, 2, 18, 9 von custodia, in D 39, 2, 38 pr von omnis culpa. Gaius läßt den Verkäufer beim Weinkauf diligentia bis zum Abfüllen leisten, D 18, 6, 2, 1; vgl. ferner Gai D 18, 1, 35, 4.

[159] Vgl. die Zusammenfassung bei Nörr, SZ 73 (1956) 118.

[160] Dazu die ersten sechs Fragmente des Titels D 18, 6. Der Erbschaftskauf bleibt ebenfalls außer Betracht, darüber Titel D 18, 4.

In den Institutionen wird der Verkäufer schlicht für culpa[161] verantwortlich erklärt, bei versprochener custodia[162] für den casus.

Den gleichen Schluß lassen die stark überarbeiteten Fragmente D 13, 6, 5[163], D 13, 6, 18[164] und D 50, 17, 23 zu. Damit ist anzunehmen, daß im justinianischen Recht der Käufer für culpa levis haftete.

h) pignus

Aufgrund der Quellenaussagen kann kein Zweifel daran bestehen, daß der Pfandgläubiger für culpa levis haftet. Die Ausdrücke culpa[165], culpa et diligentia[166], diligentia diligentis patrisfamilias[167] und custodia[168] zeugen dafür.

In die gleiche Richtung weisen die Bezeichnungen culpa[169] und custodia[170] im Codex.

Die Institutionen bestätigen mit der Wendung exacta diligentia ad custodiendam rem[171] den Gesamteindruck.

Ulp D 13, 7, 13, 1 könnte den Eindruck erwecken, als ob der Pfandgläubiger ebenso verschärft haftet wie der Entleiher. Es heißt dort: Venit autem in hac actione et dolus et culpa, ut in commodato: venit et custodia: vis maior non venit. Eine Erklärung für diese dem dreiteiligen Utilitätsprinzip widersprechende Textstelle liefert ebenso wie bei der entsprechenden Passage aus dem Kaufrecht nur der Blick auf die geschichtliche Entwicklung des Utilitätsprinzips. Ulpian ist von einem zweiteiligen Utilitätsprinzip ausgegangen; die anderen Fragmente von ihm, aus denen ein dreiteiliges hervortritt, sind somit aller Wahrscheinlichkeit nach überarbeitet. Für einen Auffassungswandel bei Ulpian selbst spricht wenig.

---

[161] I 3, 23, 3; 3, 23, 3 a.

[162] I 3, 23, 3 a (Quod si fugerit homo qui veniit aut subreptus fuerit ... animadvertendum erit, an custodiam eius ad traditionem venditor susceperit. Sane enim, si susceperit, ad ipsius periculum is casus pertinet).

[163] § 2 (sed ubi utriusque utilitas vertitur, ut in empto ... et dolus et culpa praestatur).

[164] Pr (sed videndum est, ne et culpa praestanda sit, ut ita culpae fiat aestimatio, sicut in rebus pignori datis et dotalibus aestimari solet).

[165] Ulp D 13, 6, 5, 2; 13, 7, 13, 1; 13, 7, 25; 39, 2, 15, 30; 47, 2, 14, 6; Paul D 20, 5, 9 pr; 13, 7, 30; Gai D 13, 6, 18 pr; Marcian D 20, 2, 2.

[166] Ulp D 50, 17, 23.

[167] Paul D 13, 7, 14.

[168] Ulp D 13, 7, 13, 1.

[169] Alex C 4, 24, 5 u. 7; Phil C 4, 24, 8; Diocl et Maxim C 8, 13, 19.

[170] Diocl et Maxim C 8, 13, 19.

[171] I 3, 14, 4; vgl. dazu besonders Nörr, SZ 73 (1956) 86ff.

i) locatio conductio

Die Mehrzahl der Quellenstellen, in denen die Haftung des conductor[172] erörtert wird, bezeugt eine Verantwortlichkeit bis zur culpa levis. Wendungen wie culpa[173], culpa et diligentia[174] neglegens in eligendis[175], cura et diligentia[176], custodia[177], dolus et culpa et diligentia et custodia[178] treten auf.

In einer Konstitution von Diokletian und Maximian[179] wird der Haftungsumfang durch dolus et custodia festgelegt. Die Institutionen kennen ebenfalls eine custodia-Haftung[180]. Allerdings zeigt I 3, 24, 5, daß der Ausdruck im Sinne von Obhut, sorgfältiger Bewachung verstanden wird. Ulp D 19, 2, 13, 6; 19, 2, 25, 7 und I 3, 24, 5 scheinen diesem Verständnis entgegenzustehen.

Ulpian läßt in D 19, 2, 13, 6 den fullo haften, wenn auszubessernde empfangene Kleidungsstücke von Mäusen angefressen, Sachen, selbst unwissentlich, verwechselt werden. Als Begründung wird angeführt, daß eben darauf achtzugeben ist. In allen Fällen wird sicher nicht behauptet werden können, daß den Schuldner ein Verschulden trifft. Bei den antiken Wohnverhältnissen und dem Stand der Hygiene konnte Mäusefraß durchaus den Schuldner überraschen, wenn z. B. in einem neuerbauten Gebäude sich plötzlich Mäuse einnisteten. Die in objektiver Weise bestimmte Haftung übersteigt damit das durchschnittliche Sorgfaltsvermögen des bonus paterfamilias, wird aber auf eine Diligenzverletzung zurückgeführt: ab hac re cavere.

In D 19, 2, 25, 7 äußert sich Ulpian zur Haftung eines Unternehmers, der sich im Streitfall mit dem Transport von Säulen befaßt. Er handele nicht schuldhaft, wenn er alles tue, was auch der Allersorgfältigste beobachtet haben würde. Das sei nicht nur auf den Transport von Fässern und Balken, sondern auch auf andere Dinge auszudehnen. Aus diesem Grunde kann die Entscheidung für eine verschärfte Haftung nicht — wie es häufig geschah — mit der Gefährlichkeit dieser locationes conductiones gerechtfertigt werden. Am wahrschein-

---

[172] Oder auch des locator, wenn sich die actio directa ausnahmsweise gegen ihn richtet.

[173] Ulp D 9, 2, 27, 11; 13, 6, 5, 2; 16, 3, 1, 10; 19, 2, 9, 3 u. 5; 19, 2, 11 pr u. 4; 19, 2, 13, 1 u. 8; Gai D 19, 2, 25, 4; Marcian D 20, 2, 2; Labeo D 19, 2, 60, 7; Paul D 9, 2, 6.

[174] Ulp D 50, 17, 23.

[175] Ulp D 9, 2, 27, 9.

[176] Iulian D 16, 3, 19.

[177] Ulp D 19, 2, 41; 47, 2, 12 pr; 47, 2, 14, 17; 47, 2, 48, 4; Gai D 4, 9, 5 pr.

[178] Ulp D 13, 6, 5, 15.

[179] Diocl et Maxim C 4, 65, 28.

[180] I 3, 24, 5; 4, 1, 16.

lichsten ist es, daß eine ursprüngliche custodia-Entscheidung[181] in ein subjektives System transponiert worden ist. Der Superlativ drückt dann die besonders weitgehende Haftung aus. Kaum angängig ist es dagegen, dem Superlativ jede Bedeutung abzusprechen, da eindeutige sachliche Gründe wie bei Ulp D 9, 2, 44 pr nicht erkennbar sind.

In I 3, 24, 5 wird der Mieter von Kleidungsstücken, Silbergegenständen und Zugtieren zu einer custodia verpflichtet, qualem diligentissimus paterfamilias suis rebus adhibet. Anhaltspunkte in der Sachverhaltsschilderung, die auf besondere Umstände des Falles hinweisen, treten nicht hervor. Denkbar sind ein untechnischer Gebrauch des Superlativs oder die Anlehnung an eine Vorlage, die sich mit einem ursprünglichen custodia-Sachverhalt befaßte. Einleuchtender ist wohl das letztere, denn es ist sehr gut möglich, daß in den in I 3, 24, 5 erwähnten Fällen einer Sachmiete im klassischen Recht eine custodia-Haftung bestand. Damit haften im justinianischen Recht der Werkunternehmer und Mieter grundsätzlich für culpa levis. Bei einigen Sachverhalten sind die klassischen custodia-Entscheidungen ohne sachliche Änderung als Verletzung einer Sorgfaltspflicht aufrechterhalten geblieben.

Bei der Aufbewahrung von Sachen durch nautae, caupones, stabularii verschärft ein Edikt die Haftung auf die casus minores[182]. Die ursprünglich absolute Haftung ist durch eine exceptio des Labeo[183], mittels deren die vis maior als Haftungsbefreiungsgrund eingewandt werden kann, beschränkt worden.

k) depositum

In den Digesten wird der Verwahrer regelmäßig nur für den dolus[184] verantwortlich gemacht. Darüber hinaus hat er nach einigen wenigen Fragmenten für ein factum dolo proximum[185], latior culpa[186], magna neglegentia[187], einzustehen. Im Codex liegt die Haftungsgrenze bei der culpa lata[188].

---

[181] Vgl. dazu nur MAYER-MALY, locatio conductio 28 f.; weitere Literaturnachweise im Ind. Int. zu D 19, 2, 25, 7.

[182] Ulp D 4, 9, 3, 1 (at hoc edicto omnimodo qui recepit tenetur, etiamsi sine culpa eius res periit vel damnum datum est, nisi si quid damno fatali contingit).

[183] A. a. O. (inde Labeo scribit, si quid naufragio aut per vim piratarum perierit, non esse iniquem exceptionem ei dari); dazu HUVÉLIN 156 ff.; LUZZATTO, BIDR 63 (1960) 56, Fn. 21, mit weiteren Nachweisen; PARIS 12 ff.; PASTORI 307; SARGENTI, SDHI 20 (1954) 149 f.

[184] Ulp D 13, 6, 5, 2; 16, 3, 1, 1 u. 10 u. 20 ff. u. 25 u. 42 f. u. 47; 16, 3, 7, 1; 16, 3, 8, 10 u. 47; 50, 17, 23; Paul D 16, 3, 13 pr u. 1; Iulian D 16, 3, 10; Pomp D 13, 1, 16; Afric D 16, 3, 16; Ner D 16, 3, 18; Marcell D 16, 3, 22; Gai D 44, 7, 1, 5.

[185] Ulp D 16, 3, 7 pr.

[186] Cels D 16, 3, 32.

[187] Gai D 44, 7, 1, 5.

[188] Alex C 4, 34, 1.

In den Institutionen werden nur die Ausdrücke dolus solus[189] und dolus malus[190] verwandt. Das könnte dazu verführen, an eine Haftungsmilderung zu glauben. Es ist jedoch nicht anzunehmen, daß die wohl in der Nachklassik auf culpa lata verschärfte Haftung wieder gemildert worden ist. Sonst wären die Texte, aus denen eine culpa lata-Haftung hervorgeht, sicher nicht so zahlreich. Die Autoren der Institutionen werden die culpa lata nicht erwähnt haben, weil sie Selbstverständlichkeiten nicht betonen und das Einführungswerk nicht zu stark mit Einzelheiten belasten wollten.

Wer sich angeboten hat, die Verwahrung zu übernehmen, steht für culpa et custodia[191] ein.

l) precarium

Zur Haftung des Prekaristen nimmt nur Ulpian in den Digesten Stellung. Er läßt ihn bis zur culpa dola proxima[192], culpa lata[193] haften. Im wenig aufschlußreichen weil zu sehr schematisierenden Fragment D 50, 17, 23 ist lediglich der dolus erwähnt.

Vom Utilitätsprinzip sei abzuweichen, cum totum ex liberalitate descendat eius qui precario concessit et satis sit, dolus tantum praestetur[194].

§ 2. *Übersicht über die spätbyzantinische Rechtsentwicklung*

In einem kurzen kritischen Referat sollen die Entwicklungstendenzen nachgezeichnet werden, die das spätbyzantinische Recht charakterisieren. Zwar haben die byzantinischen Juristen erst vermittels der humanistischen Jurisprudenz einen beschränkten Einfluß auf die kontinental-europäische Rechtsentwicklung gewonnen, es ist aber von größtem Interesse zu wissen, welche Wege sie bei der Interpretation der teilweise widersprüchlichen und unklaren Quellen einschlugen, ob ihre Resultate denen der Glossatoren und Kommentatoren vergleichbar sind.

1. *Vertieftes Verständnis einzelner Texte auf dem Hintergrund des dreiteiligen Utilitätsprinzips*

In einer Scholie zu B 60, 12, 12 pr (= Ulp D 47, 2, 12 pr = Gai inst III 205)[195] wird erklärt, daß der fullo und der sarcinator bei einem Diebstahl die actio furti betreiben können, weil sie exacta diligentia zu leisten haben: denn die Geschicklichkeit des Diebes über-

[189] I 4, 1, 4, 3.
[190] I 4, 1, 17.
[191] Ulp D 16, 3, 1, 35.
[192] Ulp D 43, 26, 8, 3.
[193] Ulp D 43, 26, 8, 6.
[194] Ulp D 43, 26, 8, 6.
[195] Vgl. Arangio-Ruiz 88 ff.

winde die media[196] diligentia, aber nicht die exacta. Es dürfe aber nicht angenommen werden, daß der fullo und sarcinator für exacta diligentia einstehen; vorgestellt sei z. B. der Fall einer aestimatio. Denn nach der Vertragsnatur werde nur für media diligentia gehaftet.

Diese Ausführungen beweisen den Sieg des Utilitätsprinzips über die kasuistischen Abwägungen der klassischen Juristen, bei denen das Prinzip nur eine heuristische Bedeutung besaß. Zu dem Binom culpa et diligentia von Ulp D 13, 6, 5, 3 legen die Scholien[197] dar, daß et diligentia als diligentia diligentissimi oder als custodia diligentissimi zu verstehen sei.

In beiden Fällen ist gegenüber den Digesten ein gedanklicher Fortschritt feststellbar[198]. Die im Corpus Iuris unklaren Begriffe custodia und et diligentia sind mit Hilfe des Utilitätsprinzips präzisiert. Die culpa (ohne Zusatz) in Ulp D 13, 6, 5, 3 wird als Verletzung einer media diligentia betrachtet, in et diligentia ein Hinweis auf eine gesteigerte Sorgfalt, auf die exacta diligentia gesehen[199].

In ähnlicher Weise wird der in den Digesten mehrdeutige Ausdruck custodia in Ulp D 47, 4, 12 pr als exacta diligentia verstanden, gleichzeitig die Aussage der Digesten, bzw. Basiliken so eingeschränkt, daß keine Kollision mit dem dreiteiligen Utilitätsprinzip auftritt. Der Vorwurf begrifflicher Unschärfe kann somit nicht an alle Scholienverfasser gerichtet werden.

2. *Abstufung der Sorgfalt*

Wenn nachweisbar ist, daß den spätbyzantinischen Juristen neben der exacta und der media diligentia noch eine dritte Sorgfaltsart bekannt ist, die im dreiteiligen Utilitätsprinzip neben dem dolus erscheint, so steht fest, daß sie der Sache nach kein anderes System besitzen als die Glossatoren und Kommentatoren. Denn ob eine exacta diligentia gefordert wird, die bei jedem Diebstahl verletzt ist, oder eine culpa levissima statuiert wird, falls die Sache gestohlen ist, läuft auf

---

[196] Zur media diligentia NÖRR, SZ 73 (1956) 110, Fn. 161; Turiner Institutionenglosse zu I 3, 25, 9 (culpae nomine: nota quando uterque pars ex contractu lucratur, nec tamen media diligentia exigitur).

[197] Fundstellen bei NÖRR a. a. O. 107 ff., besonders 107, Fn. 150 — hier nicht wiedergegeben, um keine griechischen Wörter in den Text aufzunehmen.

[198] Das leugnet NÖRR a. a. O. 113 teilweise, indem er behauptet, es wäre den Byzantinern nicht gelungen, die Verbindung zwischen Haftungsschema und dreiteiligem Utilitätsprinzip herzustellen. Richtig ist, daß es den meisten byzantinischen Juristen in einigen Scholien, wegen der Tücke der Texte aber, z. B. von I 3, 14, 4, nicht in allen gelungen ist.

[199] Wohl in Parallele zu Gai D 44, 7, 1, 4; I 3, 14, 2.

dasselbe hinaus[200]. Wie die eingehenden Untersuchungen von Nörr erwiesen haben, besteht bei den spätbyzantinischen Juristen die Tendenz, die culpa lata dem dolus zuzuschlagen. Im Gegensatz zu dem großen Interesse für die media und exacta diligentia ignorieren die Scholienverfasser oft Ausführungen zur culpa lata in den Digesten oder Basiliken[201]. Falls auf sie eingegangen wird, bleibt es bei einer Übersetzung. Der Sache und dem Begriff nach ist ihnen die culpa lata als grobe Sorgfaltsverletzung bekannt und sie umschreiben sie wie die römischen Juristen mit nimia (magna) neglegentia[202].

3. *Einordnung der diligentia quam suis*

Den byzantinischen Autoren ist es mißlungen, die diligentia quam suis in das dreiteilige Utilitätsprinzip einzuordnen[203]. Sie konnten die Schwierigkeiten nicht überwinden, die das Nebeneinander von klassischen Haftungsverschärfungstatbeständen und nachklassischer Haftungserleichterungsfunktion hervorruft. Wie der Streit der heutigen Wissenschaft, der ebenfalls keine abschließende Klärung gelungen ist, über diese Fragen zeigt, gereicht es ihnen kaum zum Vorwurf.

4. *Weiterbildung des Utilitätsprinzips in Anwendungsbereich und Rechtsfolgen*

Die unterschiedlichen Rechtsfolgen ergeben sich beim Utilitätsprinzip somit durch die verschieden starke Sorgfaltspflicht. Bei negotia gratia accipientis ist neben dem dolus für culpa lata einzustehen, für das Nichterbringen einer ganz geringen Sorgfalt[204]. Das negotium gratia utriusque führt zur Haftung für die Verletzung der media diligentia. Hat nur der Empfänger einen Vorteil, so ist dem Grundsatz nach für die Verletzung der exacta diligentia aufzukommen.

Der Sache nach haben somit die byzantinischen Juristen den Schritt zur Dreiteilung der Fahrlässigkeit vollzogen, indem sie in einer Reihe von Texten die Sorgfaltsanforderungen dreifach stuften. Daß der Komplementärbegriff culpa nicht entsprechend drei Unterteilungen[205]

---

[200] Diese Einsicht ist keinesfalls neu; vgl. Bargalius 5, 1, 19 (429 ff.): „ut distinctis his nominibus (nämlich lata, levis und levissima) facilius discernatur, quando mediocris, quando temperata, quando exactior diligentia requiratur".

[201] Nörr 40 f.

[202] Nörr 39 ff.; Kunkel a. a. O. 267 meint, die Unterscheidungen der Basilikenjuristen hätten Cujas dazu inspiriert, eine minima diligentia zu bilden.

[203] Kunkel a. a. O. 313 f.; Nörr, SZ 73 (1956) 110 ff.

[204] Ebenso wie im römischen Recht ist nicht von einer minima diligentia, sondern von einer nimia neglegentia die Rede. Die vom Schuldner in einem solchen Fall aufgewandte Sorgfalt erschien wohl als so gering, daß der Sachverhalt besser durch eine Neglegenzumschreibung erfaßt wurde.

[205] Nörr 45 f.

aufweist, ist ein terminologisches Moment. Mehrere Gründe lassen sich dafür anführen. Die geringe Begriffsbildung im byzantinischen Recht kann auf Unvermögen oder Desinteresse zurückgehen[206]. Möglicherweise ist das Beharren auf bereits dem Corpus Iuris bekannten Wendungen mit dem Kommentierungsverbot zu erklären. Es sollte wenigstens der Schein wortgetreuer Übersetzungen und textmäßiger Erläuterungen gewahrt werden[207]. Ferner ist der Weg, anstelle besonderer Fahrlässigkeitsgrade lediglich unterschiedlich starke Sorgfaltsanforderungen zu stellen, deren Verletzung gleichmäßig mit dem Ausdruck culpa bezeichnet wird, durchaus gangbar. Dieses System ist unentwickelter als jenes, das entsprechend auch die culpa aufteilt. Sachlich bewältigt es dieselben Sachverhalte, die drei Utilitätskonstellationen. Inhaltlich unterscheidet es sich allenfalls insofern, als der Ausdruck culpa levissima eher dazu verführt, über die im justinianischen Recht bereits enthaltene Risikohaftung hinauszugehen[208].

Damit haben die byzantinischen Juristen das justinianische Haftungsrecht unter Verzicht fast auf jede Begriffsneubildung[209] — wenn auch zunächst nur in wenigen Scholien — konsequent weiterentwickelt. Nörr[210] ist daher insofern zuzustimmen, als er sich gegen einen spätbyzantinischen Begriff der culpa levissima wendet. Ihm ist jedoch vorzuwerfen, daß er den ebenfalls möglichen Lösungsweg über ein diligentia exacta nicht erkennt[211], den einige von ihm selbst erörterten Scholien einschlagen.

---

[206] Dazu Luzzatto, BIDR 64 (1961) 373; Nörr 9, 25 u. ö.

[207] Luzzatto, BIDR 64 (1961) 369 f.; Nörr 39.

[208] Bei den Glossatoren ist die Entwicklung anders verlaufen. Der Ausdruck culpa bringt sie dazu, in jedem einzelnen Fall die Verschuldensfrage zu prüfen, wenn auch unter Bezugnahme auf den Idealtypus des diligentissimus paterfamilias, vgl. unten 35 f.

[209] Es ist nicht anzunehmen, daß der Begriff der media diligentia (culpa) von ihnen stammt, denn die Turiner Institutionenglosse (gl zu I 3, 25, 9) gebraucht ihn auch.

[210] Nörr 45.

[211] Nörr 47, Fn. 3 wendet sich gegen einen Unterschied von diligentia exacta und diligentia diligentis, im Widerspruch zu seinen Darlegungen in SZ 73 (1956) 109, wo er ausführt, daß die Scholiasten zu Ulp D 13, 6, 5, 3 et diligentia mit diligentia diligentissimi wiedergeben, darin eine Haftungssteigerung erblicken. Und diese Steigerung bezeichnen sie auch mit diligentia exacta. Daß sich in anderen Scholien Abweichungen und begriffliche Unklarheiten finden, ist kein Gegenbeweis. Wie hier die nahezu einhellige it. Lehre: Luzzatto I 100 f.; de Robertis, resp. del. tut. 60; SDHI 23 (1957) 122, Fn. 17, allerdings mit nicht zu billigendem inhaltlichen Verständnis; dagegen zu Recht Nörr 25, Fn. 1. Vgl. die zutreffende Kritik von Luzzatto BIDR 64 (1961) 370 an Nörr: Ci si potrebbe domandare se una ricerca piu sistematica, e meno vincolata al criterio strettamente terminologico ... Vgl. ferner Lebrun, préface 7 ff., er erkennt, daß das Utilitätsprinzip nur in wenigen Scholien in seiner dreiteiligen Form auftritt.

2. Kapitel: Das mittelalterliche Recht

§ 1. Die Glossatoren

1. Verständnis der einzelnen Fahrlässigkeitsstufen

a) culpa levissima

Die Glossatoren vollziehen nunmehr die terminologische Neuerung: Die exactissima diligentia erhält ihr Gegenstück in der culpa levissima. Dilcher[212] meint, daß erst Accursius dem schon von Bulgarus stammenden Begriff „eine eigene, ihn als Verschärfung der culpa levis darstellende Definition gab, an die er zur Erläuterung Einzelfälle der früheren custodia-Haftung ... anfügt". Der Begriff wird von den Glossatoren bei der Erörterung der Haftung in den einzelnen Rechtsbeziehungen technisch gebraucht. Richtig ist nur, daß uns die erste ausführliche Definition von Accursius überliefert ist. Irnerius[213] lehnt es ab, die culpa levissima zu definieren, cum fortuito casui assimiletur. Einen technischen Begriff gibt es jedoch nicht ohne Inhaltsbestimmung. Für die Glossatoren ist er so selbstverständlich, daß sie ihn regelmäßig nicht mehr klären.

Zur culpa levissima führen sie nicht sprachliche Gründe, wie es die Humanisten glaubten, sondern logische Erwägungen[214]. Sie erklären vielmehr z. B. bei der locatio conductio[215], daß in einzelnen Gesetzen der Superlativ für den Positiv und vice versa stehe[216]. Der Grund hierfür liegt nicht in der Absicht, die Quellen sprachlich zu reinigen. Die Glossatoren schließen aus D 13, 6, 5, 2 ff. und anderen Fragmenten auf

---

[212] DILCHER 76.

[213] IRNERIUS I 4, 3. Die dort zu findenden Erläuterungen des Irnerius widerlegen DILCHER 18; er behauptet, erst ACCURSIUS hätte einen systematischen Überblick über die Zurechnungsstufen gebracht.

[214] Einen klaren Beweis erbringen die EXCEPTIONES PETRI II 23: in re locata non tam levis custodia adhibenda est, ut in deposita, neque tam gravis ut in commodato, sed mediocris, id est talis, qualem bonus paterfamilias in re sua habere solet. Hier ist der terminologische Schritt noch nicht getan, der Sache nach die Fahrlässigkeit, bzw. deren Korrelat diligentia dreigeteilt. Ähnlich IRNERIUS I 3, 14, Fn. a, Scripta Glossatorum I, Additiones 110: ut neque minimam, ut in deposito, neque exactissimam, ut in commodato, sed quodammodo mediam. Ebenso wörtlich BRACHYLOGUS 3, 7.

[215] ACCURSIUS gl diligentissimus zu D 19, 2, 25, 7 u. I 3, 24, 5; IRNERIUS I 3, 24.

[216] Accursius gl exactam zu I 3, 14, 2 (et sic ponitur positivus pro superlativo). Vgl. DILCHER 21.

ein dreiteiliges Utilitätsprinzip und entwickeln konsequent die Rechtsfolgen durch unterschiedlich starke Sorgfaltsanforderungen und den korrespondierend abgestuften Fahrlässigkeitsgraden. Die ursprünglichen Fälle der custodia-Haftung spielen für die Entwicklung des Begriffs der culpa levissima nur geringe Rolle[217]. Sie liefern Material für eine inhaltliche Bestimmung, da sie bei den negotia gratia accipientis im klassischen Recht[218] begegnen, sofern eine Sachübergabe hinzutritt. Auf diesem Wege wird die grundsätzliche Verantwortlichkeit für das furtum und das incendium in die culpa levissima aufgenommen.

Eine eigene Entwicklung durchläuft die Haftung der caupones, nautae et stabularii[219]. Durch die Formulierung etiam si sine culpa[220], die als Bezug auf die culpa levis ausgelegt wird, gelangen sie zur Haftung für culpa levissima, um das Prinzip, daß nur für Verschulden einzustehen ist, zu wahren. Eine abweichende Lehre unter den Glossatoren will gerade diesen Fall anders klären. Unter culpa sei auch die culpa levissima zu ziehen, es heiße omnimodo, ita dicemus inter levissimam culpam et casum fortuitum est invenire medium ei qui recipet[221]. Maffei[222] sieht in diesen Ausführungen den Ausdruck eines objektiven casus-Verständnisses. Während die herrschende Lehre den casus fortuitus durch die Sorgfalt der diligentissimus paterfamilias begrenze, würde die Mindermeinung bestimmte Ereignisse dem casus fortuitus unterstellen, andere zurechnen, z. B. das furtum. Sofern dazu keine culpa levissima geführt habe, handele es sich um das medium, für das der caupo hafte. Diesem Verständnis kann nur mit starken Vorbehalten zugestimmt werden. Odofredus wird erkannt haben, daß einerseits die Quellen das furtum und andere Ereignisse als haftungsbegründend ansehen, andererseits im Verhalten des Schuldners nicht immer wenigstens eine culpa levissima festzustellen ist. Die Zuordnung dieser problematischen Fälle zum casus fortuitus, wie es die meisten Glossatoren tun, führt notwendigerweise zu einer Haftungserleichterung, da in den Quellen stereotyp ausgesprochen wird, daß für den casus fortuitus nicht zu haften ist. Dies will er vermeiden, um den Quellen gerecht zu wer-

---

217 A. A. Dilcher 75.

218 Vgl. Fn. 62.

219 Dazu Maffei 23 ff., mit weiterer Literatur.

220 Ulp D 4, 9, 3, 1.

221 Odofredus D 4, 9, 3, 1; unter C 4, 24, 6 definiert er den Zufall als casus, qui nullo remedio vel ingenio hominum praevideri possunt. Das furtum sei nicht dazu zu rechnen, da es vorhersehbar wäre, wie D 17, 2, 52, 3 beweisen. In einer Glosse zu dieser Digestenstelle schränkt er seine Aussage ein und gibt zu, daß ein Diebstahl nicht immer schuldhaft verursacht zu sein braucht. Nur unter dieser Voraussetzung ist der Begriff eines medium sinnvoll. Gegen ein medium Accursius gl etiam si sine culpa zu D 4, 9, 3, 1; Azo XII gl cum praevideri non potuerant zu C 4, 24, 6.

222 Maffei 22 ff.; vor ihm ähnlich z. B. Stucki 12.

den. Daraus auf eine andere casus-Auffassung zu schließen, ist sehr gewagt. Odofredus nimmt lediglich aus dem casus fortuitus Sachverhalte heraus, um sie in einigen Rechtsbeziehungen zurechnen zu können. Er engt den casus-Bereich ein, faßt den Begriff aber nicht objektiver als andere, da, abgesehen von den spezifischen Fällen des furtum, sein medium nicht bedeutsam ist, weil auch nach seiner Lehre die culpa levissima oder levis oder lata den Zurechnungsbereich abgrenzt.

Drei Arten von Bestimmungsversuchen sind erkennbar, die nicht selten miteinander kombiniert werden. Die einen erläutern die Fahrlässigkeitsstufe mit Beispielen. Accursius[223] schreibt z. B.: unde furtum fieri non potest ... vel incendium nasci. Andere sehen in der culpa levissima das Fehlen der exactissima diligentia[224] oder das Nichterbringen der Sorgfalt des diligentissimus paterfamilias[225]. Blanosco schließlich geht eigene Wege und wählt die Umschreibung defectum summae sapientiae[226]. In zwei frühen Glossatorenschriften[227] wird jede Definition abgelehnt, cum fortuito casui assimiletur.

Ein Teil der Glossatoren subjektiviert die bei der culpa levissima vorzunehmende Zurechnung wohl in einem weitergehenden Umfang als die justinianischen Juristen[228]. Was vielleicht schon in den Institutionen für die Haftung des Pfandgläubigers ausgesprochen ist, in der Turiner Institutionenglosse[229] ausgeführt wird, erkennt diese Lehre an: Das furtum und das incendium werden nicht immer schuldhaft verursacht[230]. Eine bereits erwähnte Minderheit[231] gelangt beim schuldlosen furtum über das medium zur Zurechnung.

---

[223] gl etiam si sine culpa zu D 4, 9, 3, 1; gl surreptum sit zu D 17, 2, 52, 3; gl debet zu I 3, 14, 3; gl vel alio fortuito zu C 4, 34, 1. Ähnlich Incerti Auctoris Ordo Judiciarius, Pars Secunda, IV. De commodato, § 13; Odofredus C 4, 24, 6. Dazu Maffei 20, Fn. 25.

[224] Accursius gl diligentissimus zu D 19, 2, 25, 7; gl contractus zu D 50, 17, 23; Rogerius C 4, 25 (113).

[225] Accursius a. a. O.; Brachylogus 3, 5; Odofredus D 13, 6, 5, 2.

[226] Blanosco, fol. 224 (deficere sapientia, quae in hominum natura soleat reperiri ... et adeo diligens est hodie, secundum quod fuit retro; in eo tamen consistit, quod per defectum summae sapientiae se habuerit).

[227] Incerti Auctoris Ordo Judiciarius a. a. O.; Irnerius I 4, 3.

[228] Bei den ursprünglichen custodia-Sachverhalten.

[229] gl fortuito zu I 3, 14, 4.

[230] Accursius gl vel alio fortuito zu C 4, 34, 1; gl surreptum sit zu D 17, 2, 52, 3; a. A. vielleicht gl debet zu I 3, 14, 3; Azo XII gl cum praevideri ... zu C 4, 24, 6; Incerti Auctoris Ordo Judiciarius a. a. O.; Odofredus D 17, 2, 52, 3 (sed verius est ut posset fieri sine culpa); dazu Maffei 19 f., insbes. 20, Fn. 25, der von Odofredus fälschlich behauptet, daß er das furtum überhaupt aus den casus fortuiti aussondert. Maffei kennt nur Odofredus C 4, 24, 6 (sed furtum ... casus fortuitus non censetur).

[231] Vgl. oben 36 f. Betrifft nur Ausnahmefälle, z. B. die Haftung der nautae, caupones et stabularii.

Damit vollzieht sich der zweite Schritt in der Abkehr vom klassischen römischen Recht. Während die nachklassischen Juristen sich mit einer Abänderung der Terminologie begnügten und die klassische Kasuistik beibehielten, ziehen die Glossatoren die sachliche Konsequenz und prüfen in jedem Einzelfall das Verschulden. Um wenigstens teilweise die klassischen Entscheidungen aufrecht erhalten, das in den Quellen vorgefundene Utilitätsprinzip wahren zu können, benötigten sie ein Fahrlässigkeitsmaß, dessen Sorgfaltsanforderungen der Durchschnittsbürger nicht mehr erbringt[232]. Doch auch dann bleiben Sachverhalte außerhalb des Zurechnungsbereichs, die ursprünglich zu vertreten waren. Odofredus und andere Glossatoren sind bemüht, die entstehende Lücke zu schließen — wegen des damit verbundenen Systembruchs können sie sich aber nicht durchsetzen.

b) culpa levis

Der quellenmäßig belegte Ausdruck culpa levis[233] wird nicht immer richtig verstanden. Große Schwierigkeiten bereitet die Einordnung der diligentia quam suis.

Für die Glossatoren ist die culpa levis die eigentliche culpa. Ebenso wie sie den Ausdruck culpa in den Quelle — sofern das Utilitätsprinzip sie nicht zu einer anderen Auslegung zwingt — als culpa levis verstehen[234], gebrauchen sie in ihren Glossen[235] das Wort mit dieser Bedeutung.

Am häufigsten erscheint als Idealtypus, der die culpa levis vermeidet, der diligens (bonus) paterfamilias[236]. Blanosco[237] unternimmt den Versuch, eine Abgrenzung zur Verletzung der diligentia quam suis zu erzielen. Es handele sich um eine quaedam negligentia ex minorata diligentia procedens, quodcum simplicitur versatur quis in rebus suis et alienis ... et ad eum modum, quem hominum natura communiter exigit. Um die u. a. bei der dos, der societas und dem tutor auftretende diligentia quam suis in diese culpa-Stufe aufzunehmen, bedient er sich einer Distinktion: Zur Zeit der Verletzung müsse diligentia ... simpli-

---

[232] Aus diesem Grunde können sie auch nicht im Sinne der heutigen Terminologie als Anhänger einer subjektiven Fahrlässigkeitsauffassung bezeichnet werden.

[233] Vgl. Fn. 31.

[234] Z. B. Accursius gl etiam si sine culpa zu D 4, 9, 3, 1.

[235] Azo C 4, 37 n 28; Rogerius C 4, 39, 2.

[236] Accursius gl diligentissimus zu D 19, 2, 25, 7; gl custodiam zu D 47, 2, 14 pr; Irnerius I 4, 3; Odofredus D 19, 2, 25, 7; Rogerius C 4, 39, 2; Summa Trecensis IV 24 n 4; vgl. ferner Lo Codi 4, 55, 3; 4, 69, 9; 8, 47, 1 (prudens homo); dazu Leonhard, Festgaben f. Enneccerus 4 mit der unzutreffenden Behauptung, daß das Adjektiv prudens auf einen Anhänger der objektiven Theorie hinweise, die herrschende Lehre mithin der subjektiven Lehre folge, siehe oben Fn. 27.

[237] Blanosco, fol. 224.

citer in rebus alienis et suis geleistet werden, um dem dolus-Vorwurf zu entgehen. Bei der Verletzung der diligentia quam suis als Unterart der culpa levis notanda est quod modo in praesenti non est ita diligens sicut in praeterito erat, scilicet tempore celebrati contractus ... Bemerkenswert ist an seiner Definition, daß er richtig die Wendung ad eum modum quem ... aus Cels D 16, 3, 32 auf die culpa levis bezieht[238]. Odofredus bestimmt die culpa levis in einer Glosse zu D 13, 6, 5, 2 als negligentia[239].

Im Brachylogus[240] wird die culpa levis als Verletzung der exacta, quasi media diligentia[241] bezeichnet.

c) culpa lata

Zweckmäßigerweise sind bei der culpa lata die drei Unterfälle jeweils gesondert zu untersuchen, da die Glossatoren sie teilweise voneinander trennen[242].

(1) nimia neglegentia

Die geringsten Schwierigkeiten verursacht die nimia (magna) neglegentia[243]. Diese culpa lata-Form wird durch Ulp D 50, 16, 213, 2 als id est non intellegre quod omnes[244] intelligunt[245] definiert und im Bereich der vertraglichen und vertragsähnlichen Rechtsbeziehungen immer dem dolus gleichgesetzt[246].

Accursius[247] bezieht fälschlicherweise die Wendung ad eum modum ... aus Cels D 16, 3, 32 auf die nimia neglegentia.

---

[238] Anders Accursius gl contractus zu D 50, 17, 23.

[239] Ebenso Accursius gl debet zu I 3, 14, 3.

[240] Brachylogus 3, 7.

[241] So auch Accursius gl contractus (a. E.) zu D 50, 17, 23; Exceptiones Petri 2, 57; Irnerius I 3, 14, Fn. a, Scripta Glossatorum I, Additiones 110.

[242] Die Arbeiten von Engelmann und Dilcher leiden darunter, daß nicht selten unklar bleibt, was mit culpa lata gemeint ist.

[243] Manchmal erblicken die Glossatoren darin bereits eine Definition für eine undifferenzierte culpa lata; Accursius gl nimia zu D 48, 3, 12 pr; Odofredus D 13, 6, 5, 2.

[244] Vgl. gl intelligunt zu D 50, 16, 223 pr (et subaudi hic, vel maior pars).

[245] Accursius gl debet zu I 3, 14, 3; Azo C 4, 34 n 26; Irnerius I 4, 3; Lo Codi 4, 55, 4; Summa Trecensis 4, 24, 4.

[246] Accursius gl dolum esse zu D 16, 3, 32; gl latae culpae zu D 50, 16, 223 pr et passim; Azo C 4, 34 n 19; anders XII C 4, 34, 1 n 2 (sed lata culpa et dolum idem est, ut Quod Nerva); Irnerius hat in einer Glosse zu D 16, 3, 32 dasselbe behauptet: vere lata culpa dolus est, Operà II 164; Blanosco, fol. 5; Odofredus a. a. O. u. D 16, 3, 32; Placentinus, Mantue 2, 25, 262; Summa Trecensis a. a. O. u. 4, 35, 4. Zum Fragenkreis Engelmann 142 ff.

[247] Nicht aber Azo C 4, 34 n 27, wie Dilcher 33 annimmt.

(2) Verletzung der diligentia quam suis

Die Glosse[248] setzt die culpa latior der culpa lata gleich; es finden sich Äußerungen, die zeigen, daß der Unterschied zwischen beiden culpa lata-Formen — wenn auch schwach — empfunden worden ist. So heißt es, nachdem von der comparatio die Rede war[249]: vel dic: fraude scilicet praesumta. Dieser Äußerung der Glosse sind entsprechende Stellungnahmen früherer Glossatoren vorausgegangen. In der verloren gegangenen Brocarda des Pillius[250] wird ausdrücklich bei der Verletzung der diligentia quam suis von einem dolus praesumtus gesprochen. Der Sache nach gelangt Azo[251] zu demselben Ergebnis. Zur Haftung des horrearius führt er aus: distinguitur enim utrum de suis aliquid amisit an non, sed alienam rem tantum, ut tunc ex conjectura videatur in dolo versari ... ut in D 16, 3, 32. Am schärfsten scheidet Blanosco[252] die nimia neglegentia von der Verletzung der diligentia quam suis. Während er die nimia neglegentia mit quaedam negligentia ex fatuitate procedens[253] umschreibt, zieht er die Verletzung der diligentia quam suis in eine weit gefaßte dolus-Definition. Dolus sei fallax calliditas ad circumveniendum fallendumque alium adhibita, quod in eo consistit, qui in rebus suis et alienis in fallaci animo, non simpliciter conversatur. Er trägt damit in den Begriff ein Absichtselement, das die Quellen nicht aufweisen.

Interessanterweise faßt Blanosco Ulp D 13, 6, 5, 4 als einen Sachverhalt der diligentia quam suis auf. Wer in einer Notlage entweder nur die eigenen oder nur die fremden Sachen retten kann und die seinen

---

[248] Accursius gl latiorem zu D 16, 3, 32. Dazu Dilcher 26 f., 33. Nicht hierher gehört der dolus praesumptus prozessualis der Glosse, vgl. Dilcher a. a. O. In den betreffenden Glossen werden Beweisfragen zugunsten einer dolus-Vermutung gelöst. Am deutlichsten gl exegerit zu D 17, 1, 44: ... et nota quod haec lex fingit dolum, sic et alias ut D 35, 2, 41. Vgl. ferner Blanosco, Ordo Judiciarius, de praesumptionibus.

[249] Accursius gl latiorem zu D 16, 3, 32.

[250] Baldus D 16, 3, 32 nimmt auf sie Bezug. Dilcher 27, Fn. 58 irrt also, wenn er die ersten Ansätze für einen dolus praesumptus bei Azo zu entdecken glaubt. Vgl. Beschütz 89, der jede dolus-Präsumption seitens der Glossatoren leugnet; ebenso Engelmann 143.

[251] Azo XII C 4, 65, 1 n 4; daneben XII C 4, 34, 1 n 2; C 4, 34 n 26. Seine Stellungnahme ist noch unklar, er scheint auch die nimia neglegentia unter den dolus praesumptus ziehen zu wollen.

[252] Blanosco, fol. 224. Dazu Engelmann 144.

[253] quae consistit in eo, quod simpliciter in rebus suis et alienis conversatur, in eo tamen, quod non consulit, quod ad eum modum versatur, quod hominum communitas exigit. Beachtenswert ist, daß Blanosco die natura der Glosse durch communitas ersetzt und damit die Verbindung zu omnes von Ulp D 50, 16, 213, 2 herstellt.

vorzieht, handelt nach heutigem Verständnis[254] wohl nicht vorsätzlich. Bei einer objektiven dolus-Auffassung kann es aber durchaus anders sein[255].

Nicht selten stellen die Glossatoren die Frage[256], ob es auch als Verletzung der diligentia quam suis zu werten sei, falls ein diligentissimus ausnahmsweise nur diligens ist. Sie wird bejaht. Accursius legt in der gl culpam et diligentiam zu D 23, 3, 17 dar, daß hier die Verletzung der diligentia quam suis als culpa levissima zu interpretieren sei, si diligentissimus erat in suis (et hoc quod continuat: sed etiam etc.). Zu dem entgegengesetzten Fall[257], daß ein neglegentissimus dem deponens einen Schaden verursacht, wird ausgeführt, daß er hafte, da er nicht ad eum modum quem hominum natura desiderat, diligens ist. Die Freistellung von der Haftung wegen Verletzung der diligentia quam suis schließt es nicht aus, den Schuldner wegen nimia neglegentia verantwortlich zu machen.

(3) gratia ductus

Besondere Erläuterungen zu den Fällen bewußter Schädigung aus achtbaren Motiven fehlen. Vereinzelt werden sie als Beispiele für Sachverhalte, in denen culpa lata anzunehmen ist, gebracht. Placentinus[258] verdeutlicht z. B. in seiner Summa codicis die culpa lata beim depositum mit ut stulta misericordia ecce enim si depositarius hominem ad malam mansionem extensum, misericordia ductus solverit, egregie tenebitur ...

d) Gleichsetzung von Fahrlässigkeitsgraden

Neben der Gleichsetzung der drei culpa lata-Formen mit dem dolus wird in der Glosse auch die Problematik der aequiparatio der culpa levis und levissima in faciendo mit der culpa lata in non faciendo erkennbar[259]. Zu Pomp D 24, 3, 9[260] wird ausgeführt: non factum vocat factum (unter Bezug auf Paul D 50, 17, 121) ... sed quid si maritus in faciendo commissit culpam levem vel levissimam? Respond. tenetur, ut supra ad legem Aquiliam l. in lege (D 9, 2, 44 pr) et hic

[254] Grundsätzlich würde in einer solchen Notlage die Pflicht zum Handeln entfallen, weil die Vernachlässigung der eigenen Sachen unzumutbar ist. Aber auch darüber läßt sich streiten. Vgl. § 904 BGB.

[255] Deswegen ist ENGELMANN, 144, Fn. 7 nicht zuzustimmen. Vgl. WIEACKER, SZ 54 (1934) 73 f.

[256] ACCURSIUS gl contractus zu D 50, 17, 23; ähnlich Azo C 4, 34 n 25. Gegen die Verantwortlichkeit des diligentissimus BLANOSCO (nach Bartolus D 16, 3, 32); NICOL. DE NAPOLI (nach ALEXANDER TARTAGNUS D 24, 3, 9).

[257] ACCURSIUS a. a. O.

[258] PLACENTINUS C 4, 34; ebenso Azo C 4, 34 n 26.

[259] Anders DILCHER 70, er meint, diese Lehre sei von BUTRIGARIUS D 16, 3, 32 n 1 entwickelt worden.

[260] ACCURSIUS gl ne facto.

in non dando loquitur, vel negligendo. Gemeint ist, daß die Ehefrau trotz des Annahmeverzuges wegen fahrlässiger Begehungen immer entsprechend der lex Aquilia vorgehen kann, obwohl sie nicht Eigentümerin ist.

2. *Bedeutung des Utilitätsprinzips*

Die Glossatoren verwenden das dreiteilige Utilitätsprinzip zur Bestimmung des Haftungsumfanges in den einzelnen Rechtsverhältnissen. Außer schärferen Unterscheidungen in den Rechtsfolgen gelangen sie nicht über das Corpus Iuris hinaus. Dilcher[261] berücksichtigt z. B. nicht die Differenzierungen beim commodatum im römischen Recht[262] wenn er behauptet, daß die Glossatoren erstmals das Utilitätsprinzip dazu verwandt hätten, bei einem Vertragstyp die drei Utilitätskonstellationen mit verschiedenen Haftungsfolgen zu versehen. Richtig ist nur, daß die Glossatoren wie schon die spätbyzantinischen Juristen häufiger Utilitätserwägungen anstellen. So will Martinus[263] beispielsweise den Mandatar nur dann für culpa levissima haften lassen, wenn er alleine einen Nutzen aus dem Auftrag zieht. Im Normalfall sei er nur für culpa lata verantwortlich, da allein der Auftraggeber einen Nutzen habe.

Wie die kurze Übersicht über einzelne Rechtsbeziehungen zeigen wird, konnten die Glossatoren den Grundsatz nicht ohne eine stattliche Anzahl von Ausnahmen verwirklichen, obwohl sie in ihrem Harmonisierungsstreben nicht zögerten, einen ihnen nicht passenden Superlativ[264] oder Positiv für untechnisch gebraucht zu erklären.

3. *Der Haftungsumfang in ausgewählten Rechtsbeziehungen*

Der Kreis der Rechtsbeziehungen, zu denen der Standpunkt der Glossatoren bezüglich des Haftungsumfanges dargelegt wird, bleibt auf die contractus von Ulp D 50, 17, 23 beschränkt, wiederum unter Übergehung der wenig ergiebigen rerum communio.

a) commodatum

In den Exceptiones Petri[265] 2, 24 wird die Haftung des Entleihers noch ohne den Gebrauch eines technischen Ausdruckes bestimmt: tam

---

[261] Dilcher 20 ff.

[262] Vgl. Ulp D 13, 6, 5, 2 ff.; 13, 6, 18 pr und oben 12 f.

[263] Vgl. Accursius gl contractus zu D 50, 17, 23 et passim; Azo C 4, 35 n 26; Ravanis C 4, 35, 13; alle drei gegen diese Lehre. Dazu Dilcher 77 f. — Hugolinus befürwortete ferner eine Anwendung des Utilitätsgrundsatzes auf das Rechtsverhältnis zwischen Erben und Legatar; ablehnend Accursius gl diligentia zu D 30, 47, 5; dazu Dilcher 79.

[264] Accursius gl diligentissimus zu D 19, 2, 25, 7 und I 3, 24, 5.

[265] Ähnlich Irnerius I 3, 14; Lo Codi 4, 35, 6; 4, 35, 8 (meliorem curam quam suis).

caute et tam studiose debet adhiberi diligentia ab eo, cui commodata est, ut nunquam ab alio pare[266], qui sapientior esset ab eo, melius posset custodiri. Einige andere frühe Glossatorenschriften[267] enthalten eine Bezugnahme auf die exactissima diligentia als terminus technicus. Accursius[268], Azo[269], Blanosco[270], der Incerti Auctoris Ordo Judiciarius[271], Odofredus[272], de Orto[273], Placentinus[274], Rogerius[275] und Vacarius[276] gebrauchen daneben als Synonym den Ausdruck culpa levissima. Ebenso wie Ulp D 13, 6, 5, 2 ff. stufen die Glossatoren[277], soweit sie Haftungsfragen ausführlich erörtern, innerhalb des commodatum nach der utilitas ab.

In einem bestimmten Sachverhalt erleichtern die Glossatoren die Haftung des Entleihers. Während noch in Ulp D 13, 6, 5, 4 jedes Vorziehen der eigenen Sachen in einer Notlage zur Haftung führt, schränkt Accursius[278] die Entscheidung auf den Fall ein, daß die fremden Sachen wertvoller sind als die eigenen.

---

266 Dilcher 75, Fn. 250 meint, hier erscheine zum erstenmal anstelle des abstrakten bonus paterfamilias eine dem Schuldner vergleichbare Person. Nach klassischem römischen Recht ist der bonus paterfamalias keinesfalls ein invariabler Typus. Natürlich hatte bereits ein Arzt eine andere Sorgfaltspflicht als ein Hirte. Neu ist in den Exceptiones Petri die abstrakte Umschreibung ab alio pare. Vgl. Regelsberger I 651. — Am deutlichsten D 45, 1, 137, 3 (Item qui insulam fieri spopondit non utique conquisitis undique fabris et plurem is operis adhibitis festinare debet nec rursus utroque aut altero contentus esse, sed modus adhibendus est secundum rationem diligentis aedificatoris et temporum locorumque); ferner D 9, 2, 8 (Eseltreiber); vgl. oben 9.

267 Brachylogus 3, 7; Irnerius I 3, 14, Fn. a, Scripta Glossatorum I, Additiones 110; Lo Codi 4, 35, 6; Placentinus, Mantue 2, 10, 163. Rogerius C 4, 24, 4; 4, 25, 2; Summa Trecensis 4, 23, 6; vgl. die folgenden Fn. In den Exceptiones Petri 2, 23 f. wird der Ausdruck nicht gebraucht, unzutreffend Dilcher 76.

268 Accursius gl diligentem zu D 13, 6, 5, 5.

269 Azo C 4, 23 n 10.

270 Blanosco, fol. 253 verso.

271 Pars Secunda, IV. De commodato, § 17.

272 Odofredus D 13, 6, 5, 2.

273 De Orto 50.

274 Placentinus C 4, 23; I 3, 14. In der summa Cum essem Mantue, de commodato, tit. X heißt es: omnis culpa, diligentia, custodia.

275 Rogerius C 4, 24; anders C 4, 23, wo die exactissima diligentia das Haftungsmaß bestimmt.

276 Vacarius 4, 20, gl zu D 13, 6, 5, 2.

277 Accursius gl contractus zu D 50, 17, 23; Azo C 4, 23 n 10; Odofredus a. a. O.; Placentinus C 4, 23; Rogerius 4, 23, 4.

278 gl salvas facere zu D 13, 6, 5, 4.

b) mandatum

Das mandatum ist einer der kritischen Punkt im Haftungsverständnis der Glossatoren. Die Quellenlage ist unklar[279], die meisten Stellen im Corpus Iuris sprechen für eine culpa-Haftung. Nach dem Utilitätsprinzip hätte der Mandatar regelmäßig nur für culpa lata zu haften. Von diesem Standpunkt aus müßten C 4, 35, 13 und andere Fragmente durch besondere Utilitätskonstellationen erklärt werden. Martinus hielt dieses Quellenverständnis für richtig, fand jedoch keine Nachfolge. Der Streit ging unter den Glossatoren darum, ob — unabhängig vom Utilitätsprinzip — für culpa levis oder culpa levissima zu haften ist. Die Anhänger[280] einer Haftung für culpa levissima beriefen sich auf den Ausdruck omnis culpa in C 4, 35, 13; darunter sei auch die culpa levissima zu ziehen. Accursius[281] folgte nicht der unter den späteren Glossatoren herrschenden Gegenmeinung, wie Dilcher[282] behauptet.

c) negotia gesta

In Fällen der Notgeschäftsführung lassen die Glossatoren ebenso wie schon Justinian den negotiorum gestor nur für culpa lata[283] haften,

---

[279] Vgl. oben 22.

[280] Accursius gl contractus zu D 50, 17, 23 (et in quibusdam exactissima: ut in commodato et in mandato); gl iusta causa zu I 3, 26, 11; gl negotia zu D 17, 1, 2, 2; gl et omnem culpam zu C 4, 35, 13; richtig Maffei 59 f.; anders Dilcher 78; Azo C 4, 35 n 26; XII C 4, 35, 13; Johannes Bassianus (nach Accursius und Vacarius a. a. O.); Bulgarus (nach Accursius gl et omnem culpam zu C 4, 35, 13; Vacarius 4, 38 zu C 4, 35, 13); Odofredus gl a procuratore zu C 4, 35, 13; anders Dilcher 78; de Orto 59; Vacarius 4, 38 zu C 4, 35, 13 (secundum vac et bul et Joh. et levem et levissimam secundum Martin. ne levem quidem. de hac ratione quia sua gratia nihil gerat, nec alia ubi eius vertatur utilitas non debet teneri nisi de dolo ut depositarius. Rsp. de omni culpa videtur debere teneri propter bo. fi. quam in toto negotio promisse). Das Sigle O oder Od in gl et omnem culpam kann sich nicht auf Odofredus beziehen. Vgl. ferner Dissensiones, § 58; Blanosco, fol. 256 verso.

[281] Ihr folgen Brachylogus 3, 16, 2; 4, 23, 1; Liber iuris florentinus IV 43; Lo Codi 4, 56, 6; Summa Trecensis 4, 36 n 3; nach Accursius gl et omnem culpam auch Martinus. Das kann nicht zutreffen, denn regelmäßig ist der Auftrag allein für den Auftraggeber vorteilhaft und Martinus würde seiner Ansicht zufolge eine culpa lata-Haftung annehmen. Vgl. ferner Dissensiones a. a. O. mit weiteren Autoren.

[282] Dilcher 77.

[283] Accursius gl exactissimam zu I 3, 27, 1; Azo C 2, 18 n 16; Distinctiones 8; Irnerius I 3, 27; de Orto 8.

bei der Übernahme ungewöhnlicher Geschäfte für den casus[284]. Im Regelfall wird die Haftung durch die culpa levis[285] begrenzt.

In I 3, 27, 1 sehen die Glossatoren einen besonderen Sachverhalt geregelt. Für culpa levissima ist einzustehen, si alius diligentissimus erat gesturus[286]. Gegenüber dem justinianischen Recht haben sie somit die Haftung gemildert. Die Institutionen verlangen ohne Einschränkung eine schärfere aestimatio der culpa als in den meisten anderen Rechtsbeziehungen.

d) tutela

Der Tutor haftet ebenso wie zur Zeit Justinians für eine durch die diligentia quam suis gemilderte culpa levis[287]. Die Mehrzahl der Glossatoren erwähnt nur die culpa levis[288], nur wenige erläutern im Anschluß oder in einer anderen Glosse, daß sie als Verletzung der diligentia quam suis[289] zu verstehen ist. Es ist aber anzunehmen, daß sie von einem solchen Verständnis ausgehen, da andernfalls der Unterschied in den Auffassungen in ihren Schriften deutlicher zu Tage getreten wäre[290]. Gelegentlich gehen sie auf C 5, 51, 2 und D 26, 7, 72 ein und rechtfertigen die Beschränkung der Haftung durch die jeweils besondere Sachlage[291].

---

[284] Accursius a. a. O.; Distinctiones a. a. O.; Irnerius a. a. O.; Irnerius, Quaestiones 38, 9, 1; de Orto a. a. O.; Rogerius C 2, 19; Summa Trecensis 2, 9.

[285] Accursius a. a. O.; Azo a. a. O.; Blanosco, fol. 274 verso; Brachylogus 4, 23, 1; Distinctiones a. a. O.; Irnerius I a. a. O.; Lo Codi 2, 8, 3; de Orto a. a. O.; Placentinus C 2, 18; Rogerius a. a. O.

[286] So Azo a. a. O., etwas anders unter XII C 2, 18, 17 n 40 (et cum alius diligentior commodius administrasset negotia). Ähnlich Accursius gl ad exactissimam zu I 3, 27, 1; Blanosco, fol. 274 verso; Irnerius I 3, 27, Fn. c, Scripta Glossatorum I, Additiones 136. Dilcher 78 f. glaubt, mit alius sei der Geschäftsherr selbst gemeint. Bezug genommen ist auf irgendeinen beliebigen Dritten, der sonst die Geschäfte geführt hätte.

[287] Unrichtig Dilcher 56, 64: Die Glossatoren kehren nicht unbewußt zur vorjustinianischen Regelung zurück. Dilcher berücksichtigt u. a. nicht N 72, 8. Seine Ausführungen 63 ff. sind bedenklich.

[288] Azo C 5, 38 n 3; Accursius gl contractus zu D 50, 17, 23; gl debet zu D 26, 7, 33 pr; gl levi zu C 5, 51, 7; Blanosco, fol. 277; Brachylogus 4, 23, 1; Nicol. de Napoli D 27, 3, 1 pr (in Venetianer Bartolus-Ausgabe abgedruckt); Odofredus C 5, 51, 2 n 1; de Orto 75; Rogerius C 5 (11), 1; Summa Trecensis 5, 19, 7.

[289] Accursius gl debet; gl diligentiam zu D 27, 3, 1 pr.

[290] Insoweit ist Dilcher 56, 64 beizupflichten.

[291] Azo C 5, 38 n 3; Odofredus C 5, 51, 2 (et est ratio specialitas in nominibus contractis a se ... sed de his quae facta sunt etiam ab alio, satis si ... culpa lata).

e) societas

Das Haftungsmaß bei der societas[292] wird ebenso wie das des Tutors bestimmt. Eine Ausnahme macht der Brachylogus[293], der den socius für culpa lata haften läßt. Anläßlich der Erörterungen zur Haftung in diesem Vertragsverhältnis stellen sich die Glossatoren die Frage, worin der Unterschied zur Haftung des Verwahrers nach D 16, 3, 32 liegt. Accursius[294] drückt ihn besonders klar aus, wenn er schreibt: scilicet ut eam diligentiam, quam in suis praestabit, tempore contractae societatis, praestabit nunc in societate. Ein nach Vertragsschluß eingetretenes Nachlassen der diligentia quam suis bewirkt in diesem Rechtsverhältnis im Gegensatz zum depositum keinen Haftungsausschluß.

f) dos

Die Haftung des Ehemannes für die Herausgabe der Dotalsachen wird nicht in gleicher Weise bestimmt wie die Haftung des Vormundes und des Gesellschafters[295]. Der Anschluß der diligentia quam suis in D 23, 3, 17 an den Ausdruck culpa durch sed etiam[296] hindert die Glossatoren daran, D 24, 3, 24, 5 dem Sinn gemäß zu interpretieren. Sie gehen von einer Haftung für culpa levis[297] aus. Verschiedentlich[298] wird behauptet, Accursius trete in der gl culpanda est zu D, 24, 3, 24, 5 für eine Begrenzung durch die diligentia quam suis ein. Am Schluß der Glosse heißt es jedoch: sed tutius est, ut omnis levis culpa veniat. Die Bedeutung des Ausdrucks diligentia quam suis in den Quellen erläutert er in seiner gl culpam et diligentiam zu D 23, 3, 17. Durch ihn werde ein ausnahmsweise Verantwortlichkeit für culpa levissima festgelegt, wenn der Ehemann ein diligentissimus in eigenen Angelegenheiten

---

[292] culpa levis: Accursius gl contractus zu D 50, 17, 23; Azo C 4, 37 n 28; Brachylogus 3, 25, vgl. auch Fn. weiter unten; Odofredus D 17, 2, 52, 2; de Orto 60; Placentinus I 3, 25 (tenetur socius socio etiam negligentiae nomine, sed hoc ita, si vel in suis diligens est, vel esse solet, alias minime, ergo in medio constituus est inter depositar. et cohaer.); Rogerius C 4, 37; Summa Trecensis 4, 37, 6. — Diligentia quam suis: Accursius gl solet zu I 3, 25, 9; Azo a. a. O.; Brachylogus 3, 25; Irnerius I 3, 25; Vivianus gl socius zu D 17, 2, 72.

[293] Brachylogus 4, 23, 1 (item dolus et lata culpa solummodo in quibusdam, veluti in deposito et etiam pro socio). Anders Dilcher 63, obwohl er 20, Fn. 15 diese Stelle des Brachylogus wörtlich zitiert.

[294] Accursius gl culpam zu D 17, 2, 52, 2; Azo C 4, 37 n 28; ebenso Irnerius I 3, 25 n 3.

[295] So aber Dilcher 64 f.

[296] Vgl. oben 11.

[297] Accursius gl culpam et diligentiam zu D 23, 3, 17; gl culpanda est zu D 24, 3, 24, 5; gl contractus zu D 50, 17, 23; Odofredus D 13, 6, 5, 2 n 1; Rogerius C 5, 11, 1; C 5, 16 (culpam et diligentiam); Summa Trecensis 5, 8, 4. Vgl. Fn. 94.

[298] Z. B. von Dilcher a. a. O.

ist[299]. Die Behauptung Dilchers[300], Accursius differenziere und lasse den Ehemann bei der Dosrückgabe für exacta diligentia haften, sonst für diligentia quam suis, entbehrt einer Grundlage in den Texten.

g) emptio venditio

Beim Kauf gehen die Glossatoren nach dem Utiltätsprinzip von einer Haftung für culpa levis aus[301] und interpretieren entsprechend die Quellen, in denen der Ausdruck custodia auftritt[302].

h) pignus

Der Utilitätsgrundsatz und die Mehrzahl der Quellen führen beim pignus zu einer Verantwortlichkeit für culpa levis[303]. Eine einzige Ausnahme macht das Liber Pauperum des Vacarius, in dem eine Haftung für culpa levissima[304] ausgesprochen ist. Vacarius beruft sich auf D 13, 7, 13, 1: venit autem in hac actione et dolus et culpa ut in commodato.

i) locatio conductio

Da bei der locatio conductio beide Vertragspartner einen Nutzen haben, gelangt die Lehre zu einer Haftung für culpa levis[305]. Schwierigkeiten bereiten ihr D 19, 2, 25, 7 und I 3, 24, 5; an beiden Stellen wird die diligentia (custodia) des diligentissimus paterfamilias verlangt. Für die Glossatoren gibt es nur eine glaubhafte Erklärung: Hier steht der Superlativ anstelle des Positivs[306]. Auf Martinus[307] stützt sich eine schwache Mindermeinung, nach der es sich um einen Sonderfall handelt,

---

[299] si diligentissimus erat in suis (et hoc quod continuat: sed etiam etc.).

[300] Dilcher a. a. O.

[301] Accursius gl contractus zu D 50, 17, 23; Azo C 4, 48 n 8; Lo Codi 4, 58, 9; Odofredus D 18, 6, 2, 1; de Orto 61; Summa Trecensis 4, 45, 4.

[302] Z. B. Odofredus a. a. O.

[303] Accursius gl sine vitio zu C 4, 24, 5; gl exactam zu I 3, 14, 4; Azo C 4, 24 n 18; Brachylogus 4, 23; Exceptiones Petri 3, 57; Incerti Auctoris Ordo Judiciarius, Pars Secunda VI 6; Irnerius I 3, 14 n 5; Liber iuris florentinus 4, 40, 4; Lo Codi 4, 38, 1; Odofredus D 13, 7, 13, 1 u. D 13, 6, 5, 2; de Orto 51; Placentinus I 3, 14 u. C 4, 24; Rogerius C 4, 24 n 2; Summa Trecensis 4, 24 n 4.

[304] Vacarius 4, 20 gl zu D 13, 6, 5, 2; 4, 21 gl zu C 4, 24, 5 u. 7; vgl. Maffei 52 ff.

[305] Accursius gl diligentissimus zu D 19, 2, 25, 7; gl rupisset zu D 19, 2, 30, 2; Azo C 4, 65 n 14; Brachylogus 4, 23, 1; Irnerius I 3, 24; Odofredus C 4, 65, 28; Placentinus C 4, 65; Rogerius C 4, 65 (et levis et diligentia); Summa Trecensis 4, 57, 4.

[306] So Accursius gl diligentissimus zu D 19, 2, 25, 7 u. I 3, 24, 5; Irnerius I 3, 24; Odofredus D 19, 2, 25, 7.

[307] Vgl. Accursius a. a. O.; Azo C 4, 65 n 15 zweifelnd, neigt dazu, der h. L. zu folgen.

um den Transport von Sachen, quae leviter franguntur. Azo[308] weist noch auf eine andere mögliche Deutung hin: Es könne ein diligentissimus angesprochen sein, der dann gemäß D 16, 3, 32 für fraus haften würde.

k) depositum

Komplexer sind die Stellungnahmen der Glossatoren zur Haftung des unentgeltlichen Verwahrers.

Sie sind sich darüber einig, daß für die Verletzung der diligentia quam suis[309] und nimia neglegentia (=saevitia)[310] einzustehen ist. Von diesem Grundsatz werden mehrere Ausnahmen gemacht, in Übereinstimmung mit dem Corpus Iuris. Dogmatisch interessant sind die Behandlung des depositum gratia tantum accipientis und des Sachverhalts, si depositarius se obtulit.

Für die Verwahrung mit alleinigem Nutzen des Verwahrers muß eine konsequente Anwendung des Utilitätsprinzips zur Verantwortlichkeit für culpa levissima führen; bei dem sich anbietenden depositarius D 16, 3, 1, 35 wegen der Wendung culpa et custodia das gleiche Ergebnis zeitigen. Erstaunlich groß ist die Uneinigkeit unter den Glossatoren.

Johannes Bassianus[311] hat die Auffassung vertreten, daß selbst der casus fortuitus zuzurechnen ist. Vacarius[312], Accursius[313] und Odofredus[314] begrenzen die Haftung durch die culpa levissima. Insbesondere die älteren Glossatoren[315] halten die culpa levis für das richtige Haftungsmaß.

---

[308] Azo a. a. O.

[309] Azo C 4, 34 n 25 f.; Odofredus D 12, 1, 4 n 1.

[310] Accursius gl latiorem zu D 16, 3, 32; Azo C 4, 34 n 25; Blanosco, fol. 253 verso; Bulgarus D 50, 17, 23; Incerti Auctoris Ordo Judiciarius, Pars Secunda V 6 ff.; Irnerius I 3, 14; Odofredus C 4, 34, 1; de Orto 58; Placentinus, Mantue 2, 12, 176; Summa Trecensis 4, 35, 4. Die Autoren erwähnen an den angegebenen Stellen nur culpa lata, die manchmal sogleich als nimia neglegentia erläutert wird, verstehen darunter aber auch die Verletzung der diligentia quam suis.

[311] Nach Accursius gl saepe evenit zu D 16, 3, 1, 35. Gegen diese Auffassung scharf Odofredus D 12, 1, 4 n 2. Vgl. Maffei 46, Fn. 24, der auf die Parallele zu D 12, 1, 4 pr u. D 12, 1, 11 pr hinweist. Dazu auch Jason D 12, 1, 4 n 1 (uno modo secundum Jo et Ultramontan. qui intelligitur de periculo casus fortuiti, cum depositum fuit principalis gratia depositarii).

[312] Vacarius IV 36 gl zu D 16, 3, 1, 6.

[313] Accursius gl contractus zu D 50, 17, 23.

[314] Odofredus D 13, 6, 5, 2; C 4, 34, 1 n 1; D 12, 1, 4 n 1 f. Dilcher 63, 77 irrt also, wenn er glaubt, daß Odofredus diese Lehre begründete.

[315] Azo C 4, 34 n 28; Bulgarus D 50, 17, 23; Incerti Auctoris Ordo Judiciarius, Pars Secunda V 6 ff.; Irnerius I 3, 14; Lo Codi 4, 55, 3; de Orto 58; Placentinus 2, 12, 176; Rogerius C 4, 34, 8.

1. precarium

Das precarium ist für die Glossatoren eine unproblematische Ausnahme vom Utilitätsprinzip, bei der nur bis zur culpa lata[316] zu haften ist. Das precarium sei im Gegensatz zum commodatum stets widerrufbar und gewähre daher keine feste Gebrauchsmöglichkeit[317].

§ 2. Die Kommentatoren

1. Erläuterungen zu den einzelnen Fahrlässigkeitsgraden

a) culpa levissima

Die Kommentatoren hegen ebensowenig wie die Glossatoren Zweifel an der Authentizität der culpa levissima. Die Abweichungen im Verständnis dieser Fahrlässigkeitsstufe sind gering und individuell. In den Versuchen, über die überkommenen Definitionen hinauszugelangen, ist eine gewisse Sterilität festzustellen, die schließlich am Ausgang des Mittelalters, besonders bei den großen Konsiliatoren[318], zu einem Desinteresse an Umschreibungen führt.

Sie bestimmen die culpa levissima durch die Verletzung der Sorgfalt des diligentissimus[319], als Nichterbringung der exactissima diligentia[320], erläutern durch Beispiele[321] den Inhalt des Fahrlässigkeitsgrades.

Die schon deutlich bei den Glossatoren erkennbare Tendenz, nur beim verschuldeten furtum eine culpa levissima[322] anzunehmen, verstärkt sich. Gelegentliche Äußerungen, das furtum gehöre nicht zu den casus fortuiti, sind von geringer Beweiskraft, da sie sich auf die

---

316 Accursius gl contractus zu D 50, 17, 23; Rogerius C 8, 9.

317 Accursius a. a. O., unter Berufung auf Johannes Bassianus; Azo C 4, 23 n 1 f.; Odofredus C 4, 23, 2 n 2; Rogerius C 8, 10, 2; Summa Trecensis 8, 10, 4.

318 Dazu Dilcher 69 f.; Engelmann 6 f.

319 Albericus de Rosate D 13, 6, 18 n 1; Bartolus D 13, 6, 18 pr; Butrigarius D 13, 6, 18 pr n 2; J. Faber I 3, 14, 2 n 3; Jacobi, Rubr. 72 n 19; Paulus de Castro D 13, 6, 18 pr n 2; Pyrrhus B 3 verso; Salicetus D 16, 3, 32 n 12; C 4, 24, 8 n 15.

320 Z. B. Angelus Aretinus I 3, 25, 9 n 1; J. Faber a. a. O.

321 Cuneo C 4, 24, 6 n 1 führt das verschuldete furtum an, folgt damit der h. L. unter den Glossatoren; deshalb unzutreffend Dilcher 81. Ebenso Baldus C 4, 34, 1 n 2; Bartolus D 13, 7, 13, 1; Butrigarius a. a. O.; Cinus C 4, 34, 1 n 2; Engelmann 191 behauptet von Cinus, daß er die Dreiteilung der culpa ablehnt; dagegen zutreffend Beschütz 106; Fulgosius C 4, 34, 1 n 1; Salicetus C 4, 24, 6 n 5.

322 Dieses Vorgehen ist sehr angreifbar und manchmal durch eigene Äußerungen der Autoren widerlegt. Wer z. B. ein Buch in einem Hörsaal oder auf der Straße liegen läßt, so daß es gestohlen wird, macht sich anerkanntermaßen der culpa lata schuldig. Vgl. Decius D 50, 17, 23 n 39 (cum socius tenetur de levis culpa, tenetur de furto).

generelle Einordnung beziehen können. Beim latrocinium ist anerkannt, daß es zu den casus fortuiti zu rechnen ist. Genauso unbestritten ist es aber auch, daß eine darauf bezogene vorhergehende culpa eine Haftung auslöst. Der Ausschluß aus der Kategorie der casus fortuiti besagt ebenso nichts darüber, ob auch ein unverschuldetes furtum haftungsbegründende Wirkung hat.

Einige Kommentatoren zeichnen sich bei der Definition der culpa levissima durch interessante, wenn auch nicht immer völlig neue Details aus.

Bartolus[323] sieht in ihr eine deviatio incircumspecta ab ea diligentia quam habent homines diligentes et diligentissimi eiusdem conditionis et professionis. Hervorzuheben sind die Wahl des Begriffs der deviatio incircumspecta und die Konkretisierung des Vergleichsmaßstabes durch die Wendung eiusdem ... Die deviatio ist für Bartolus der technische Oberbegriff für jedes Verschulden, den er durch das Hinzufügen von incircumspecta auf Fahrlässigkeitssachverhalte einengt, schließlich durch den Bezug auf die homines diligentes et diligentissimi in eine Definition der culpa levissima verwandelt. Es ist unerklärlich, warum neben dem Superlativ noch der Positiv diligens erscheint. Nur eine Nachlässigkeit des Bartolus, eines Schreibers oder Druckers kann diese Merkwürdigkeit erklären. Durch das Anfügen von eiusdem conditionis ... verdeutlicht Bartolus, daß als Maß der diligentia nicht ein abstrakter diligentissimus paterfamilias[324] ohne konkreten Bezug zu wählen ist, sondern die conditio und die professio zu beachten sind. Unter conditio werden die persönlichen Verhältnisse[325], unter professio[326] der Beruf verstanden. Bartolus drückt somit anschaulicher aus, was bereits im Corpus Iuris ausgesprochen ist[327], die Exceptiones Petri[328] allgemein formulieren, Bellapertica[329] kasuistisch entwickelt hat.

Baldus[330] bestimmt die culpa levissima als eine deviatio a legis dispositione in eo, quod lex disponit esse diligentissimum. Mit Bartolus hat er auf den ersten Blick nur den Begriff der deviatio und den Bezug

---

[323] BARTOLUS D 16, 3, 32 n 27.

[324] Vgl. Fn. 61.

[325] BARTOLUS D 16, 3, 32 n 18 (hoc est dictum ad excludendum eos, qui iustam causam ignorantiae habent).

[326] BARTOLUS a. a. O. (et hoc propter medicos et alios, qui in arte sua ...).

[327] Vgl. oben 10.

[328] EXCEPTIONES PETRI 2, 24.

[329] BELLAPERTICA I 3, 14, fol. 126, er gebraucht aber schon den Ausdruck eiusdem conditionis; vgl. ferner RAVANIS C 4, 35, 13, fol. 197 (unde intelligo gradum comparationis habitu respectu ad statum et conditionem personae est ipse medicus ... sicut et alius sibi similis ... rusticus ... alius sibi similis).

[330] BALDUS C 4, 24, 6 n 8; DILCHER 83 bemerkt zu Recht, daß BALDUS wie auch sonst nur wenig von BARTOLUS abweicht.

auf einen Superlativ gemeinsam[331]. Sein Maß scheint ein völlig anderes zu sein. An den Platz des homo diligentissimus ist id quod lex disponit esse diligentissimum getreten. Materiell hat sich damit nichts geändert. Der homo diligentissimus ist eine Denkfigur, die von den Juristen zur Bemessung von Sorgfaltspflichten entwickelt worden ist. Er ist die anschauliche Verkörperung einer Summe von Sorgfaltspflichten, dessen quod lex disponit esse diligentissimum.

In der Definition des Baldus liegt ein tiefer dogmatischer Einblick, den er mit Vorgängern teilt. Bartolus[332] schreibt Petrus de Bellapertica ähnliche Ausführungen zu: culpa est deviatio a legis dispositione ... Allerdings ist eine solche culpa-Bestimmung von ihm überliefert.

Petrus de Bellapertica nimmt eine Sonderstellung ein. Er wendet sich gegen die einhellige Lehre, daß die culpa levissima nur von pauci, den diligentissimi vermieden werden kann. Es sei zwar richtig, daß es drei Fahrlässigkeitsgrade geben müsse[333], doch dürfe z. B. von einem procurator nichts verlangt werden, was nicht sorgfältigere (diligentiores) Menschen auch leisten könnten[334]. An einer Stelle[335] geht er sogar soweit zu schreiben, daß er dort, wo die anderen culpa levissima verständen, culpa levis annehmen würde. Bellapertica dringt nicht zu völliger Klarheit durch, er kommt einer richtigen Interpretation der Quellen jedoch sehr nahe.

Ein medium zwischen culpa levissima und casus fortuitus erkennen die Kommentatoren nicht an[336].

b) culpa levior

Unter den Kommentatoren wurde ernsthaft über die Existenz eines Fahrlässigkeitsgrades zwischen der culpa levissima und der culpa levis gestritten. Anlaß dazu gab die bereits vor[337] Bartolus angewandte Fünfteilung der Schuld mit der culpa latior aus D 16, 3, 32. Es widersprach dem Harmoniegefühl einiger Autoren, daß es keine Entsprechung

---

[331] Bei der Definition der culpa lata in D 24, 3, 24, 5 taucht die Wendung hominibus suae conditionis auf.

[332] Bartolus D 16, 3, 32 n 6.

[333] Bellapertica I 3, 14, fol. 125 verso (De primo bene videtur quod sint tres species nam lex dicit praestari omnem et iste terminus omnis exigit ad minus quod sint tria appellata).

[334] Bellapertica I 3, 14, fol. 125 verso, 128 (folgt unmittelbar auf fol. 125), (asinum fuit dicere quod in procuratore exigatur exactissima diligentia, quod nulli vel pauci inveniretur).

[335] Bellapertica a. a. O. (Item ubi lex vult vel dicit praestari dolum et latam culpam et diligentiam pro negligentia ipsi intelligunt levissimam et ego intelligo levem tantum).

[336] Baldus D 4, 9 , 3, 1 n 3; Jason, Anm. a zu Portius I auf Seite 499.

[337] Bartolus D 16, 3, 32 n 8 schreibt: alii moderni dicunt quod sunt quinque species culpae et melius.

zur culpa latior geben sollte. Während Bartolus[338] nach einigem Schwanken eine culpa levior ablehnt, bekennt sich Salicetus[339] zu ihr — als möglicher Fahrlässigkeitsstufe. Zwischen dem Positiv und dem Superlativ gebe es mit logischer Notwendigkeit einen Komperativ[340]. Allein aus dem Grunde, weil der Gesetzgeber ihn nicht neben der culpa levis und levissima berücksichtigt hat, ist er nicht von praktischem juristischen Interesse[341]. Diese theoretische Erörterung des Salicetus ist von Späteren zu Unrecht als scholastische Spitzfindigkeit bewertet worden. Dabei hat Salicetus völlig richtig auf die theoretische Existenz einer culpa levior hingewiesen und erkannt, daß sie im Gesetz nicht mit besonderen Rechtsfolgen ausgestattet ist. Wer für culpa levissima haftet, steht auch für sie ein; liegt die Haftungsgrenze bei der culpa levis, so gehört sie zum casus[342]. Dieser Umstand bewege ihn dazu, sich der Lehre der Trichotomisten anzuschließen[343].

c) culpa levis

Die Kommentatoren bestimmen die culpa levis ebenso wie die Glossatoren unter Bezugnahme auf die Sorgfalt des diligens (bonus) paterfamilias[344], die exacta (media) diligentia[345]. Auch diese Fahrlässigkeits-

[338] In den einleitenden Sätzen zur Kommentierung von D 16, 3, 32 heißt es: est etiam culpa levis, levior et levissima, quod non prosequor ... nam hic tractat de culpa latiori. Unter n 27 a. a. O. bemerkt er hingegen: quaero quare non facit culpam levem, leviorem et levissimam, sicut latam, latiorem, latissimam ... totum (wie aus dem Zusammenhang hervorgeht, sind darunter die culpa levior und levissima zu verstehen) posui sub una specie et appellari culpa levissima.

[339] SALICETUS D 16, 3, 32 n 10, 15; C 4, 24, 8 n 2, 4, 6.

[340] SALICETUS C 4, 24, 8 n 6 (inter superlativum et positivum est medium necessarium videlicet ipsum comparativum).

[341] SALICETUS a. a. O. (et tamen de ea ista culpa quam leviorem appellari legumlatores non curarunt de ea specialiter disponere).

[342] SALICETUS a. a. O. (vel teneatur de levi tantum et sic non de leviori). Das trifft nicht zu, denn eine culpa levior müßte auch jene Sachverhalte der culpa levis erfassen, die sich der culpa levissima nähern.

[343] SALICETUS a. a. O. (Et ideo doc in eorum doctrina et scriptura dicunt quod triplex est culpa). Ebenso unter C 4, 24, 8 n 2. Bis heute wird jedoch durchgängig die Ansicht vertreten, daß SALICETUS eine culpa levior kannte, die culpa sechsfach untergliederte, so z. B. HASSE 127; MAYER-MALY, AcP 163 (1964) 127, Fn. 98.

[344] ALBERICUS DE ROSATE D 13, 6, 18 n 1; ARETINUS, Cons. I 135 n 22; BALDUS C 4, 24, 6 n 37; BUTRIGARIUS D 13, 6, 18 pr n 2; DECIUS C 6, 9, 6 n 28 ersetzt den diligens durch die peritiores, ohne damit sachlich abweichen zu wollen; JACOBI, Rubr. 71 n 18; PAULUS DE CASTRO D 16, 3, 32 n 5; PYRRHUS B 3 verso (... diligentia communis eorum qui eius professionis sunt — wie BARTOLUS kennt er den Gegensatz zwischen ex conventione und incidenter bei der Anwendung der diligentia quam suis); SALICETUS D 16, 3, 32 n 10; C 4, 24, 8 n 13.

stufe wird von Bartolus, Baldus und anderen unter den Oberbegriff der deviatio (incircumspecta) gestellt. Ebenso verlangt hier besonders Bartolus Rücksichtnahme auf die conditio und professio des Schuldners, sieht Baldus die Bestimmung des Maßes als vom Gesetz vorgenommen an. Wie ihre Vorgänger versuchen die Kommentatoren die in den Quellen als Haftungserleichterung verwandte diligentia quam suis in die culpa levis einzubauen. Das Vorgehen des Bartolus[346], der res alienae, res communes incidenter und res communes ex conventione unterscheidet, ist am bemerkenswertesten. Bei den res communes incidenter enthalte die culpa levis eine deviatio incircumspecta ab ea diligentia, quam ipse devians tunc temporis rebus propriis adhibeat, bei denen ex conventione eine deviatio ... in rebus propriis adhibere solebat, quando contrahebat, seu ante contractum. Die beiden letzten Sachverhalte werden also mit dem Maß der Sorgfalt gemessen, die der Schuldner zu einer bestimmten Zeit auf eigene Angelegenheiten verwandte, das eine Mal während der Schadenszufügung, das andere während oder vor Vertragsschluß. Bartolus betritt mit diesen Überlegungen keine terra incognita, wie Dilcher[347] annimmt, sondern verfeinert lediglich das System der meisten Glossatoren, indem er den Gegensatz incidenter — ex conventione herausstellt. Er begründet die unterschiedliche Behandlung von res alienae und res communes mit der Tatsache, daß culpa in eigenen Angelegenheiten nicht bestraft werde und deswegen ein Mittelweg einzuschlagen sei. Res communes incidenter müßten von res communes ex conventione getrennt werden, weil bei einer Übereinkunft ein Vertrauen des Vertragspartners darauf bestehe, daß die in eigenen Angelegenheiten angewandte Sorgfalt auch beibehalten wird.

Baldus[348] lehnt den Definitionsversuch Blanoscos entschieden ab und möchte die diligentia quam suis vollständig aus der culpa levis eliminieren, weil es möglich wäre, daß sie überhaupt nicht feststellbar ist[349]. Diese Einsicht des Baldus in die fehlende Praktikabilität der diligentia quam suis als Haftungserleichterung ist deswegen so erstaunlich, weil sie bis heute nicht Allgemeingut der Rechtswissenschaft geworden ist. Allerdings gelingt es Baldus nicht, sich völlig von den überkommenen Anschauungen zu trennen. Bei der dos[350] folgt er wieder der eingefahrenen Lehre, ferner z. B. in seinen Ausführungen zu D 23, 3, 17.

---

[345] Bei Bellapertica begegnet der communis modus hominorum, in Anlehnung an D 16, 3, 32.

[346] Bartolus D 16, 3, 32 n 26; zustimmend Decius D 50, 17, 23 n 40; Pyrrhus a. a. O.

[347] Dilcher 68.

[348] Baldus C 4, 24, 6 n 37 f.

[349] Baldus a. a. O. (quod de diligentia in suis nihil constet, vel pone quod est pauper qui nunquam proprium habuit).

[350] Baldus a. a. O. n 60.

Ebenso wie die Glossatoren schließen Bartolus und andere Autoren es aus, daß ein Schuldner sich auf eigene sehr geringe Sorgfalt berufen kann. In einem solchen Falle hafte er für culpa lata, denn ista diffinio loquitur de eo, qui est in suis non omnino, sed aliqualiter negligens.

d) culpa lata

(1) nimia neglegentia

Die lata culpa als nimia neglegentia erfährt bei den Kommentatoren nur die Veränderungen, die auch die anderen Fahrlässigkeitsstufen betreffen. Bartolus[351] stellt klar, daß die nicht selten auftretende Bestimmung der culpa lata durch magna (nimia) neglegentia nicht dazu verführen darf, einen Ausschluß der culpa in faciendo anzunehmen. Die Ausdrucksweise ändert sich oft erheblich, ohne daß damit eine sachliche Änderung bezweckt ist. Im allgemeinen tritt an die Stelle der Sorgfalt aller diejenige, die gewöhnlich von den meisten aufgewandt wird[352]. Man rechnet also mit einer ungenügenden alltäglichen Sorgfalt, wohl in keiner zu pessimistischen Einstellung. Daneben begegnen wortreiche Umschreibungen ohne neuen Gehalt; sie sind regelmäßig nur ungenauer[353].

Eine besondere Erwähnung verdient Salicetus[354], der neben herkömmlichen Begriffsbestimmungen eine neue Umschreibung entwickelt.

---

[351] Bartolus D 16, 3, 32 n 17.

[352] Baldus D 24, 3, 24, 5 (suprema negligentia vel factum ex facilitate proveniens ... secundum communem naturam hominum vel id quod communiter ratio suadet hominibus suae conditionis); anders aber unter C 24, 6 n 33, wo er die Wendung des Bartolus angreift, weil durch die Rücksicht auf individuelle Besonderheiten der Fleißige für seinen Fleiß bestraft werde, eine äußerst interessante Stellungnahme für eine objektive Theorie zur Bestimmung der culpa lata; Bartolus a. a. O. (diligentia quam communiter habent homines); Bellapertica I 3, 14, fol. 126 verso (Certe doctores tentant illud diffinire quod est impossibile ... Intelligo omnes sunt eiusdem conditionis seu inspectu conditione sub qua contractus est celebratus); I 3, 14, fol. 126 verso (medicus ignorat urinam, quam communis modus medicorum sciret); dazu irrtümlicherweise Dilcher 34: „erstmals konkret“; J. Faber I 3, 14, 2 n 3 (quam communis natura hominum, qui non admodum sapientes, et viligantes reputantur — immer Haftung für die Verletzung der diligentia quam suis); Jacobi, Rubr. 71 n 17 weicht von der glossa ordinaria nicht ab (omnes, vel maior pars hominum); Paulus de Castro D 16, 3, 32 n 4 (est non facere illud quod quilibet aliud facit vel facere solet: et sic deviatio ab eo quod communiter omnes faciunt); Pyrrhus B 3 (folgt der glossa ordinaria und weist die Bedenken von Bartolus zurück, daß unter omnes auch die furiosi fallen); Salicetus C 4, 24, 8 n 4 (latam culpam dicunt non esse dolum praesumptum, sed aliqualiter suspicatum ... quod omnes ...), n 12 (est imprudenter et sine proposito omittere quod communiter caeteri eiusdem conditionis non omisissent).

[353] Baldus a. a. O., erste Umschreibung; Salicetus a. a. O. n 12.

[354] Salicetus D 48, 3, 12 n 17; dazu vgl. Beschütz 108; Engelmann 203.

Lata culpa zeichnet sich seiner Ansicht nach durch ein Non cogitare casum naturaliter vel verisimiliter eventurum inspecta indigentia praesentis status aus. In glücklicher Weise kombiniert Salicetus im objektiven Bereich die große Wahrscheinlichkeit eines Schadenseintritts und die Unzulänglichkeit der dem Handelnden zur Verfügung stehenden Abwehrmittel.

Von allen denen, die sorgfältig die Verletzung der diligentia quam suis von diesem Fahrlässigkeitsgrad trennen, wird die culpa lata nur dem dolus gleichgesetzt, aber nicht identifiziert[355]. Große Schwierigkeiten haben die Autoren, denen diese Unterscheidung nicht geläufig ist, wegen D 16, 3, 32 (fraude non caret). Für Bartolus[356], seine Vorgänger[357] und Anhänger, endet mit der culpa lata die Stufenleiter[358] der culpa im engeren Sinne.

(2) Verletzung der diligentia quam suis — culpa latior

Für sie[359] ist die Verletzung der diligentia quam suis als dolus-Ausdehnung dolus praesumptus — von besonderen Sachverhalten wie der

---

[355] ALEXANDER TARTAGNUS D 12, 1, 4 n 1; BALDUS C 4, 24, 6 n 15 f.; BARTOLUS D 16, 3, 32 n 2 f.; BELLAPERTICA I 3, 14, fol. 126 verso (hoc viso quaero se habet lata culpa ad dolum ut simile ad suum simile et sic non est idem lata culpa); BUTRIGARIUS D 16, 3, 32 n 1; CINUS C 4, 65, 1; DYNUS, Rubrice totius iuris, Ignorantia facti non iuris excusat; JACOBI, Rubr. 76 n 5 setzt mit der Glosse die culpa lata und latior gleich und kennt nur die comparatio; PAULUS DE CASTRO D 16, 3, 32 n 2; PYRRHUS B 5 verso (lata ... quae proxima dolo praesumptio est. unde i his bonae fidei iudiciis dolo comparatur); SALICETUS D 16, 3, 32 n 17; C 4, 24, 8 n 10.

[356] BARTOLUS a. a. O. n 3; dazu ENGELMANN 146 ff.

[357] CINUS C 4, 34, 1 n 1 und die französischen Kommentatoren; dazu ENGELMANN a. a. O.

[358] Vgl. ENGELMANN 189.

[359] ALEXANDER TARTAGNUS, Cons. I 65 n 8; C 2, 20, 6 n 4; ANGELUS ARETINUS I 3, 14, 2 n 7; BALDUS D 24, 3, 24, 5 (machinatio dolosa a iure praesumpta ex eo quod quis diligentior in suis quam alienis); BELLAPERTICA I 3, 14, fol. 125, 126, er wendet sich aber gegen den Ausdruck dolus praesumptus; CINUS C 4, 65, 1 n 7; FULGOSIUS C 4, 34, 1 n 1; PAULUS DE CASTRO C 4, 34, 1 n 4; D 16, 3, 32 n 2 ff.; SALICETUS C 4, 24, 8 n 4, 7; unklar DECIUS D 50, 17, 23 n 43 f., er gebraucht den Ausdruck dolus praesumptus, zitiert die Glosse und spricht von einer aequiparatio. Nur berichtend PYRRHUS A 3 verso et passim. Unzutreffend ist zumindest im zivilrechtlichen Bereich die Behauptung BESCHÜTZ' 107, daß mit dem dolus praesumptus immer die Vorstellung eines möglichen Schadenseintritts verbunden sein mußte. Die Anhänger dieser Schuldform verlangen nur eine bewußte Zurücksetzung der fremden Angelegenheiten hinter den eigenen. Vereinzelt begegnen Aussagen, die BESCHÜTZ' Ansicht stützen, vgl. BALDUS C 4, 24, 6. — Dagegen: ALBERICUS DE ROSATE D 50, 16, 226 n 1; D 48, 8, 7 n 1 f., 4 ff.; D 17, 1, 8 n 12 (hier erkennt er nur die Berechtigung prozes-

Verwaltung gemeinsamer Sachen etc. abgesehen. Um ein einheitliches Schuldsystem[360] zu erzielen, bezeichnet Bartolus diese Schuldform auch unter Verwendung des Begriffs culpa nach D 16, 3, 32 als culpa latior. Er definiert sie als machinatio ad decipiendum fallendumque alterum adhibita praesumptive[361]. Dieser dolus praesumptus unterscheide sich in mehreren Punkten vom dolus verus. Dieser könne freilich als seelische Tatsache auch nur durch Indizien nachgewiesen werden, sie seien jedoch von eindeutiger Beweiskraft (manifesta)[362]. Unter C 4, 31, 4 n 4 legt er dar, daß beim dolus praesumptus der Beweis des Gegenteils zulässig ist. Die praesumptio wird entkräftet, wenn ein socius einen gemeinsamen[363] Gegenstand unsorgfältiger behandelt, in einer Notlage die eigenen geretteten Sachen wertvoller als die fremden waren[364]. Auf diese Weise rechtfertigt Bartolus dogmatisch die unterschiedliche Aufgabe der diligentia quam suis in den Quellen. Völlig überzeugt seine Begründung nicht, da es z. B. denkbar ist, daß der socius nur zu $^1/_{50}$ am Gesellschaftsvermögen beteiligt ist und ihm dann das Schicksal eines einzelnen gemeinsamen Gegenstandes gleichgültig sein kann.

In Übereinstimmung mit der glossa ordinaria haftet der diligentissimus wegen fraus, falls er in fremden Angelegenheiten nur diligens ist[365], hat der negligens nach anderen Gesetzen für culpa lata einzu-

---

sualer Präsumption an); Angelus de Ubaldis D 20, 1, 2 n 3; Dynus D 16, 3, 32; Jacobi, Rubr. 76 n 5; Salicetus D 16, 3, 32 n 1 ff., im Widerspruch zur Kommentierung verschiedener Codex-Stellen z. B. C 9, 23, 3 (dolus praesumptus qui est idem cum culpa lata), sein Standpunkt wird wahrscheinlich dem der Glosse sehr nahekommen, zudem er sich den Trichotomisten anschließt; dazu Engelmann 149 f. Unklar Jason D 41, 2, 11 n 31, der sich der Glosse anzuschließen scheint; ebenso wie hier Engelmann 152.

360 Bartolus a. a. O. n 3; mit der weiteren Begründung: Nam si possumus non debemus a verbis legum recedere.

361 Bartolus a. a. O. n 12 u. erste Kommentierung.

362 Bartolus a. a. O. n 13.

363 Das gilt auch für die res quasi communes, die Dotalsachen.

364 Bartolus a. a. O. n 4.

365 Alexander Tartagnus D 24, 3, 9; Albericus de Rosate D 19, 2, 25, 7; Baldus C 4, 24, 6 n 26, im Widerspruch zu den Ausführungen unter n 32, denn er bestraft den Fleißigen, vgl. Fn. 352; Bartolus a. a. O. n 29, er weist mit Nachdruck darauf hin, daß es sich dann nicht gleichzeitig um culpa levissima handelt und nimmt sodann zu einem Blanosco zugeschriebenen Gegenargument folgendermaßen Stellung: quod diligentia sua sit sibi damnosa et sic stultus erit melioris conditionis quam peritus ... sed hic sua diligentia non est sibi damnosa, concedo, sed suus dolus praesumptus. Bellapertica I 3, 14, fol. 125 erörtert die Unbilligkeit dieser Lehre, der er nur dann folgen will, falls der Schuldner durch sein allersorgfältigstes Verhalten nicht selber einen Schaden erlitten hätte (ergo mediam viam ... sine gravi damno suo).

stehen. Große Nachlässigkeit in eigenen Angelegenheiten hat nach D 16, 3, 32 keinen Haftungsausschluß zur Folge[366].

Paulus de Castro[367] folgt im grundsätzlichen Bartolus. Er meint jedoch nachweisen zu können, daß Vermutungen aus Unterlassungssachverhalten zum dolus praesumptus führen. Unbewußt wird ihn dazu der allgemein anerkannte Gedanke verleitet haben, daß culpa in non faciendo leichter wiegt als culpa in faciendo.

Bei Baldus ist ein mehrfacher Anschauungswandel feststellbar[368]. In seiner ersten Kommentierung von D 16, 3, 32 schließt er sich der Glosse an, indem er formuliert: lata culpa dolo comparatur ... nota quod nihil est idem, quod est simile. In einer Lectura antiqua folgt er Bartolus, ohne aber dessen termini technici immer richtig anzuwenden. So heißt es in der Lectura antiqua: si depositarius non adhibet parem diligentiam in re deposita, sicut in propria, dicitur esse in latissima culpa seu in dolo praesumto, quae vero dolo aequiparatur. Eigene dogmatische Anschauungen entwickelte Baldus dann in seiner großen Codex-Lectura[369]. Er weist darauf hin, daß dolus praesumtus dicitur dupliciter: quando respectu probationis (ut C 2, 20, 6), quandoque respectu propriae essentiae sive qualitatis, et ita sumitur in D 16, 3, 32[370]. Baldus gelingt damit eine entscheidende dogmatische Einsicht.

Die Sachverhalte, zu denen es in der Glosse[371] heißt: et nota quod haec lex fingit dolum, sic et alias, werden richtig als prozessuale dolus-Vermutungen verstanden. Die Verletzung der diligentia quam suis führt hingegen nach D 16, 3, 32 zu einem dolus praesumtus als eigenständiger materieller Schuldform[372]. Zunächst bezeichnet er sie als dolus, quia non servat fidem[373]. Im Verfolg seiner Erörterungen[374] modifiziert er jedoch diesen Standpunkt. Er gibt zu, daß in D 16, 3, 32 auf fraus fictiva Bezug genommen ist und in der culpa latior der im echten dolus enthaltene animus nocendi fehlt. Er sieht in ihr ein medium zwischen culpa lata und dolus, das am dolus wegen der

---

366 Z. B. Bartolus a. a. O. n 4, 2. Kolumne unten.

367 Paulus de Castro D 16, 3, 32 n 3 (culpa latior consistit ex praesumptionibus consistentibus in non faciendo).

368 Zu D 16, 3, 32 enthält die Ausgabe aus Augustae Taurinorum (Turin) die ursprüngliche kurze commentatio, einen Zusatz ex lectura antiqua und einen Zusatz ex lectura antiqua — nova additio; dazu Engelmann 154 ff.

369 Zu C 4, 24, 6. Dieser Entwicklungsstufe sind nicht alle Kommentierungen angeglichen. Ebenso aber z. B. D 24, 3, 24, 5.

370 Baldus a. a. O. n 23.

371 Z. B. gl exegerit zu D 17, 1, 44.

372 Seine Argumentation ist stellenweise (a. a. O. n 19) formalistisch. So begründet er den Unterschied zwischen culpa lata und latior mit den Worten: et omne comparativum importat excessum positivi sui.

373 Baldus a. a. O. n 24.

374 Baldus a. a. O. n 29 ff.

notitia futuri periculi[375], an der culpa lata, quia ... laesio contingit per ignaviae id est pigritiam, teilnehme. Vor ihm hatte Bellapertica[376] einen selbständigen Charakter der culpa latior und der culpa lata abgelehnt, quia omnis dolus est praesumtus. Ebenso wie schon Blanosco[377] begreift er sie als besondere dolus-Art.

Die Ansichten der Kommentatoren über die Einordnung der diligentia quam suis in D 16, 3, 32 klaffen somit weit auseinander. Die Anhänger der Glosse sehen in ihr den höchsten Fahrlässigkeitsgrad, Baldus ein Zwittergebilde mit Merkmalen des dolus und der culpa lata, die Schüler des Bartolus eine selbständige dolus-Form, Bellapertica einen unselbständigen dolus-Sachverhalt.

(3) gratia ductus

Ebensowenig wie bei den Glossatoren bahnt sich die Einsicht den Weg, daß die dolus-Verneinung wegen Handelns aus achtbaren Motiven ursprünglich nur eine beschränkte Aufgabe hatte und nichts dafür spricht, diese Sachverhalte der Fahrlässigkeit zuzuordnen. Nicht selten dienen sie als Beispiele für eine culpa lata. Baldus[378] rechnet sie der culpa latior zu, erkennt damit ihre dolus-Nähe. Die Autorität der Quellen und der Vorgänger war zu groß, um eine dogmatische Beurteilung zuzulassen.

e) culpa latissima

Bei den Moderni[379], auf die sich Bartolus[380] beruft, bei ihm und seinen Anhängern[381] wird die culpa latissima als dolus verus interpretiert. Manchmal gebrauchen die Kommentatoren[382] diesen Ausdruck auch nur für die Verletzung der diligentia quam suis nach D 16, 3, 32. Gegner[383] des Bartolus lehnen die culpa latissima besonders deswegen ab, weil sie nicht quellenmäßig belegbar ist.

---

[375] quia quod cognoscit in se cognoscit in alia; dazu Engelmann 159.

[376] Bellapertica I 3, 14, fol. 125 (latior est quae dolo non caret imo dolus dicitur et sic loquitur); fol. 126 verso (nam dolus consistit in animo et ea quae sunt in animo est impossibilem nisi per praesumptionem); gut Dilcher 34; vgl. auch Engelmann 145.

[377] Vgl. oben 40 f.

[378] Baldus D 16, 3, 7; 4, 3, 7, 7; dazu Engelmann 159.

[379] Vgl. Fn. 337.

[380] Bartolus D 16, 3, 32 Einl. u. n 8.

[381] Z. B. Paulus de Castro D 16, 3, 32; Baldus scheint ihm insoweit auch zu folgen, C 4, 24, 6 n 35. Die Mehrzahl der in Fn. 359 genannten Autoren übergeht die Frage.

[382] So Baldus, Lectura antiqua zu D 16, 3, 32.

[383] Albericus de Rosate D 50, 16, 226; Alexander Tartagnus D 24, 3, 9 n 8; Salicetus C 4, 24, 8 n 6.

f) Gleichsetzung von einzelnen Graden

In der Gleichsetzung der culpa lata oder culpa latior mit dem dolus hat sich gegenüber dem Meinungsstand unter den Glossatoren nur insoweit etwas geändert, als die Verfechter eines dolus praesumtus in der Mehrheit sind und nicht den Weg einer Gleichsetzung zu wählen brauchen. Einige tun es indessen doch, so z. B. Baldus[384]: dicitur esse in latissima culpa seu dolo praesumto, quae vero dolo aequiparatur. — Weitgehend Neuland wird mit der Diskussion der Frage betreten — die in der Glosse erst schwach anklang —, ob die culpa levis und levissima in faciendo der culpa lata in non faciendo gleichzusetzen ist. In der Repetitio zu D 16, 3, 32[385] spricht sich Bartolus unter Berufung auf die Glosse dafür aus, ohne die Problematik näher zu klären. In der Kommentierung von D 24, 3, 24, 5[386] präzisiert er seinen Standpunkt. Die Glosse habe schon Recht, daß der Ehemann für culpa levissima in faciendo hafte, aber nur über die actio (utilis) legis Aquiliae. Diese Stellungnahme des Bartolus war Baldus[387] nicht bekannt. Er gibt auch die Auffassung des Bartolus nicht richtig wieder, da er sie auf die Frage beschränkt, an culpa levissima in faciendo veniet in quolibet contractu in quo venit levis culpa[388]. Er lehnt die Lehre des Bartolus in D 16, 3, 32 n 27 ff. ab und meint, es sei keine vertretbare Schlußfolgerung, wenn aus der Tatsache, daß jeder unbeteiligte Dritte aufgrund der actio legis Aquilia für culpa levissima in faciendo hafte, der Schluß gezogen werde, daß dies erst recht für den Vertragspartner gelten müsse. Vertrag und Delikt seien zwei verschiedene Dinge. Baldus erklärt sich schließlich mit einer Gleichsetzung der culpa levis in faciendo mit der culpa lata non faciendo einverstanden: levem bene concedo quia maior culpa praesumitur in dubio faciendo[389]. Baldus weicht damit nur dadurch von Bartolus ab, daß er tatsächlich eine beschränkte Gleichsetzung verficht, während letzterer in seiner Repetitio zu D 16, 3, 32 wohl nur die Entscheidung der Glosse ohne sachliche Prüfung wiedergibt.

---

[384] Baldus a. a. O.; anders D 24, 3, 24, 5 (dolus praesumptus designat species doli); C 4, 24, 6 n 15 f.; Bartolus a. a. O. n 3 dazu: non bene concluderet: quod dolus praesumptus non sit dolus sed aequiparetur.

[385] Bartolus D 16, 3, 32 n 29; ebenso Decius D 50, 17, 23 n 7; a. A. Salicetus C 4, 24, 8 n 20.

[386] Bartolus D 24, 3, 24, 5 n 13 f.; ebenso Alexander Tartagnus D 24, 39 n 15; Cumanus D 50, 16, 150; Pyrrhus C 8, mit weiteren Nachweisen.

[387] Baldus C 4, 24, 6 n 41.

[388] Darauf beschränkt sich später fast ausschließlich die Fragestellung; Baldus behauptet fälschlicherweise, daß Bartolus nur diese Frage erörtere.

[389] So schon Butrigarius D 16, 3, 32 n 1; unzutreffend hierzu Dilcher 83, Fn. 276.

Allgemein setzt sich die Ansicht[390] durch, daß culpa in faciendo schwerer wiegt als in non faciendo; die actio legis Aquiliae deswegen auch nur Begehungstatbestände erfasse. Erst Jason[391] widerspricht dieser schematisierenden Betrachtungsweise, ohne zunächst Anklang zu finden.

2. Wandlungen im Geltungsbereich des Utilitätsprinzips

Das Utilitätsprinzip bleibt bei den Kommentatoren der entscheidende Haftungsgrundsatz. Was er in einigen Rechtsbeziehungen an Bedeutung gewinnt, verliert er in anderen.

Die Lehre des Hugolinus, nach der die Haftung des Erben gegenüber dem Legator nach Utilitätsgesichtspunkten abzustufen ist, setzt sich durch[392]. Die Ansicht des Martinus, die Haftung des Mandators sei nach der utilitas des Auftrags für den jeweiligen Vertragspartner zu bestimmen, findet Anhänger[393]. Ferner lehnt sich Decius[394] gegen die herrschend gewordene Lehre auf, daß der sich anbietende Verwahrer für culpa levissima zu haften hat. Er will auch bei diesem Sachverhalt die Utilitätskonstellation berücksichtigen.

Andererseits wird die Zahl der Ausnahmen größer, indem die Sorgfaltsanforderungen nach dem Schwierigkeitsgrad eines Geschäftes bestimmt werden und eine entsprechende Zusicherung fingiert wird[395]. Ein Überblick über die haftungsrechtlichen Ausführungen der Kommentatoren zu einigen Rechtsbeziehungen wird die zunehmende Differenzierung und Kompliziertheit der Materie deutlich hervortreten lassen.

3. Umfang des haftungsbegründenden Verschuldens in den contractus von Ulp D 50, 17, 23

Der Kreis soll auf die im vorhergehenden Paragraphen untersuchten Rechtsverhältnisse beschränkt bleiben; sie liefern ausreichend Anschau-

---

[390] Alexander Tartagnus, Cons. I 50, 5 u. 12, 8 ff.; Baldus D 12, 1, 5 n 6; Cumanus D 24, 3, 9 n 11.

[391] Jason D 24, 3, 9 n 22 ff. Er beruft sich unter anderem auf D 44, 7, 5, 4 u. I 4, 5 pr und hält es für notwendig, die jeweilige Sachlage sorgfältig zu prüfen.

[392] Angelus Aretinus I 2, 20, 16 n 3; Baldus C 4, 24, 6 n 62; Bartolus D 30, 47, 1 n 9; Pyrrhus D 2 f. mit zahlreichen Nachweisen. Accursius hatte diese Auffassung noch abgelehnt.

[393] Angelus Aretinus C 4, 35, 21; a. A. I 3, 26, 11; Fulgosius C 4, 35, 13 n 1 f.; vgl. dazu Decius D 50, 17, 23 n 27.

[394] Decius D 50, 17, 23 n 5 (secus videtur ubi rogantem nullam habere utilitatem: esset enim absurdum quod ubi tantum agitur de utilitate deponentis, quod ex eo quod depositarius magis liberalem exhibuit, debeat ita gravari ut de culpa levissima tenetur).

[395] Insbesondere beim mandatum und der negotiorum gestio. Vgl. die Darstellung der Lehrmeinungen zu der Haftung in den jeweiligen Rechtsbeziehungen.

ungsmaterial für die Anwendung des Utilitätsprinzips und die Begründung der Ausnahmen im Rahmen der anerkannten Fahrlässigkeitsstufen.

a) commodatum

Die Kommentatoren lassen den Entleiher im Regelfall für culpa levissima[396] haften. Die Haftung beim commodatum gratia utriusque und gratia tantum dantis ist nach dem Utilitätsprinzip auf culpa levis, bzw. culpa lata herabgesetzt. Dilcher[397] glaubt eine abweichende Stellungnahme bei J. Faber gefunden zu haben, der den Entleiher nur für culpa levis verantwortlich machen wolle. Wenige Sätze nach dem Zitat von Dilcher heißt es jedoch: nam quando commodatarius tenetur de culpa levissima[398].

In der Erörterung eines besonderen Sachverhalts zeigt sich die Verfeinerung der haftungsrechtlichen Begriffe. Accursius hatte in der gl salvas facere zu D 13, 6, 5, 4 die Haftung des Entleihers bejaht, falls er in einer Notlage die eigenen Sachen den fremden vorzieht, wenn diese wertvoller waren. Die durchaus herrschende Lehre[399] folgt dieser einschränkenden Auslegung. Baldus[400] hingegen scheint eine culpa levissima auch bei Gleich- und Minderwertigkeit der fremden Sachen annehmen zu wollen, Paulus de Castro[401] sogar eine culpa latior.

---

396 ALBERICUS DE ROSATE D 13, 6, 5, 2; ANGELUS ARETINUS I 3, 14, 2 n 2; ALEXANDER TARTAGNUS D 12, 1, 11 pr n 11; BALDUS C 4, 24, 6 n 54; BARTOLUS D 16, 3, 32 n 35; BELLAPERTICA D 45, 1, 91 n 6; BUTRIGARIUS D 13, 6, 5, 3 n 1; CINUS C 4, 23, 1 n 5; CUNEO C 1, 4, 3 n 1; DYNUS, Rubrice Contractus; JACOBI, Rubr. 71 n 15; JASON D 30, 58 n 7; PAULUS DE CASTRO D 13, 6, 5, 2 n 4; PORTIUS I 3, 14, 2 n 7; PYRRHUS B 8 verso (nisi commodans se obtulerit ad commodandum non rogatus); RAVANIS C 4, 23, 1, fol. 135 verso; SALICETUS D 13, 6, 18 pr.

397 DILCHER 67.

398 J. FABER I 3, 14, 2 n 4; DILCHER beruft sich auf I 3, 14, 2 n 1 (sed commodatarius diligenter debet custodire rem sibi commodatam: nec sufficit si adhibeat talem diligentiam in custodiendo, quam in suis rebus solet adhibere, si alius homo diligentius potuerit custodire). J. FABER drückt sich hier allerdings nicht sehr klar aus, so daß ein Mißverständnis bei flüchtiger Lektüre leicht entstehen konnte. Vgl. noch J. FABER a. a. O. n 2.

399 ALBERICUS DE ROSATE D 13, 6, 5, 4; BARTOLUS D 16, 3, 32 n 4; BELLAPERTICA I 3, 14, fol. 123 verso (ordinata charitas incipit a se ipso); vgl. dazu a. a. O. fol. 123 (Nam ubi est maius periculum ibi caucius est agendum); CINUS C 4, 65, 1 n 7 (isto casu et similibus non est praesumptio sufficiens).

400 BALDUS D 16, 3, 32 ex lectura antiqua — nova additio schließt sich Pillius an und führt aus: sed ubi venit custodia (im Sinne von culpa levissima gebraucht), debet praeferre res alienas. Zu D 13, 6, 5, 4 findet sich keine Äußerung.

401 PAULUS DE CASTRO D 13, 6, 5, 2 n 9. Möglicherweise handelt es sich nur um eine oberflächliche Stellungnahme, da bei einem Abweichen von der h. L. eine eingehendere Erörterung zu erwarten gewesen wäre.

b) mandatum

Eine grundlegende Wandlung durchläuft die Haftung des Mandatars. Während zunächst der Streit unter den Kommentatoren die Frage betrifft, ob regelmäßig für die culpa levis[402] oder culpa levissima[403] zu haften ist[404], entwickelt Bartolus eine neue Lehre[405]: Die Sorgfaltsanforderungen sind nach dem Schwierigkeitsgrad des Geschäfts abzustufen. Aut in isto mandato venit id quod modicam, vel quasi nullam requirit industriam ... et imputatur ... et lata culpa ... Aut in mandato venit aliquid quod non requirit magnam industriam, sed requirit aliquid diligentiae ... et tunc ... et levis. Aut in mandato venit aliquid quod requirit exactissimam diligentiam et industriam et tunc tenetur de levissima. Als Begründung für die Abweichung vom Utilitätsprinzip wird auf eine konkludente oder fiktive (videtur) Zusicherung hingewiesen[406]. Am Ausgang des Mittelalters setzt sich die Ansicht des Bartolus durch, die großen Konsiliatoren[407] folgen ihm. Damit beginnt auf einem bedeutsamen Teilgebiet die Auffassung ihre Herrschaft anzutreten, die heute nahezu ohne Einschränkung gilt: Der Schuldner hat die erforderliche Sorgfalt zu leisten; je schwieriger ein Geschäft ist, desto größer sind die Sorgfaltsanforderungen, sofern nichts Abweichendes vereinbart ist.

---

[402] Unter den Kommentatoren ist ein Anhänger dieser Lehrmeinung nicht festzustellen.

[403] Albericus de Rosate D 13, 6, 18 n 1; zu C 4, 35, 13 folgt er wohl Bartolus; Cinus C 4, 35, 13; Dynus, Rubr. Contractus; Jacobi, Rubr. 78 n 13; Ravanis 4, 35, 13 (quia non eliguntur proc. ad neg. aliena nisi diligentes); Salicetus D 13, 6, 18 pr n 3 (videtur continuo electus propter industriam: et suscipiendo mandatum: videtur in actu illo se asserere industriosum et peritum); nicht Baldus, wie Dilcher 85 fälschlich annimmt.

[404] Zur Abstufung der Haftung nach den drei Utilitätskonstellationen vgl. Fn. 393.

[405] Bartolus D 16, 3, 32 n 31; unter Berufung auf Dynus a. a. O., wo es aber nur heißt: contractus quidam vero sunt in quibus debetur de natura contractus culpa levissima ut in mandato propter tacitam assertionem industrie suscipientis mandatum. Allerdings ist der Schritt zu einer Abstufung nach der Art des Bartolus nur klein. Im Ergebnis besteht zwischen den beiden Ansichten kaum ein Unterschied. Denn Bartolus wird wohl immer bei culpa levissima ein sehr schwieriges Geschäft, bei culpa levis ein durchschnittliches etc. annehmen.

[406] Besonders deutlich Alexander Tartagnus, Cons. III 41 n 6.

[407] Alexander Tartagnus, Cons. a. a. O.; Decius D 50, 17, 23 n 27; Jason C 2, 12, 10 n 1; Paulus de Castro D 13, 6, 18 pr n 6; C 4, 35, 13 n 1; unklar Salicetus a. a. O.; nur berichtend Pyrrhus C 2 f. Baldus schließt sich nach einigem Schwanken im wesentlichen Bartolus an, unter a. a. O. n 51: quare concedo quod in mandato semper venit levis culpa, in levissima sto cum Bartolo; vgl. ferner C 4, 35, 13; ungenau daher Dilcher 85.

c) negotia gesta

Eigentümlicherweise wird diese Differenzierung nicht auf die negotia gesta übertragen. Hier verbleibt es vielmehr bei der bereits den Glossatoren bekannten Abstufung: Die Notgeschäftsführung, der Regelfall, die Verdrängung eines diligentissimus und die Übernahme neuer Geschäfte[408]. Nur Portius[409] macht eine Ausnahme und gelangt unter Anwendung des Grundsatzes, daß der sich anbietende Schuldner verschärft haftet, zur Verantwortlichkeit für culpa levissima.

d) tutela

Zur Haftung des Tutors kann sich keine einhellige Lehre entwickeln. Die Mehrzahl der Kommentatoren lassen ihn für culpa levis[410] einstehen, ohne die Haftung auf die Verletzung der diligentia quam suis zu beschränken. Baldus[411] wertet den Zusatz et quantam in suis rebus diligentiam in D 27, 3, 1 pr ebenso wie heute de Robertis[412] als Haftungssteigerung, als einen Hinweis auf eine culpa latior, die den diligentissimus treffen kann. In einigen in den Digesten ausdrücklich anders entschiedenen Fällen ist nur für culpa lata[413] zu haften.

e) societas

Die Kommentatoren schließen sich der Lehre ihrer Vorgänger an und lassen den socius für culpa levis in der Form der diligentia quam

[408] ANGELUS ARETINUS I 3, 27, 1 n 4 f.; BARTOLUS C 2, 18, 20 n 3; CINUS C 2, 18, 20 n 1; DECIUS a. a. O. n 38 (im Regelfall nur levis, ut facilius homines inducantur ad negotia absentium); PYRRHUS D 2 (zur Haftung im Normalfall: Nicht levissima, quia non inveniretur qui alterius negotia vellet gerere. Item cur non solus dolum, quia obtulit se sine mandato et alius diligens potuisse melius gerere, unde venit levis); RAVANIS C 2, 18, 17, fol. 88 verso (ego intelligo si alius d'iss erat gesturus et hoc scivit gestor, quia tunc tenetur gestor de levissima sed qualiter dices tu scire gestionem alium d'iss gessisse — sufficit si cui vel in paucis amici labore consulatur); SALICETUS C 2, 18, 20 n 8.

[409] PORTIUS I 3, 27 pr n 4 (quo se obtulit ... debet diligentissimi curam praestare).

[410] ANGELUS ARETINUS I 3, 27, 2 n 5; BARTOLUS D 26, 7, 33 pr; D 16, 3, 32 n 33 (anders als beim Beauftragten, quod officium sumitur ex necessitate); BALDUS C 4, 24, 6 n 45 ff., 47 (dieselbe Begründung wie BARTOLUS); DECIUS a. a. O. n 37; PYRRHUS C 8 verso (non de levissima quamvis ob industriam suam et bonos mores sumatur quia in hoc relevatur cum in alio gravetur ut de necessitate assumat officium); RAVANIS C 2, 18, 20, fol. 88 verso.

[411] BALDUS D 27, 3, 1 pr n 1 (in textum, ibi, diligentiam vult dicere quod sic diligentissimum in suis debet esse diligentissimum in administratione tutelae); ähnlich BARTOLUS a. a. O.

[412] Vgl. Fn. 60.

[413] Zu D 26, 7, 7, 2 und C 5, 51, 2; ANGELUS ARETINUS a. a. O.; BARTOLUS a. a. O.; DECIUS a. a. O.

suis haften, wobei die Sorgfalt entscheidend ist, die der Schuldner vor oder während des Vertragsschlusses den eigenen Sachen widmete[414].

f) dos

Für die Haftung des Ehemannes wird keinesfalls dasselbe festgelegt, wie Dilcher[415] behauptet. Der Ehemann muß vielmehr culpa levis[416] vertreten und haftet auch dann, wenn er als diligentissimus die Dotalsachen nur diligenter behandelt[417]. Baldus[418] sieht darin eine culpa levis, während Bartolus[419] sich für eine culpa latior entscheidet.

g) emptio venditio

Die Kommentatoren erblicken in der Verantwortlichkeit des Verkäufers keine Problematik; er haftet nach dem Utilitätsprinzip für culpa levis[420].

---

414 Albericus de Rosate D 17, 2, 72 (erwähnt nur die culpa levis, meint aber wohl die Verletzung der diligentia quam suis); Alexander Tartagnus, Consilia I 47 n 1; Angelus Aretinus I 3, 25, 9 n 1; Baldus I 3, 25, 9; im Widerspruch zu C 4, 24, 6 n 37 f., wo er die Einfügung der diligentia quam suis in die culpa levis zurückweist; Bartolus D 17, 2, 72; Decius, Cons. III 441 n 7; D 50, 17, 23 n 39; Dynus, Rubr. Contractus; J. Faber I 3, 25, 9 n 6; Portius I 3, 25, 4 n 3; Pyrrhus D 2; Salicetus D 17, 2, 72.

415 Dilcher 71.

416 Alexander Tartagnus D 24, 3, 9 n 3 (item no. quod maritus tenetur de dolo et culpa, unum casum tenetur de levissima, si in suis diligentissimus, er meint jedoch wenig später, daß es sich um dolus praesumpt. handelt, um einem Konflikt mit dem Utilitätsprinzip auszuweichen); Baldus D 24, 3, 24, 5 n 1; D 23, 3, 17 (No. ex hac lege quod maritus tenetur de dolo lata culpa et levi, es folgt eine Verweisung auf D 24, 3, 24, 5; 50, 17, 23; 13, 6, 5, 2); C 4, 24, 6 n 60, er versteht in diesem Zusammenhang die diligentia quam suis als Haftungserschwerung; Bartolus D 24, 3, 24, 5 n 1 f. (nachdem unter n 1 noch die diligentia quam suis erwähnt wurde, heißt es: quod teneatur de culpa levi, quod est vero in faciendo et in negligendo. In der additio wird der Widerspruch dadurch beseitigt, daß die Haftung nur für diligentia quam suis an die Voraussetzung geknüpft wird, daß die Sachen bewußt dem arbitrium eines negligens überlassen sind); a. A. D 16, 3, 32 n 26; Decius D 50, 17, 23 n 36; Jason D 24, 3, 9 n 1; unklar Cumanus D 24, 3, 9 u. 24, 5.

417 Z. B. Alexander Tartagnus a. a. O.; Baldus a. a. O.

418 Baldus C 4, 24, 6 n 60; in seiner Kommentierung zu D 24, 3, 24, 5 macht er aber denselben Fehler und greift Cinus an, der den Standpunkt vertritt, den Baldus C 4, 24, 6 n 60 verficht.

419 Bartolus D 24, 3, 24, 5 n 1 (ibi ex qualitate facti apparebat dolus); im Widerspruch dazu steht D 16, 3, 32 n 26.

420 Baldus D 18, 6, 2, 1 u. 3; Decius a. a. O. n 31; Dynus a. a. O.; Paulus de Castro D 19, 1, 36; Pyrrhus C 4 f., er setzt sich mit der Ansicht des Igneus auseinander, der wegen D 18, 6, 3 für eine Haftung bis zur culpa levissima plädiert; Salicetus D 18, 6, 12 n 1.

h) pignus

Das gleiche gilt für den Pfandgläubiger[421].

i) locatio conductio

Die Haftungsgesichtspunkte bei der locatio conductio ändern sich kaum, an der grundsätzlichen Haftung für culpa levis[422] wird festgehalten. Es besteht die Tendenz, die Superlative in den Quellen[423] durch besondere Umstände zu rechtfertigen. So wird von einigen[424] eine verschärfte Haftung nach D 19, 2, 25, 7 mit der Zerbrechlichkeit der dort erwähnten Sachen begründet. Bei der Tätigkeit von Handwerkern und Künstlern wird mit Nachdruck auf die gegenüber den Laien gesteigerte durchschnittliche Sorgfaltspflicht hingewiesen[425]. Seltsamerweise stellen sich die Kommentatoren nur selten die Frage, warum der sich anbietende Schuldner hier nicht verschärft haftet. Bartolus[426] sieht den Unterschied z. B. gegenüber dem Auftrag darin, daß bei Bezahlung der Leistung homines magis cogitant, ne videlicet se ingerere et ideo sibi non imputatur illud, quod videtur se asserere peritum.

k) depositum

Bei dem depositum gratia dantis ist nach einhelliger Lehre[427] bis zur culpa lata zu haften. Völlig allein steht Igneus mit seiner An-

---

[421] Albericus de Rosate D 13, 7, 13 n 4; Angelus Aretinus I 3, 14, 4; Cinus C 4, 2, 4, 3; Portius I 3, 14, 4 n 1; Pyrrhus C 5 verso f. lehnt es ab, aus D 13, 7, 13, 1 einen Schluß auf die Haftung für culpa levissima zu ziehen. Salicetus C 4, 24, 8 n 1, 16 weicht teilweise von der einhelligen Lehre ab und schreibt: quidam gratia accipientis tantum ... aut non transfertur sed usus tantum accomodatur, ut in commodato et tunc de omni culpa.

[422] Albericus de Rosate D 19, 2, 25, 7; Angelus Aretinus I 3, 24, 5 n 1; Baldus C 4, 24, 6 n 38; Bartolus D 16, 3, 32 n 31 f.; Cinus C 4, 23 n 6; C 4, 65 n 6; Paulus de Castro D 19, 2, 25, 7; Pyrrhus C 7 (ex levi tantum culpa tenetur ex communi opinione. quamvis Igneus aliter sententiat quia lex D 19, 2, 25, 7 intelligi debet de levi — auch das wäre communis opinio); Salicetus C 4, 24, 8 n 16.

[423] D 19, 2, 25, 7 und I 3, 24, 5.

[424] J. Faber gl qui pro usu zu I 3, 24, 5 (quia talia facile perduntur); Angelus Aretinus I 3, 24, 5 n 1; Decius a. a. O. n 33; Paulus de Castro D 19, 2, 25, 7; Portius I 3, 24, 4 n 2; a. A. Albericus de Rosate D 19, 2, 25, 7 (mit Azo: vel dic quod loquitur in eo qui diligentissimus est in suis); Bartolus D 16, 3, 32 n 31; Salicetus C 4, 24, 8 n 16.

[425] Bellapertica a. a. O. n 8; vgl. Ravanis 4, 65, 4, fol. 209 (... si recepisset mercedem pro custodia levissima); Dynus, Rubr. Non est sine culpa qui rei ad se ...

[426] Bartolus a. a. O. n 32.

[427] Alexander Tartagnus D 12, 1, 4 n 1; Angelus Aretinus I 3, 14, 3 n 1; Bellapertica I 3, 14, fol. 101 verso, etwas abweichend wegen seines erweiterten dolus-Begriffs (Nam depositarius ex solo dolo tenetur si dolum

sicht[428], daß nur für die culpa latior einzustehen ist, da es in den Quellen immer dolus solus, dumtaxat, solummodo etc.[429] heißt. Unter den dolus-Begriff sei allenfalls noch die culpa latior als dolus praesumptus zu ziehen.

Für die Haftung beim depositum gratia accipientis[430] und des sich anbietenden Verwahrers[431] setzt sich unter geringem Widerspruch[432] die Auffassung durch, daß culpa levissima das richtige Haftungsmaß ist.

l) precarium

Die Haftung des Prekaristen wird weiterhin durch die culpa lata begrenzt, hauptsächlich mit der Begründung, daß das precarium jederzeit widerrufbar[433] ist.

---

in re deposita commisit ubi culpa sua levi vel desidia ut neglegentia res penes ipsum deposita amissa fuerit non tenetur); Cinus C 4, 34, 1; Dynus, Rubr. Contractus ex conventione ...; Fulgosius C 4, 34, 1; Jacobi, Rubr. 72 n 5 u. 7; Jason D 30, 47, 1 n 37; D 12, 1, 4 n 2; Paulus de Castro C 4, 34, 1; Salicetus C 4, 34, 1 n 1; Portius I 3, 14, 3 n 1 (quia depositarius eligitur a diligente ... mala electio arguitur culpam); Pyrrhus B 4 verso; Bartolus a. a. O. n 30, 35. Unter n 4 heißt es allerdings: nam in deposito venit verus dolus et praesumptus. Es handelt sich augenscheinlich um einen Flüchtigkeitsfehler. Decius a. a. O. n 1.

428 Igneus 5ff., 14 (quia eligens minus idoneum custodem ideo culpa deponentis abstergit culpam depositarii: quia est in lata culpa deponens, committendo rem scienter minus idoneo), er beruft sich u. a. irrtümlicherweise auf Bartolus, der zugegebenermaßen unter D 16, 3, 32 n 4 mißverständlich ist.

429 Vgl. Fn. 184.

430 Angelus Aretinus I 3, 14, 3 n 2; Baldus D 12, 1, 11 n 1; Bartolus a. a. O. n 30; Cinus a. a. O.; Decius a. a. O.; Jason a. a. O.; Paulus de Castro D 13, 6, 5, 2 n 2; Pyrrhus B 4 verso f.; Salicetus D 16, 3, 1, 35; unentschieden Albericus de Rosate D 12, 1 (super Rubr.) n 13.

431 Angelus Aretinus a. a. O. n 3; Bartolus a. a. O.; Cinus a. a. O.; Decius a. a. O. n 2; einschränkend unter n 4, vgl. folgende Fn.; Paulus de Castro a. a. O.

432 Decius a. a. O. n 4 setzt sich dafür ein, den sich anbietenden Verwahrer im Regelfall nur für culpa levis verantwortlich zu machen, da er keinen Nutzen aus der Verwahrung ziehe; unrichtig daher Dilcher 73; Baldus D 13, 6, 5, 10 n 1 folgt der nahezu einhelligen Lehre; nicht zutreffend Dilcher 86.

433 Baldus C 4, 24, 6 n 58; Bartolus a. a. O. n 36; Bellapertica D 43, 26 n 13; Cinus C 4, 23, 2 n 7; Decius a. a. O. n 9ff.; Dynus, Rubr. Contractus ex conventione ...; J. Faber I 3, 14, 2 n 2 (et ideo imputet sibi concedens, nisi cito revocet si precario recipiens abutatur); Paulus de Castro D 13, 6, 5, 2 n 6 (pendet ex mera liberalitate concedentis); Portius I 3, 14, 2 n 7; Pyrrhus B 5 verso f. (ex liberalitate); Ravanis C 4, 23, 2, fol. 135 verso (sine usus certi diffinitione ... revocabile); Salicetus C 4, 23, 2 n 3f.

§ 3. *Anhang — Der Einfluß der Kanonisten*

Die Kanonisten haben auf die Aus- oder Rückbildung von Fahrlässigkeitsstufen, auf die Bestimmung des Haftungsumfanges in den einzelnen Rechtsbeziehungen keinen Einfluß ausgeübt. Sie folgen, nicht selten erst nach einiger Zeit, den zivilistischen Lehren[434]. Dilchers Ausführungen kann nicht darin gefolgt werden, daß gelegentlich doch das kanonische Recht auf das weltliche einen Einfluß gewinnt. So ist es unrichtig, daß die Zivilistik von Hostiensis[435] die Auffasung übernommen hat, daß nur der vorhersehbare Diebstahl haftungsbegründend wirke[436]. Hostiensis folgt vielmehr der unter den Glossatoren vorherrschenden Lehrmeinung[437].

Wenn ferner z. B. der Streit über das Haftungsmaß für den sich anbietenden Verwahrer länger andauerte[438], so ist das nur als Zeichen eines größeren Konservatismus der Kanonisten zu werten. Die kanonistische Literatur kann daher im Rahmen dieser Arbeit übergangen werden. Die besonderen kirchenrechtlichen Probleme, ob z. B. ein Christ bei culpa levissima freiwillig Schadensersatz zu leisten hat und Ähnliches, müssen außer Betracht bleiben.

---

[434] Vgl. Dilcher 30f., 36f., 71ff., 87ff.

[435] Hostiensis X 3, 15 n 8.

[436] Dilcher 87.

[437] Vgl. Fn. 230.

[438] Für culpa levis: Bernhard von Pavia 3, 14, 3; Bernhard von Parma gl de culpa zu X 3, 16, 2; Johannes de Imola X 3, 16, 2 n 3. — Für culpa levissima: Gofredus de Trano X 3, 16; Hostiensis X 3, 16 n 8; Johannes Andreae X 3, 15, 1; Panormitanus X 3, 16, 2 n 3; Angelus Carletus s v depositum n 3.

3. Kapitel: Die Neuzeit bis zu den großen Kodifikationen

§ 1. *Der juristische Humanismus*

1. *Bedeutung und Aufgabe der einzelnen Fahrlässigkeitsgrade*

a) culpa latissima

Die Mehrzahl der humanistischen Juristen übergeht die Frage, ob es eine culpa latissima gibt. Zasius[439] greift mit der den frühen Humanisten eigentümlichen Schärfe diesen Begriff an. Er sei weder im Recht begründet noch logisch haltbar. Die culpa lata nehme keine Aufgabe mehr wahr, wenn die culpa latissima den Platz des dolus verus und die culpa latior den des dolus praesumtus einnehmen würde[440]. Was habe es ferner für einen Sinn, den dolus verus culpa latissima zu nennen?[441] Dieser Stellungnahme folgt ohne Vorbehalt sein Schüler Mynsingerus[442].

Ein bereits bei Zasius anklingendes Argument gewinnt bei den späteren Juristen[443] an Bedeutung: Nirgendwo im Corpus Iuris begegne der Ausdruck culpa latissima.

Lagus[444] und Sebastian Medices[445] folgen — ohne nähere Stellungnahme — Bartolus. In aller Regel[446] jedoch wird diese Kategorie ausdrücklich oder konkludent abgelehnt. Daher ist es ein Irrtum, wenn

---

439 Zasius n 1 ff., 6.

440 Zasius n 6 (praeterquam quod a iure remota est, etiam seipsam subvertit. Si enim latissima culpa verum dolum, latior praesumtum occuparet, quid latae culpae relinqueretur).

441 Zasius n 7 (nam si in materia culparum usquam vero dolo — proprie loquendo — locus esset, iam culpam nominari quid attineret); ähnlich Corasius 4, 1, 5.

442 Mynsingerus, Scholia in I 1, 26.

443 Z. B. Donellus X (apud iuris auctores nusquam legitur ... Nam quod Bart. dicit latissimam culpam verum dolum esse, ineptum esse, quoniam de culpa sic nunc agimus, ut culpam intelligamus quae distet a dolo); Matthaeus n 17 f. (rectius tamen sentiunt hi, qui in tribus culpae speciebus modo memoratis acquiescunt: quia nusquam dictio latissimae culpae apud iuris auctores reperitur).

444 Lagus 3, 54, 10.

445 Medices 10, 2; weitere Anhänger des Bartolus bei Bargalius 5, 1, 10.

446 Corasius 4, 1, 5 f.; Donellus a. a. O.; D. Gothofredus D 16, 3, 32; Matthaeus a. a. O.; Rittershusius 27, der sich auf Oldendorp beruft; Vulteius, cap. 15 (122 verso).

Vulteius[447] und Rittershusius[448] behaupten, vulgo interpretes secant culpam in quinque species.

Verschiedentlich wird der Sinn der Bartolinischen Einteilung nicht mehr verstanden, und sie wird für eine Fünfteilung der culpa im engeren Sinne gehalten. Hilligerus[448a] gar behauptet von Bartolus, daß er sechs species gekannt hätte. Er wendet gegen die culpa latior und latissima ein, daß, wenn schon die culpa lata dolo proxima ist, die culpa latior dolus sein müsse, die culpa latissima jenseits des dolus liege.

b) culpa latior

Ebenso wie Zasius die culpa latissima des Bartolus verurteilt, wendet er sich gegen eine culpa latior. Magis und Minus seien nicht imstande, eigene species zu bilden[449]. Außerdem würden die culpa latior und lata gleichermaßen dem dolus gleichgesetzt werden[450]. Dem Bartolus sei eben gutes Latein nicht zugänglich gewesen, und er habe nicht gewußt, daß der Komparativ manchmal an die Stelle des Positivs trete[451].

Nach diesem scharfen Angriff auf Bartolus ist es um so erstaunlicher, daß Zasius sogleich durch eine Unterteilung der culpa lata in eine culpa versutiae und ignaviae[452] die Kategorie des Bartolus rehabilitiert. Der culpa versutiae mache sich jemand schuldig, qui ex versuto et malo proposito animoque perfido et exculcerato, alienas vel res vel negotia, affectata quadam improvidentia maligne vel negligunt vel dissimulant, cum in rebus suis sint providi et diligenter[453]. Er beruft sich auf D 16, 3, 32 und D 30, 47, 5. Diese letzte Digestenstelle beweise auch, daß es eine culpa lata gebe, die dem dolus nahe stehe, eine andere, die von ihm entfernt sei.

Während bei Bartolus die schlichte Verletzung der diligentia quam suis zur culpa latior führt, erläutert Zasius, daß die culpa versutiae einen schlechten Vorsatz erfordere, der unter dem Schleier der Nachlässigkeit versteckt werde[454]. D 16, 3, 32 umschreibt nach ihm einen erschwerten Fall der Diligenzverletzung. Dazu wird ihn die richtige Überlegung geführt haben, daß nicht behauptet werden kann, immer

---

[447] Vulteius a. a. O.

[448] Rittershusius a. a. O.

[448a] Hilligerus, Fn. 10; ebenso vor ihm Decian I 6, 9 (latior esse ipse dolus, latissima autem supra ipsum dolum, quod absurdum est et falsum).

[449] Zasius n 1 (magis, minus diversas species non constituere).

[450] Zasius n 4 (qui culpam latiorem et latam pariter adscribit D 16,3,32).

[451] Zasius n 8 (sed ad hunc loquendi ductum B. purioris linguae insuetus).

[452] Zasius n 10 (igitur latam culpam in duo genera nove distinguimus).

[453] Zasius n 13; vgl. die Parallele zu Blanosco, oben 40 f.

[454] Zasius a. a. O. (et qui versutiam sub neglectionis vitium ita subvolvunt ut manifesti quidem doli crimen, colore et velamine negligentiae a sese amoveant, doli tamen machinatione non careant).

wenn der Schuldner fremde Sachen sorgloser als eigene behandelt, er ebenso schuldhaft handelt wie bei einer dolosen Verletzung.

Die culpa lata versutiae des Zasius fand einige Anhänger[455]; die Mehrheit lehnt sie deshalb ab, weil sie echten dolus enthält, den der Schuldner mit seiner Nachlässigkeit zu verdecken sucht[456].

Giphanius[457] sieht den Unterschied zwischen culpa lata versutiae und ignaviae darin, daß im ersten Fall ein Begehungssachverhalt zugrunde liege.

Nur sehr wenige Juristen[458] dieser Zeit verstehen ebenso wie Bartolus den Ausdruck culpa latior in D 16, 3, 32.

Einige unorthodoxe Autoren[459] folgen der Sache nach Zasius, indem sie den Unterschied zwischen der Verletzung der diligentia quam suis darin sehen, daß im zweiten Fall eine suspicio doli fehlt. Oder sie[460] teilen die culpa lata generell in eine solche mit praesumtio doli und eine andere ohne entsprechende praesumtio ein. Dazu verleitet sie offensichtlich der Umstand, daß es in D 16, 3, 32 heißt: fraude non caret, an anderen Stellen nur von einer comparatio die Rede ist.

---

455 Mynsingerus, Scholia in I 1, 26 (629); Spiegel sv culpa; vgl. ferner Bargalius 5, 2, 2 mit Nachweisen.

456 Campanus n 8; Corasius 4, 1, 7; Decian I 6, 17; Dyemenus, cap. 23 n 10; J. Gothofredus 108, 112; Lopez, animadv. 17, 6; Rittershusius 27; Rebuffus D 50, 16, 223.

457 Giphanius n 6, 8, 12.

458 Goddaeus 1238 (magna autem culpa hoc est illa, quae prorsus culpa terminos excedit de qua hic — D 50, 16, 213, 2 — non solum fraude non caret, sed ipsa fraus est), ebenso unter D 13, 6, 5 n 39f. und D 16, 3, 32 n 17; Lagus 3, 54, 10; Loriotus, axiom. 138ff. (nach Treutler I 24, 3b); Medices 10, 2; Rebuffus D 50, 16, 223 scheint zunächst Bartolus folgen zu wollen; 704, l. Sp. kennzeichnet er den Unterschied zwischen beiden culpa-Stufen folgendermaßen: aliud vero est dolum esse, aliud dolo comparari, um dann aber 705, l. Sp. zu erklären: nec puto Bart. divisionem necessariam, dividentis in dolum verum et praesumptum; Schneidewin 847f. n 36f.; weitere Autoren bei Bargalius 5, 1, 10; a. A. Alciat D 50, 16, 226; Bocerus, concl. 14, 16; Borcholten I 3, 14 n 4; Burgius, cap. 12; Calvinus sv culpa; Charonda 3, 9; Connanus 7, 4, 7; Corasius 4, 1, 5f. und 14; Cuiacius 9, 294 B, C; Curtius 2, 28; Decian I 6, 10; Delrio, cap. 1; Donellus IV; Duarenus 1279; Dyemenus, cap. 23 n 9; P. Faber 114 D; Ferrarius 152f.; Fornerius D 50, 16, 226; J. Gothofredus 109; Gregorius 21, 11, 3; Hoenonius III 64; Hotomanus V. I. 76; Lopez, animadv. 17, 5; Matthaeus n 19; Molinaeus-Wesenbeck C 4, 34; Oldendorp 4, 23, 11; Raevardus D 50, 17, 23, mit einigen Besonderheiten; Rittershusius 28; Sturcius n 64; Vulteius, cap. 15 (124); Wesenbeck D 16, 3 n 14.

459 Hopperus I. De deposito 11; Baro (nach Contius 19; Rittershusius 31).

460 Campanus n 5f., 10.

Eine Sonderstellung bezieht Lopez. Nachdem er zunächst eine selbständige culpa latior abgelehnt, Zasius' Unterteilung der culpa lata verworfen hat[461], sieht er nur folgende Erklärung für die unterschiedliche Bedeutung der diligentia quam suis in den Quellen: Celsus gehe von einem besonders Nachlässigen aus, von einem Bauern, einem Minderjährigen, der sonst nicht wegen culpa lata haftbar gemacht werden könne[462]. In D 16, 3, 32 sei eine besondere Form des dolus angesprochen, der nicht durch ein Absichtsmerkmal, sondern einen bestimmten äußeren Vorgang charakterisiert werde[463].

Lopez trägt zwei neue Gedanken in die Diskussion. Die Entscheidung des Celsus steht seiner Ansicht nach unter der Voraussetzung, daß ein konstitutiv — sei es aus Altersgründen, sei es wegen der sozialen Herkunft — Nachlässiger handelt. Ferner benutzt er die bereits bekannte Kategorie des dolus ex re zur Erklärung des Celsus-Fragments, ohne allerdings der Frage weiter nachzugehen, ob der Begriff überhaupt den zugrundeliegenden Sachverhalt erfaßt.

Eine neue Bedeutung gewinnt der dolus praesumtus. Während die Mehrzahl der Kommentatoren, meistens in Anknüpfung an die Lehre des Bartolus, den dolus praesumtus mit der culpa latior identifiziert[464], kehren die humanistischen Juristen überwiegend zum Vorstellungsbild der Glosse[465] zurück. Ebenso wie sie ihr in der Gleichsetzung der culpa lata mit der culpa latior folgen, erklären sie von beiden für sie unselbständigen Unterformen, es handele sich um dolus praesumtus[466]. Al-

---

[461] Lopez, animadv. 17, 5 f.

[462] Lopez a. a. O. 17, 15.

[463] Lopez a. a. O. 17, 9 f. (Si enim mentem inspiciamus, erit culpa forte, si rem ipsam, semper dolus).

[464] Vgl. oben 56. So der Sache nach Mynsingerus, Scholia in I 1, 26 (629); ähnlich Damhouderius 87, 10 (Ideoque hanc latam culpam malum dolum aestimant, quod dolo malo pene in omnibus sit consimilis); Hilligerus, Fn. 13; Lagus 3, 54, 10.

[465] Vgl. oben 40.

[466] Alciat D 50, 16, 226; anders D 50, 16, 223; Campanus n 5 f., aber nicht für jede culpa lata, unter n 10 schreibt er: latam culpam quae dolum non habeat praesumptum; Contius 21; Corasius 4, 1, 6 und 13; Cuiacius 5, 136; unter 7, 873 D heißt es aber: non est quidem dolum sed lata culpa dolo proxima; Delrio, cap. 1 (Est tamen lata culpa quandoque dolus praesumptus, quia tam supina et immodica et crassa ... nisi malitiose et dolose hoc ipsum faciat, de quo praesumpto dolo haud dubio Cels D 16, 3, 32 loquitur — er erkennt keinen Unterschied zwischen culpa lata und latior an); in cap. 13 bezeichnet er die Verletzung der diligentia quam suis durch einen diligentissimus tutor als dolus praesumptus, er meint besonders diese Sachverhalte; Duarenus 1279; Fornerius D 50, 16, 226; J. Gothofredus 112 (lata culpa quoad effectu pro dolo. Unde non adeo male interpretes hunc dolum praesumtum vocant). — Die Glosse tendierte aber auch dazu, mit dolus praesumtus nur die als culpa lata zu bewertende Verletzung der diligentia quam suis zu bezeichnen, vgl. oben 40.

ciat[467], der keine besondere culpa latior anerkennt, bezieht eine vermittelnde Stellung. Zur Erklärung der Wendung fraude non caret in D 16, 3, 32 führt er aus, daß nur fraus praesumta gemeint sei.

Einige[468] erkennen dem Begriff nur eine beweisrechtliche Bedeutung zu, wenige[469] lehnen ihn — unter Berufung auf Vorgänger[470] unter den Kommentatoren — ganz ab. Jeder dolus sei verus, die mehr oder weniger durchschlagende Beweisführung im Einzelfall ändere daran nichts.

Diesen Vorwurf sucht Costa[471] dadurch auszuräumen, indem er bei Unterlassungssachverhalten immer dolus praesumtus, bei Begehungen dolus verus annehmen will.

Eine Anzahl humanistischer Juristen sieht demnach in der Kategorie des dolus praesumtus eine plausible Erklärung für die Gleichsetzung der culpa lata mit dem dolus; andere benutzen sie zur Erklärung einzelner Gesetzesstellen, z. B. von D 16, 3, 32 und D 50, 16, 226.

c) culpa lata

Die Mehrzahl der humanistischen Juristen faßt die Verletzung der diligentia quam suis als unselbständigen Unterfall der culpa lata auf — wenn auch nicht immer in allen Rechtsbeziehungen. Schwierigkeiten bereiten die Digestenstellen[472], in denen die diligentia quam suis als nähere Bestimmung der culpa levis auftritt. Nur wenige gehen näher darauf ein; sie[473] legen im allgemeinen dar, daß die Verletzung der diligentia quam suis beim depositum und precarium zur culpa lata führe, es sich z. B. bei der societas anders verhalte. Wesenbeck[474]

---

467 Alciat D 50, 16, 223, supina culpa dagegen enthalte keine fraus praesumpta, parum tamen ab ea distet. Zu D 50, 16, 226 heißt es dann wieder ohne Einschränkung: magna vero, vel lata culpa, dolus est, intellige praesumptus; ähnlich Molinaeus-Wesenbeck C 4, 34 (quia praesumitur abesse bona fides, quando quis res suas salvas habet et dicit, depositas periisse.

468 So Bargalius 3, 3, 6 ff.; Decian I 4, 16 (praesumptus autem dolus est, cum eis quidem coniecturae extant, sed non tam vehementer, quae iudicem in certam credulitatem inducant); Sturcius n 50 (Sed cum indicia alia aliis urgentiora sint, fit ut pro qualitate eorum dolus alius verus alius praesumptus vulgo dicitur).

469 Bocerus, concl. 14, 16 (inepte distinguunt Dd); Rebuffus a. a. O. 705, l. Sp. (semper verus dolus ... omnis quippe dolus indiciis probatur ... sicut praesumat dolum esse, vel fingat aliquem dolo facere, haec fictio pro veritate habenda est); Rittershusius 24, 30.

470 Vgl. Fn. 359.

471 Costa I 226, 19.

472 Vgl. oben 9 f.

473 Z. B. Delrio, cap. 1; Treutler 1, 10, 6.

474 Wesenbeck D 16, 3 n 14 (Diversum est, si quis tamquam in re sua causam gerendi habet ... non possunt videri ad seipsos decipiendos in re versari).

erblickt den Grund für die unterschiedliche Bewertung der diligentia quam suis bei der Verwahrung und der Gesellschaft in der Tatsache, daß die Gesellschafter eigene Geschäfte führen.

Einen interessanten Erklärungsversuch unternimmt J. Gothofredus[475]. Das Aufwenden geringerer Sorgfalt für fremde Angelegenheiten ziehe beim depositum culpa lata nach sich, da in dieser Rechtsbeziehung die einzige Leistungspflicht in der Bewachung liege und dessen Erforderlichkeit von jedem eingesehen werde.

Daran ist die Prämisse unrichtig, daß die Verletzung der Bewachungspflicht immer in grobfahrlässiger Weise geschieht. Bei einem raffiniert durchgeführten Diebstahl kann es durchaus anders sein.

Manchmal wird die diligentia quam suis, z. B. bei der Haftung des Ehemannes für die Herausgabe von Dotalsachen, auch irrtümlich als dolus praesumtus verstanden.

Einen extremen Standpunkt vertritt Burgius[476], der — wohl unter dem Einfluß von D 16, 3, 32 — erklärt: in omnibus bonae fidei iudiciis ejus modi diligentia exigitur, sive in eis dolum tantum . . .

Donellus[477] zeichnet sich durch eine neuartige Lösung aus. Für ihn bedeutet die Verletzung der diligentia quam suis immer eine culpa lata in non faciendo. Die Wendung culpa et quanta in suis diligentia legt er als einen entsprechenden Hinweis auf eine Haftung für culpa levis in faciendo aus.

Dem steht der Harmonisierungsversuch von Hotomanus[478] nicht viel nach. Er meint, latior in D 16, 3, 32 wäre durch levior zu ersetzen.

Unabhängig von dem Streit, ob die Verletzung der diligentia quam suis eine eigenständige Schuldform neben der culpa lata ist, wird die Frage diskutiert, ob der neglegentissimus für culpa lata in der Form der nimia neglegentia haftet, obwohl er eigene Sachen nicht vorzieht. Die Haftung des Schuldners wird von der überwiegenden Mehrheit[479] bejaht. Ebenfalls bestritten ist die Rechtslage beim anderen Extremfall, des nur diligenter handelnden diligentissimus. Nur eine Mindermeinung[480], die sich aber auf beachtliche Argumente stützt, lehnt die

---

[475] J. Gothofredus 114 f. (contra reliquae praestationis in caeteris contractibus non est communis intelligentiae, sed diligentiae et sollertiae alicuius).

[476] Burgius, cap. 12.

[477] Donellus XIII ff.; ebenso vor ihm schon Loriotus D 16, 3, 32 n 38.

[478] Hotomanus, Obs. 3, 2 (nach Hilligerus, Fn. 9); anders V. I. 76, dort folgt er der Glosse und setzt culpa latior und lata gleich.

[479] Z. B. Donellus VIII; a. A., aber wohl nur für das depositum, P. Faber 130; Hilligerus, Fn. 12 f.; Lopez, animadv. 17, 10.

[480] Für Haftung: Bargalius 5, 4, 10; Burgundius 122; Campanus n 85; Contius 21, es handele sich aber nicht um culpa levissima, wie Accursius meinte; Delrio, cap. 15; Donellus XI (etiam si in suis est diligentissimus). — Dagegen, aber ausdrücklich nur bezüglich der Haftung des Ver-

Haftung z. B. des Verwahrers ab, weil sonst von ihm ein Einstehen für culpa levissima gefordert würde, er aber noch nicht einmal für culpa levis haftet.

Den humanistischen Juristen erscheint die zweite Form der culpa lata bedeutender und paradigmatischer. Ihr gilt ihr besonderes Interesse. Die Definitionsversuche werden zahlreicher, häufiger dienen Beispiele der Erläuterung. Einige Autoren[481] verstehen non ad eum modum quem hominum natura desiderat aus D 16, 3, 32 als Definition der culpa lata in der Form der nimia neglegentia, während die herrschende Lehre[482] diese Wendung richtig als Umschreibung der culpa levis begreift. Eine Gruppe[483] bezeichnet den der culpa lata gegenüberstehenden Diligenzgrad als diligentia minima et quasi nulla oder ähnlich. In vergleichbarer Weise sehen andere[484] in ihr eine besonders vorwerfbare Pflichtverletzung, die jemandem, der mit gesundem Menschenverstand ausgestattet ist, unverständlich bleibt. Loriotus[485] charakterisiert die culpa lata als Verletzung der iura naturalia, als elementare Sorgfaltsverletzung. Sie sei ein medium zwischen bona und mala fides[486].

---

wahrers: Hilligerus, Fn. 15, der sich in Übereinstimmung mit der h. L. wähnt (ad hanc extensionem dd LI non probant. Nam D 16, 3, 32 aperte loquitur de homine alias quoque negligento in suis, minime vero de diligentissimo in suis. Durum certe eum qui se diligentem ad communem modum praestitit, si aliquo die paulo solito negligentior, non tam dissolute fuerit, in lata culpa censeri); Baro II 325; Gregorius 21, 11, 5; Hoenonius III 56 f.; J. Meier D 17, 2 n 21; Treutler I 26, 2 c.

481 Duarenus 356; Matthaeus n 21; Sturcius n 65.

482 Campanus n 14; Curtius 2, 28; P. Faber 117 D, 122 A; Hoenonius III 64; Vulteius, cap. 15 (124 verso).

483 Baro II 319; Bocerus, concl. 16; Borcholten I 3, 14 n 4; Cuiacius 9, 294 B, C; Hoenonius III 64 f.; Hotomanus V. I. 76; Sande 56; Vulteius, cap. 15 (124 verso), (Etsi enim tertius gradus diligentiae etiam, nempe infimus poni posse videatur, tamen quoniam is diligentiae est minimae ... ut nusquam in legibus ille gradus dil. nomen mereatur).

484 Alciat D 50, 16, 223 (tam supina et inexcusabilis); Bargalius 5, 2, 1 (simulata aut vera, alterum laedens supina ignorantia, vel negligentia); Calvinus sv culpa (laesio tam reprehensibilis et iniusta, ut secundum communem sensum non possit excusari); fast wörtlich ebenso Sturcius n 64; Corasius 4, 1, 13 (tanta quippe est negligentia, tamque dissoluta et immoderata, ut ea inexcusabilis sit); Delrio, cap. 1; Giphanius n 5; Mynsingerus, Scholia in I 1, 26 (neglegentia habet extrema reprehensibilis, ibidem nulla diligentia temparata).

485 Loriotus D 16, 3, 32 n 17, terminologisch schließt er sich damit an natura aus der kommentierten Digestenstelle an.

486 Loriotus D 16, 3, 32 n 28.

Viele[487] schließen sich eng an D 50, 16, 213, 2 an, wiederholen den Wortlaut des Paragraphen oder drücken sich ähnlich aus.

Einige[488] präzisieren wie Bartolus, daß bei Handwerkern und Künstlern mit omnes die Mitglieder der Berufsgruppe gemeint sind.

Häufiger verbinden die Autoren mehrere Definitionen miteinader; Delrio[489] zeichnet sich durch ein besonders synkretisches Vorgehen aus, er führt nahezu alle bekannten Umschreibungen an.

Unter den Humanisten wird die Neigung größer, die Definitionen durch Beispiele zu veranschaulichen. Sie besitzen nur geringen Erkenntniswert, da fast ausschließlich eindeutige Sachverhalte schwerster Pflichtverletzungen angeführt werden. Alciat[490] weist auf die nimia credulitas hin, Gregorius[491] erwähnt die übermäßige Belastung eines Pferdes, das Nichterkenen von naturales eventus, qui facile accident, Bronchorst[492] die Unkenntnis öffentlicher Ankündigungen und Anschläge.

Unabhängig von der Frage, ob eine selbständige diligentia quam suis als Spiegelbild der culpa latior in einer bestimmten Rangordnung zur culpa lata steht, erörtern einige Autoren, ob die culpa lata nicht wieder Unterteilungen enthält. Die Auffassung, nach der einem Teil der culpa lata die suspicio doli fehlt, und sie daher nicht dem dolus gleichgesetzt werden kann, ist bereits dargestellt worden. Darüber hinaus wollen wenige drei oder mehr Stufen der culpa lata nach-

---

487 Baro I 376; II 322 f.; Bocerus 82 (praetermissio minimae diligentiae, id est, eius diligentiae, quae non requirit curiosum et industrium hominem, sed quam natura ultro cuius homini regulariter suppeditat); Bronchorst 58; Connanus 7, 4, 7 (summa igitur ignorantia, et pene dissoluta negligentia ... omnes); Damhouderius 87, 10 (mit auf Zasius Bezug nehmender Erläuterung: id est cum quis astute et ex simulatione peccat); Decian I 6, 10; Delrio, cap. 1 (omnes ... qui nullus sanae mentis erat omissurus); Donellus VII; Ferrarius 149; Goddaeus 1178, 1238; stärker abweichend J. Gothofredus 108 (Verletzung der diligentia communis omnium hominum ... ex communi sensu); Hoenonius III 64; Hopperus I. De deposito 11; Matthaeus n 23; Rittershusius 29 (omnes cum grano salis accipiendum, sive civiliter, qui scilicet sanae mentis quique sensu communi sunt praediti); Sturcius n 64; Vulteius, cap. 15 (124), (omnes ... quod nullus sanae mentis omissurus erat).

488 Baro II 322 f.; Ferrarius 149 (Velut modicam artem exercens aut aliam cuiusve generis, si per imperitiam peccavit); Rebuffus D 50, 16, 213, 2 (eos — Ärzte, Handwerker — omnes teneri scire eam artem ... nam in medicis ignorare quod omnes medici intelligunt, est lata culpa); P. Wesenbeck n 11.

489 Delrio, cap. 1; ähnlich Sturcius n 64 ff.

490 Alciat, Cons. 5, 133 n 7.

491 Gregorius 21, 11, 3; ebenso Matthaeus n 26 (ex quo periculum certo imminere omnes sani homines intelligant).

492 Bronchorst 58.

weisen. Raevardus[493] legt dar, daß es unter den culpae latae einige gebe, die größer seien als die anderen. Verschiedene werden mit dem dolus malus gleichgesetzt wie in D 11, 6, 1, 1 (lata culpa plane dolo comparabitur), andere stehen ihm nur nahe, so in Marcian D 47, 9, 11 pr (nisi tam lata culpa fuit, ut luxuria aut dolo sit proxima); dritte seien vom dolus völlig entfernt, das beweise Paul D 48, 8, 7 (neque in hac lege culpa lata pro dolo accipitur); eine letzte Gruppe schließlich falle unter den Begriff des dolus, wie D 16, 3, 32 zeige.

In ähnlicher Weise legen mehrere Autoren ein zu großes Gewicht auf den Wortlaut von D 50, 16, 226. Goddaeus trennt zwar die culpa lata vom dolus, sie nähere sich ihm nur stark[494]. Die magna culpa aber entbehre nicht nur der fraus, sondern sei selbst fraus[495]. Für ihn und einige andere Autoren ist die culpa magna eine schwerwiegendere Fahrlässigkeitsform als die culpa lata, ohne daß sie damit praktische Schlußfolgerungen verbinden.

Die culpa lata wird sachlich deutlich vom dolus getrennt, sofern nicht eine culpa latior anerkannt oder mit dem Bilde des dolus praesumtus in zu großem Maße gearbeitet wird. Dann kann eine Gleichsetzung nur noch für die culpa lata in der Form der nimia neglegentia ausgesprochen werden[496]. Bis auf wenige abweichende Stellungnahmen[497] wird die culpa lata im Kontraktsbereich und in vertragsähnlichen Rechtsbeziehungen in der rechtlichen Wirkung wie der dolus bewertet[498].

---

[493] Raevardus D 50, 17, 23; ähnlich Delrio, cap. 1 (nam lata culpa sicut et levis, plus et minus recipit: et quo latior et supinior vel minus lata ac supina, eo propius ad dolum accedit, vel ab eo longius discedit. quaedam ergo culpa lata dolo malo proxima est ... quaedam a dolo remotissima, ut in D 48, 8, 7. In D 16, 3, 32 handele es sich sogar um dolus praesumtus). Gleiches klingt bei Rebuffus D 50, 16, 223 an (igitur culpa gravior et maior est, quo magis ad dolum accedit et illi proximior est).

[494] Goddaeus 1187.

[495] Goddaeus 1238 (non solum fraude non caret, sed ipsa fraus est).

[496] So z. B. Medices 10, 2 (sed aliqualiter suspicatus, ex quo dici solet, quod lata culpa aequiparatur dolo); Schneidewin 266 n 2 und 5.

[497] Vgl. oben 69 f. Diese Autoren setzen in der Regel entweder nur die culpa versutiae als qualifizierte Verletzung der diligentia quam suis dem dolus gleich oder fordern eine besondere suspicio doli.

[498] Contius 21 (et omnem culpam latam in doli crimen cadere); Corasius 4, 1, 13 (abest a vero dolo, sed praesumptus); Cuiacius 7, 873 D schreibt, obwohl er unter 5, 136 C das Bild des dolus praesumtus gebraucht: Non est quidem dolum sed lata culpa dolo proxima; ebenso J. Gothofredus 112 (lata culpa quoad effectu pro dolo. Unde non male interpretes dolum praesumptum vocant) und Campanus n 5 f.; Curtius 2, 28 (unam speciem esse latae culpae, eamque dolo proximam esse); Decian I 6, 16 (quia vere dolus non est, propria sumpta significatione doli); Donellus IX (proprietate verbi, et genere facti lata culpa non est dolus: interpretatione

Auch der humanistischen Jurisprudenz gelingt es nicht, die Besonderheit der dritten culpa lata-Form zu erkennen. Auffällig ist das Desinteresse der Autoren für sie; nur einige[499] erwähnen sie als Beispiele der culpa lata. Rebuffus[500] unternimmt es, die Entscheidung der Digesten zu rechtfertigen und erblickt den Grund für die Ausscheidung dieser Sachverhalte aus dem dolus in der Uneigennützigkeit des Handelnden.

d) culpa levis

Die Umschreibungen der culpa levis werden zahlreicher, ohne daß in der Regel neue, nicht quellenmäßig belegte Ausdrücke herangezogen werden. Selten begnügt sich ein Autor mit einer Definition, häufiger begegnen mehrere Umschreibungen.

Im Vordergrund steht weiterhin der diligens paterfamilias[501]; das Nichterbringen der diesem Idealtyp geläufigen Sorgfalt führt zur culpa

---

iusta et effectu juris dolus esse); nahezu wörtlich SANDE 57; DYEMENUS, cap. 23 n 6f.; P. FABER 116 E (ut proprie loquentibus lata culpa dolus non est, sed prope dolum accessit); so im Grunde auch DELRIO, cap. 1; MATTHAEUS n 27; (non quod revera et absolute dolus sit, sed quod interpretatione atque effectu juris pro dolo habeatur); REBUFFUS D 50, 16, 223 (l. Sp., 704); RITTERSHUSIUS 28 (Attamen hinc non sequitur, latam culpam proprie ac vere esse dolum ... sed sunt et manent haec distincta ipsa re); STURCIUS n 72 (quod lata culpa revera et sua essentia non sit dolus, sed effectu et juris interpretatione sit); TREUTLER I 26, 2 a (lata porro culpa ita ad dolum prope accedit); VULTEIUS, cap. 15 (124), (in contractibus dolo comparatur ... dolus ipsa revera non est, nisi ex praesumptione); ZASIUS schwankt; am Schluß seiner Erörterungen (n 32) heißt es: Deinde haec lata culpa (versutiae) dolo adeo est cognata, eique hactenus cohaeret, ut saepenumero J. C. eam culpam dolum nominent ut in D 16, 3, 32. Quod tamen non intelligas, ut lata culpa vere sit dolus, hoc enim esse non potest, cum dolum iustam et manifestam imposturam inferat, at lata culpa sub velamento negligentiae fraudem subvolvat ...: sed sub excessu Rhetorico lata culpa dolo nominatur. Zur lata culpa ignaviae bemerkt er unter n 37, daß sie manchmal mit dem dolus verglichen werde; ihm folgt GIPHANIUS n 5 ff.

[499] BURGUNDIUS 4; CURTIUS 2, 28 (per sordes aut gratiam); RAEVARDUS D 50, 17, 23 (doli mali nomine non contineri gratia ductus).

[500] REBUFFUS D 50, 16, 223 (703, l. Sp.).

[501] BARGALIUS 5, 3, 7 (negligentia in rebus alienis, quam solent homines plerumque evitare); BARO I 376 (frugi et diligens pf. — consueta in suis rebus negligentia); BOCERUS, concl. 17 (praetermissio mediocris diligentiae, qualem diligens et frugi paterfamilias); CORASIUS 4, 1, 12; DECIAN I 6, 20 (negligentia qua quis uti fere semper solet in rebus suis quam quilibet diligens paterfamilias evitaret); DELRIO, cap. 1; DONELLUS IX; DUARENUS 356; Ferrarius 149; J. GOTHOFREDUS 108, er bezeichnet die eigentliche culpa levis als Verletzung der diligentia aliena im Gegensatz zur diligentia propria = diligentia quam suis; GREGORIUS 21, 11, 4; MATTHAEUS n 35; J. MEIER D 13, 7 n 5; OLDENDORP 3, 12, 3, 3; RITTERSHUSIUS 32 (negligentia quam commu-

levis. Vielen Beifall findet Alciat[502], der die culpa levis als das Unterlassen dessen bestimmt, was vorsichtige und fleißige Menschen gewöhnlich tun. Daneben fehlt bei anderen nicht der Bezug auf einen Diligenzgrad, auf die diligentia media[503], mediocris[504] oder exacta[505]. Soweit auf die Wendung ad eum modum quem natura hominum desiderat aus D 16, 3, 32 zurückgegriffen wird, erkennt die Mehrheit[506] darin eine Definition der culpa levis. Einige humanistische Juristen[507] wiederholen lediglich aus I 3, 14, 3 die Ausdrücke desidiae et neglegentiae; Rebuffus[508] begnügt sich mit dem Begriff negligentia, um die culpa levis zu erläutern.

Neben den herkömmlichen Bestimmungen kennen einige davon abweichende Umschreibungen. Gregorius[509] bezieht sich auf die communis

---

niter homines etiam qui non sunt diligentissimi ...); SANDE 56; SCHNEIDEWIN 848, 39; etwas abweichend FRANCUS n 53 (non fungi diligentis et frugi patrisfamilias officio); ebenso schon HOPPERUS I. De deposito 11 unter Hinzufügung: idque vel mediocris qui culpam vitat: vel diligens qui etiam laudem meritur, qui et diligentissimus saepe dicitur — wegen seines Fleißes; der Superlativ ist untechnisch gebraucht.

[502] ALCIAT, Cons. 5, 133 n 6 (non facere quod prudentes et diligentes homines communiter facerent); etwas abweichend D 50, 16, 223 (ut sit negligentia, qua quis in rebus alienis eam curam non adhibet quam caeteri patresfamilias solent, tametsi in suis minime diligentior sit). Die erste Umschreibung gebrauchen CAGNOLUS n 13; CAMPANUS n 15 f., 18; MYNSINGERUS, Scholia in I 1, 26; SPIEGEL sv culpa; RITTERSHUSIUS a. a. O.; ZASIUS weicht davon stärker ab, so daß er nicht Vorgänger des ALCIAT sein kann. Er definiert unter D 24, 3, 9 n 4: non facere quod communiter solent facere patresfamilias. Diese Schuldart wäre meistens anzunehmen. Ähnlich wie ALCIAT auch DELRIO, cap. 1 (diligentia quam secundum communem hominum naturam prudentes et diligentes patresfamilias suis rebus adhibent); GREGORIUS 21, 11, 3 (quae communiter a prudentibus et bonis pf. rebus suis adhibetur).

[503] BARO II 319 (minor seu media); BORCHOLTEN I 3, 14 n 4; CUIACIUS 9, 294 B, C; P. FABER 117 E; SANDE 56 (media et exacta, qua utuntur plerique patresfamilias, qui diligentes vocari solent).

[504] BOCERUS, concl. 17; HOTOMANUS V. I. 76 (apertissime levem culpam esse consuetam cuiusque suis in rebus negligentiam); ähnlich D. GOTHOFREDUS D 16, 3, 32 (consueta in rebus suis et alienis negligentia).

[505] CAMPANUS 84 (exacta vel communis diligentia); CORASIUS 4, 1, 12; HOENONIUS III 64; J. MEIER D 13, 7 n 5; VULTEIUS, cap. 15 (125).

[506] BURGUNDIUS 87 f.; CAMPANUS n 14; CURTIUS 2, 28; DELRIO, cap. 5; P. FABER 117 D; J. GOTHOFREDUS 113; HOENONIUS a. a. O.; LOPEZ, animadv. 17, 2 (faciens quod omnes plerique facerent); SANDE 57; VULTEIUS, cap. 15 (124 verso); vgl. Fn. 481 f.

[507] MEDICES 10, 4; OLDENDORP 4, 23, 11; WESENBECK I 3, 14, 3 n f.

[508] REBUFFUS D 50, 16, 223; ähnlich DECIAN I 6, 20, vgl. Fn. 501.

[509] GREGORIUS 21, 11, 3; vergleichbar P. FABER 117 E (media cura).

cura vel diligentia, Sturcius[510] auf die communis vitae ratio, Curtius[511] auf den vir acer et rerum suarum vulgari modo bene gerens. In einen klaren Widerspruch zu D 50, 16, 213, 2 geraten Molinäus-Wesenbeck[512], die zunächst die Sorgfalt für entscheidend halten, die omnes homines erbringen, um darauf unter Berufung auf Bartolus zu erläutern, daß die diligentia gemeint sei, quae communiter homines suae conditionis vel loci anwenden. Damhouderius[513] ist bestrebt, den Begriff stärker mit sachlichem Gehalt zu erfüllen und hält die culpa levis bei einer Nachlässigkeit und Unvorsichtigkeit in zweifelhaften Sachverhalten, wo niemand ohne Abweichung von der Vernunft an dem Bestehen einer Gefahrenlage zweifeln kann, für gegeben.

Nur ganz selten berufen sich humanistische Juristen[514] auf Bartolus' differenzierte culpa levis-Betrachtung.

Vereinzelt werden Grade der culpa levis anerkannt. Besonders zeichnet sich dabei Delrio[515] aus, der drei Grade der culpa levis entwickelt. Er nennt sie höchsten, mittleren und untersten Grad. Der erste Grad nähere sich der culpa lata, der dritte der culpa levissima, der mittlere bleibe immer in den echten und eigentlichen Grenzen der culpa levis. Praktische Folgerungen sind nicht erkennbar.

J. Meier[516] sieht eine Gradbeziehung zwischen der gewöhnlichen culpa levis und der Verletzung der diligentia quam suis. Erstere ist der summus gradus.

---

[510] Sturcius n 76.

[511] Curtius 2, 28.

[512] Molinaeus-Wesenbeck C 4, 23.

[513] Damhouderius 87, 11 (negligentia et incuria in rebus dubiis et ubi quis non praeter rationem non ambigere posset, an ullum periculum subesset, aut inde consequi posset an non).

[514] Bargalius 5, 3, 9; Lagus 3, 54, 10; Schneidewin 848, 39; der Sache nach z. B. ebenso Ferrarius 149.

[515] Delrio, cap. 1 (quae vere et proprie culpa est, inter utrumque gradum tanquam inter extrema sua collocata, modo ad latam, modo ad levissimam accedens et quo propius ad extrema sua accedit, eo a vera et genuina sua natura abiit longius. unde fit, ut ipsius levis, hoc est verae culpae, tres rursus alios gradus ponere sit necesse, quos ipsos quoque summum, medium, infimum licebit vocare ... summum ad extremum excessus, hoc est latam culpam, infimus ad levissimam, hoc est defectus extremum, accedit, medium semper in veriis et propriis culpae terminiis inhaeret. Noch weiter geht Raevardus D 50, 17, 23 im Verhältnis von culpa levis zu culpa lata et vice versa: Siquidem omnis culpa aut lata aut levis est, eo nihil obstante quod huiusmodi culpa levis iusta aliqua iudicis interpretatione possit interdum latae culpae comparari. Nam inter leves culpas satis constat alias esse aliis leviores. inter latas item.

[516] J. Meier D 17, 2 n 21.

Eigene Wege geht Donellus[517]. Sein Ausgangspunkt ist der Idealtypus des bonus paterfamilias, eine neue Definition der culpa: omne factum, quo nocetur iniuria alteri per imprudentiam, die er durch die Ausklammerung der lata-Sachverhalte auf die culpa levis einengt[518]. Sodann bildet er zwei species, eine culpa levis in faciendo und eine in non faciendo[519]. Die culpa in faciendo ist seiner Ansicht nach viel schwerwiegender[520] und überhaupt weniger erträglich. Bei Unterlassungssachverhalten findet sich eher eine Entschuldigung, weil z. B. von jemandem, der nicht weiß, daß etwas zu tun ist, vergeblich sorgfältiges Abwägen verlangt wird oder von jemandem, der weiß, was zu tun ist, aber seinen Kräften nicht traut, tatkräftiges Handeln[521]. Er meint, die Quellen bestätigen seine Auffassung in zweifacher Weise: Einmal enthält die Wendung diligentia quam suis, so legt er dar, einen Hinweis auf die culpa lata in non faciendo, für die in allen vertraglichen und vertragsähnlichen Rechtsbeziehungen gehaftet wird und einen konkludenten Ausschluß der culpa levis in non faciendo, falls culpa und diligentia quam suis so wie in D 17, 2, 72 z. B. miteinander verbunden werden[522]. Zum anderen deuten die Zusammenstellungen culpa et diligentia seu custodia[523] darauf hin, daß dann culpa im engsten Sinne gebraucht wird und nur die culpa levis in faciendo bezeichnet, diligentia oder custodia die culpa levis in non faciendo umfaßt[524]. Solche Begriffsverengungen seien nicht selten, denselben Vorgang könne man im Verhältnis von adoptio zu arrogatio beobachten.

In fünf Rechtsverhältnissen sei nur die schwerere Form der culpa levis zu vertreten, in der societas, bei der dos, der tutela, der cura und der rerum communio[525]. In diesen Rechtsbeziehungen werden damit nur die Sorgfalt wie in eigenen Angelegenheiten verlangt[526]. Insoweit widerspricht sich Donellus freilich, da eine Sorgfaltspflichtverletzung auch dann fahrlässig ist, wenn sie sich in einem Begehungssachverhalt zeigt.

---

517 Donellus II und XI ff.

518 Donellus XI.

519 Donellus XIII.

520 Vgl. oben 60 die Lehre der Kommentatoren.

521 Donellus XXXII.

522 Donellus V ff.

523 Vgl. oben die Interpretation der Quellen durch einen Teil der älteren Lehre (18), die auch noch heute Anhänger besitzt und deren Ergebnis sich kaum von dem des Donellus unterscheidet.

524 Donellus XIV.

525 Donellus XXVII.

526 Donellus XXIX; er hat insoweit einen Vorgänger in Loriotus D 16, 3, 32 n 38 (Quapropter ego existimarem etiam culpam facti, quam supra dixi, culpa non facti maiorem esse, in societate praestare oportet, non in deposito).

e) culpa levior

Für eine selbständige Fahrlässigkeitsform der culpa levior entscheidet sich Medices[527], ohne dazu nähere Ausführungen zu machen und daraus praktische Konsequenzen zu ziehen. Decian[528] gelangt unter Berücksichtigung strafrechtlicher Gesichtspunkte, nachdem er die culpa latior und latissima des Bartolus abgelehnt hat[529] in einem gewissen Widerspruch dazu zur theoretischen Bejahung von 6, ja 12 und mehr culpa-Graden. Er entbindet sich einer weiteren Erörterung der Problematik, indem er darauf hinweist, daß die Feststellung der einzelnen Grade mehr tatsächliche als juristische Relevanz besitzt.

Die überwiegende Lehre[530] lehnt eine culpa levior ab. Eigentümlicherweise erblicken nicht wenige[531] in Bartolus den geistigen Vater der culpa levior.

f) culpa levissima

(1) Verständnis der herrschenden Lehre

Während sich unter den Kommentatoren nur ganz vereinzelt Stimmen[532] bemerkbar machten, die am herkömmlichen Verständnis der culpa levissima Bedenken anmeldeten, wächst unter den humanistischen Juristen der Gegnerkreis. Doch gelingt es keinem, der den Stoffkreis eingehend behandelt, sich völlig von dem Vorstellungsbild einer mehr als zweigeteilten Fahrlässigkeit zu trennen. Auf Umwegen, unter anderen begrifflichen Konstruktionen erfolgt die Rückkehr zu drei Fahrlässigkeitsgraden.

Die durchaus herrschende Lehre hält an der überkommenen Trichotomie fest. Die Begriffsbestimmungen zeichnen sich durch eine verstärkte Einsicht in den besonderen Charakter der niedrigsten Fahrlässigkeitsstufe aus. In der Regel liefert der Idealtypus des diligentissimus paterfamilias[533] das Maß, welches der Schuldner verletzt,

---

[527] Medices 10, 2. Vgl. auch zur culpa latissima, latior und levior Magirus D 50, 16, 223 n 12 (ex superioribus autem apparet, culpae latioris, latissimae, levioris etc. gradus ad iudicis quidem arbitrium informandum, non autem ad juris differentias constituendas pertinere).

[528] Decian I 6, 25.

[529] Decian I 6, 9.

[530] Calvinus sv culpa; Connanus 7, 4, 7 (quod adeo mihi videtur esse ridiculum, ut reprehensione opus non sit); Donellus XV (vulgo tamen ...); Rittershusius 27, der sich auf Giphanius, Corasius und Delrio beruft.

[531] Z. B. Connanus a. a. O.

[532] Vgl. oben 51 die Ausführungen Bellaperticas.

[533] Baro II 324; Borcholten I 3, 14 n 4; Bronchorst 60; Corasius 4, 1, 11; Curtius 2, 28 (qua, nisi diligentissimus quisque ad omnes fortunae occasiones intentus, et praesenti semper ingenio non videatur posse vacare); Decian I 6, 23 (in quam et quilibet diligens paterfamilias incurrere potuisset, cum tamen potuerit a diligentissimo et occulatissimo evitari); Duarenus 201, l. Sp. und 293 (vir sagacissimus et diligentissimus); P. Faber 117 E;

wenn er sich der culpa levissima schuldig macht. Zur Vermeidung ist die Anwendung von diligentia exactissima[534] erforderlich, deren hohen Grad einige durch das weitere Adjektiv vehementissima oder dem Zusatz delatoria curiositas verdeutlichen. Alciat[535] gebraucht die Wendung magna diligentia, erwähnt als Komplementärbegriff die negligentia simplex[536]. Andere[537] heben den geringen Schuldvorwurf hervor, den der Fahrlässigkeitsgrad enthält und führen aus, daß fast überhaupt keine Fahrlässigkeit mehr vorliegt; diese Art der Fahrlässigkeit sich sehr dem Zufall nähert. Einige Autoren[538] verweisen zur Bestimmung der culpa levissima auf Bartolus.

Ferrarius 149; Giphanius n 10; Gregorius 21, 11, 5, einschränkend: imputatur ei tamen culpa levissima, qui suis rebus adhibuit diligentiam et qui alienis sibi commissis quoque adhibere poterat, er vertritt damit ausnahmsweise eine subj. Theorie — dadurch wird für ihn, falls er konsequent ist, der Begriff der culpa levissima bedeutungslos, da nur die wenigsten in der Lage sind, sie zu vermeiden; vgl. dazu gl culpam zu D 23, 3, 17; einschränkend Hopperus I. De deposito 11; Hotomanus V. I. 76; Loriotus D 16, 3, 32 n 20; Lopez, animadv. 17, 2, unter n 5 stellt er ihr die exacta diligentia gegenüber; J. Meier D 13, 6 n 9; Molinaeus-Wesenbeck C 4, 23 (suae ordinis et conditionis); Rittershusius 35; Schneidewin 848, 40; Sturcius n 83 (sagacissimus et diligentissimus ... Huius ergo culpae fit consideratio, quando ex virtute et ratione officii non ex communi hominum consuetudine, factum aestimamus: et ideo minus reprehensibilis); Vulteius, cap. 15 (125); Wesenbeck D 13, 6 n 8. Von Decian behauptet Beschütz 107 zu Unrecht, daß er die culpa levissima verwirft.

534 Aldobrandinus I 3, 14; Bocerus, concl. 18 (praetermissio summae diligentiae qualem optimus quisque paterfamilias ...); Borcholten a. a. O. (et quaedam diligentia exactissima et vehementissima); Campanus n 84; Corasius a. a. O. (supra communem hominum naturam); Cuiacius 9, 380 C, 9, 294 B, C (Est diligentia quaedam vehementissima vel quasi diligentiae redundantiae et delatoria curiositas ... exactissima); nahezu wörtlich ebenso Sande 56; Decian I 6, 23; P. Faber 122 B; Rittershusius 34; Vulteius, cap. 15 (125), (vehementissima et exactissima diligentia et veluti curiositas).

535 Alciat D 50, 16, 226; ähnlich Rebuffus D 50, 16, 223 (levissimam autem culpam minimam negligentiam respicit ... custodiam, quam diligens paterfamilias adhibuisset).

536 Ebenso Magirus D 50, 16, 226 n 2.

537 Bargalius 5, 4, 3; Curtius 2, 28 (tamen ad casum fortuitum inclinat); Delrio, cap. 1 (3 verso), (quae a casu fortuito tam parum distat ... hoc est vix esse quod illis queat imputari); Treutler I 10, 5 c (pene non sit culpa).

538 Lagus 3, 54, 10; Medices 10, 4; Schneidewin 848, 40.

Diese strenge Bestimmung der culpa levissima wird nicht von allen Anhängern der herrschenden Lehre gutgeheißen. Gregorius[539] wendet sich gegen eine Überspannung der Sorgfaltsanforderungen und verlangt nur eine diligentia, quam suis rebus prudentiores et diligentiores patresfamilias solent adhibere, praeter ordinariam seu communem, vel vulgarem modum.

Die sehr hohen Sorgfaltsanforderungen der überwiegenden Lehre verlieren an Schärfe, wenn die Ausführungen vieler Autoren zur Haftung des mandatarius und conductor analysiert werden. Dann stellt sich heraus, daß die kunstgerechte Herstellung eines Werkes z. B. durch einen Handwerker oder Künstler diesem gesteigerten Sorgfaltsanspruch genügt. Bezogen auf diese Verkehrskreise handelt es sich also nur um die dort verkehrsübliche Sorgfalt.

Darüber, ob das furtum immer wenigstens zur Haftung für culpa levissima führt, sofern sie im Rechtsverhältnis zu vertreten ist, sind die Meinungen geteilt. Die herrschende Lehre[540] gibt zu, daß ein Diebstahl ohne jede Schuld begangen sein kann, also in jeder Rechtsbeziehung ein Zufall ist. Sehr vereinzelt sind die Gegenstimmen[541]. Einige Autoren meinen ganz richtig, daß es auf den Einzelfall ankomme und ein Diebstahl entweder durch culpa lata, levis oder levissima verursacht worden ist, möglicherweise auch kein Verschulden obwaltete[542].

(2) Gegner der culpa levissima

Von Zasius wird häufig — schon im ausgehenden Humanismus — behauptet, daß er ein Gegner der culpa levissima war. Er lehnt jedoch die culpa levissima lediglich als eigene species gegenüber der culpa levis ab, da die Abstufung Mehr und Weniger keinen spezifischen,

---

[539] Gregorius 21, 11, 3; dahin tendiert auch Hopperus I. De deposito 11: idque vel ad communem rationem (sunt enim in communi vita multi diligentissimi) vel singularem et accuratam, quales rari et perpauci reperiuntur — letzteres bezieht sich wohl hauptsächlich auf Künstler und Handwerker); daneben ist Connanus zu erwähnen, der folgendes (7, 3, 10) zur Haftung des Entleihers schreibt: quae tamen custodia, ut dixi, non maior quam ab homine et sedulo patrefamilias exigitur; vgl. ferner Dyemenus, cap. 23 n 25 (diligentia boni patrisfamilias, quae interdum exacta, interdum exactissima vocatur).

[540] Bronchorst 60 (regulariter levissimae culpae adscribitur); Cuiacius 9, 119 C (et furtum quandoque adnumeratur casui et fortunae); Delrio, cap. 24; Matthaeus n 36 (utplurimum fit culpa eius, cui res furtim surrepta est); Molinaeus, de eo 207 (in dubio levis culpa); Schneidewin 847, 34; Wesenbeck I 3, 14, 4 n 9 (quodque absque culpa et negligentia aliqua custodientis, non facile potest committi).

[541] Connanus 7, 3, 10 (Itaque furtum rei sine ulla vi commissum, eius periculo erit); Duarenus 201, l. Sp. (furtum vitare potuisset vir diligentissimus); Neldelius 54 f.; Sande 59.

[542] Delrio a. a. O.; Molinaeus a. a. O.

arteigenen Unterschied enthalte[543]. Dieser allgemein anerkannte Satz gelte auch in der Jurisprudenz und werde in den Quellen dadurch bestätigt, daß z. B. die actiones directae aus dem commodatum und dem pignus in D 13, 7, 13, 1 gemeinsam der species culpa levis untergeordnet werden, obwohl beim commodatum regelmäßig auch für culpa levissima zu haften ist. Er wendet nichts gegen den Gebrauch der Ausdrücke ein, sofern damit kein spezifischer Unterschied behauptet wird. Es seien Kunstausdrücke, die leichter erkennbar machen, wann mediocris und wann exactior diligentia verlangt ist[544].

Unter D 24, 3, 9 n 5 bestimmt er die culpa levissima durch das Unterlassen dessen, was der diligens paterfamilias, der so sorgfältig ist, daß er nichts vernachlässigt, getan hätte[545]. Die culpa levis besteht nach Zasius D 24, 3, 9 n 4 hingegen in dem Nichterbringen der Sorgfalt, die gewöhnlicherweise ein paterfamilias erbringt. Somit bleibt bei ihm die culpa levissima eine selbständige haftungsrechtliche Kategorie mit besonderen Rechtsfolgen. Er wertet mit ungewöhnlichem Scharfblick die Aussagen des Corpus Iuris in noch heute gültiger Weise. Seine Hauptthese, daß die culpa levissima keine besondere species culpae ist, findet bei verschiedenen humanistischen Juristen[546] Beifall.

---

[543] Zasius n 1.

[544] Zasius n 9 (Non tamen improbo, quin levem culpam et levissimam distinctis nominibus usurpemus, dum non ad speciem referas. Sunt enim nomina magistralia, quibus facilius discernitur quando mediocris, quando temparata, quando exactior diligentia in negotiis requiratur ... graduum differentias, non specierum recipimus); fast wörtlich ebenso Bargalius 5, 1, 19.

[545] quando aliquis non facit quod faceret diligens paterfamilias qui ita est diligens, ut nihil negligat. Et qui ad eum modum non est diligens, is est in culpa levissima.

[546] Bargalius 5, 1, 18; Corasius 4, 1, 5; Curtius 2, 28 (seu malumus id gradum vocare quam speciem); Lopez, animadv. 17, 3 f. (cum enim hanc tantum habeat diligentia latitudinem, non etiam culpa); Mynsingerus I 1, 26 (expeditius igitur est, culpam in duas tantum partes distinguere); unter I 3, 16 n 12 und zu I 3, 24, 5 geht er vom dreiteiligen Utilitätsprinzip aus; Sturcius n 60 (Adversus Stoicos plane, qui omnia peccata aequalia esse dixerunt), n 63 (ut quemadmodum plus et minus differentiae rationem faciunt in qualitate, non in substantia); Treutler I 26, 2 a; a. A. Magirus D 50, 16, 223 n 5 (nec movet, quod maius et minus diversas species non constituunt. Parum enim attinet, utrum enim specierum, an graduum, an quovis alio nomine utamur ... sufficit enim differe effectibus, quo solum JCti respexerunt); Rebuffus D 50, 16, 223 (sic igitur maius et minus duo genera constituunt, id est species seu differentias aut gradus ... Ita videmus servitutes itineris, actus et viae non differe nisi per plus et minus ... nam tunc si diversos producet effectus, diversam constituit speciem). Vgl. auch Rittershusius 28 (sive hos gradus esse seu species dicamus. Nam ad usum et praxim parum interesse puto: quamvis non negem quoad scientiam et artis elegantiam aliquid referre, hoc an illo vocabulo appelles).

Ebenso wie Spätere die Leistung des Zasius unterbewerten, überschätzen sie den Fortschritt, den Donellus' berühmte Ausführungen im 7. Kapitel des 16. Buches seines Zivilrechtskommentars brachten. Seine Abkehr von der culpa levissima ist radikaler und durchdachter; der Ausweg, den er einschlägt, aber bedenklicher als die Konstruktion einer culpa levissima. Außerdem billigt er der culpa levissima eine beschränkte Existenz[547] zu, im eindeutigen Gegensatz zu seinen vorhergehenden Ausführungen, wie es bereits sein Kommentator Hilligerus[548] erkannte. Der in D 13, 6, 5, 4 entschiedene Fall, in dem der Kommodatar für den Sachverlust haftbar gemacht wird, wenn er in einer Notlage, vor die Wahl gestellt, die eigenen oder die fremden Sachen zu retten, die eigenen vorzieht, gibt ihm dazu Anlaß. Dies sei ein Sachverhalt der culpa in non faciendo, hier mache er eine Ausnahme und gebe zu, daß es insoweit eine culpa levissima gebe.

Damit hat Donellus die prinzipielle Existenz der culpa levissima eingestanden, wenn auch begrenzt auf die Leihe und dort auf bestimmte Sachverhalte. Die in D 13, 6, 5, 4 gefällte Entscheidung dient ihm als Beispiel, andere Fälle sind seiner Ansicht nach denkbar, denn es heißt puta, nimm an.

Donellus' Ablehnung der culpa levissima ist ein Musterbeispiel zeitgenössischer juristischer Argumentationskunst. Der Beginn liegt in der Behauptung, daß culpa levis und levissima sich nur dem Namen nach unterscheiden[549]. Vorausgegangen war die Einsicht in die Unmöglichkeit, die culpa levis und levissima voneinander zu trennen, da es ausgeschlossen ist, den Unterschied zwischen dem diligens und dem diligentissimus paterfamilias festzustellen.

Sein erstes Argument[550] gewinnt Donellus aus der Identität der Definitionen. Die Definition in D 9, 2, 31 cum a diligente provideri poterit, non esset provisum gilt für die gesamte Lex Aquilia, also auch für D 9, 2, 44 pr, wo erklärt wird, daß nach der Lex für culpa levissima zu haften ist. Damit sind notwendigerweise auch die bestimmten Begriffe identisch.

Wenn culpa levis und levissima dieselbe Fahrlässigkeitsstufe bezeichnen, müssen auch der diligens und diligentissimus paterfamilias ein und derselbe sein. Der diligens paterfamilias zeichnet sich dadurch aus, daß er die für die Geschäftsführung, zur Erfüllung seiner Vertragspflichten notwendige Sorgfalt aufwendet[551]. Wer sorgfältig ist, verdient daher gleichzeitig allersorgfältigst genannt zu werden. In D 13, 7, 13, 1 wird die Haftung des Pfandgläubigers, in D 18, 6, 3 die des Verkäufers im

---

[547] Donellus XVIII, vgl. auch XXVIII (quam quidem culpam omnem quamvis levem, atque adeo levissimam socius socio).

[548] Hilligerus, Fn. 19.

[549] Donellus XV.

[550] Donellus XVI.

[551] Donellus XVII.

Umfang mit der des Entleihers gleichgesetzt. Gegenüber anderen haftungsrechtlichen Gesetzen ergibt sich nur dann kein Widerspruch, wenn der diligens und der diligentissimus identisch sind[552]. Einen Widerspruch anzunehmen, verbietet C 1, 17, 2, 15: Contrarium autem aliquid in hoc codice positum nullum sibi locum vindicabit nec invenitur, si quis subtili animo diversitatis rationes excutiet.

Die beiden letzten Beweise führt Donellus nach scholastischer Methode ab absurdo. Wären diligens und diligentissimus nicht gleichbedeutend, so würde vom conductor nach D 19, 2, 25, 7 und I 3, 24, 5 ein größerer Fleiß als vom Entleiher nach D 13, 6, 5, 5 verlangt werden. Und das verstieße gegen das Utilitätsprinzip[553]. Die Schwäche dieses Arguments liegt darin, daß zwar das dreiteilige Utilitätsprinzip eine gegenüber dem Entleiher schärfere Haftung des conductor ausschließt, andererseits aber auch eine schärfere Haftung des Entleihers verlangt. Donellus stößt sich dagegen nicht daran, daß der Ausdruck culpa levissima nur ein einziges Mal im Corpus Iuris auftaucht. Dieser Umstand wird zwar gelegentlich[554] betont, dient aber weniger als Argument gegen eine culpa levissima.

Schließlich stellt Donellus die gleichen Überlegungen für das Verhältnis von exacta und exactissima diligentia an. Wenn durch das Adjektiv exactissima ein höherer Grad als durch den Positiv exacta bezeichnet wird, so haftet nach I 3, 27, 1 der Geschäftsführer ohne Auftrag schärfer als der Entleiher nach I 3, 14, 2[555].

Auf die Bedenken, die vom dreiteiligen Utilitätsprinzip her gegen sein Ergebnis erhoben werden können, geht er nicht ein. Stark im Vordergrund stehen bei ihm formallogische Argumente. Beispielhaft dafür ist seine These, daß der Sorgfältige alles richtig macht. Er unterläßt es, einzelne haftungsrechtliche Entscheidungen zu prüfen; er übergeht die ursprünglichen custodia-Sachverhalte. Dazu tritt seine bereits erwähnte Inkonsequenz, bei der Leihe schließlich die Möglichkeit einer culpa levissima in non faciendo zuzugeben, obwohl er ständig betont, daß die Haftung des Entleihers sich nicht von der des Pfandgläubigers, Verkäufers etc. unterscheidet[556].

Von den Rechtsgelehrten des ausgehenden juristischen Humanismus wird die Donell'sche Lehre nahezu einmütig abgelehnt. Hilligerus[557] meint, daß das Abweichen des Donellus von seiner Ausgangsposition

---

552 Donellus a. a. O.

553 Donellus a. a. O.

554 Vgl. dazu die Stellungnahme Rittershusius' 34 f., der diese Feststellung auf Duarenus, den Lehrer des Donellus, zurückführt.

555 Donellus XVII.

556 Donellus XXXVI; 14, 3, 3; abweichend XXI (quod praeter caeteros praestetur amplius); XXXV (idem praeter caeteros contractus maxime diligentiam exigit D 13, 6, 5, 4).

557 Hilligerus, Fn. 19.

die Schwäche seiner Gründe beweise. Er gibt lediglich zu, daß ein spezifischer Unterschied zwischen culpa levis und levissima nicht besteht, sondern nur ein qualitativer und gradmäßiger. Ähnlich äußert sich Rittershusius[558], der kurze Zeit nach Donellus in Altdorf[559] lehrte. Allein Treutler folgt bedingt Donellus, lobt ihn in einer epistola dedicatoria[560]. Diese Stellungnahmen sind schon deswegen verständlich, weil die Unterscheidung der culpa levis in Begehungs- und Unterlassungssachverhalte und sein Verständnis der diligentia quam suis willkürlich und nicht praktikabel sind. Die Abgrenzung zwischen Begehungen und Unterlassungen ist bei fahrlässigen Schadensverursachungen praktisch nicht durchführbar, da der Begriff der Fahrlässigkeit bereits das Unterlassen von Sorgfalt einschließt.

Unabhängig und nicht selten vor Donellus haben sich eine Reihe von Autoren gegen die culpa levissima gewandt.

Treutler[561] lehnt mit wenigen Worten eine species culpae levissimae ab. Die Frage an numquid et diligentia in D 30, 47, 5 habe nur die Aufgabe, klarzustellen, daß jede Fahrlässigkeit zu vermeiden ist. Wie spätere Ausführungen zur Haftung in einzelnen Rechtsbeziehungen[562] zeigen, wendet er nichts gegen einen gradus culpae levissimae ein. Rittershusius[563] kann sich nicht vollständig dem Einfluß Donellus' entziehen und erklärt, daß zwischen diligens und diligentissimus kein Unterschied bestehe, ebensowenig zwischen exacta und exactissima — in Fragen der Vollendung sei eine Abstufung ausgeschlossen. Er geht darauf ohne Übergang auf andere Punkte ein und legt zu I 3, 14, 2 dar, daß der Positiv exacta anstelle des Superlativs stehe, da der Entleiher für culpa levissima hafte.

Burgundius[564] versteht den Ausdruck culpa levissima in D 9, 2, 44 pr als eine untechnische Bezeichnung geringster Fahrlässigkeit, für die immer einzustehen ist, wenn culpa levis zu vertreten ist. So wird für culpa levissima bei allen negotia gratia utriusque, der actio legis Aquiliae gehaftet[565]. Das beweise deutlich die Gleichsetzung der Haftung beim pignus und der emptio venditio mit der beim commo-

---

558 Rittershusius 35 (Sed pace illorum rectius facturi videmur, si alios sequamur duces); ebenso Hoenonius III 64; Sande 56.

559 Vgl. epistola dedicatoria bei Rittershusius.

560 Treutler, epistola dedicatoria zu seiner Disputationensammlung.

561 Treutler I 26, 2 a (illud semel admonuisse sufficiat, culpam duos tantum habere species ... D 30, 47, 5 ... sed tantum fugiendam esse omnem negligentiam docetur, atque ita gradus negligentiae et diligentiae constitui possunt species non possunt). Er beruft sich auf Zasius, Delrio und Vulteius.

562 Vgl. nur Treutler I 28, 7 c; I 29, 6 e.

563 Rittershusius 91 f.

564 Burgundius 157 ff.

565 Burgundius 159.

datum[566]. Entsprechend sei zwischen diligens und diligentissimus kein Unterschied festzustellen[567].

Burgundius geht aber nicht wie Donellus an den kritischen Digestenstellen vorüber, die unter Anwendung des dreiteiligen Utilitätsprinzips die Haftung des Entleihers gegenüber der Verantwortlichkeit in beiderseitig begünstigenden Verträgen verschärfen. D 13, 6, 18 pr bringt ihn auf den Gedanken, zwischen culpa und diligentia zu unterscheiden[568]. Er meint, daß ein Verstoß gegen die diligentia nicht mehr unter die Kategorie culpa fällt. Ein Beispiel für diese Haftungsfigur liefert ihm D 13, 6, 5, 4. Während den culpa-Vorwurf vermeidet, wer gemäß der Durchschnittsveranlagung der Menschen fremde und eigene Sachen gleichmäßig sorgfältig behandelt[569], erfordert die diligentia eine größere Sorgfalt als die des diligens paterfamilias. Wer in einer Notlage die fremden Gegenstände unter Aufopferung der eigenen rettet, erfüllt das Gebot der diligentia, handelt in Übereinstimmung mit dem Amt eines guten Mannes[570]. Daß mit dieser Haftungsform eine Verschuldenshaftung festgelegt ist, betont Burgundius, und er sieht das Verhältnis von diligentia zu culpa wie das von culpa zu dolus[571].

Burgundius wird durch dieselbe Entscheidung zu einer Konzession gezwungen, die schon Donellus zur beschränkten Anerkennung der culpa levissima veranlaßte. Er versteht es dabei, eine Verbindung zum Utilitätsprinzip zu ziehen und damit einen offenen Widerspruch zu vermeiden. Er erkennt die materielle Bedeutung des Ausdrucks culpa levissima und schließt dadurch eine teilweise Rückkehr zu ihr aus. Die Beziehung der diligentia auf das officium des vir bonus ist nicht geglückt, denn das bedeutet, daß der diligens paterfamilias kein vir bonus ist. Doch dieses Moment beschränkt sich auf den terminologischen Bereich. Sachlich hat Burgundius klare Grenzen zwischen seinem Begriffspaar diligentia — culpa gezogen und in eindeutig nachprüfbarer Weise festgelegt, worin sich die verschärfte Haftung des Entleihers ausdrückt. Er verdient daher auf diesem Gebiet eine größere Beachtung als Donellus.

J. Gothofredus[572] lehnt ebenfalls eine selbständige culpa levissima ab. Ein Vergleich von D 44, 7, 1, 4 und I 3, 14, 2 zeige die Gleichwertigkeit von Positiv und Superlativ. Der Ausdruck culpa levissima trete im Zusammenhang mit vertraglichen Haftungsfragen nicht auf

---

566 Vgl. oben 27 f.

567 Burgundius 161.

568 Burgundius 8.

569 Burgundius 7.

570 Burgundius 9 (latius est officium viri boni).

571 Burgundius 10 (Et hinc culpa, quae in uno contractu plectitur, in alio coercitionem non meretur. Et quemadmodum dolus a culpa seiungitur, sicuti species a genere, ita et diligentia a culpa differt).

572 J. Gothofredus 115.

und finde sich nur einmal im Deliktsrecht, besitze dort die Bedeutung von culpa levis[573]. Er erzielt eine dreifache Abstufung der Fahrlässigkeit durch eine scharfe Trennung von diligentia aliena (= diligentia patrisfamilias) und diligentia propria (= diligentia quam suis)[574]. Wie Donellus vernachlässigt er den Zusammenhang der culpa levissima mit dem Utilitätsprinzip — greift aber mit gesundem Rechtsgefühl die These an, daß nach der Lex Aquilia für eine technische culpa levissima zu haften ist, die nur von den wenigsten vermieden werden kann.

Raevardus spricht sich für eine Dichotomie aus und leugnet die Existenz einer species culpae mit geringerem Schuldgehalt als die culpa levis[575]. D 50, 17, 23 zeige jedoch, daß unter den Begriff culpa nicht jede Nachlässigkeit zu ziehen ist. Beim Auftrag, der Leihe und den folgenden Verträgen lasse Ulpian auch für neglegentia haften. Der Zusatz et diligentiam wäre überflüssig, wenn unter den Begriff culpa jede Nachlässigkeit fiele. Die Ansicht Raevardus' ähnelt insofern dem Standpunkt Bungundius', als er et diligentia (m) in dem Quellenmaterial für einen Hinweis auf einen gegenüber der culpa geringeren Schuldgrad hält.

Burgius[576] lehnt die Schuldform culpa levissima deswegen ab, weil er in den Gesetzen keinen Unterschied gegenüber einer culpa levis erkennen kann, denn die culpa levissima in D 9, 2, 44 pr werde in D 9, 2, 30, 3 einfach als culpa bezeichnet. Leider nimmt Burgius nicht näher zu einzelnen Digestenstellen Stellung und vermeidet somit eine eingehendere Auseinandersetzung mit der herrschenden Lehre.

Fornerius[577] äußert sich zu diesem Problemkreis nur ganz kurz und führt aus, daß diligens und diligentissimus freilich dasselbe seien, da es in Fragen der Vollendung kein Mehr oder Weniger gebe. Er verwendet damit in komprimierter Form das später u. a. bei Donellus anzutreffende Argument, daß der diligens paterfamilias die notwendige Sorgfalt erbringe und damit gleichzeitig allersorgfältigst ist.

Unklar ist die Auffassung Connanus[578]. Zunächst legt er dar, daß unter seinen Begriff neglegentia sowohl culpa levis als auch culpa levis-

---

[573] J. Gothofredus 112.

[574] Vgl. Fn. 501.

[575] Raevardus D 50, 17, 23 (quod certo certius sit levi culpa nullam esse speciem culpae leviorem).

[576] Burgius, cap. 12 bemerkt dazu: Haec quo longius a vulgaribus interpretum sententiis remota sunt, eo fortasse ad veritatem accedunt).

[577] Fornerius D 50, 16, 5, 1 (In rebus perfectionem significantibus non admittitur plus minusve ... diligentissimus et diligens ... sane utrumque idem est); ebenso Rittershusius 91, ohne daraus einen Schluß gegen die culpa levissima herzuleiten; Contius 32, der auch eine culpa levissima ablehnt.

[578] Connanus 7, 3, 7 f.

sima zu ziehen sind. Er erklärt sich somit für eine Aufgabe der Trennung beider Fahrlässigkeitsstufen. Wenig später folgt eine Definition der culpa levissima: quod si imprudentia aut desidia lapsus est ea in re, quae etiam prudentissimi et diligentissimi patresfamilias potius sit.

Baro[579] hält im Ergebnis eine Dreiteilung der culpa für richtig, gibt dabei zu, daß nur ein geringer Unterschied zwischen dem diligens und diligentissimus paterfamilias besteht und kaum etwas aufzufinden sei, was durch die Sorgfalt des diligens paterfamilias nicht verhindert wird. Aus diesem Grunde würde die Sorgfalt verschiedentlich nur zweifach untergliedert werden.

Die Stellungnahme Delrios[580] gibt einige Rätsel auf. Zunächst bestreitet er, daß die culpa levissima eine species culpae ist und beruft sich auf das magis — minus-Argument. Ähnlich wie Zasius fügt er hinzu, daß nur ein quantitativer und qualitativer Unterschied zwischen culpa levis und levissima vorhanden ist[581]. Einerseits bezeichnet er sie als summus gradus levis culpae[582], andererseits schreibt er: infimus (gradus levis culpae) ad levissimam (culpam) accedens[583]. Schließlich führt er aus, daß es drei Hauptgrade[584] der culpa gibt[585]. Der unterste sei vom Zufall sowenig entfernt, daß der Unterschied zwischen beiden nur mit größten Schwierigkeiten feststellbar sei. Er definiert ihn als non praestare exactissimam illam diligentiam quam supra communem hominum naturam prudens et diligens ... diligentissimus paterfamilias ... Dieser Idealtypus erkenne z. B. die Vorboten drohender Unwetter.

Mithin wertet Delrio die culpa levissima ab, sie ist für ihn ebenso wie für Zasius nur ein culpa-Grad. Nur aus Unachtsamkeit identifiziert er ihn gelegentlich mit seinem infimus (alias summus) gradus levis culpae.

Erstaunlich häufig betonen die humanistischen Juristen[586], daß die einzelnen Fahrlässigkeitsstufen — besonders aber die niedrigste — nicht genau zu bestimmen sind und daher letztlich die Entscheidung beim Richter liege.

---

579 Baro II 324.

580 Delrio, cap. 1 (3 verso).

581 Delrio a. a. O. (species sunt lata et levis culpa, omitto levissima, quia magis et minus ... sed solummodo quantitate et qualitate subiectum distinguunt).

582 Delrio a. a. O. (Sane quod idem Ulp. in lege A. levissimam culpam venire alio loco scripsit, parum me movet. Quia non tam inde sequitur, hanc esse tertiam culpae speciem, quam illud summum levis culpae gradum in lege A. venire).

583 Delrio a. a. O. (infimus — gradus levis culpae — ad levissimam, hoc est defectus extremum, accedit).

584 Vgl. oben 79.

585 Delrio a. a. O.

586 Burgundius 5 (In summa quod sit lata, quid levis, quid levissima,

A. Faber[587] scheint eine über die culpa levissima hinausgehende typisierte Verschuldenshaftung festlegen zu wollen, die an das medium von Odofredus[588] erinnert. Nicht ganz deutlich wird bei ihm, ob der Schuldner, der eine custodia-Haftung übernommen hat, auch für casus fortuiti ohne culpa levissima haftet. Dafür spricht, daß A. Faber es für notwendig hält, casus fortuitus und vis maior zu trennen.

Nicht einwandfrei feststellbar ist, ob Loriotus[589] eine zwischen culpa levissima und casus liegende diligentia kennt. Es heißt jedenfalls bei ihm, daß eine Pflicht zur diligentia die Verantwortlichkeit für culpa levissima mit umschließt, aufgrund des argumentum a fortiori.

2. *Wichtige haftungsrechtliche Grundsätze*

a) Ansätze für den Begriff der culpa in concreto

Die humanistischen Juristen entwickeln deutlich den Gegensatz zwischen culpa in concreto und in abstracto, ohne allerdings diese termini technici zu gebrauchen — wenn von der Zeit des Übergangs zum Usus Modernus abgesehen wird.

Campanus[590] schließt sich der aurea opinio der Neueren an, die er schon von Alexander Tartagnus ausgesprochen findet, nach der in jedem Geschäft für einen anderen die Verletzung der diligentia quam suis haftbar macht. Damit ist die diligentia quam suis als Haftungskategorie gedeutet, die in ihrer Anwendbarkeit von den übrigen culpa-Graden unabhängig ist.

---

certis regulis definiri non potest et arbitrio judicis melius relinquitur); CALVINUS sv culpa (aestimatio arbitrio iudicis committitur ... diligenter aestimare oportet qualitatem et conditionem personae); CHARONDA 3, 9; CONNANUS 7, 4, 7; CORASIUS 4, 1, 11; CUIACIUS 7, 873 D (quoniam certum hoc et definitum non est, sed arbitrarium, id est, totum ex bono et aequo iudex arbitratur); DUARENUS 356 (Hi autem gradus culpae docendi causa sic a nobis distinguitur, cum tamen certissimum sit, nulla certa iuris diffinitione eos comprehendi posse, sed iudicis arbitrio relinquendos esse potius... inanis, inutilis labor); RITTERSHUSIUS 27 f.

587 A. FABER D 19, 2, 55 pr (separandus igitur est casus fortuitus a vi maiore. Multi enim casus fortuiti accidunt, quos diligentissima custodia prohibere potest, quae si non intervenit, adest saltem levissima, quae periculo casus fortuiti obnoxium facit eum qui custodiam in se recepit).

588 Vgl. oben 36 f. — Der Ausdruck medium wird gelegentlich von den Autoren bei der Erörterung von D 4, 9, 3, 1 verwandt, aber in einer etwas weiteren Bedeutung als von den Glossatoren. J. GOTHOFREDUS z. B. schreibt: medium enim quod ibi (D 4, 9, 3, 1) constituitur inter culpam et casum fortuitum, non est diligentiae gradus aliquis, verum eo indicatur, eum teneri ex culpa quoque familiae suae fautoque non ex sua tantum culpa.

589 LORIOTUS D 13, 6, 5 n 27.

590 CAMPANUS n 85.

Noch eindeutiger sind die Ausführungen von Baro[591]. Die culpa werde in Grade unterteilt, aber nicht nur auf eine Art und Weise. Bei der Leihe sei auf den Durchschnittsmenschen, eine besondere Gruppe von ihnen, abzustellen, bei der Verwahrung und der Gesellschaft z. B. auf die Veranlagung des Vertragspartners.

Bei Vulteius[592] sind Ansätze einer technischen Ausdrucksweise erkennbar. Zur Haftung des Entleihers heißt es: si nimirum comparetur abstracte cum diligentia illa, quam diligentissimus paterfamilias adhibet.

J. Gothofredus[593] weist schon darauf hin, daß diese Unterscheidung von manchen getroffen werde, um D 16, 3, 32 in das Haftungssystem einfügen zu können.

b) Probleme der Gleichsetzung von Fahrlässigkeitsstufen und der Gegensatz von culpa in faciendo und in omittendo

Das Interesse an Fragen der Gleichsetzung einer culpa-Stufe mit einer anderen ist bei den humanistischen Juristen sehr gering. Bis auf Raevardus und Delrio, die auf einem ganz anderem Weg zu einer Gleichsetzung gelangen, sind die Stellungnahmen ablehnend[594].

Raevardus[595] erklärt, daß culpa levis nach dem Verständnis des Richters in Einzelfällen durchaus als culpa lata gewertet werden kann, weil es eine schwerere und leichtere Form gibt.

Delrio[596] ist behutsamer und schreibt nur, daß sein summus und infimus gradus culpae sich der culpa lata, bzw. der culpa levissima stark nähern. Es ist nicht klar erkennbar, ob er damit für eine Gleichsetzung eintritt.

Ein anderes Schicksal hat der Gegensatz culpa in faciendo — culpa in non faciendo. Nur einige Juristen[597] betonen, daß die culpa in

---

591 Baro I 376 (Culpa velut in gradus quosdam distinguitur . . .: nec hoc uno modo. Etenim ad communem hominum naturam respiciunt, ut in commodato . . . et ad naturam eius, qui obligatus dicitur, ut in deposito, societate etc.); II 319; ebenso Burgundius 156 f.; der Sache nach auch Burgius, cap. 12.

592 Vulteius 131; ferner 130 verso (non ut exigamus custodiam eam in abstracto ad summum custodiae gradus).

593 J. Gothofredus 114.

594 Z. B. Bargalius 5, 4, 8; Cagnolus D 50, 17, 23 n 50 (et velle restringere ad culpam levissimam, quae in omittendo consistit, est destructio maxima generalis sermonis); J. Gothofredus 117; a. A. jedoch Loriotus D 16, 3, 32 n 29 ff., der auch sonst häufiger eine konservative Auffassung vertritt.

595 Raevardus D 50, 17, 23.

596 Delrio, cap. 1.

597 Caballino, dividi 413; Costa I 226, 1 und 17; Donellus XV; Latrus 135, 1 ff.; Loriotus D 16, 3, 32 n 38; Rebuffus D 50, 16, 223.

faciendo schwerwiegender ist als die culpa in omittendo. Calvinus[598] will beide culpa-Arten gleichbehandeln.

Nicht selten wird der Gegensatz für andere Zwecke nutzbar gemacht. So sehen einige[599] ihn in dem Binom culpa et diligentia (seu custodia) ausgedrückt, andere[600] in dem Verhältnis von dolus und culpa, von dolus verus und dolus praesumtus[601], von culpa versutiae und ignaviae[602]. Das Begriffspaar ist somit für manche ein Mittel, sonst nicht zu beseitigende Unklarheiten und Widersprüche aufzuheben.

c) Kritik am Utilitätsprinzip

Das Utilitätsprinzip beginnt an Bedeutung zu verlieren. Der Kreis der Ausnahmen wächst weiter, diese Regelwidrigkeiten werden stärker bewußt[603]. J. Gothofredus[604] bezeichnet schließlich den Grundsatz als fallax regula. Burgundius[605] versucht ihn zu rehabilitieren und stellt verschiedene Ausnahmen als Anwendung des Prinzips hin. Er meint, ein Vertrag werde im Interesse eines Partners abgeschlossen, wenn dieser den anderen darum bittet, daß er zu ihm in vertragliche Beziehungen tritt: Qui rogat, officium et beneficium exigit, ac proinde rogantis gratia contrahatur.

In einem Rechtsverhältnis gewinnen Utilitätserwägungen eine neue Bedeutung. Cuiacius[606] trägt sie — wohl unter dem Einfluß[607] griechischer Scholiasten — in das pignus und hält ein pignus mit alleinigem Nutzen des Pfandgläubigers für möglich. Das sei der Fall, wenn der Pfandgläubiger das Geld auch ohne Pfand, aus freundschaftlicher Rücksicht, verliehen hätte oder das verliehene Geld nur in Sicherheit gebracht werden sollte.

---

[598] Calvinus sv culpa; ebenso wohl auch Ramus II 134, unter Berufung auf D 50, 17, 164 (Paria sunt vel omnino non facere, vel facere quidem, sed sic ut non oportet); vgl. ferner Bargalius 5, 4, 11, im Bereich der Lex Aquilia sei bei Unterlassungen eine actio in factum zuzusprechen.

[599] Delrio, cap. 10; Donellus XIV.

[600] Bocerus 79.

[601] Costa I 226, 19.

[602] Giphanius n 6, 8, 12.

[603] Vgl. J. Gothofredus 129, 141; Rittershusius 84.

[604] J. Gothofredus 129.

[605] Burgundius 11 (in omnibus negotiis aut alter uter rogat aut neuter sed consentiunt); in stark abgeschwächter Form auch Delrio, cap. 5 (et praesumere solemus eius, qui rogavit, gratia contractum celebrari. Quod tamen non facile admiserim, si constat illum, ex deposito, nihil commodi percipere, sed sola caritate ad operam dandam moverit: tunc enim aequius melius sit, de levi tantum depositarius teneri).

[606] Cuiacius 9, 119; 3, 556; ebenso Bocerus 135; Delrio, cap. 10.

[607] Vor ihm so schon Salicetus (Fn. 421), dessen Äußerung Cuiacius nicht bekannt war.

3. *Der Haftungsumfang in verschiedenen Rechtsbeziehungen*

a) commodatum

Die nahezu einhellige Lehre[608] läßt den Entleiher für culpa levissima haften. Selbst die Mehrzahl der Autoren[609], die keine culpa levissima anerkennt oder sie teilweise ablehnt, betont, daß der Entleiher strenger haftet als andere Schuldner.

Burgundius[610] verlangt vom Entleiher die das Haftungsmaß der culpa übersteigende diligentia; Raevardus[611] das Vermeiden der entsprechenden neglegentia.

Connanus[612] scheint keine gegenüber den negotia gratia utriusque verschärfte Haftung annehmen zu können, da er unter seinen neglegentia-Begriff culpa levis und levissima zieht.

Donellus[613] setzt im Ergebnis die Haftung des Entleihers nicht mit der des Pfandgläubigers, Verkäufers etc. gleich, wie verschiedentlich behauptet wird. Gerade bei der Leihe weicht er von seiner Grundhaltung ab und billigt der culpa levissima einen begrenzten Geltungsbereich zu. Allerdings sind bei ihm auch entgegengesetzte Äußerungen anzutreffen. So schreibt er ausdrücklich, daß die Haftung des Entleihers nicht davon beeinflußt wird, ob die Leihe für ihn auch nützlich ist oder nicht[614].

---

608 Alciat D 50, 16, 226; Aldobrandinus I 3, 14; Baro II 258; Bocerus, concl. 31; Borcholten I 3, 14 n 4; Bronchorst n 63; Campanus n 27; Contius 32 ff.; Corasius 4, 1, 12; Cuiacius 9, 294 B, C; Delrio, cap. 8; A. Faber 13, 6, 10; P. Faber 111 D, 122 E ff.; Ferrarius 158; Francus n 22; Giphanius n 15; Gregorius 23, 1, 10; Gudelinus 3, 2; Hoenonius III 63; Hopperus I. De commodato 9 verso; Lopez II 305; Matthaeus n 77 f.; A. Matthaeus, disp. 14, 17; J. Meier D 13, 6 n 9; Molinaeus-Wesenbeck C 4, 23; Regius I 19; Rebuffus D 50, 16, 223 (706); Rittershusius 88 ff.; Schneidewin 1340, 23; Sturcius, commodatum n 2; Vulteius, cap. 15 (126).

609 Burgius, cap. 12 (et in commodato igitur multo magis, quod etiam ut solius accipients utilitas spectat); vgl. folgende Fn.

610 Burgundius 8, 28.

611 Raevardus D 50, 17, 23.

612 Connanus 7, 3, 7; vgl. oben 89 f.

613 Donellus XXXVI (Haec diligentia in his omnibus pariter et sine distinctione eadem exigitur: ut non maior exgitur in commodato, quam in iis in quibus utriusque utilitas versatur ... Unum solum animadverto, quod amplius praestandum sit in commodato quam in caeteris, in quibus et diligentia exigitur. Er bringt sodann den in D 13, 6, 5, 4 entschiedenen Fall und fügt hinzu: alibi in caeteris contractibus hoc genus culpae praestari non legimus; dazu noch unter XVIII und 14, 3, 3 (omnem culpam et neglegentiam).

614 Donellus 14, 3, 3 (Idem et si versetur utilitas utriusque).

J. Gothofredus[615] begrenzt die Haftung durch seine culpa aliena. Er erkennt, daß Ulpian in D 13, 6, 5, 2 eine schärfere Haftung beim commodatum als beim pignus fordert. D 13, 7, 13, 1 wäre so erklärbar, daß sich ut in commodato auf custodia bezieht, somit der Pfandgläubiger nicht schärfer haftet als der Entleiher. Andererseits bestimme Ulpian in D 50, 17, 23 die Haftung in diesen Rechtsbeziehungen in gleicher Weise. Folglich sei ein Widerspruch in den Äußerungen Ulpians enthalten. J. Gothofredus verzichtet darauf, alle Digestenstellen zu harmonisieren und erkennt im Gegensatz zu Donellus Widersprüche in den Quellen an. Das justinianische Gesetzgebungswerk ist für ihn auch in den textlich einwandfrei überlieferten Fragmenten keine ratio scripta mehr.

b) mandatum

Die herrschende Lehre[616] unter den humanistischen Juristen macht den Beauftragten für culpa levissima verantwortlich. Eine kleinere Gruppe[617] folgt Bartolus; darunter befinden sich die wichtigsten niederländischen Juristen aus der Zeit um 1600. Eine verschwindende Min-

---

[615] J. Gothofredus 129 f. (Ergo est ubi Ulp. hac in re contrarius sibi fuit et JCti inter se dissensere).

[616] Bocerus, concl. 31; Borcholten I 3, 27; Campanus n 25; Contius 27, 30 (Quia sc. substantia ipsa mandati in cura et diligentia consistit, quae consensu et ipsa conventione mandati suscipi intelligatur); Cuiacius 9, 294 B, C; Delrio, cap. 7 (scio contrariam opinionem disputando defendi posse ... sed in ambiguis communius receptae sententiae soleo adhaerere); Dyemenus, cap. 23 n 26; P. Faber 108 C, 123 B—D; Ferrarius 157 f.; Francus n 16 (polliceri ... Depositarius vero de se nihil pollicens, solum affectionem amicaliter praestet); Hoenonius III 62; Loriotus D 16, 3, 32 n 55; A. Matthaeus, disp. 17, 7; J. Meier D 17, 1 n 23; Mozza 29; Oldendorp 4, 24, 7, 2; Regius I 19; Rittershusius 74 ff., 81 (polliceri — Zu C 4, 35, 13: qui omne dicit, nihil excludit), 83 (nam ubi lex non distinguit, ibi nec nostrum est distinguere), 84 (propter tacitam assertionem industriae suscipientis mandatum, cum propter solam industriam procurator eligitur), 85; Sande 62; Soar, lit. M n 35 (si res talis quae exactissima diligentia requirat), er gehört folglich eher in die Gruppe der Bartolusanhänger; Treutler I 28, 7 c; Wesenbeck D 17, 1 n 10. — Die Gegner der culpa levissima betonen den hohen Grad an Sorgfalt, zu dem der Beauftragte verpflichtet ist: Burgundius 20, 24; Donellus 13, 11, 11; J. Gothofredus 129; Raevardus D 50, 17, 23.

[617] Alciat, Cons. 5, 13, 3 n 2, für culpa levissima ist beispielsweise bei einem Geldtransport zu haften; D 50, 16, 226, entscheidend ist die natura negotii; Bronchorst 61 f.; Cagnolus n 29; Gregorius 21, 11, 5; Matthaeus n 90; fälschlicherweise behauptet Ludwel 92 n 54 von ihm, daß er unter n 89 Martinus folge; Neldelius 56 f.; Schneidewin 973, 4; der Sache nach Soar a. a. O.; Sturcius, mandatum n 2 (pro qualitate tamen rei); P. Wesenbeck D 50, 17, 23 n 42 ff.

dermeinung[618] schränkt die Haftung des Beauftragten auf culpa levis ein. Unter den Anhängern der herrschenden Lehre ist man sich nicht immer einig, ob nicht besondere Gründe erforderlich sind, um als Haftungsmaß culpa levissima annehmen zu können. Es wird die Möglichkeit erörtert, eine Bezahlung ausschlaggebend sein zu lassen[619], nur einen sachlich begrenzten Kreis von Aufträgen dieser strengen Haftung zu unterstellen, zu dem der Prozeßauftrag gehören müsse[620].

In den rein juristischen Argumenten unterscheiden sich die Autoren dieser Epoche nicht von der vorangegangenen. Hinzugetreten ist die Berufung auf Cicero, der den Auftrag als auf zwei heiligen Grundsätzen ruhend beschrieb, auf der Freundschaft und dem guten Glauben[621] und das Verständnis griechischer Scholiasten[622]. Baro[623] nimmt eine Außenseiterstellung ein, indem er beim unentgeltlichen Auftrag Martinus folgt und als Haftungsmaß die culpa lata für richtig hält.

c) negotia gesta

Die überwiegende Lehre[624] vertritt die in den Digesten vorgezeichnete Meinung, daß regelmäßig für culpa levis einzustehen ist. Bei der

---

[618] CORASIUS 4, 1, 12; DONELLUS X, XXIX, 13, 11, 8 ff.; GIPHANIUS n 14, der sich eigenartigerweise auf die communis opinio beruft; REBUFFUS D 50, 16, 223 (708, l. Sp.), mit mehreren Ausnahmen.

[619] BARO II 321, 325; REBUFFUS a. a. O. (quia mercedem accipit et accipiendo causam videtur promittere se talem diligentiam); DONELLUS 13, 11, 10, uneingeschränkt wieder für schärfere Haftung unter 13, 11, 11; a. A. z. B. CONTIUS 29; RITTERSHUSIUS 83. Völlig anders REGIUS I 19, seiner Ansicht nach führt eine Bezahlung zur Milderung der Haftung auf culpa levis.

[620] MOLINAEUS 183; REBUFFUS a. a. O.; vgl. dazu DONELLUS a. a. O.; dagegen CONTIUS 29; RITTERSHUSIUS 82.

[621] DELRIO, cap. 7; P. FABER 123 B—D; J. GOTHOFREDUS 129.

[622] DELRIO a. a. O.; REGIUS I 19; RITTERSHUSIUS a. a. O.

[623] BARO II 321, 325.

[624] ALCIAT D 50, 16, 226 (cum enim se sponte offerat, mediocrem diligentiam praestare debet); BARGALIUS 5, 3, 49; BARO I 375 f.; II 325 f.; BOCERUS, concl. 30; CAMPANUS 66 ff.; CAGNOLUS n 66; CORASIUS 4, 1, 12; DELRIO, cap. 14; DONELLUS XXIV f. (culpa levis in non faciendo); P. FABER 119 B; FERRARIUS 165 f.; FRANCUS n 51 ff.; GREGORIUS 21, 11, 5; HOENONIUS III 60 f.; HOPPERUS I. De deposito 11; MATTHAEUS n 95 ff., mit widersprüchlicher Begründung; MOLINAEUS C 2, 18; NELDELIUS 57; OLDENDORP 4, 25, 6; REGIUS I 19; REBUFFUS D 50, 16, 223 (709, l. Sp.); RITTERSHUSIUS (A. A. 156) 172 (Zum Superlativ in I 3, 27, 1: Etsi autem non inviti fatemur, saepe in una lege omissum, ex alia addendum: tamen hoc loco id non admittimus, sed potius respondemus, antecedentia eum consequentibus conjungenda); SANDE 61; SCHNEIDEWIN 1497, 9 ff.; TREUTLER I 10, 5 d; WESENBECK D 3, 5 n 10; I 3, 27 (hinc liquet exactissima diligentia non semper levissimae culpae opponi); für eine uneingeschränkte Haftung bis zur culpa levissima tritt A. MATTHAEUS, disp. 17, 8 ein.

Notgeschäftsführung erleichtert sie die Haftung auf culpa[625]; si alius diligentior (diligentissimus) erat gesturus, wird sie auf culpa levissima[626] erhöht. Der Sachverhalt, daß ungewöhnliche, für den Geschäftsherrn neue Geschäfte übernommen werden, findet wenig Interesse. Man folgt ohne Einschränkung den Vorgängern und den Quellen und setzt eine casus-Haftung[627] fest.

Die humanistischen Juristen sehen sich genötigt zu erklären, warum der Beauftragte schärfer haftet. Sie berufen sich auf zwei Gründe. Einmal muß der Beauftragte erst durch Bitten zur Übernahme des Geschäftes bewogen werden, während der Geschäftsführer ohne Auftrag aus Freundschaft oder Nächstenliebe handelt[628]. Zum anderen würde das öffentliche Interesse an der Erhaltung der Rechtsgüter nicht gewahrt und dem einzelnen wenig damit gedient, falls eine zu scharfe Haftung den Geschäftsführer von der Übernahme der Geschäfte abschreckte[629].

d) tutela

Unter den humanistischen Juristen ändert sich der Meinungsstand zur Haftung des Vormunds entscheidend. Es geht nun nicht mehr darum, ob er für culpa levis oder die Verletzung der diligentia quam

---

[625] ALCIAT D 50, 16, 226 (173 ff.); BARO a. a. O.; CAGNOLUS a. a. O.; CALVINUS 60; CAMPANUS a. a. O.; DELRIO a. a. O.; DONELLUS XXIV (quod necessitate rei gerendae coactus accessit, non sua voluntate ... satius enim fuit concedi cuius aliquid opis adferre conari perituris alioqui negotiis, quam pati omnino ea perire); P. FABER 122 B; FERRARIUS a. a. O.; FRANCUS a. a. O.; J. GOTHOFREDUS 139; HOENONIUS a. a. O.; HOPPERUS a. a. O.; MATTHAEUS a. a. O.; MOLINAEUS a. a. O.; REGIUS a. a. O.; RITTERSHUSIUS 174; SCHNEIDEWIN a. a. O.; TREUTLER a. a. O.

[626] Nahezu alle unter Fn. 625 aufgeführten Autoren nehmen ausdrücklich diesen Standpunkt ein. Hinzuzufügen ist die Stellungnahme von REBUFFUS D 50, 16, 223 (709, l. Sp.), (non tamen exactam diligentiam praestabit: alioqui nullus aliena negotia gerere vellet ... nisi certum esset alium diligentiorem administratur). Gegenstimmen sind nicht feststellbar.

[627] So ausdrücklich die Mehrzahl der unter Fn. 624 f. erwähnten Autoren; DELRIO a. a. O. scheint nur culpa levissima zurechnen zu wollen.

[628] ALCIAT D 50, 16, 226 (172), (quia ultro et ex puro affecto impulsus accedit ad negotia absentis, unde in ipso summa praesumitur benevolentia et maxima propensio ... cum non nisi iussu vel precibus adductus); DELRIO, cap. 14 (... Si non amicitia sed non aeque laudato animi motu, ad negotia gerenda accesserit, nec hoc illi impunitura sit, tenebitur etiam de culpa levissima); HOENONIUS a. a. O.; RITTERSHUSIUS 172.

[629] ALCIAT D 50, 16, 226 (172); DELRIO a. a. O.; REBUFFUS a. a. O.; SANDE 61 f., mit zahlreichen Nachweisen; SCHNEIDEWIN 1497, 9 ff. (ut facile accedant homines ad negotia aliena, quae alias negligerentur et perirent); TREUTLER I 10, 5 d (nemo facile alterius negotia curaturus esset, quod tamen fieri societatis humanae interest ... et cum levissima culpa pene non sit culpa).

suis einzustehen hat[630], sondern ob nicht sogar culpa levissima zu vertreten ist[631]. Diese Tatsache hat auch eine Bedeutung für die Beurteilung der Aussagen, die von den Glossatoren und Kommentatoren zu dieser Problematik gemacht werden. In der Mehrzahl begrenzen sie die Haftung durch die culpa levis, nur einige fügen hinzu, daß es sich um die Form der diligentia quam suis handelt. Es scheint demnach so zu sein, daß eine beträchtliche Anzahl derjeniger, die nur die culpa levis erwähnen, diese nicht stillschweigend auf die diligentia quam suis eingeschränkt wissen wollen.

Die durchaus herrschende Lehre[632] entscheidet sich für eine Verantwortlichkeit bis zur culpa levis. Sie begründet die Abweichung von dem Utilitätsprinzip mit dem favor pupilli[633]. Dieser favor gehe nicht weiter, weil die Vormundschaft eine öffentliche Last ist, der Vormund zur Übernahme gezwungen wird[634].

Die Autoren berücksichtigen häufig zwei Quellenstellen[635], in denen die Haftung ausdrücklich auf culpa lata begrenzt ist, D 26, 7, 7, 2 und C 5, 51, 2. Die erste Ausnahme, der Kauf wenig geeigneter Grund-

---

[630] Vgl. oben 63.

[631] Vgl. Bargalius 5, 3, 30 f.

[632] Alciat D 50, 16, 226; Bargalius 5, 3, 30; Baro II 326; Bocerus 165; Bronchorst 63; Cagnolus n 61; Campanus n 54 f.; Contius 39 ff., den Rittershusius 157 nicht vollständig wiedergibt, 41 (communis tamen opinio humanior esse videtur et tutoribus favorabilior, qui alias satis ipso onere tutelae gravatur nedum ad tam exactam diligentiam revocari debuit), a. A. 44, wo Contius für eine Haftung bis zur culpa levissima plädiert; Corasius 4, 1, 12; Delrio, cap. 13, der sich seltsamerweise auf Harmenopulus beruft, der aber nach übereinstimmendem Zeugnis von P. Faber 124 C ff. und Rittershusius 158 et diligentiam in D 50, 17, 23 auf die Vormundschaft bezieht; Ferrarius 164 f.; Francus n 46; Gregorius 21, 11, 5; Hoenonius III 59 f.; Matthaeus n 93; Neldelius 57; Rebuffus D 50, 16, 223 (709, l. Sp.); Rittershusius (A. A. 84) 151 ff., 156 (humanior, qui alio satis gravantur ipso onere tutelae); Sande 61; Sturcius, tutela n 5, 7; Treutler I 10, 5 d; Vulteius, cap. 15 (126); P. Wesenbeck D 50, 17, 23 n 82.

[633] Cagnolus a. a. O. (favore minorum, ut et alia plura, id fuisse introductum); Delrio a. a. O.; Matthaeus n 93; Rittershusius 158; Sande a. a. O.

[634] Bargalius 5, 3, 31; Baro II 326; Contius 41; Sande a. a. O.; Sturcius, tutela n 5, 7 (quippe rerum alienarum cura difficilis et officium tutelae non ex voluntate, sed ex necessitate suscipitur); vgl. Donellus XXIV, XXX, der damit die Beschränkung auf seine als culpa levis in faciendo verstandene diligentia quam suis begründet.

[635] Sie übergehen D 26, 7, 7 pr (dolus); C 2, 18, 17; 2, 20, 1; 5, 54, 1; 5, 55, 2.

stücke, wird mit der Schwierigkeit dieses Geschäfts begründet[636]. Diese Begründung steht im Gegensatz zur Rechtfertigung der scharfen Haftung beim Auftrag und der Geschäftsführung ohne Auftrag[637]. Die zweite wird ähnlich oder überhaupt nicht erklärt[638].

Die Erwähnung der diligentia quam suis in D 27, 3, 1 pr wird als Hinweis darauf gewertet, daß der diligentissimus auch dann haftet, wenn er die Verwaltung nur diligenter führt — wegen der damit verbundenen fraus, D 16, 3, 32[639]. Campanus[640] und Rittershusius[641] verschärfen außerdem ausdrücklich die Haftung des sich anbietenden Vormunds bis zur culpa levissima.

Die Vertreter[642] einer Haftung bis zur culpa levissima berufen sich auf das Verständnis der griechischen Scholiasten[643], des Harmenopulus z. B., den zu beachtenden favor pupilli[644].

Raevardus[645] macht den Vormund für die das culpa-Maß übersteigende neglegentia haftbar; J. Gothofredus[646] für seine diligentia aliena. Er stützt sich auf C 2, 18, 20, wonach der Vormund schärfer haftet als der Geschäftsführer ohne Auftrag[647]. Aber auch hier habe unter den römischen Juristen keine Einigkeit geherrscht.

---

[636] BRONCHORST 63; DELRIO, cap. 13 (facile falli consueverint); J. GOTHOFREDUS 138; NELDELIUS 57; REBUFFUS D 50, 16, 223 (709, l. Sp.); RITTERSHUSIUS 152 (quia in ea facile fallantur etiam prudentes, periti); STURCIUS n 9; CAMPANUS n 54 ff. kann keinen plausiblen Grund erkennen. Die Ausnahmen verstießen gegen den Grundsatz vom favor pupilli.

[637] Vgl. oben 95 ff.

[638] BRONCHORST a. a. O.; CAMPANUS a. a. O.; DELRIO a. a. O.; J. GOTHOFREDUS a. a. O.; REBUFFUS a. a. O.; RITTERSHUSIUS a. a. O.; STURCIUS a. a. O.

[639] BURGIUS, cap. 12; DELRIO, cap. 13 (Sed si tutor in suis rebus ne levissimam quidem culpam solet admittere, eamdem in rebus pupillaribus praestabit, propter praesumtum dolum); RITTERSHUSIUS 159.

[640] CAMPANUS n 56 f.

[641] RITTERSHUSIUS a. a. O.; ebenso BARGALIUS 5, 3, 32.

[642] CALVINUS 60 (tutor enim suscipit rem pupilli, cuius aetas maxime defensorem exigit), seine Äußerungen auf S. 62 lassen erkennen, daß er die diligentia quam suis in dieser Rechtsbeziehung für haftungssteigernd hält; CUIACIUS 9, 294 B, C; P. FABER 108 C, 124 C ff.; GIPHANIUS n 15 f. (lex fingit, quod ipsius tutoris gratia hoc negotium gestum sit).

[643] P. FABER 124 C ff.; berichtend CONTIUS 39 ff. (auctoritate Graecorum qui videntur rectas interpretationes a scholis usque Justinianis per manus retinuisse, numquam apud eos interrupta Romani iuris professione quae sero in occidente recuparata est); anders dagegen RITTERSHUSIUS 158, er berichtet von HOTOMANUS, daß er sie als graeculi bezeichnete.

[644] GIPHANIUS a. a. O.

[645] RAEVARDUS D 50, 17, 23.

[646] J. GOTHOFREDUS 137 f., mit Hinweis auf undurchsichtige Quellenlage.

[647] Gegen dieses Argument CONTIUS 39 ff.; RITTERSHUSIUS 156, da der Geschäftsführer ohne Auftrag selbst schon für culpa levissima haftet.

Donellus[648] schließlich gelangt unter Berücksichtigung von D 27, 3, 1 pr, in dem die diligentia quam suis erwähnt wird, zur Verantwortlichkeit für culpa levis in faciendo.

e) societas

In der humanistischen Jurisprudenz ist die Ansicht nicht mehr unangefochten, daß der Gesellschafter nur für die Verletzung der diligentia quam suis haftet; die überwiegende Lehre[649] bekennt sich aber zu ihr. Vereinzelt wird gegen die besonders in der Glosse herausgestellte Auffassung opponiert, daß die Sorgfalt des Gesellschafters entscheidend ist, die er vor Vertragsschluß anwandte, da sich hierfür kein Beleg in den Quellen finde[650]. Die Frage, ob der nach Vertragsschluß fleißiger gewordene Partner diesen Standard weiter zu erbringen habe, wird positiv beantwortet[651]. Selten erkennt ein Autor einen Ausnahmesachverhalt mit einer Haftung für culpa levis im engeren Sinne an. J. Meier[652] spricht sich dafür bei einer Werkherstellung aus, die nur von dem betreffenden Schuldner vorgenommen wird.

Die Einsicht des Baldus, daß die diligentia quam suis als Maß nicht immer angewandt werden kann, weil eine Vergleichsmöglichkeit fehlt, geht nicht vollständig verloren. Burgundius[653] z. B. tritt bei fehlender Vergleichsmöglichkeit für eine uneingeschränkte culpa-Verantwortlichkeit ein.

Die unterschiedliche Bewertung der diligentia quam suis wird, wie schon von den Kommentatoren, damit begründet, daß der Gesellschafter gewissermaßen seine eigenen Sachen verwaltet und bei einer Scha-

---

[648] Donellus XXIV, XXVIII, XXX (ne in munera necessaria, quod sibi non imposuit, cogatur praestare amplius quam potest — diese Äußerung zeigt gleichzeitig, daß die culpa levis in non faciendo bei ihm bedingt zur Garantiehaftung führt).

[649] Alciat D 50, 16, 226; Baro II 323, 325; Bocerus 173; Borcholten I 3, 25 n 4; Bronchorst 66; Burgundius 121 (generaliter igitur dicendum est, socios invicem praestare debere dolum et culpam; sed si culpa sit ejusmodi, ut ad suum modum dirigi possit, ad eundem dirigenda est); Gagnolus n 68; Calvinus 62; Campanus n 70, 73, 77; Connanus 7, 13; Contius 42f.; Delrio, cap. 15; Donellus 13, 16, 21 (nur levis in faciendo); ebenso Loriotus D 16, 3, 32 n 38; Dyemenus, cap. 23 n 21; Ferrarius 167; Francus n 57; Giphanius n 18; D. Gothofredus 158; J. Gothofredus 121 (in societate quoque videntur dolum tantum exigisse, ut colligitur ex D 17, 2, 52, 2 und 72); Gregorius 27, 4, 24; Hopperus V. Quo modo socius socio teneatur (63 verso); J. Meier D 17, 2 n 21; Regius I 19; Rebuffus D 50, 16, 223 (709); Rittershusius 186; Sande 65; Schneidewin 965, 1; Sturcius, soc. n 4; Wesenbeck I 3, 25, 9 n 3.

[650] Burgundius 120ff.

[651] Z. B. A. Faber 17, 2.

[652] J. Meier D 17, 2 n 21.

[653] Burgundius 121.

densverursachung schwerlich der Verdacht dolosen Verhaltens entstehen könne[654]. Einige humanistische Juristen[655] verstehen allerdings die diligentia quam suis in dieser Rechtsbeziehung nicht anders als beim depositum — als culpa lata.

Die gegenüber anderen mit beiderseitigem Nutzen verbundenen Vertragsverhältnissen geringere Haftung wird mit dem Hinweis D 17, 2, 72 (quia qui parum diligentem sibi socium adquirit, de se queri debet) erklärt[656]. Das Problem, ob der neglegentissimus für nimia neglegentia zu haften hat, wird selten angeschnitten. Die bejahenden Äußerungen[657] überwiegen.

Eine Mindermeinung[658] macht den Gesellschafter für jede culpa levis verantwortlich. Eine nähere Auseinandersetzung mit der herrschenden Lehre fehlt im allgemeinen. Anhänger dieser Ansicht neigen leicht dazu, die diligentia quam suis in den Quellen als dolus praesumtus oder eine andere Form der dolus-Erweiterung zu begreifen[659].

Raevardus[660] geht sogar so weit, et diligentiam in D 50, 17, 23 auf die Gesellschaft zu beziehen und bestimmt den Haftungsumfang durch seine gegenüber der culpa leichtere neglegentia.

Die Opposition gegen das überkommene Haftungsverständnis bei der Gesellschaft ist als teilweiser Durchbruch des Rechtsgefühls zu werten, dem die Begrenzung der Haftung durch die diligentia quam suis nicht mehr einleuchten will.

f) dos

Bei den humanistischen Juristen kann sich die Ansicht am stärksten durchsetzen, nach der ein Ehemann für die Verletzung der diligentia

---

[654] Bocerus 173 (Non enim potest videri aliquis dolose versari ad se pro parte pertinentibus); Donellus XXX (personam ejus sequitur et probat ... praesertim cum si coeperint postea displicere, statim solvere possit societatem); Hopperus V. Quo modo socius socio teneatur 63 verso; Rittershusius 186 f.; Sande 65 (quia res communis ex parte mea est); Wesenbeck I 3, 25, 9 n 3 (quia socius rei communis dominus esse videtur).

[655] Burgius, cap. 12; Cuiacius 9, 361 f.

[656] Vgl. Connanus a. a. O.; J. Meier D 17, 2 n 21 und folgende Fn.

[657] Burgundius 121 f., 123 (quod ibi — D 24, 3, 24, 5 — de marito traditur, ad socios quoque referendum est, quia utrobique eadem est ratio); Delrio, cap. 15; Giphanius n 18; J. Meier a. a. O.; a. A. wohl Cagnolus n 68; Connanus 7, 13 (si dissolutus et negligens, sibi debet imputare).

[658] Nur die culpa levis erwähnen, ohne ausdrücklich die h. L. abzulehnen: Corasius 4, 1, 12; Hoenonius III 61; Vulteius, cap. 15 (126). Ausdrücklich für die gesamte culpa levis: Burgius, cap. 12; P. Faber 115 D, 118 D, 120 E ff., 121 D (qualem bonus ac diligens paterfamilias); Matthaeus n 67, 76.

[659] Burgius a. a. O.

[660] Raevardus D 50, 17, 23.

quam suis[661] und die nimia neglegentia[662] haftet. Ein rein formaler Streit herrscht über die Frage, ob die Verletzung der diligentia quam suis culpa lata oder culpa levis ist. Die herrschende Lehre hält das letztere für richtig und gebraucht ein ähnliches Argument wie bei der Gesellschaft: Die Dotalsachen stehen im Eigentum des Mannes[663]. Die Gegener weisen auf D 16, 3, 32 hin, dort werde die Verletzung der diligentia quam suis als culpa lata bezeichnet.

Wenige Autoren[664] folgen dem Verständnis der Glosse, nach der sed etiam in D 23, 3, 17 die Bedeutung hat, den Ehemann für culpa levissima einstehen zu lassen, falls er als diligentissimus diese äußerste Sorgfalt nicht auch auf Dotalsachen verwendet.

Eine beachtliche Mindermeinung[665] tritt für eine Haftung bis zur culpa levis ein und versteht die diligentia quam suis in D 23, 3, 17 und D 24, 3, 24, 5 entweder mit der Glosse als einen Hinweis auf eine bedingte Verantwortlichkeit für culpa levissima oder culpa lata[666].

---

[661] Baro II 323; Bronchorst 67; Burgius, cap. 12; Burgundius 122; Campanus n 61 ff., 76, nach einigem Schwanken, unter n 38 weist er darauf hin, daß Bartolus die diligentia quam suis in D 23, 3, 17 als culpa latior, andere als culpa levissima interpretierte(n); Contius 37 ff.; Delrio, cap. 1; P. Faber 115 D, 118 C, indem er in D 23, 3, 17 nicht sed etiam diligentiam, sondern sed eam diligentiam liest; J. Gothofredus 136; Neldelius 60; Rebuffus D 50, 16, 223 (708 f.), (non tenetur tamen maiorem in his rebus diligentiam quam in suis); Rittershusius 139 f., er entscheidet die Streitfrage nicht, meint, daß jedenfalls die diligentia quam suis zu leisten ist; P. Wesenbeck D 50, 17, 23 n 79.

[662] Wegen der Entscheidung in D 24, 3, 24, 5, nach der ein Ehemann im Falle von immoderata saevitia (= culpa lata in der Form der nimia neglegentia) haftet, ist diese Frage kaum berührt; ausdrücklich dafür z. B. Burgius 122; Burgundius 123; Contius 39.

[663] Z. B. Bocerus 158; Burgundius 122 (si non mere fuerint alienae, sed communes vel dotales, ad suum modum culpa exigitur).

[664] So Sande 64 f.; berichtend Matthaeus n 73.

[665] Delrio (anders wohl cap. 1), cap. 12 (maritum in dote praeter culpam levem, etiam huiusmodi diligentiam praestare, qualem suis rebus adhibet, videlicet at si in suis rebus diligentissimus esse consuevit, in dotis datione etiam diligentissimus esse cogatur); Donellus XXVIII, XXX (culpa levis in faciendo: Est enim matrimonium societas inter conjuges arctissima); Ferrarius 163 (quia maritus sua causa dot. recipit, eius non modo dolum et culpam, sed etiam diligentiam, quam in suis rebus adhibet, praestabit); Matthaeus n 75 f.; Sande a. a. O.; Sturcius, dos n 3 (exacta diligentia). Vgl. ferner Raevardus D 50, 17, 23, der den Ehemann sogar für seine die culpa übersteigende neglegentia haften läßt.

[666] So wohl Delrio a. a. O., da er das Verständnis der Glosse ablehnt; Matthaeus n 73; vgl. Rittershusius 140 (Alii ... respondent, interdum ex accidente hoc fieri, ut de culpa levissima nempe si in suis ac propriis diligentissimus: quia se vix effugere possit suspicione doli); Bocerus 158, er ersetzt wie P. Faber in D 23, 3, 17 sed etiam durch sed eam.

Eine gewisse Unsicherheit über die Stellung der einzelnen Autoren entsteht dadurch, daß einige[667] nur die culpa levis erwähnen, ohne auf die Frage einzugehen, ob damit die diligentia quam suis gemeint ist oder nicht.

Der Meinungsstand zur Haftung des Schuldners in dieser Rechtsbeziehung zeigt, wie verhängnisvoll es war, die grundsätzliche culpa-Haftung in nachklassischer Zeit durch die diligentia quam suis zu mildern[668]. Für Spätere wurden dadurch die Quellenaussagen undurchsichtig und verhinderten das Entstehen einer klaren Lehrmeinung.

g) emptio venditio

Die nahezu einhellige Lehre[669] läßt den Verkäufer für culpa levis haften. Die Mehrzahl der Autoren[670] macht aufgrund von D 18, 6, 2, 1 eine scheinbare Ausnahme für den Gattungskauf; bis zur Aussonderung ist für culpa levissima einzustehen. Sie berufen sich häufig auf griechische Scholiasten, die insoweit einen Einfluß auf die humanistische Jurisprudenz ausüben. Die Ausnahme ist deshalb nur scheinbar, weil bis zur Konkretisierung die Sachgefahr beim Verkäufer liegt.

Nach dem Bericht von Rebuffus[671] hat die Wendung ut in commodato in D 18, 6, 3 einige[672] dazu verleitet, die Haftung bis zur culpa levissima auszudehnen.

---

[667] Alciat D 50, 16, 226; Burgius, cap. 12; Cagnolus n 56; Corasius 4, 1, 12; Francus n 41; Giphanius n 15; Hoenonius III 59; Zasius D 24, 3, 9 n 7.

[668] Vgl. Fn. 44.

[669] Alciat D 50, 16, 226; Baro II 259; Bocerus 127; Bronchorst 64; Burgundius 37ff., 88; Campanus n 33, 38, die Quellenlage wäre unklar; Connanus 7, 10 (diligentiam autem non exigimus eamque quae supra fragilitatem, imbecillitatemque humanae naturae sit, sed quam communis vitae prudens attentaque ratio expostulat); Contius 33f.; Corasius 4, 1, 12; Cuiacius 9, 380 C; Delrio, cap. 9; Dyemenus, cap. 23 n 19; P. Faber 119 B—D, 123 A; Ferrarius 161f.; Francus n 29f., 33; Giphanius n 15; J. Gothofredus 131 (unklar), 136; Hoenonius III 58; Matthaeus n 61; Rebuffus D 50, 16, 223 (708); Rittershusius 93; Sande 64; Sturcius, emptio venditio n 8; Vulteius, cap. 15 (126).

[670] Bocerus 128 (nam fatale damnum et vis magna excusat venditorem); Contius a. a. O.; Cuiacius 1, 1804f.; Delrio a. a. O.; P. Faber a. a. O.; Rittershusius 99.

[671] Rebuffus D 50, 16, 223 (708), (sunt qui velint exactissimam diligentiam requiri sicut in commodato ... non dicit talem diligentiam qualem in commodato, sed quam praestant hi quibus res est commodata).

[672] Eine solche Stellungnahme ist bei einem humanistischen Juristen nicht feststellbar; vgl. aber Igneus 29, der sich auf D 18, 6, 3 beruft, a. A. 38. Möglicherweise denkt Rebuffus an diejenigen Juristen, die eine selbständige culpa levissima ablehnen oder an die Frage, ob beim Gattungskauf vor der Aussonderung für culpa levissima zu haften ist. Allein Raevardus gelangt zu einer verschärften Haftung — jedoch auf einem anderen Wege. Zu D 50,

Hopperus[673] will diese Digestenstelle mit einer besonderen Utilitätskonstellation erklären. Ist der Kauf für den Verkäufer vorteilhafter als für den Käufer, so haftet er auch für culpa levissima.

h) pignus

Die nahezu einhellige Lehre[674] hält beim Faustpfand die culpa levis für das richtige Haftungsmaß. Die Gleichsetzung mit der Haftung des Entleihers und der Ausdruck custodia in D 13, 7, 13, 1 bereiten ihr Schwierigkeiten. Sie beziehe sich auf die Art der culpa, aber nicht auf den Umfang[675]. Sie weise darauf hin, daß die Sorgfalt nicht wie bei der Verwahrung nach dem Maß des Schuldners, sondern wie bei der Leihe nach einem Idealtypus gemessen werden soll[676]. Andere meinen, die Gleichsetzung sei nur mit dem commodatum gratia utriusque erfolgt[677]. Der Ausdruck custodia wird von verschiedenen[678] als Bezug auf eine culpa in non faciendo verstanden. Rebuffus[679] schließlich hält sie für ein Synonym der culpa levissima. Nach Loriotus[680] bezieht sich die Bezeichnung custodia nur auf die Bewachung des Pfandes. In diesem Punkte gleichen sich Pfand und Leihe, da der Pfandgläubiger die Sache nur im eigenen Interesse hütet. Damit nähert sich Loriotus sehr der richtigen Ansicht vom Wesen der custodia als Haftung für eine Rückgabe der Sache im einwandfreien Zustand.

17, 23 legt er dar, daß et diligentiam sich auf alle angeführten Kontrakte i. w. S. beziehe.

673 Hopperus IV. De vi et effectu loc. et cond. 59 verso f., nur andeutungsweise.

674 Alciat D 50, 16, 226; Baro II 259, 325; Bronchorst 66; Burgundius 34 ff., 36 (quia tamen utilitas eius contractus tota in debitorem non redundat, ideo diligentiam eam non praestat, quae praeter culpam in commodato praestanda est); Campanus n 40 f.; Corasius 4, 1, 12; Delrio, cap. 10; Donellus XXXV (culpa levis in non faciendo); P. Faber 119 B, D, E; Ferrarius 160 f.; Francus n 34; Giphanius n 15; Gregorius 23, 10, 2; J. Gothofredus 132 f.; Gudelinus 3, 2; Hoenonius III 58; Hopperus I. De pignore 11 verso; Matthaeus n 69, 79 f.; J. Meier D 13, 7 n 5; Molinaeus-Wesenbeck C 4, 24; Oldendorp 3, 12, 3, 3; Rebuffus D 50, 16, 223 (708, r. Sp., a. A. 704, r. Sp. oben); Rittershusius 104 ff.; Sande 65; Schneidewin 863, 19; Vulteius, cap. 15 (126); Wesenbeck C 13, 7 n 7.

675 P. Faber a. a. O. (non ait praestari tantam quantam in commodato); Matthaeus n 79 f.; Sande 65.

676 Hopperus I. De pignore 11 verso.

677 Delrio, cap. 10.

678 Z. B. Cuiacius 3, 556; Delrio a. a. O.

679 Rebuffus D 50, 16, 223 (704, r. Sp.), (Zu D 13, 7, 13, 1: et demum levissimam etiam culpam in pignoratitia praestari, hoc veniet quidem ratione dictionis custodia, non autem ...); a. A. 708, r. Sp.; seiner ersten Ansicht folgt Bocerus 135.

680 Loriotus D 16, 3, 32 n 74 (ex post facto tamen sola creditoris causa custoditur et ideo perinde tenetur ac commodatarius. Unde quoad custodiam ...).

Cuiacius[681] und Bocer[682] sprechen sich für die Möglichkeit einer culpa levissima-Haftung aus. Wenn die Übergabe des Pfandes allein dem Pfandgläubiger einen Vorteil bringt, so habe er auch verschärft zu haften. Solche Sachverhalte ergeben sich, wenn der spätere Pfandgläubiger ohnehin bereit war, die gewünschte Summe Geldes einem Freund zu verleihen oder sein Geld nur in Sicherheit bringen wollte. Diese Ansicht erfährt heftige Kritik[683], weil nach ihr der freigiebige Verleiher schärfer haften müsse als der sorgsam auf seine Sicherheit bedachte.

Contius[684] macht sich die Ansicht der griechischen Scholiasten zu eigen und will den Pfandgläubiger bis zur Einlösung für culpa levissima, danach für culpa levis haften lassen. Dann verwandele sich das pignus in ein depositum (gratia utriusque scilicet).

i) locatio conductio

Die Verantwortlichkeit des conductor reicht nach der Ansicht der humanistischen Juristen regelmäßig bis zur culpa levis[685]. Die Auffassung Raevardus'[686] bildet hier wie in anderen Rechtsbeziehungen eine Ausnahme, indem nach ihr et diligentiam in D 50, 17, 23 sich auch auf die locatio conductio bezieht.

---

681 Cuiacius 9, 119; 3, 556; ähnlich Hopperus IV. De vi et effectu loc. et cond. 59 verso f., der nur verlangt, daß der Vorteil für den Pfandgläubiger erheblich größer ist als für den Verpfänder; vgl. ferner Raevardus D 50, 17, 23, der et diligentiam auch auf das pignus bezieht.

682 Bocerus 135 (Hae leges volunt, creditorem teneri de levissima culpa, ut significant per vocem custodiam ... verum id tantum esse, si creditoris solius gratia pignus contractum sit, puta, ut pecunia credita in tutum redigeretur, alioquin parati etiam sine pignore roganti amico credere pecuniam).

683 J. Gothofredus 133; Rittershusius 109 f.

684 Contius 34 f.; dagegen J. Gothofredus 133 (meraque horiolatio); Rittershusius 110.

685 Baro II 259, 313; Benincasius 193, 40; Bocerus 151; Bronchorst 65; Burgundius 96 ff., 111; Cagnolus n 45; Campanus n 50 ff.; Contius 36; Corasius 4, 1, 12; Delrio, cap. 11; Donellus XXXV (culpa levis in non faciendo); 13, 8, 2 (sed etiam ut omni diligentia provideat ... et quidem diligentissimi hominis diligentiam); Dyemenus, cap. 23 n 19 (culpa ... et interdum, pro negocii qualitate, etiam diligentiam); A. Faber 19, 2, 7; P. Faber 119 B; Ferrarius 161 f.; Francus n 36; Giphanius n 15; J. Gothofredus 134; Hoenonius III 59; Hopperus IV. De vi et effectu loc. et cond. 59 verso f.; Lopez II 324 f.; Matthaeus n 62; A. Matthaeus, disp. 16, 16; J. Meier D 19, 2 n 28; Oldendorp 4, 9, 7, 24; Rebuffus D 50, 16, 223 (708, r. Sp.); Rittershusius 32 f., 123; Sande 64; Schneidewin 1489, 32; Sturcius, locatio n 1 f.; Treutler I 29, 6 e; Wesenbeck D 19, 2 n 15; Zasius D 24, 3, 9 n 6.

686 Raevardus D 50, 17, 23; ähnlich D. Gothofredus 157 (custodia diligentissimi pratrisfamilias debet, quia casu fort. non tenetur).

Eine Gegenmeinung[687] glaubt die Grundsätze heranziehen zu müssen, die Bartolus für den Auftrag entwickelt hat. Falls ein Schaden durch culpa levissima verursacht worden ist, gelangt sie fast immer zur Haftung, weil dann eben ein schwieriges Geschäft anzunehmen ist[688]. Der Sache nach entfernen sich von diesem Standpunkt nicht weit die Autoren[689], die die Superlative in D 19, 2, 25, 7 und I 3, 24, 5 für jede locatio conductio operis gelten lassen. Sie versuchen die verbreitete Lehre praktikabler zu gestalten, nach der ein artifex höchste Sorgfalt verspricht und demzufolge für culpa levissima haftet[690]. Diese Ansicht ist nicht selten mit dem dritten Erklärungsversuch[691] der erwähnten Quellenstellen verbunden, wonach bei leicht zerbrechlichen Gegenständen Ausnahmen zu machen sind. Wesenbeck[692] vereinigt die

---

[687] ALCIAT, Cons. 5, 133 n 4 (et quia idem videmus in conductione rerum, quae leviter franguntur, in quibus venit etiam levissima culpa propter magnam diligentiam, quae est necessario tali casu); vgl. daneben D 50, 16, 226; einschränkend DELRIO, cap. 11 (In mandato, ut diximus, semper videtur promisse industria ... in locato non semper, et quando in locato ea promittitur, tunc idem in eo quod in mandato); RITTERSHUSIUS 126 (Zu D 19, 2, 25, 7: hic enim tacite pollicetur summam atque exactissimam diligentiam); vgl. folgende Fn.

[688] Dazu siehe Fn. 405.

[689] CONTIUS 36f. (et inter conductionem operis, ut diligentiam tunc praestet conductor utpote qui velut artifex artis peritiam promittere tacite intelligatur); HOTOMANUS I 3, 24, 5 (nach BOCERUS 153ff.); WESENBECK I 3, 24 n 4 (sed diligentissimi hominis cura tum praestanda est, cum opera eius hominis locata sunt, qui industriam certi rei et artificiam profitetur); a. A. BOCERUS a. a. O., in I 3, 24, 5 sei die locatio conductio rei behandelt.

[690] CONNANUS 7, 11, 11; CONTIUS a. a. O.; LOPEZ II 324f.; REBUFFUS a. a. O. (et in quibusdam casibus maior diligentia exigitur, quam in aliis, et maxime in artificibus et magistris cum quibus contrahitur); RITTERSHUSIUS 125f.; SANDE 64 (quando quis conduxit id faciendum cujus notitiam profitetur); VULTEIUS, cap. 15 (131 verso), (At autem is qui sese offert, in plus teneatur ... omnibus contractibus commune est); so wohl auch A. MATTHAEUS, disp. 16, 16 zu I 3, 24, 5 (verum pronomen Qui facile indicat, casum hic proponi specialem).

[691] BENINCASIUS 193, 41; BRONCHORST 65, ausdrücklich nur für D 19, 2, 25, 7; CAGNOLUS a. a. O.; CONNANUS a. a. O.; A. FABER a. a. O.; FERRARIUS 162 (quae usu adeoque facile perire solent); HOENONIUS a. a. O.; LOPEZ II 238ff. (quia diligentissimus quaerebatur et ipse se obtulit); MAGIRUS D 50, 16, 223 n 11; MATTHAEUS n 66, I 3, 24, 5 erklärt er aber völlig anders; MOLINAEUS 205f.; MYNSINGERUS I 3, 24, 5 (hoc enim regulariter est in omnibus contractibus); NELDELIUS 59; SCHNEIDEWIN 955, 1; STURCIUS, locatio n 1f.; TREUTLER I 29, 6 a; a. A. BOCERUS 152.

[692] WESENBECK D 19, 2 n 15 (Custodia enim et levissima culpa non ex natura locationis, sed ratione circumstantiarum aut pactionum interdum praestanda est, ut ab iis qui pro custodia mercedem accipiunt vel si res

drei Theorien und rückt damit erheblich von dem Grundsatz, daß nur für culpa levis gehaftet wird, ab. Eine starke Mindermeinung[693] folgt der Glosse und glaubt, daß in einem der beiden oder beiden Stellen der Superlativ ausnahmsweise an die Stelle des Positivs getreten ist.

Vereinzelt wird die zuerst von Azo[694] vertretene Meinung für richtig gehalten, daß auf einen diligentissimus Bezug genommen ist.

Am ausgefallensten ist die Erklärung Hopperus'[695]: Die Anwendung des Utilitätsprinzips führt bei besonderer Sachlage zur Haftung für culpa levissima.

Matthaeus[696] steht ihm mit seiner These zu I 3, 24, 5, daß die Hingabe von Sachen und Zugtieren gegen Entgelt der Leihe ähnele, kaum nach. Vulteius[697] erklärt I 3, 24, 5 ebenfalls mit dem Utilitätsprinzip und erwähnt als Beispiel[698] den Fall, daß der locator an dem Vertragsschluß uninteressiert[699] ist, der conductor ihn aber durch Bitten dazu bewegt. Dann kommen ihm Bedenken[700] und er wählt den Azoischen[701] Ausweg und begrenzt die Haftung für culpa levissima durch die Voraussetzung, daß der conductor ein diligentissimus ist.

Nach mehreren Autoren[702] verschärft ferner eine Bezahlung der Bewachung die Haftung bis zur culpa levissima.

Die verschiedenen Versuche, die Superlative in den Quellen zu erklären, haben ein unübersichtliches Haftungsbild in dieser Rechtsbeziehung zur Folge. Bei vielen Autoren wird der Grundsatz, daß nicht

natura sua exactissimam diligentiam requirat. Item a sarcinatore et fullone et caeteris, qui tamquam artifices locant operas et rebus recipiendis ...); ebenso P. Wesenbeck D 50, 17, 23 n 76ff.

693 Baro II 313, die Superlative könnten nicht durch besondere Sachverhalte eine Berechtigung erlangen, er verweist auf D 13, 6, 18 pr und sieht selbst keine überzeugende Lösung; Bocerus 151, 153; Campanus n 50; P. Faber 120 A; Rittershusius 33, 118ff., zu I 3, 24, 5.

694 Vgl. oben 48. So auch Giphanius a. a. O.; Rittershusius 125.

695 Hopperus IV. De vi et effectu loc. et cond. 59 verso f.

696 Matthaeus n 66 (qui pro usu ... commodatario similis est).

697 Vulteius, cap. 15 (129ff.).

698 Bronchorst 65 meint, Vulteius bringe als Beispiel die Praenumeration.

699 Er argumentiert sehr formal: Es heiße dedit und promisit und nicht conduxisse wie in D 19, 2, 25, 7.

700 Er vergleicht suis rebus in I 3, 24, 5 und nec sufficit in I 3, 27, 1: ut videlicet quam summam ipse adhibet custodiam in rebus suis ... comparatio quasi secum ipse.

701 Vgl. oben 48.

702 Burgundius 111; Campanus n 51 (si merces, si custodiae lex clara non intercessisset levi tantum culpa sicut in caeteris locis teneri frequenter est responsum); Lopez II 324f.; Matthaeus n 58; Wesenbeck D 19, 2 n 15; a. A. Bronchorst 61; Rebuffus a. a. O. (707, l. Sp.), (nempe eo casu utriusque utilitas).

für mehr als culpa levis einzustehen ist, weitgehend aufgegeben. Denn eine erhebliche Anzahl von locationes conductiones werden von artifices vorgenommen, haben ein opus zum Inhalt. Das Haften an den Ausdrücken des Corpus Iuris war damit hier zum Hindernis für eine gesunde, ausgewogene Entwicklung des Haftungsrechts geworden.

Das Verhängnisvolle einer Autorität ohne klare Aussagen zeigt sich noch deutlicher im Bereich der Sonderhaftung der Gastwirte, Schiffseigner und Stallwirte.

Die einen verstehen etiam si sine culpa in D 9, 2, 3, 1 als einen Hinweis auf eine culpa levissima[703], andere[704] als Verpflichtung zur Haftung für das Verschulden von Hilfskräften, dritte[705] sehen darin eine Ausnahme vom Verschuldensgrundsatz und lassen nur höhere Gewalt haftungsbefreiend wirken.

k) depositum

Die Lehre zur Haftung des Verwahrers durchläuft keine großen Änderungen. Er hat für die Verletzung der diligentia quam suis und die nimia neglegentia einzustehen[706]. Lediglich Zasius[707], Francus[708], Loriotus[709], Calvinus[710] und Dyemenus[711] machen ihn nicht für die nimia neglegentia, die culpa lata ignaviae, verantwortlich. Nach Dye-

---

703 H. L.: Baro I 539 f.; Delrio, cap. 1 (6); P. Faber 108 C; Gudelinus 3, 10; Lopez II 324 f.; Medices 16, 37.

704 Starke Mindermeinung: J. Gothofredus 116; Meier D 4, 9 n 8.

705 Seltener vertreten: Molinaeus 217; Wesenbeck D 4, 9 n 6. Sachlich knüpfen diese Autoren an die besonders von Odofredus (vgl. oben 41 f.) verfochtene medium-Theorie an.

706 Alciat D 50, 16, 226; Baro II 258; Bocerus 100; Bronchorst 58 f., 61; Burgundius 18; Cagnolus n 1; Campanus n 1 ff.; Contius 15, 21; Corasius 4, 1, 15; Cuiacius 7, 873 D; Delrio, cap. 5; Donellus XIX, XXXI; P. Faber 115 A—E; Ferrarius 152; Giphanius n 12; J. Gothofredus 120; Gregorius 23, 3, 17; Hopperus I. De deposito 10 verso; Matthaeus n 51; J. Meier D 16, 3 n 7; Oldendorp 4, 23, 11; Raevardus a. a. O.; Rebuffus a. a. O. (706); Rittershusius 55; Schneidewin 1344, 36 f.; Sturcius, dep. et prec. n 5; Treutler I 26, 2 c; Vulteius, cap. 15 (125 verso); Wesenbeck D 16, 3 n 14.

707 Zasius D 24, 3, 9 n 6.

708 Francus n 4.

709 Loriotus D 16, 3, 32 n 38 (de lata culpa vero non tenetur, nisi in deposito ob imminentem necessitatem facto); a. A. D 13, 6, 5 n 40.

710 Calvinus 63.

711 Dyemenus, cap. 23 n 12 (Valde ergo errat Accursius cum putat; eum apud quem res deposita est, quamvis neglegentissimus sit, eam tamen in depositis diligentiam praestare debere, quam vulgo homines praestarent. Nec hoc dicit l. Quod Nerva).

menus[712] ergibt sich auch kein Widerspruch mit D 24, 3, 24, 5. Eine saevitia allerdings könne nie nachgesehen werden.

Die Lehre[713] begründet, sofern diese Frage überhaupt berührt wird, den Unterschied von Auftrag und Verwahrung mit den geringeren Pflichten des Verwahrers.

Nach Berichten von Rittershusius[714] macht sich in der kanonistischen Rechtslehre eine Tendenz bemerkbar, den Verwahrer schärfer haften zu lassen. Sie beruhe auf Erwägungen, die im weltlichen Recht keine Bedeutung besäßen.

Der sich anbietende Verwahrer[715] hat ebenso für culpa levissima zu haften wie der Verwahrer, dem das Rechtsgeschäft allein einen Nutzen bringt[716]. Cuiacius spricht sich in einer Randbemerkung zu seiner Ausgabe der glossa ordinaria[717] sogar für eine casus-Haftung aus.

---

[712] Dyemenus, cap. 23 n 13 (Nec quidquam eos adjurat, quod saevitia in suis culpanda, in alienis punienda esto. Alia enim est saevitiae, alia negligentiae ratio: huic venia dari potest, illi non est indulgendum).

[713] Z. B. Bocerus 117 (In deposito autem sufficit, si depositarius depos. recondat ... Nam illud negocium tale est, ut industriam non requirat).

[714] Rittershusius 60, er zitiert B. Cyprianus, liber de singularitate clericorum.

[715] Bocerus 100; Bronchorst 61; Burgundius 11, 13 (affectando enim dep. diligentissimi patrisfamilias officium polliceri videtur; et hoc ipso suspectus est, quod operam suam ultro ingerat); Cagnolus n 11; Campanus n 68; Decian I 6, 24; Ferrarius 153 f.; Francus n 7 f.; J. Gothofredus 129 (diligentia aliena); Gregorius 21, 11, 5; Hopperus I. De deposito 11; Lopez, animadv. 17, 7; Loriotus D 16, 3, 32 n 39 (quia in solam illius qui se ut lucretur offert, gratiam celebratur praesumitur contractus); Oldendorp 4, 23, 11, 2; Rittershusius 56 f. (non solum polliceri, sed etiam offerendo se, obstat deponenti, quo minus arbitratu suo alium quempiam eligat); Schneidewin 1344, 37; Treutler I 26, 2; tatbestandlich einschränkend Donellus XXIV (culpa levis in non faciendo: quam quod se obtulit, se periculo depositi illigasse videtur ... Is enim intellegitur se deposito obtulisse, qui cum dominus aqud hunc rem depositam nollet, sed autem secum ferre vellet peregre profecturus, aut vellet alio in loco relinquere, apud dominum ultro intervenit et hortatus est eum ne secum ferret ... Idem est si cum dominus apud aliquem vellet deponere, extitit aliquis per causam officii, qui peteret a domino, ut potius apud se deponeret); a. A. Delrio, cap. 5 (videtur enim eo ipso, quod se offert, exactissimam diligentiam polliceri: et praesumere solemus eius, qui rogavit, gratia contractum celebrari. Quod tamen non facile admiserim, si constet illum, ex deposito, nihil prorsus commodi percipere, sed sola caritate ad operam dandam moverit: tunc enim aequius melius sit, de levi tantum); Rebuffus a. a. O. (707, l. Sp.) und Bargalius 5, 3, 43.

[716] Burgundius a. a. O.; Cagnolus a. a. O.; Delrio a. a. O.; Ferrarius a. a. O.; Gregorius a. a. O.; Hopperus a. a. O.; Matthaeus n 58; Oldendorp 4, 23, 1, 4; Rittershusius 58 f.; Zasius D 24, 3, 9 n 6.

[717] Cuiacius, Ausgabe der glossa ordinaria I 1624 n a.

Der in D 12, 1, 4 pr geregelte Fall eines bedingten Darlehns mit vorausgehender Verwahrung wird damit erklärt, daß die Verwahrung Darlehnscharakter annehme und deshalb auch der Zufall zu vertreten sei[718].

l) precarium

Beim precarium ist sich die Lehre[719] darüber einig, daß nur die culpa lata schadenersatzpflichtig macht. Der Grund für die Abweichung vom Utilitätsprinzip ist umstritten.

Im allgemeinen begnügt sich ein Autor nicht mit einer Begründung, sondern führt mehrere an. Am häufigsten wird darauf hingewiesen, daß es dem Gläubiger freistehe, jederzeit das precarium zu widerrufen[720] und er sich den Schaden zuzurechnen habe, falls er es nicht tue[721]. Diese freie Widerrufbarkeit führe dazu, daß der Prekarist kaum einen Nutzen aus dem Vertrag ziehe[722]. Sodann wird der liberale Charakter des Rechtsgeschäfts ins Feld geführt, einige betonen die Ähnlichkeit mit einer Schenkung[723]; in der Geltendmachung eines Schadens müsse die gleiche Großzügigkeit obwalten wie bei der Sachhingabe[724].

---

[718] Hoenonius III 57 und Rittershusius 59; beide mit guter Darstellung des Streitstandes.

[719] Bargalius 5, 3, 48; Bronchorst 58 f.; Dyemenus, cap. 23 n 6; Gudelinus 3, 4; Hoenonius III 57; Raevardus D 50, 17, 23; Sturcius, dep. et prec. n 8 ff.; Treutler I 24, 5 k; Vulteius, cap. 15 (125 verso); vgl. ferner Angaben in folgenden Fn.; a. A. allein Loriotus D 16, 3, 32 n 38 (sed propter utilitatem quam precario accipiens habet, ille etiam de culpa tenetur); anders unter n 60.

[720] Bocerus 105; Cagnolus n 22; Contius 23; Dyemenus, cap. 23 n 16; Ferrarius 155; Francus n 22; Lopez II 306; Matthaeus n 55; Rittershusius 68 hält diesen Umstand für unerheblich. — In die gleiche Richtung geht das Argument, daß precarium schaffe kein Vertragsband; so z. B. Magirus D 50, 16, 223 n 11.

[721] Alciat D 50, 16, 226; Burgundius 34; Giphanius n 12 f.; Rebuffus D 50, 16, 223 (707, l. Sp.), (si non revocaverim imputari mihi debet liberalitas mea).

[722] Burgundius 33; Cuiacius 8, 672 A; Delrio, cap. 6; J. Gothofredus 122.

[723] Bocerus 104; Burgundius 33 f.; Campanus n 1 ff.; Contius 23; Delrio, cap. 6; Donellus XIX, XXV; P. Faber 115 D; Ferrarius 155; J. Gothofredus 122; Gudelinus 3, 4; Matthaeus n 54; Rebuffus a. a. O. 706 f.; Rittershusius 70 ff.

[724] Campanus n 3 (is identidem in culpae remittendae liberalis praesumitur); ähnlich Sande 63; a. A. J. Gothofredus 122 (ineptissime).

§ 2. *Der Usus Modernus Pandectarum unter Berücksichtigung des Naturrechts*

1. *Wandlungen im Verständnis der einzelnen Fahrlässigkeitsstufen*

a) culpa latissima

Die Juristen des Usus Modernus stehen einer culpa latissima ablehnend[725] gegenüber. Ein neuer Ausdruck für den dolus apertus (verus) sei überflüssig[726]; in Unkenntnis des mit der culpa latissima verbundenen Sinnes werfen einige den Bartolusanhängern vor, dolus und culpa miteinander zu verwechseln[727].

Gelegentlich wird der Begriff für sinnvoll gehalten, entweder unter Hinweis auf die teilweise weite Bedeutung von culpa in den Quellen[728] oder die Vielfalt der Umstände, die eine stärkere als dreifache Abstufung erforderlich machen[729].

b) culpa latior

Noch einhelliger ist Ablehnung[730] einer gegenüber der culpa lata selbständigen culpa latior, häufig mit dem Hinweis, daß Bartolus wegen seinen mangelhaften Lateinkenntnissen anderer Auffassung war.

---

[725] LUDWEL 84 f. n 15; TULDENUS I 3, 14, cap. 7; GLÜCK 4, 327; WEHRN 116, beide mit zahlreichen Zitaten.

[726] ECKOLTEN-BENIGK, th. 2 (neque opus est, ut nova fingamus vocabula, si nihil aliud erit quam dolus apertus).

[727] MÖGLING 2, 2.

[728] BRUCKNER-GROBE § 11 (Per latissima intelligit Bart. dolum formaliter talem; nam in jure nostro, uti supra § 5 probavimus, saepe vocabulum culpae tam late sumitur, ut includat ejusmodi dolum).

[729] BOIS 151 f. (Notandum tamen est quod in contractibus, non multum consideratur, an sit lata latior, latissima, quia aequaliter illa ad interesse obligant deliquentem); CRAMER 47 (Sed et circumstantiae eosdem gradus culpae, vel aggravant; vel minuunt ... Unde a nonnullis culpa lata iterum in latam, latiorem et latissimam dividitur).

[730] Besonders deutlich BRUCKNER-GROBE § 11 (Bartolum ex ignorantia purioris latinitatis nescivisse, latiorem culpam in iure nostro idem significare atque latam), unklar § 14; H. COCCEJUS 53, 78 f. (Praesumitur ergo et huic — nämlich eine diligentia minima — quoque adesse. Si vero is eam omittat in alienis, videtur, omisisse eam diligentiam, quam in suis adhibet aut adhibere praesumitur: et ita minus diligens esse in alienis quam in suis); EDENUS 2, 3, 2, 5; ECKOLTEN-BENIGK, th. 2 f.; FALCKNER, th. 6; GLÜCK, 4, 327; LUDWEL 84 f. n 15; MÖGLING 2, 3; NISETUS, th. 6; PATACHICH 83 (Unde simul liquet merito rejiciendam esse subdivisionem culpae in latiorem et leviorem, quamvis enim pro qualitate facti culpa, vel latior vel levior esse possit, minime tamen ex hujusmodi gradibus diversa culpae species); PROUSTEAU, cap. 5; RENNEMANN, th. 12, Fn. a; STRUVIUS I 1242, 19 (Bart. ... ignorantia Latini sermonis); THOMASIUS-WILHELM 6, Fn. c, 16; TULDENUS I 3, 14, cap. 7; WEHRN 116; a. A. QUIRINUS-KUBACH 13.

Die weitaus überwiegende Mehrheit[731] der Juristen des 17. und 18. Jahrhunderts lehnt eine culpa lata versutiae ab; es handele sich um dolus. Eine Minderheit[732] definiert den Begriff, ohne aus seiner Existenz praktische Konsequenzen zu ziehen.

c) culpa lata

(1) nimia neglegentia

In Anknüpfung an D 50, 16, 213, 2 und D 50, 16, 223 pr wird die culpa lata häufig als das Unterlassen der allen Menschen gemeinsamen Sorgfalt[733], die Mißachtung der Gebote des gesunden Menschenverstan-

---

[731] BACHOVIUS I 3, 14 n 3; HERMANN 524, 39 f.; HOPPE I 3, 14 (587); MÖGLING 2, 2; NISETUS, th. 2 u. 3; PATACHICH 80; POLL-CARY 12; SCHACHER-CASPAR, th. 2; SCHULTENS-STAHL 35; STRUVIUS I 1238, 16, I 1242, 19, mit Zitaten; THOMASIUS-WILHELM 6, Fn. c; TULDENUS I 3, 14, cap. 7; VINNIUS I 3, 14, 2 n 11; WEHRN 72 (quam divisionem nonnulli male adcommodant ad culpam stricte dictam, eamque latam); WINCOP-BELLMONT 14.

[732] BOIS 151 f., Bedeutung erlange sie bei der Strafzumessung; BRUNNEMANN D 16, 3, 32 n 1; WALRAB 49 (Quapropter, si quis supine et enormissime negligens in alienis, cautior in propriis et suis negotiis est, videtur esse in culpa versutiae: Si autem in omnibus quis pariter negligens exstiterit, est in culpa ignaviae); VOET D 16, 3 n 7; RUNGE 66, in einer etwas anderen Bedeutung: culpa vero duplici omnino via pro dolo habetur. Vel enim crassa illa et latior negligentia est, quae statim, facto cognita, at talis, in oculos incurrit: vel est versutia illa et dolo proxima quae praesumptione pariter dolus est; CHESIUS n 4 ff. hingegen setzt wie ZASIUS die lata culpa, quae ignoratione provenit, nicht mit dem dolus gleich; TABOR-FASSNACHT, th. 4, berichtend; th. 23 dagegen.

[733] J. H. BÖHMER I 303, 14 (omissio diligentiae communis omnium hominum ex communi sensu agentium); BOIS 153 f.; EICHELIUS 10, 24; FRANTZKE 9, 9, 5; GLÜCK, 4, 327; HAHN D 22, 6 (II 67), (Nam qui id quod omnes eius rei periti sciunt, ignorat, culpae latae reus est); D 13, 6 n 7; HOPPE I 3, 14 (587); LEIBNIZ II 7 (Porro si error talis sit ut judicari possit plerosque eum fuisse evitaturos ... contra sensum communem); LUDWEL 85 n 17; PROUSTEAU, cap. 4 (est enim diligentia minima quaedam, quam natura ipsa dictat omnibus hominibus, et quae sensus communis effectus esse videtur); REIFFENSTUEL 8, 2, 4, 36 (omissio eius diligentiae et circumspectionis, quam passim homines eiusdem conditionis adhibere solent); RENNEMANN, th. 11 (quod omnes sanae mentis communiter intelligunt); STRUVIUS I 1239, 17 (Est sc. diligentia communis omnium hominum, quae omnium hominum innata, non acri ingenio vel industria excitata, sed ex communi sensu descendens); TULDENUS I 3, 14, cap. 7 (non prospicere, curare, cavere, quod omnes sanae mentis provident et procurant); VINNIUS I 3, 14, 2 n 7 (aut id factum in re aliena quod nemo admitteret in re aliena).

des[734] bezeichnet. Ferner ist eine Bezugnahme auf einen unteren Diligenzgrad[735] nicht selten.

Daneben fehlt es nicht an eigenständigen Erläuterungsversuchen. Ludovicus[736] wählt die Sorgfalt unverheirateter Männer zum Maßstab. Woltär[737] stellt es auf die Wahrscheinlichkeit des Schadenseintritts ab: Ist der Schaden meistens mit der Handlung verbunden, so führt ihre Vornahme zur culpa lata.

Würfel[738] glaubt brauchbare Unterscheidungskriterien aus den unterschiedlichen geistig-seelischen Fehlerquellen gewinnen zu können. Ein Gedächtnis- oder Vorstellungsfehler wäre als culpa lata zu bewerten. Nisetus[739] nimmt zum Vergleichsmaß jemanden aus den untersten Volksschichten, den eine unschuldige Tölpelhaftigkeit auszeichnet. Heineccius[740] drückt sich am volkstümlichsten aus, wenn er den Vergleichsmaßstab folgendermaßen umschreibt: „Es gibt ferner patresfamilias, die locker leben, und deren Symbolum ist: alles verfressen und versaufen vor seinem End, macht ein richtig Testament.“ Tuldenus[741] ist der Ansicht, daß die culpa lata im Gegensatz zum dolus vorzüglich bei Unterlassungen anzunehmen ist.

Eine Gruppenbildung in der Bemessung der Fahrlässigkeit drückt sich darin aus, daß z. B. bei Handwerkern und Künstlern unter omnes

---

[734] J. H. Böhmer a. a. O.; Cramer 37; Leibniz a. a. O.; Nisetus XVII (latae culpae finem esse, omissionem curae ex communi saltem sensu descendentis); Prousteau a. a. O.; Struvius a. a. O.

[735] H. Coccejus 32; Edenus 2, 3, 2, 9 bildet drei Klassen von cives und schreibt über die dritte: eaque patrisfamilias nomine indigni sunt; Klengelius-Erschelius, th. 3 (magna negligentia); Promtuarium sv damnum; Prousteau a. a. O.; Schacher-Caspar, th. 3 u. 4 (diligentia minima ... supina negligentia in tractandis rebus alienis, orta ex ignoratione eius, quod omnes homines natura intelligunt ... aut denique si magnam quoque sed tamen minorem, quam in rebus suis); Schilterus II 227, 42 (qui non eam curam adhibere solet rebus suis quam quilibet diligens paterfamilias illius populi atque seculi); Vinnius I 3, 14, 2 n 7 (diligentia quaedam minima seu infima); Wehrn 110 (in defectu totali diligentiae).

[736] Ludovicus D 13, 6 n 16 (I 268).

[737] Woltär 10; ähnlich Promtuarium sv damnum (II 435, 65), (si id suscipitur, quod semper et essentialiter fini consequendo repugnat).

[738] Würfel 186 (non usum memoriae ac imaginationis), 187 (Istum cum brutis habemus communem aut saltim ad ea proxime illo accedimus; expectationem casuum similium, imaginationem atque memoriam intelligo); ähnlich Puffendorf, de culpa 1, 4, 17; 2, 4, 8.

[739] Nisetus XII (etiam ex infima plebe, atque innocente et quieta rusticitate); vergleichbar Pothier I 280 (consiste à ne pas apporter aux affaires d'autrui le soin que les personnes les moins soigneuses et les plus stupides ne manquent pas d'apporter à leurs affaires).

[740] Heineccius §§ 786 f.

[741] Tuldenus I 3, 14, cap. 7 (lata culpa magis in omittendo cernatur).

im Sinne von D 50, 16, 223 pr nur die Mitglieder der einzelnen Berufssparten[742] verstanden werden.

(2) diligentia quam suis

Die zweite unselbständige Unterart der culpa lata, die Verletzung der diligentia quam suis, bereitet den Juristen dieser Epoche ebenso wie denen der vorangegangenen erheblich größere Schwierigkeiten, und zwar in doppelter Hinsicht: Einmal gilt es, das Verhältnis zu der als Milderung der culpa levis gebrauchten diligentia quam zu klären, zum anderen, die Beziehung der beiden culpa lata-Unterarten zueinander zu bestimmen.

In der Regel wird darauf hingewiesen, daß der Verwahrer fremde Sachen im Besitz hat, der Gesellschafter, Gemeinschafter und Ehemann teilweise oder ganz in seinem Eigentum stehende Gegenstände verwaltet[743]. Bei der Beschädigung eigener oder teilweise eigener Gegenstände könne kein Verdacht dolosen Verhaltens entstehen, weil niemand ein Interesse daran hat, diese Sachen zu verlieren. Dabei wird übersehen, daß es für den Schuldner auch unter solchen Bedingungen sinnvoll sein kann, eine Sache, die ihm zu 25 % gehört und 4000,— DM wert ist, gegenüber einer eigenen, die mehr als 1000,— DM wert ist, zu vernachlässigen. Die Gründe können vielfältig sein; zu denken ist an Rachsucht, Überanspruchnahme durch verschiedene Geschäfte oder auch an Kurzsichtigkeit. Grundsätzlich trifft es allerdings zu, daß der Schuldner sich um teilweise eigene Sachen ebenso bemühen wird wie um eigene und ein Nachlassen in der diligentia quam suis nur selten eine Gleichgültigkeit an der Erhaltung fremden Eigentums ausdrückt.

Ein zweiter Erklärungsversuch knüpft stärker an die Quellen an: In D 16, 3, 32 sei nicht von irgendeinem beliebigen Dritten die Rede, sondern von einem bereits in eigenen Angelegenheiten nachlässigen Schuldner, qui *non* ad eum modum quem hominum natura desiderat, diligens est. Wenn dieser noch nicht einmal seine eigene geringe Sorgfalt aufwendet, setze er sich dem Verdacht dolosen Handelns aus und

---

742 CELLARIUS 11 (Hinc etiam omnes, qui certam artem profitentur, si id ignarent, quod omnes illius generis, vitae vel artis socii vel magistri sciunt communiter, vel scire debent, in lata sunt culpa); HAHN D 22, 6; REIFFENSTUEL 8, 2, 4, 36.

743 H. COCCEJUS 21 (quis habet gerendi propter rem suam, qualibet autem causa excusat a dolo); HAHN D 16, 3 n 1 (Diversum est, si quis tanquam in re sua causam gerendi habeat, ut socius, maritus, haeres etc. Cum ipsis noceat ea negligentia non possunt videri dolose ad seipsos decipiendos in re versari); THOMASIUS-WILHELM 16 (pars propria pro indiviso); TULDENUS I 3, 14, cap. 11 (non posset in communibus esse lata culpa, quia vacat suspicione doli: quis enim facile credat, scientem prudentem quem male consulere communibus, cum pariter sibi noceret).

verhalte sich grobfahrlässig[744]. Anhänger dieser Auffassung lassen die Frage unerörtert, warum dann dieser Sachverhalt in den Quellen als Kontroverse erscheint, wo doch das Verhalten des Schuldners schon als nimia neglegentia zu bewerten ist, weil er als Nachlässiger nicht seine eigene geringe Sorgfalt erbringt[745].

Die Bemühungen J. Gothofredus[746], den Gegensatz durch das im Verhältnis zu allen anderen Rechtsbeziehungen besondere Wesen der Verwahrung zu erklären, finden kaum Beifall[747]. Bei der Verwahrung könne zur Vermeidung eines Schadens auch höchste Sorgfalt erforderlich sein.

Bachovius[748] knüpft mit seinen Erläuterungen beim Verständnis der Glosse[749] an und hält ein Verhalten nur dann für fraudulos, wenn der Schuldner zur gleichen Zeit eigene Sachen sorgfältiger behandelt. Die Verletzung der diligentia quam suis ist als leichte Fahrlässigkeit zu bewerten, falls der Schädiger sonst fleißiger zu sein pflegte.

Die beiden Unterarten der culpa lata werden von der Mehrzahl der Autoren beziehungslos nebeneinandergesetzt; beide seien über eine dolus-Präsumtion[750] oder eine Gleichsetzung[751] in jeder Rechtsbezie-

---

[744] Glück 4, 327, Fn. 16; Eckolten-Benigk, th. 6; Lebrun 141 f.; Noodtius D 16, 3 (II 370 f.), (quod si ponatur quidem non ad eum modum quem hom. natura desiderat, diligens; sed interim in re deposita minorem praestare curam, quam in re propria: non sine ratione putat Celsus, jam fraudi praetextam videri culpam latam, et detracta illa larva, meram fraudem futuram); Waechtlerus 11; Wehrn 73 ff., Fn. 7, mit zahlreichen Literaturangaben.

[745] Vgl. oben 8, 10.

[746] Vgl. oben 73.

[747] Der Sache nach folgen ihm nur Falckner, th. 21; Struvius-Blumberg, th. 22.

[748] Bachovius 1, 10, 5 C—E (Qui aliquando non adeo diligenter res alienas curat, cum frequenter eod. modo tractat res suas, cum saltem diversi temporis respectu minus curat res alienas quam suas. Atquin qui eodem tempore tum res suas bene curat negligit res alienas vix est ut a fraude vel culpa lata possit excusari).

[749] Vgl. oben 40.

[750] Bruckner-Grobe § 8 (D 16, 3, 32 — fraus per fictionem et praesumptionem juris); in § 15 meinen sie, daß die Praesumption nicht eingreift, wenn der Schuldner in eigenen Angelegenheiten mindestens ebenso nachlässig ist oder die eigenen geretteten Sachen — in einer Notlage — wertvoller waren; Cellarius 10, 12; H. Coccejus 22, 60 (latae culpae effectus est, ut dolo comparetur, et dolus exinde praesumatur); Ludwel 86 n 24; Meier, culpa 46 f.; Nisetus, th. 6 u. 8 (Quamvis autem lata a dolo revera differat ratione fontis seu originis, attamen praesumptione, interpretatione et effectu juris, in omnibus causis civilibus); Patachich 13 (dolus interpretativus); Rennemann, th. 12, Fn. h, i; Runge 46, 66; Schultens-Stahl 35; Struvius I 1241, 21 β, Tuldenus I 3, 14, cap. 7; Wagner 29; Wehrn 27 ff. — Bei mehreren Juristen hat der dolus praesumtus nur eine beweis-

hung zu vertreten. Vereinzelt unternimmt es ein Autor[752], unter Voranstellung der Verletzung der diligentia quam suis die nimia neglegentia als ihren Sonderfall zu erläutern. Einige Autoren erblicken das Besondere der diligentia quam suis in der wissentlichen[753] Vernachlässigung fremder Sachen, identifizieren also insoweit die bewußte Fahrlässigkeit mit der groben.

(3) gratia ductus

Die Sachverhalte der dolus-Verneinung wegen Handelns aus achtbaren Motiven werden nur in größeren Arbeiten — der Vollständigkeit halber — erwähnt. Wegen des fehlenden animus laedendi sei trotz wissentlicher Schadensverursachung nur culpa lata anzunehmen[754].

---

rechtliche Aufgabe: Bois 152 (dolus praesumtus est dolus indiciis et conjecturis probatus, et hic a vero dolo non differt); Hahn-Struven, th. 37; Patachich 16 (dolus praesumtus ... ex probabili seu verosimili conjectura); Struvius I 442, 24 α (praesumtum ... ex verosimili sc. probabili conjectura colligitur: quam divisionem vitiosam dicit Werner d dolo malo, th. 17, cum non sint species inter se oppositae et distinctae ... Dolus enim verus revera idem est cum dolo praesumto). Noodtius D 16, 3 (II 370) setzt eine nimia neglegentia dann nicht dem dolus gleich, si peccatum est simplicitate vera et naturali, tum enim praesumptionem veritati manifestae et clarae cedere oportere. Bei einer gleichzeitigen Verletzung der diligentia quam suis könne kein Zweifel daran bestehen, meram fraudem futuram; vgl. zu ähnlichen Lehren im 15. und 16. Jahrhundert oben 70.

[751] H. Coccejus a. a. O.; Ludwel 85 n 20; Nisetus a. a. O.; Rennemann, th. 12, Fn. h; Schultens-Stahl a. a. O. (magna, ut vix verisimile eam aliquem sine dolo commissurum, merito quoad effectum dolo illam aequiparunt); Wehrn 122 ff.; Wissenbachius C 4, 34, 1 (Revera lata culpa non est dolus: sed interpretatione juris et effectu pro dolo habetur in contractibus); a. A. teilweise Chesius n 6 (lata culpa quae ignoratione provenit, nihilque habet doli admixtum ... non recte dolo comparabitur).

[752] H. Coccejus 78 f.; Pothier, Traité du Contrat de Société 89 (Mais chacun est présumé capable du soin ordinaire ...).

[753] Chesius n 5 (lata culpa, quae dolo proxima est, tenetur ille, qui scit et negligit. Hac negligentia tenetur is qui eam diligentiam in rebus alienis non adhibet); H. Coccejus 11 ff. (Haec autem lata culpa alia est ac diversa ab illa, quae definitur in D 16, 3, 32. Quando quis minorem adhibet curam rebus alienis quam suis: quae definitio plane contraria est priori. In priore enim est culpa, quam quis etiam admitteret in re propria: dum enim dicitur ... Deinde in posteriore hac specie est culpa cum proposito ac deliberatione alienas res minus curandi quam suas ... Eadem definitio tribuitur levi culpae in I 3, 25, 9. Unde evidens est, contineri sub hac una definitione duos gradus culpae: Latam sc. et levem); Eckolten-Benigk, th. 3.

[754] H. Coccejus 76; Poll-Cary 12; Wehrn 31. Eine Ausnahme macht Wolf I 588 ff., §§ 782 ff., bes. § 784 (Culpa media admittitur ob exceptionem in casu collisionis duorum officiorum ... adeo peculiarem culpae in genere sic dictae speciem constituit). Er erblickt in den Sachverhalten Beispiele für eine zwischen dolus und culpa stehende Schuldform.

d) culpa levis

Bei der Bestimmung der culpa levis entwickeln die Juristen des Usus Modernus kaum neue Gesichtspunkte. Sie beziehen sich auf den Idealtypus des diligens paterfamilias[755], die üblicherweise aufgewandte Sorgfalt[756], einen mittleren Diligenzgrad[757]. Bei einigen steht die die culpa levis mildernde diligentia quam suis so stark im Vordergrund, daß sie unter culpa levis die in eigenen Angelegenheiten gewohnte Nachlässigkeit verstehen[758], unter Berufung besonders auf D 36, 1,

---

[755] J. H. Böhmer I 300, 15; Bois 156; Chesius n 7; H. Coccejus 32; Eckolten-Benigk, th. 6 (levem culpam oppono medio gradui diligentiae... definitio de culpa media vero de cuiuslibet est exaudienda); Edenus 2, 3, 2, 9 (in media — culpa — plerosque inveniemus, qui uno quodam tolerabili modo in negociis versentur, ut civiliter boni viri nomen queant); Eichelius 10, 24 (peritiores); Frantzke 9, 9, 5 (industriores pf.); Hahn D 22, 6 (II 67); Hahn-Struven, th. 53, mit der Unterscheidung des Bartolus nach res alienae, communes incidenter und ex conventione; Heineccius §§ 786 f. (Sunt denique pf. frugales, parci, non avari, mundi, non prodigi); Leibniz II 7 (prudens); Ludwel 86 n 25; Reiger D 13, 6 n 22; Reiffenstuel 8, 2, 4, 36 (homines diligentiores illius conditionis vel artis); Rennemann, th. 13 (quam diligens pf. rebus suis, prudentissime procurandis); Schacher-Caspar, th. 5 (negligentia in eo, quod ad communem modum diligens et industrius pf. non omisisset et commisisset); Schilterus II 228, 44 (modus custodiendi omnibus aut communiter consuetus bonis patribusfamilias. Celsus eum vocat, quem hominum natura desiderat, puta suae cuiusque nationis atque genii. Haec est illa communis et consueta diligentia, quam communiter omnes adhibere solent in civitate); Struvius I 1242, 23; ähnlich Tabor-Fassnacht, th. 28; Wincop-Bellmont 17 (omissio illius diligentiae, quam communiter omnes homines eiusdem conditionis diligentes et prudentes in suis rebus adhibere solent).

[756] Z. B. Bachovius 1, 10, 5 C—E (diligentia media, qua vulgo quivis pf. utitur sin vulgari modo diligens est); Schilterus a. a. O.; Wincop-Bellmont a. a. O.

[757] Bachovius a. a. O.; H. Coccejus 32; Klengelius-Erschelius, th. 3 (mediocris neglegentia); Ludovicus D 13, 6 n 17; Pothier I 280 (est celle qui consiste à ne pas apporter à l'affaire d'autrui le soin que le commun des hommes apporte ordinairement à ses affaires. Elle est opposée à la diligence commune); Promtuarium sv damnum (II 428, 65), (media, ordinaria, vulgaris diligentia); Prousteau, cap. 4 (media diligentia ... in iis qui vulgo diligentes habentur — qualis in majori hominum parte deprehenditur); Schacher-Caspar, th. 3; Vinnius I 3, 14, 2 n 7 u. 9; Wehrn 124 (mediocris).

[758] Cellarius 6; Chesius n 7; H. Coccejus 64; Nisetus, th. 11; Struvius I 1244, 24; dazu Prousteau, cap. 4 (Tutum non est hanc diligentiam definire et aestimare ex modo quo contrahens uti solet in rebus propriis: nam si stolidissimus ille praesupponatur, aut e contra sagacissimus et prudentissimus, illius consueta diligentia necessario reperietur omnium minima, vel omnium maxima, nisi medium constituamus inter hunc et illum).

23, 3. Tuldenus[759] dagegen stellt beide Unterarten nebeneinander: levis culpae modus duplex est.

Die Wendung non ad eum modum quem hominum natura desiderat aus D 16, 3, 32 wird als Umschreibung der culpa levis verstanden[760].

Würfel[761] glaubt bei der culpa levis die Fehlerquellen in der Verstandes- und Vernunftsleistung sehen zu können. Cramer[762] orientiert sich wiederum an der Wahrscheinlichkeit des Schadenseintritt. Ist die Schadensfolge ungewöhnlich, so verdient das dazu führende Verhalten den Vorwurf einer culpa levis.

Mehrere Autoren des Usus Modernus unterteilen die culpa levis dreifach. Nach Rebhahn[763] macht sich des untersten Grades der culpa levis schuldig, wer als Nachlässiger noch nicht einmal seine gewohnte Sorgfalt anwendet; des mittleren, wer die Sorgfalt irgendeines diligens paterfamilias nicht erbringt; des höchsten, wer es an der Sorgfalt eines gut versierten diligens paterfamilias fehlen läßt[764]. Biccius[765] unterscheidet sich nur im letzten Grad geringfügig von Rebhahn. Er definiert ihn als Verletzung einer besonderen und nach der Natur des Geschäftes zu bestimmenden Sorgfalt.

Rennemann[766] erkennt mit denselben Rechtsfolgen wie Donellus eine culpa levis in faciendo und in omittendo an.

e) culpa levissima

(1) Definitionsversuche und Beispiele

Während des Usus Modernus sind die Änderungen in der Bestimmung der culpa levissima gering. Der die culpa levissima vermeidende Idealtypus ist weiter der sehr sorgfältige, aufmerksame oder kluge

---

759 TULDENUS I 3, 14, cap. 7 (alia enim existit non adhibita alienis negotiis eam diligentiam, quae adhiberi propriis solet. Alia vero, omissa ea diligentia, quam praestare diligens pf. solet).

760 NISETUS, th. 12; PROUSTEAU, cap. 4; RUNGE 24; SCHILTERUS II 228, 44; VINNIUS I 3, 14, 2 n 9 (non qualem unum e multis, sed qualem magna pars pf.); WEHRN 127; a. A. SCHULTENS-STAHL 51.

761 WÜRFEL 186 (non usum intellectus ac rationis); ebenso PUFFENDORF 1, 4, 17.

762 CRAMER 39.

763 REBHAHN, ch. 3 clim. 4 parall. 7 th. 38 in add. I; ebenso MEIER, culpa 7; dazu ablehnend NISETUS § 19, der den gleichen Standpunkt LOCAMER, disp. de causa action. th. 125 u. TABOR, part. 4 sect. 11 th. 5 in add. ad fin. zuschreibt; auf beide beruft sich auch MEIER a. a. O. Vgl. ferner ECKOLTEN-BENIGK, th. 2 zur Dreiteilung DELRIOS: Sed in quem usum nescio.

764 Vgl. MEIER, culpa 8 (Et hanc levis culpae speciem appellare licebit leviorem vel minus gravem, utpote quae levissimae culpae sit confinis et proxima).

765 BICCIUS I 4, 137 ff.; ablehnend NISETUS § 19.

766 RENNEMANN, th. 20.

Familienvater[767]. Oder es wird eine äußerste Sorgfalt[768] zur Abwendung des Schadens verlangt, um den Vorwurf der culpa levissima auszuschließen. Nur die wenigsten könnten ihm entgehen[769]; daher verdiene dieser Fahrlässigkeitsgrad kaum noch die Bezeichnung culpa[770]. Verschiedentlich werden — wie bei den beiden anderen Fahrlässigkeitsstufen — andere Wege eingeschlagen, um eine genauere und sichere Eingrenzung der culpa levissima zu erreichen. Cramer[771] sieht in

---

767 Bauriedel § 322 (attentissimi pf.); J. H. Böhmer I 303, 15; Bois 160; H. Coccejus 32; Edenus 2, 2, 2, 11 (summe curiosi); Eichelius 10, 24; Frantzke 9, 9, 5; Hahn D 22, 6 (II 67); Klengelius-Erschelius, th. 3 (attentissimus et viligantissimus pf.); Ludovicus D 13, 6 n 18; Ludwel 87 n 28; Meier, culpa 9 ff., nur bei flüchtiger Lektüre entsteht der Eindruck, als ob er eine culpa levissima ablehnt — in Wahrheit widerlegt er alle Argumente des Donellus; Nisetus § 26; Hoppe I 3, 14 (588), (omissio exactissimae diligentiae, quem sc. homines eiusdem conditionis et professionis diligentissimi adhibere solent); Pothier I 280 (les personnes les plus attentives); Prousteau, cap. 7 (prudentissimi et sagacissimi pf.); Reiger D 13, 6 n 28 (sehr fleißiger Hausvater); Reiffenstuel 8, 2, 4, 36 (diligentissimi et prudentissimi pf.); Schacher-Caspar, th. 6 (diligentissimus et maxime industrius pf.); Schilterus II 228, 45 (modus non omnibus, sed exactioribus solum pf. usitatus ... Ideo et culpa huius porro sunt gradus, aliaque alia levior); Struvius I 1239, 17; Tuldenus I 3, 14, cap. 7; Vinnius I 3, 14, 2 n 10 (vigilantissimus et attentissimus pf.); Walrab 52 (affectate curiosi); Wehrn 129 (Haec opposita est minimae inconsulta ratione factae declinationi a summo gradu diligentiae, quae est cuiuscunque maxime prudentis patris — matrisve — familias ad omnes fortunae occasiones intenti; et praesenti semper ingenio, et cura).

768 Bauriedel § 322 (summa d.); Busius D 13, 6, 5, 2 n 4 f.; H. Coccejus 32; Glück 4, 331 (ganz vorzügliche Fähigkeit, Aufmerksamkeit oder Sachkenntnis); Klengelius-Erschelius, th. 3 (minima negligentia); Mögling 2, 5 (scrupulosa curiositas); Pothier a. a. O. (diligence très exacte); Promtuarium sv damnum (II 435, 65), (exacta, sive etiam, ut dici solet, exactissima d.); Schacher-Caspar, th. 3 (exactissima et delatoria curiositas, et haec sane est scrupulosa inquisitio); Struvius I 1239, 17; I 1247, 27 (diligentia quaedam vehementissima et gravissima, vel quasi diligentiae redundantiae et delatoria curiositas); ähnlich Tabor-Fassnacht, th. 32; Tuldenus I 3, 14, cap. 7; Vinnius I 3, 14, 2 (quod si singulari industria tantum evitari possit); Wehrn a. a. O.

769 Z. B. Mögling 1, 6.

770 Bachovius 1, 26, 2 A; H. Coccejus 6 (vix tamen culpa sit, et proxim accedat ad casum fortuitum); Lynckerus I 3, 15 (I 182) (imo culpa levissima proprie non est culpa: atque hinc casus fortuitus quandoque culpae levi proxime opponitur); Prousteau, cap. 7 (vix culpa dici potest); Walrab 74 (cum autem admodum vicina sit haec culpa casui fortuito, et facile in eam lapsus datur; haud illigetime eam nomen culpae non mereri, sed sub casui fortuito contineri).

771 Cramer 36 ff.; ähnlich Glück 4, 331 (aber dennoch darin gefehlt, daß man die seltenen und ungewöhnlichen Ereignisse, welche aus einer

ihr eine Schadenszufügung aufgrund höchst ungewöhnlichen Kausalablaufs. Nach Prousteau[772] ist sie nur durch Anwendung eines scharfen Verstandes, unter Einsatz einer erheblichen Klugheit vermeidbar. Heineccius[773] ist der Auffassung, daß nur Erzgeizhälse, die gleichermaßen 1000 Augen besitzen und sich erst zum Schlafe niederlegen können, wenn sie jeden Winkel des Hauses durchsucht haben, die erforderliche Sorgfalt aufbringen. Mit dieser Übersteigerung ist der Schritt zum Grotesken getan — ein solcher Schuldner wäre ein Psychopath. Manche Beispiele anderer Autoren zeigen ebenso eine Tendenz zur Überbetonung der Sorgfaltsanforderungen. So heißt es, Harpar entgehe der culpa levissima, wenn er die Leihsache in einen eisernen Geldkasten mit sieben Schlössern einschließt, ihn unter dem Bett an den Fußboden anschraubt und die Schlüssel unter dem Kopfkissen verwahrt[774].

Nahezu alle Juristen[775] des Usus Modernus weisen auf die sehr schwierige Abgrenzung der einzelnen Fahrlässigkeitsstufen voneinander hin und glauben, der einzige Ausweg liege darin, die Entscheidung im

---

Handlung sich ergeben können, nicht auf das allersorgfältigste untersuchte). Der Sache nach ebenso Promtuarium sv damnum (II 435, 65): si id omittitur, quod in paucis tantum casibus ad finem consequentem pertinet ... si admodum raro tantum finem impedit); Woltär 10 (wenn der Schaden nur selten mit der Handlung verbunden ist).

[772] Prousteau, cap. 4 (paucioribus datur ut sint illius compotes, nec eo possunt ascendere, nisi qui caeteros ingenio, solertia et sagacitate superant). Ähnlich Leibniz II 7: contra methodum rectae rationis; Puffendorf 1, 4, 28; Würfel 186: Non usum ingenii et acuminis.

[773] Heineccius §§ 786 f. (Sunt sane Euclíones - Erzgeizhälse — ad rem attenti, quibus veluti mille oculi sunt, quique nec somnum capere, nec tranquillo animo esse possunt, nisi omnium aedium angulos perquisiverint); ähnlich Ludovicus D 13, 6 n 18 (Alii vero pf. sunt diligentissimi, id est, maxime ad rem attenti, seu uno verbo, avari, qui custodiam rerum suarum nemini committunt, sed ipsi illas adservant, noctes insomnes transigunt, de lecto saepe surgunt metuentes ne forsan fur vel latro, thesauris insidias struxerit et ita in similibus. Uno verbo, qui neminem, nisi morte sua, exhilarant); gegen diese „poetische Phraseologie" Höpfner §§ 757 f.

[774] Bauriedel § 332.

[775] Bachovius 1, 26, 2 A (difficultatis et erroris causam recte putat, quod definitio et essentia latae et levis culpae sit inexplicata); Bauriedel § 324; J. H. Böhmer III 107; Bruckner-Grobe § 24; Cellarius 14; Engelbrecht-Heine, th. 57; Glück 4, 335; Hackemann-Olthoff §§ 135, 140 (Circumstantiarum infinita sunt genera, nec non maxime, vaga et fluctuans in quibusdam ... Porro, prudentia regulis non potest exacte includi atque deffiniri); Leyser III 91 f.; Mögling 2, 7; Poll-Cary, th. 10, 14; Schacher-Caspar, th. 5 (In ea ergo sumus sententia cum Deciano et Duareno culpam quae qualisse sit magis innotescere exemplo et judicis discretioni remittendam); Struvius, ex. 19, th. 41 (Tota praestatio culparum prudenti judicis arbitrio est relinquenda).

Einzelfall weitgehend dem Richter anzuvertrauen. Strykius[776] und einige Anhänger[777] halten es sogar für richtig, von jeder Definition Abstand zu nehmen und alles der Praxis, dem Richter zu überlassen. Die überwiegende Lehre[778] betont jedoch, daß es unumgänglich ist, die richterliche Entscheidungsfreiheit zu begrenzen und zu diesem Zweck Grundsätze aufzustellen.

Cellarius[779] kommt bei der Erörterung eventuell vom Richter zu berücksichtigender Gesichtspunkte zu sehr ähnlichen Ergebnissen und Begründungen wie die heutige Lehre von der gefahrgeneigten Arbeit[780], bzw. entschuldbaren Fehlleistung[781]. Zugunsten des Schuldners sei eine große Eile, die häufige Wiederkehr des gleichen Vorgangs zu berücksichtigen. Dem entspricht Zeillers[782] Beispiel vom eiligen Geschäftsmann, der einen Passanten mit Kot bespritzt, der in der arbeitsrechtlichen Literatur[783] behandelte Fall, daß ein Küchenmädchen von Zeit zu Zeit beim Abwaschen einen Teller zerschlägt. Wer vom Schuldner Leistungen verlangt, die mit großer Eile, mit monotonen Wiederholungen verbunden sind, kann ihn nicht für jede Fehlleistung verantwortlich machen. Damit hängt eng die bereits von den Glossatoren[784] für die ausnahmsweise Haftung des Vormundes lediglich bis zur culpa lata gegebene Begründung zusammen. Beim Kauf wenig geeigneter Grund-

---

[776] Strykius D 13, 6 n 12 (Quae omnia si considero totam hanc discussionem in praxi ad aequum et bonum revocandam, et ita arbitrio judicis prudentis relinquendam esse arbitror, qui secundum circumstantias negotii, prout hoc vel maiorem vel minorem diligentiam exigit, et personae conditionem, prout in suis negotiis diligens esse solet), der sich auf Struvius beruft.

[777] Besonders Hackemann-Olthoff § 141 (Hinc Romanorum lapsus, qui regulas in materia irregulari dare voluerint, parum sufficientes).

[778] Z. B. Leyser III 91 (Potuissem cum Strykio in Usu moderno disputationes deridere et rem totam judicis arbitrio relinquere. Et profecto judices hoc arbitrium, etsi id illis non tribuas, satis per se sumunt. Sed praestat tamen, illos regulis quibusdam constringi); Tuldenus I 3, 14, cap. 8 (sed ad jurisprudentiam referantur judicisque arbitrium, generalibus tamen definitionibus dirigendum); Vinnius I 3, 14, 2 (magisque ad prudentiam referantur et arbitrium judicis: tamen generalibus his praeceptis et definitionibus religionem judicis sufficienter instruxi posse).

[779] Cellarius 14 (nimia festinatio, crebra reiteratio alicuius rei agendae).

[780] Vgl. näheres im letzten Kapitel.

[781] Zeiller III 713; dazu Klusemann, DRdA 61, 26 ff.; Mayer-Maly, AcP 163 (1964) 128, Fn. 107, 134, Fn. 145.

[782] Bezeichnung des österr. Arbeitsrechts, vgl. Klusemann a. a. O.; Mayer-Maly, AcP 163 (1964) 128 ff.

[783] Den Fall erwähnen u. a. Geigel X 42; Mayer-Maly, AcP 163 (1964) 133, Fn. 142; Scheuerle, RdA 58, 248; Steindorff, JZ 59, 3.

[784] Vgl. oben 45; dazu Wincop-Bellmont 25.

stücke[785] könne der Gläubiger sich nicht auf eine culpa levis des Vormundes berufen, weil ein Verschulden bei solch schwierigen Geschäften häufig vorzukommen pflege.

In Übereinstimmung mit der Verschärfung der Sorgfaltsanforderungen an den diligentissimus paterfamilias werden die Anhänger der Ansicht zahlreicher, daß für ein furtum immer zu haften ist, wenn der Schuldner für culpa levissima einzustehen hat[786]. Die überwiegende Lehre[787] hält indessen an der Auffassung fest, daß es auch Diebstähle gibt, die unvorhersehbar sind und daher nicht zur Schuld zugerechnet werden dürfen.

Die Naturrechtler[788] zur Zeit des Usus Modernus befassen sich mit der Frage, ob die Trichotomie und damit die culpa levissima auf Naturrecht beruht oder eine Eigenart des römischen Rechts ist. Eine Anzahl[789] von ihnen meint, daß sie naturrechtlich ableitbar ist, ohne darzulegen, aufgrund welcher Sätze. Nach dem Naturrecht würde eigentlich immer eine Verantwortlichkeit für culpa levissima bestehen. Das römische Recht hätte die Unerbittlichkeit des Naturrechts — wegen der menschlichen Schwäche — gemildert und gehe grundsätzlich von der culpa levis aus[790]. Die Haftung für culpa levissima in faciendo bei der lex Aquilia sei ein Ausdruck der naturrechtlichen

[785] D 26, 7, 7, 2.

[786] Falckner, th. 9, unter Bezugnahme auf D 17, 2, 52, 3; Harprecht I 3, 14, 2 n 85, mit zahlreichen Zitaten; Prousteau, cap. 8 n 17 (Diversa videtur esse ratio furti domestici, quod uxor aut alii quibus est necessario, confidendum, familiares admitterent; ab hoc enim vix ac ne vix quidem sapientissimus homo praecavere potest et ideo furtum domesticum cas. fort. adnumerant).

[787] Z. B. Bois 162 f.; Ludwel 89 n 43, mit weiteren Anhängern der h. L.; Thomasius-Wilhelm 35; Wissenbachius C 4, 34, 1.

[788] Sie bezeichnen sich auch als Vernunftsrechtler, vgl. Glück 4, 334.

[789] Glück a. a. O.; Moeckert-Wilmann 12; vgl. ferner folgende Fn. Eine Ausnahme bildet Otto c. 1 § 11 (omnium rerum, quae gradus habent quos juxta morem mathematicam dimetiri non licet, tres gradus constituendi sunt, duo extremi et tertius, qui inter utrumque fit, sin plures facias, difficultates erunt infinitae); auf ihn beruft sich Höpfner §§ 757 f. (836), Fn. 1. A. A. Cramer 47; Wolf I 569, § 759 (Quemadmodum ibidum monuimus, divisionem diligentiae et eidem conformiter negligentiae in maximam, mediam et minorem esse inventum juris civilis, quod ignorat jus nat. gradus multo plures quam tres agnoscens, sine mathematicorum ope non determinandos ... Philosophum desperare culpas a priori, ut vocant, in usum fori derivari posse).

[790] H. Coccejus, Coll. 7; S. v. Coccejus § 578 (Hinc iam constat, jure naturae homines teneri ad culpam levissimam ... Jure Romano rigor ille naturalis temperatus et imbecillitati humanae accomodatus est. Hinc eo jure regula saltem levis praestatur); Hackemann-Olthoff §§ 130 ff.; Moekkert-Wilmann 14, Fn. b; Thomasius-Wilhelm 14, dieser auf der Trichotomie beruhende Standpunkt wird aber später aufgegeben.

Härte[791]. Um im Vertragsbereich zur Haftung für geringste Fahrlässigkeit zu gelangen, müßten bestimmte Voraussetzungen erfüllt sein, z. B. ein entsprechender Vertrag geschlossen sein, der Schuldner sich freiwillig anbieten oder den alleinigen Vorteil aus dem Vertrag ziehen.

(2) Gegner einer culpa levissima

Aus dem Kreise der Naturrechtler rekrutieren sich aber auch einige Gegner der Trichotomie oder einer Abstufung der Fahrlässigkeit überhaupt.

Unabhängig von naturrechtlichen Gedankengängen gelangt Chesius zu einer Ablehnung der culpa levissima. Er vereinigt wohl alle vor ihm bekannten Argumente, ohne jedoch einen Vorgänger zu zitieren. Ausgangspunkt seiner Erörterungen sind I 3, 24, 5. Der dort anzutreffende Superlativ lasse an der Trichotomie zweifeln, weil der conductor doch nur für culpa levis hafte[792]. Im Verfolg seiner Erörterungen greift er sodann mehrere Male[793] auf die Überlegung zurück, daß der diligens paterfamilias alles richtig macht und daher ein diligentissimus paterfamilias überhaupt nicht mehr denkbar ist. Die culpa levissima in D 9, 2, 44 pr werde in D 9, 2, 31, 1 mit Hilfe des Positivs diligens definiert[794]. Chesius stellt ferner widersprüchliche Quellenaussagen heraus: In D 13, 16, 18 pr wird die Haftung des Entleihers mit einem Superlativ, in D 13, 6, 5, 5 und I 3, 14, 3 mit einem Positiv bestimmt[795]. Er weist auf die Gleichsetzung der Pfandgläubiger- und Verkäuferhaftung in D 13, 7, 13, 1, bzw. D 18, 6, 3 mit der Entleiherhaftung hin[796]. Schließlich legt er dar, daß an den für die Fahrlässigkeitsstufen entscheidenden Stellen des Corpus Iuris, in D 50, 17, 23 und D 13, 6, 5, 2 ff., die culpa levissima nicht auftaucht[797].

Die Zusammenstellung culpa et diligentia beweise seines Erachtens nur, daß ursprünglich unter culpa nur schwerere Fahrlässigkeitsformen gezogen wurden. Als später auch die Haftung für culpa levis in einige Rechtsbeziehungen aufgenommen wurde, hätte man zur Verdeutlichung eben das Binom gewählt[798]. Den besten Beweis für seine Be-

[791] Die Mehrzahl der Autoren unter Fn. 790 a. a. O.

[792] Chesius n 2.

[793] Chesius n 7 u. 20.

[794] Chesius n 17 u. 22.

[795] Chesius n 9.

[796] Chesius n 11 f.

[797] Chesius n 17 (Septimo probatur ex D 50, 17, 23 et D 13, 6, 5, 2 ff. quibus in locis, cum agatur ex professo de hac re, et regula tradatur, quibus in contractibus, quaenam culpa praestetur, nec ullum quidem verbum de culpa levissima, nec ulla inter diligentem et diligentissimum pf. distinctio et tamen, si quae esset, ibi fuisset tradenda ... in his quidem et diligentiam, quae verba ad omnes pariter contractus, paulo ante enumeratos, referuntur).

[798] Chesius n 23.

hauptung lieferten D 17, 2, 72, I 3, 25, 9, dort trete erläuternd zur culpa diligentia quam suis[799].

Er nimmt auch zu der Frage Stellung, ob in den negotia gratia solus accipientis nicht schärfer zu haften ist. Er verneint sie, weil es jenseits der culpa levis nur den casus fortuitus gebe, der nicht zurechenbar sei[800]. D 30, 47, 5 erklärt er dadurch, daß er numquid et diligentia als verdeutlichende Wiederholung der Frage auslegt[801]. In D 18, 6, 18 pr solle nur der Nachweis geführt werden, daß *auch* bei commodata gratia utriusque für culpa levis gehaftet werde, weil ursprünglich die culpa lata den Verantwortungsbereich begrenzte[802]. Die herrschende Lehre halte die culpa für dreigeteilt, weil sie zu sehr theoretisiere und nicht genügend Sinn für die Praxis besitze[803].

Chesius schneidet damit zwar jede Frage, die sich einem Gegner der culpa levissima stellt, an, beantwortet sie aber nicht immer in zufriedenstellender Weise. Wenn seiner Auffassung nach bei den negotia gratia solus accipientis nicht für mehr als culpa levis zu haften ist, weil es eben keine leichtere Fahrlässigkeitsstufe gebe, so handelt es sich um eine petitio principii.

Mit ähnlicher Begründung verwirft Rennemann[804] eine culpa levissima, unter Berufung auf den praestantissimus Donellus[805]. Er entwickelt kein neues Argument. Wie eng er sich an Donellus anschließt, erhellt aus dem Umstand, daß er ebenso wie sein Vorgänger aus D 13, 6, 5, 4 eine ausnahmsweise Berücksichtigung der culpa levissima herausliest[806].

Braun lehnt die Trichotomie ab, weil die Einteilung nicht auf gesunder Vernunft aufbaue[807]. Ebenso, wie man sich endlos darüber streiten könne, ob ein Turm hoch sei, wäre es möglich, darüber zu disputieren, ob ein Verhalten als culpa lata bewertet werden müsse[808]. Aus Beiwörtern lasse sich überdies keine Einteilung herleiten, da sonst auch latior, magna und gravior eigene Fahrlässigkeitsstufen bezeichneten[809]. Die Beiwörter würden zudem miteinander vertauscht, wie D 13, 7,

---

[799] Chesius n 24.

[800] Chesius n 27.

[801] Chesius n 30 (Respondeo in eo textu non separari levem culpam a diligentia, sed — quod cuique saepe contingere solet — rursus quaeretur).

[802] Chesius n 32 (eadem ergo levis praestanda erit in commodato gratia utriusque dato, de hoc tamen voluit JCtus eo in hoc loco disputare).

[803] Chesius n 20.

[804] Rennemann, th. 10 u. 15, besonders aber th. 19.

[805] Rennemann, th. 15, Fn. c.

[806] Rennemann, th. 21, Fn. g.

[807] Braun 98, ohne ein näheres Zitat beruft er sich auf Cuiacius, Merillius und Otto.

[808] Braun a. a. O.

[809] Braun 100.

13, 1 und 14 es zeigen[810]. Die ganze Einteilung der Fahrlässigkeit stamme aus der finsteren Zeit der Glossatoren[811].

Braun führt richtig aus, daß ohne Bindung Werturteile nicht möglich sind. Ohne Vergleichsmaßstab kann nicht bestimmt werden, ob ein Turm hoch ist. Sobald eine Einigung über den entsprechenden Idealtypus oder ein sonstiges Maß zustandegekommen ist, kann der einzelne Fahrlässigkeitsgrad bestimmt werden, ohne daß damit allerdings jeder konkrete Fall mit mathematischer Genauigkeit unter eine Stufe subsumierbar wäre. Brauns Argument, daß Beiwörter keine Einteilungen begründen können, beruht auf einer Übertreibung. Sicher ist nur, daß nicht jedes Beiwort eine neue Unterkategorie des mit dem Substantiv ausgedrückten Begriffs enthält. Brauns Beispiele beziehen sich auf Synonyme.

Lebrun lehnt unter naturrechtlichem Einfluß ebenfalls eine culpa levissima ab, ist dabei der Ansicht, daß er sich nicht auf Vorgänger berufen kann[812]. Nachdem er im ersten Teil seiner Arbeit aus der Natur der Sache eine eigene Theorie entwickelt hat, legt er im zweiten und dritten Teil die Übereinstimmung des römischen Rechts mit ihr dar. Eine culpa levissima ist seiner Ansicht nach besonders deswegen abzulehnen, weil sie gegen einen der ersten Grundsätze des Naturrechts verstößt: Die allgemeinen Gesetze müssen von jedem befolgt werden können; die culpa levissima hingegen vermeiden nur wenige[813]. Noch schwerer wiegt der Vorwurf Lebruns, daß die Trichotomie die Rechtssicherheit gefährde, weil die Unterscheidungen zu subtil sind, um regelmäßig in der Praxis befolgt werden zu können: „Dans une matiére si délicate qui influe si directement et si puissamment sur la sureté du commerce et le bonheur des hommes, il n'est pas prudent de faire des distinctions subtiles qu'on ne peut suivre aisément dans la pratique[814]." Hinzu trete, daß nach Aussage der Interpreten zwischen der culpa levis und levissima ein erheblich geringerer Unterschied liege als zwischen der culpa levis und lata[815].

---

810 Braun a. a. O., er stützt sich auf Noodtius, prob. I 4.

811 Braun 98: „Unsere Rechtsgelehrsamkeit kann sich immer noch nicht von dem Schmutze der Glossatoren befreien." Er selbst schlägt auf Seite 100 vor, zwei Regeln aufzustellen: „1. Wenn etwas freiwillig ohne Gefährde unterlassen worden, wozu jemand jure perfecto verbunden ist, so muß die Schuld geleistet werden. 2. Wenn etwas freiwillig ergangen, getan oder gehandelt worden, ohne Gefährde, so demjenigen, wozu er jure perfecto verbunden ist, zuwider, ist er gleichfalls aus der Schuld verbunden." Er läßt leider offen, wann jemand jure perfecto zu einem bestimmten Verhalten verpflichtet ist.

812 Vgl. dazu Hasse 505.

813 Lebrun 58; vgl. Hasse 508.

814 Lebrun 48 f.; siehe Hasse 511.

815 Lebrun 59 ff.

Daneben erhebt Lebrun gegen das Verständnis einzelner Digestenstellen durch die Trichotomisten die gleichen Einwände[816], die bereits bei Donellus, Chesius u. a. begegnen.

Kein Gegner der culpa levissima war Domat, wie Ranjard[817] und Mazeaud-Tunc[818] behaupten. Das zeigen am deutlichsten Domats Ausführungen zur Haftung des Entleihers: Ist die Leihe nur für ihn vorteilhaft, dann muß er auf die Sache achtgeben, avec toute exactitude des pères de familles les plus soigneux[819], ist sie im beiderseitigen Nutzen eingegangen, so steht er für sa négligence, et son peu de soin ein[820]. Aus der geringen Genauigkeit im Ausdruck läßt sich kein Schluß ableiten, da in der französischen Sprache des 17. Jahrhunderts kaum juristische termini technici existierten.

Thomasius-Wilhelm erkennen nüchtern die zahlreichen Widersprüche in den Quellen, die von Tribonian nicht beseitigt worden sind. Eine Konkordanz der Texte sei schon deswegen nicht zu erreichen, weil die verwandten haftungsrechtlichen Ausdrücke nicht klar seien[821]. Africanus hätte die culpa levissima erfunden, und es wäre daher kein Wunder, daß die anderen römischen Juristen sie übergehen[822]. Erst die Glossatoren hätten sie in alle Texte hineingedeutet[823]. Inhaltlich sei sie nicht zu bestimmen[824]. Wegen der Widersprüche in den Quellen haben die Fahrlässigkeitsstufen nie eine praktische Bedeutung besessen[825]. Richtig sei nur, daß die Fahrlässigkeit eine einheitliche Natur aufweise, und immer — unabhängig von der Utilitätskonstellation — zum Schadensersatz verpflichte[826].

---

[816] LEBRUN 65 ff.; sehr abschätzig über diesen Teil der Darstellung HASSE 516 ff.

[817] RANJARD 21 ff., 35.

[818] MAZEAUD-TUNC I 758, Fn. 6.

[819] DOMAT I 71 (unter II, II).

[820] DOMAT I 72 (unter II, IV).

[821] THOMASIUS-WILHELM 18 (Scilicet putamus, omnes difficultates inde oriri, quod JCti hactenus voluerint conciliare textus Juris Justinianaei de praestatione culparum, cum tamen diligentia Triboniani nobis multos JCtorum veterum, si usquam certe in hac doctrina mire discrepantium dissensiones reliquerit, quos non est possibile in concordiam redigere, praeprimis cum ipsimet terminis ... ambigue usi fuerint); ebenso z. B. WAGNER 4.

[822] THOMASIUS-WILHELM 36.

[823] THOMASIUS-WILHELM 25.

[824] THOMASIUS-WILHELM 29 (Dixi porro doctrinam de culpis regulis non posse inculdi propter infinitam circumstantiarum varietatem), 34.

[825] THOMASIUS, Fundamenta 2, 5, 7; THOMASIUS-WILHELM 57.

[826] THOMASIUS-WILHELM 57 (Revera una culpa sit, id non fecisse quod facere debuissem, aut id fecisse quod debuissem omittere), 58 (Igitur non solum maior cura rebus alienis est adhibenda, sola utilitas accipiendi, sed et utriusque gratia, uno in deposito, ubi nulla utilitas). Ihnen folgt unein-

Zollerus-Kees[827] scheinen ebenfalls nur eine einheitliche Fahrlässigkeit anzuerkennen. Abstufungen der Fahrlässigkeit könnten nicht aus den Eigenschaften des genauen und äußerst genauen Hausvaters abgeleitet werden, sondern nur aus der Sorgfalt, die je nach der Natur des einzelnen Geschäfts zu erbringen ist. Und diese Sorgfalt kenne keine Grade. In D 50, 17, 23 würden Grade nicht erwähnt.

In den sich anschließenden Erörterungen zur Haftung in den einzelnen Rechtsbeziehungen schließen sich Zollerus-Kees — ohne ihre widersprüchliche Haltung zu begründen — den Trichotomisten an. Wie es auch sonst nicht selten festzustellen ist, wird aus theoretischen Erwägungen zunächst die culpa levissima — hier jede Fahrlässigkeitsstufe — zurückgewiesen, aus praktischen Rücksichten sodann aber die überkommene Terminologie verwandt.

Kein Gegner der culpa levissima war Wehrn[828]. Er vertrat jedoch die Auffassung, daß die culpa levissima in D 9, 2, 44 pr untechnisch gebraucht ist und sie nur dann haftungsbegründend wirkt, wenn die Verantwortlichkeit für sie ausdrücklich oder konkludent ausbedungen wurde.

Runge[829] tritt noch entschiedener als Thomasius-Wilhelm dafür ein, daß die culpa levissima dem römischen Recht fremd war. Ohne sich auf klassische oder nachklassische Vorbilder zu stützen, hätten sie die Glossatoren entwickelt, womit sie das Haftungsrecht positiv weiterentwickelten[830]. Er mußte damit wie eine Reihe anderer Autoren[831] die

---

geschränkt KRESSIUS 8, 9 (486), (Hinc simplicius diceretur culpam esse unius generis et ex prudenti arbitrio judicis ubique ex circumstantiis determinandam atque semper ab eo, qui committit praestandam, uti sane, si mentem attendis, exserte vult JCtus in D 36, 1, 25, 2).

827 ZOLLERUS-KEES § 3 (Non enim diiudicamus culpam ex qualitate exacti et exactissimi patrisfamilias, sed unice ex diligentia, quam natura negotii desiderat, quae vero diligentia nullos agnoscit gradus). In § 5 heißt es: exinde in diiudicando gradu culpae sola ratio habenda est negotii, et ex eo diligentia contrahentium unice determinanda. In §§ 4 ff. verwenden ZOLLERUS-KEES die herkömmliche Ausdrucksweise und scheinen die grundsätzliche Ablehnung der Fahrlässigkeitsstufen wieder aufzugeben.

828 WEHRN 133 ff. (§ 16); a. A. MAYER-MALY, AcP 163 (1964) 120, Fn. 40, unter Bezugnahme auf WEHRN 141. Dort beginnt der 17. Paragraph, in dem WEHRN die Ansicht des DONELLUS referiert. Vgl. auch WEHRN 65, Fn. 20 (Neque tamen simpliciter assentior H. DONELLO), 85 und oben Fn. 767.

829 RUNGE 24, Fn. m (Levissimam enim culpam veteres JCti Rom. non agnoverunt, in quo deinde plura. Unica tantum eius mentio occurit in D 9, 2, 44 pr. Mihi vero, Romanus nunquam ad eam in praestatione culparum, postquam culpas distinguere ceperent, respexisse, probabile videtur).

830 RUNGE 47, Fn. n (Triplex enim, demonstrationi ulteriori accomodatissima est. Egregia itaque est glossatorum laus, qui huic instituto praeluserunt).

Wendung culpa levissima in D 9, 2, 44 pr untechnisch auffassen. Selbst das geringste Verschulden des diligens macht schadenersatzpflichtig.

Auch Edenus[832] erkennt, daß ursprünglich die römischen Juristen die culpa nur zweifach unterteilten. Als später in einigen Fällen ein gesteigerter Fleiß vom Schuldner verlangt wurde, wollte man die Zweiteilung nicht aufgeben und habe die erhöhten Sorgfaltsanforderungen durch den Zusatz et diligentia ausgedrückt[833]. Die ein einziges Mal in den Quellen erwähnte culpa levissima bestimme nicht die vertragliche Haftung und sei nicht mit der technischen culpa levissima zu identifizieren. Daher verbiete sich jede Argumentation auf der Grundlage von D 9, 2, 44 pr[834]. Nicht alle jüngeren römischen Juristen hätten diesen Schritt mit vollzogen, wie die Collatio es beweise[835]. Für die Beurteilung der Haftungsfragen sei vom dreiteiligen Utilitätsprinzip, wie es D 13, 6, 5, 2 ff. aufweisen, auszugehen[836].

Struvius[837] bejaht zwar eine selbständige culpa levissima, gelangt aber dadurch zu einer Verwischung der Grenzen zwischen ihr und der culpa levis, weil er die einmütig von der übrigen Lehre[838] abgelehnte Auffassung verficht, daß außer bei der Gesellschaft und der zufälligen

---

831 Chesius n 22; Edenus 2, 3, 2, 4; Wehrn 131, 133 (Praestatio culpae levissimae non est deducta in legem Aquiliam ...), 134 (Ulpiano ... ductu genio linguae latinae, usum esse superlativo vice positivi).

832 Edenus 2, 3, 2, 8 (Puto ab initio JCtos culpam in duo tantum membra divisisse et putasse sufficientem esse divisionem).

833 Edenus a. a. O. (verum recentiores credidisse curam etiam aliquam maiorem quam illis appellationibus contineretur, ab aliquibus juste desiderari et ne vero totam veterum disciplinam everterent, qui saepe dixerint, in hoc in illo negotio dolum et culpam, imo et fortasse omnem culpam praestari oportere, maluisse huic additamento suo proprium nomen dare, quam culpam magis conscindere: negare tamen non potuerunt, addita diligentia, ex hanc quoque intelligi, cum deinceps omnis culpa nominaretur).

834 Edenus 2, 3, 2, 4 (Solent quidem interpretes nostri pro diligentia illa culpam levissimam substituere, sed eius non exstat memoria in jure nostro praeterquam in unica L 44 in materia ab hoc loco alienissima: nam hic de contractibus sermo est. Verumtamen cum negari non possit, quin ea diligentia sub nomine culpae venit: nec absurdum erit eam appellationem adhibere, dummodo meminerim non esse eandem hanc levissimam cum altera illa in jure memorata, ideoque argumentationes ab illa ad hanc non admittamus).

835 Edenus a. a. O. (Non autem omnes recentiores illud diligentiae additamentum receperunt ... quod manifestum est ex adducto fragmento Modestini ex Coll. 10, 2, ubi id negocium, cui terius gradus tribui solet, in secundum reficit).

836 Edenus a. a. O.

837 Struvius, ex. 19, th. 41; vgl. auch Hahn-Struven, th. 44, dort wird die Lehre des Donellus ausdrücklich abgelehnt; er folgt der h. L. noch in Hahn-Struven, th. 55, 81 ff.

838 Besonders H. Coccejus 28 ff.; Coll. 44; Cramer 40.

Rechtsgemeinschaft immer auch die culpa levissima zur Haftung führt, wenn in den Haftungsrahmen die culpa levis aufgenommen ist. Er beruft sich auf in his quidem et diligentiam in D 50, 17, 23. Damit stehe fest, daß in den aufgeführten Rechtsbeziehungen immer die Verletzung der diligentia boni seu diligentis patrisfamilias schadensersatzpflichtig mache. Gleichzeitig setzt er folglich — zum mindestens in diesem Zusammenhang[839] — die Sorgfaltsanforderungen herab, die in dem Idealtypus des diligentissimus paterfamilias zusammengefaßt sind[840].

Bei der Gesellschaft und der zufälligen Rechtsgemeinschaft hingegen wirke nur die Verletzung der diligentia quam suis haftungsbegründend, denn es hieße in D 50, 17, 23 nach dem bereits zitierten Satz: Societas et rerum communio et dolum et culpam recipit.

Struvius[841] macht jedoch eine Einschränkung für die Leihe, den Dienstvertrag und eine übernommene Bewachung: In diesen Rechtsbeziehungen sei es genauer zu nehmen als in den anderen. Hier würde niemand entschuldigt, falls nur ein anderer sehr Fleißiger sorgfältiger hätte handeln können.

(3) Vertreter einer stärkeren Fahrlässigkeitsabstufung

Den Gegnern der Drei- oder Zweiteilung der Fahrlässigkeit steht eine Gruppe gegenüber, die über eine Dreiteilung noch hinausgehen will. Die Vielfalt der tatsächlichen Umstände mache es erforderlich, 12, 24 oder mehr Abstufungen anzuerkennen. Diese Juristen[842] gehen regelmäßig von strafrechtlichen Sachverhalten aus, bei denen die nähere Bestimmung des Strafmaßes eine erheblich stärkere Abstufung sinnvoll sein läßt.

Hackemann-Olthoff[843] halten zunächst eine vier-, sodann eine fünffache Abstufung der culpa im weiteren Sinne für richtig. Der unterste

---

839 Vgl. Struvius I 1239, 17; I 1247, 27.

840 Vgl. dazu auch Struvius, ex. 24, th. 13: Ex D 19, 2, 25, 7 apparet, quod leges non admittant differentiam inter levem et levissimam culpam in praestatione damnorum in contractibus, cum quod in alio textu levis, in alio levissima dicatur, sive in eodem contractu diligentia exactissima et diligentia, quae patremfamilias decet, exigatur.

841 Struvius, ex. 19, th. 41 (sed haec non ita vivum resecatur a prudenti judice in reliquis uti in commodato in locatione operarum et suscepta custodia); vgl. dazu Schröter-Behrisch, th. 4.

842 Bauriedel § 322, der sich auf Thon beruft. Die Rechtslehrer nähmen wegen Bestimmungsschwierigkeiten nur drei Grade an. Vgl. ferner Ludovicus D 13, 6 n 15 (gradus quidem diligentiae et sic quoque ei oppositae negligentiae intuitu singulorum hominum sunt infinitae).

843 Hackemann-Olthoff § 79 (Cum transgressio legis diversos admittat gradus, ut sit vel maxima, vel maior, vel minor, vel minima, vel denique plane nulla), in § 78 fehlt die culpa nulla.

Grad sei die culpa nulla[844], bei der einige den Schuldner für verantwortlich halten und ihn auch zur Schadensersatzleistung anhalten, er aber, wie eindeutige Indizien beweisen, in Wirklichkeit nicht schuldhaft gehandelt hat. Der dolus wird in ihrem System als culpa maxima bezeichnet[845]. Die drei mittleren Grade entsprechen der culpa lata, levis und levissima, obwohl sie leicht abweichend definiert werden[846]. Am Schluß[847] werden die Ausführungen von Hackemann-Olthoff unklar; wegen der praktischen Schwierigkeiten bei mehreren culpa-Stufen scheinen sie sich — wohl unter naturrechtlichem Einfluß — für eine generelle Verschuldungshaftung einzusetzen.

Von H. Coccejus behaupten zeitgenössische und spätere Juristen[848], daß er mehr als drei culpa-Grade gekannt, eine die culpa levissima übersteigende neglegentia entwickelt hätte. Bei genauer Analyse seiner Stellungnahmen erweist sich beides als falsch. Es fehlt jedoch bei ihm nicht an Wendungen, die, aus dem Zusammenhang gerissen, zu Fehldeutungen Anlaß geben können. In seinen Collationes[849] spricht er deutlich aus, daß es keine Zurechnung jenseits der culpa levissima gibt. Seine Trennung von culpa und und neglegentia beruht auf der Auslegung von D 50, 16, 226 und D 16, 3, 32. In der ersten Digestenstelle werden culpa und neglegentia als zwei verschiedene species behandelt: Nur die magna neglegentia sei culpa[850]. In D 16, 3, 32 sei eine Schuldform angesprochen, die ein medium zwischen einfacher Bosheit und einfacher Nachlässigkeit bilde; die Nachlässigkeit verbinde sich mit der Absicht zu vernachlässigen[851]. Eine reine Nachlässigkeit enthalte keine culpa im strengen Sinne, weil ihr eine moralische Vorwerfbarkeit fehle[852]. Reine Nachlässigkeit werde nur deshalb zugerechnet, weil sie mittelbar auf culpa beruhe, da es jedem einzelnen aufgegeben ist, durch

---

[844] Hackemann-Olthoff § 79 (Culpa postremo nulla sese obfert, ubi quis ab aliis transgressor legis putatur, post perspectis tamen ab aliis circumstantiis manifestum fuerit, eum non habere nec debuisse legis cognitionem, nec propterea instituere potuisse actionis suae cum lege comprobationem).

[845] Hackemann-Olthoff §§ 110, 117.

[846] Hackemann-Olthoff § 84.

[847] Hackemann-Olthoff §§ 130, 136, 138.

[848] Z. B. Leyser III 91.

[849] H. Coccejus, Coll. 57.

[850] H. Coccejus 52 (Negligentia hic separatur a culpa, et duae ejus species constituuntur).

[851] H. Coccejus 69 (Quasi medium aliquid inter simplicem malitiam et simplicem negligentiam; cum sit negligentia quaedam cum proposito negligendi cunjuncto).

[852] H. Coccejus 50 (Culpae in proprio sensu omnino distinguenda est a negligentia. Includit enim vox culpae vitiositatem, quam negligentia sua natura non continet), 52 (negligentia autem simplex, quae ex socordia quadam naturali est, vitio morali caret, cum absit animus et propositum).

Übung und Selbsterkenntnis sich in den Stand zu versetzen, fehlerfrei zu handeln[853].

H. Coccejus' Trennung von culpa und neglegentia ist somit ein Wiederaufleben der Begriffe culpa versutiae und ignaviae in leicht veränderter Form. In Abweichung von Zasius[854] wird wegen D 50, 16, 226 auch die nimia neglegentia unter die culpa (versutiae) gezogen, der culpa ignaviae unterfallen die culpa levis und levissima, sofern nicht gleichzeitig die diligentia quam suis verletzt ist.

H. Coccejus glaubt deswegen vier[855] Fahrlässigkeitsstufen annehmen zu müssen, weil die diligentia quam suis beim depositum und bei der societas in I 3, 25, 9 (utrum ... sicut is qui deponi apud se passus est, an etiam culpae ... quasitum est) und D 50, 17, 23 (solus dolus — dolus et culpa) jeweils eine unterschiedliche Zurechnungsstufe darstellt. In D 50, 17, 23 werde ferner die Haftung durch den Zusatz et diligentiam charakterisiert; D 13, 6, 5, 2 wiederum hebe die Haftung des Entleihers von der der übrigen Vertragsschuldner besonders ab und setze somit die vierte Zurechnungsstufe fest.

H. Coccejus teilt folglich den Fahrlässigkeitsbereich nicht stärker auf, sondern betrachtet die haftungsmildernde diligentia quam suis als selbständige Fahrlässigkeitsstufe.

Das Bild der Lehre zur Zeit des Usus Modernus weist somit folgende besonderen Züge auf: Der Kreis der Gegner einer culpa levissima ist nicht mehr so groß wie bei den humanistischen Juristen. Dagegen wird die Kritik tiefgründiger. Betrachtungen über eine spätere Herausbildung der dritten Fahrlässigkeitsstufe im römischen Recht — unter Verwendung nachklassischer Schriften wie der Collatio — beleben die Diskussion. Bei Chesius, einem Autor der zweiten Hälfte des 17. Jahrhunderts, ist bereits ein wohl vollständiger Überblick aller exegetischen Einwände gegen die culpa levissima anzutreffen. Lebrun erkennt die entscheidenden rechtspolitischen Hindernisse, die einer Trichotomie entgegenstehen.

Nach den Berichten sowohl der Gegner als auch der Anhänger einer leichtesten Fahrlässigkeit ist ihre praktische Bedeutung jedoch nicht sehr groß[856].

---

[853] H. Coccejus 52 (non tamen semper excusatur, sed imputatur quaedam negligenti: nec immerito, quia etsi, quod per eam fit, culpa non fiat — abest enim animus et voluntas — praecessit tamen culpa, quod illam negligentiam contraxerit, nec diligentia ac prudentia debita se instruxerit ... nec vitium illud naturale studio subegerit et correxerit); vgl. den strafrechtlichen Begriff der Lebensführungsschuld.

[854] Vgl. oben 69 f.

[855] H. Coccejus 10.

[856] Höpfner §§ 757 f. (836), Fn. 1 (Ich erinnere mich nicht, daß während meiner 36jährigen Praxis mir ein einziger Fall vorgekommen wäre, wo die Parteien über den Grad der culpae gestritten hätten).

Ein medium zwischen der culpa levissima und dem casus wird nur ganz selten[857] anerkannt; und zwar ausschließlich im Zusammenhang mit der Gastwirtshaftung.

2. *Trennung von Begehungs- und Unterlassungssachverhalten und Gleichsetzung von Fahrlässigkeitsgraden*

Nahezu bedeutungslos wird das Gegensatzpaar culpa in faciendo und in non faciendo. Vereinzelt wird betont, daß die culpa in faciendo meistens[858] oder immer[859] schwerer wiegt und daher z. B. in der lex Aquilia nur für die culpa levissima in faciendo einzustehen ist. Doch auch das wird bestritten, da die culpa levissima in non faciendo den gleichen Vorwurf verdienen könne[860].

Lediglich Rennemann[861] folgt Donellus und unterscheidet die culpa levis in faciendo von der entsprechenden Unterlassungsform.

Sehr gering ist auch das Interesse für die Frage, ob die culpa levissima oder levis in faciendo der culpa lata in non faciendo gleichzusetzen ist. Schacher-Caspar[862] halten es manchmal für möglich. Mögling[863], der sich besonders auf B. Mylerus[864] beruft, hält es für unmöglich, eine Regel aufzustellen. Alles sei dem Richter zu überlassen.

Im Gegensatz zu den Erörterungen über die Bedeutung der culpa in concreto üben die Juristen des Usus Modernus in diesem Bereich Selbstverzicht und überantworten angesichts der Unüberschaubarkeit der tatsächlichen Umstände die Entscheidung dem Richter.

---

857 Dagegen HACKEMANN-OLTHOFF § 22.

858 CELLARIUS 13 (Videmur autem plerumque committendo potius et gravius delinquere quam omittendo, ut inde quidam Dd asserant neminem teneri de levissima culpa omittendi, nisi mandato vel conventione aliter se obstrinxerit). Eine Ausnahme bilden die weitläufigen Ausführungen von BOIS 158 ff. Er stellt auf Seite 193 f. ohne nähere Begründung die Behauptung auf, daß für fahrlässige Begehungen immer aufzukommen ist: Antiquarum opinionem eam esse, ut quotiescumque per factum rei alteri debitae damnum infertur, non distingui, quali culpa id fiat. Er weist ausdrücklich nicht auf die Haftung nach der lex Aquilia hin.

859 BRUNNEMANN D 9, 2, 44 n 1, er beruft sich auf DONELLUS 15, 42, lit. P; sehr einschränkend, daher eher unter Fn. 858 gehörend, BUSIUS D 9, 2, 27 n 2 f., die actio utilis aus der lex Aquilia führe bei Unterlassungssachverhalten häufig zur Haftung.

860 BRUNNEMANN D 9, 2, 44 n 1 berichtet: Dissentiunt BUSIUS D 9, 2, 27 (vgl. Fn. 859); A. MATTHAEUS D 9, 2, 47; STRUVIUS, th. 20 per l 8 et 27 § 9 h. t.; MOLINA 697.

861 RENNEMANN, th. 20.

862 SCHACHER-CASPAR, th. 6.

863 MÖGLING 3, 4, mit Darstellung des Streitstandes.

864 B. MYLERUS 16, 7, 14.

3. *Aufgabe der doppelten Wertung der culpa in concreto und in abstracto*

Die doppelte Betrachtung der culpa in concreto und in abstracto gewinnt bei den Juristen des Usus Modernus eine große Bedeutung. Die Mehrzahl sieht in ihr den Schlüssel für das Verständnis der diligentia quam suis. Jedoch verstecken sich unter dem neuen Namen nur alte Streitfragen. Einigkeit besteht lediglich darüber, daß manchmal als Maß zur Feststellung der Schuld ein Idealtypus zu wählen, manchmal vom Verhalten des Schuldners auszugehen ist[865].

Strittig ist, ob das Unterschreiten der vom Schuldner in eigenen Angelegenheiten aufgewandten Sorgfalt abstufbar und immer dolos ist. Eine Gruppe von Autoren[866] beruft sich auf D 16, 3, 32 und hält jede Verletzung der diligentia quam suis für culpa lata, für dolos, gleichgültig, ob der Schuldner selbst ein negligentissimus oder ein diligentissimus ist. Dem Streit zwischen Nerva und Proculus sei eine über

---

[865] Bachovius 1, 10, 5 C—E (de diligentia et culpa disputari potest in abstracto et in concreto); Bruckner-Grobe § 3; Brunnemann D 16, 3, 32 n 4 ff.; Cellarius 19; H. Coccejus 11 ff. (Ut igitur iis remedium quaerant, considerant Bachovius et post eum Vinnius et Franskius aliique diligentiam dupliciter); Edenus 2, 3, 2, 12; Frantzke 9, 9, 5; Hahn D 16, 3 n 14; Hahn-Struven, th. 56; Hellfeld § 322; Herrmann 5, 25, 44; Hofacker § 213; Höpfner §§ 757 f.; Ludovicus D 13, 6 n 23 (271); Ludwel 87 f.; Meier, culpa 111; Mögling 2, 6 (Isti porro gradus iterum accipi et considerari possunt duplici respectu: vel in abstracto, vel in concreto); Prousteau, cap. 4; Reiger D 13, 6 n 31; Runge, th. 25, 27; Schultens-Stahl 38; Walrab 76; vgl. auch Wolf I 587 f., § 781.

[866] Bachovius a. a. O. (itaque possit aliquando in hypothesi ne quidem culpa esse, si homo natura. negligens proponatur, quod in homine industrio et diligenti parum absit a dolo), bald darauf aber auf gleichzeitige Besserbehandlung eigener Sachen einschränkend; 1, 26, 2 B, C, D; Bruckner-Grobe § 16; Brunnemann a. a. O. (Sed respondet Franzk. h. t. quod culpa consideratur vel in abstracto vel in concreto: illo modo opponitur diligentiae omnium hominum communis, hoc modo culpa lata dicitur, minorem alienis, quam suis curam adhibere ... et sic diligentissimus culpam latam omittit, si in alienis rebus negligentior, licet absolute et in abstracto loquendo haec esset culpa levis — richtigerweise levissima!); Cellarius a. a. O.; Edenus a. a. O.; Engelbrecht-Heine, th. 5; aus th. 9 geht aber hervor, daß die Aussage nur auf das depositum bezogen ist; Frantzke 9, 9, 6 ff., mit der Klarstellung unter 9, 9, 8: Ubi praestanda est culpa levis vel levissima, de eo tantum intelligi posse qui in propriis vel infima vel media, non qui summa diligentia sit und 9, 9, 10: Adeo hinc consequitur, ubicunque culpa in concreto consideratur, ibi culpa vel nulla est vel lata est; Wagner 31 (Ita enim tenendum est de culpa, quae concretive talis dicitur, sed quae revera nil nisi dolus praesumtus); dagegen besonders Wehrn mit Nachweisen; heftig Meier, culpa 53; vgl. ferner die in folgenden Fn. zitierte Autoren.

die Verwahrung hinausgehende, allgemeine Bedeutung zuzumessen[867]. Außerdem gelange man mit Hilfe des argumentum a fortiori zu demselben Ergebnis[868]. Wenn diese Fahrlässigkeitsart schon bei der Verwahrung, wo der Schuldner keinen Nutzen aus dem Vertrage ziehe, zu vertreten sei, so müsse dies erst recht bei gegenseitigen und für den Schuldner einseitig nützlichen Rechtsbeziehungen gelten[869]. H. Coccejus[870] z. B. meint, jeder Schuldner verspricht mindestens die Sorgfalt zu erbringen, die er in eigenen Angelegenheiten anzuwenden pflegt. Als einziger nimmt er ausdrücklich zu der Frage Stellung, ob culpa lata in abstracto schwerer wiegt als in concreto. Seine bejahende Antwort[871] begründet er damit, daß beim abstrakten Typus gleichsam alle Fehler versammelt seien, was für einen einzelnen Schuldner nie zutreffe.

Anderen leuchten diese Überlegungen nicht ein. Der Ehemann, der Gesellschafter und der Gemeinschafter können nicht in den Verdacht dolosen Verhaltens geraten, wenn sie nicht die diligentia quam suis erbringen, weil die einzelnen Sachen ihnen ganz bzw. teilweise gehören[872]. Auch sei es nicht richtig, dem diligentissimus, der nur diligenter handelt, culpa lata vorzuwerfen[873]. Vielmehr müsse die culpa in concreto ebenso wie die culpa in abstracto doppelt oder dreifach[874] abgestuft werden. Der negligens oder negligentissimus, der noch nicht einmal seine geringe Sorgfalt aufwendet, mache sich der culpa lata in concreto, der diligens und der diligentissimus mutatis mutandis der culpa levis und levissima in concreto schuldig. Mit Hilfe dieses doppelt

---

867 Bruckner-Grobe § 8 (Sed non video quomodo Celsus potuerit accurate et solide contradicere Proculo, nisi haec verba generaliter et non in solo deposito locum haberent); nur in diesem Fall dolus praesumptus: Frantzke 9, 9, 14; Meier, commodatum, th. 123; Mögling 2, 6; Promtuarium sv damnum (II 435, 65); Waechtlerus 10.

868 Bruckner-Grobe a. a. O.

869 Bruckner-Grobe § 18 mit Nachweisen; Brunnemann D 23, 3, 17; Edenus 3, 2, 12; Hackemann-Olthoff § 149.

870 H. Coccejus 21 (ac spondere ac polliceri domino eandem diligentiam quam in suis).

871 H. Coccejus 18 (abstrahitur a singulis et mente concipitur quanta esse potest maxima quam illa quae subjecto certo inest in quo non potest negligentia intellectu ita pro lubitu augeri ... cum subjectum illud vix possit contineri omnes negligentiae numeros).

872 Vgl. oben 114 f. und dazu Bruckner-Grobe § 13 (Sed culpa concretive talis non involvat semper fraudem praesumtam ... si partem habeat in toto, et portionem tanquam suam, non censetur jactare).

873 So aber z. B. Bruckner-Grobe § 16.

874 Falckner, th. 10; Glück 4, 377, anders 4, 335, wo die Frage offen gelassen wird; Ludwel 88 n 36 (modo in latam ... modo in levem ... modo in levissima incidat); Wehrn 125 ff. (Neque subscribendum est opinionibus illorum, qui putant, culpam in concreto gradibus nequaquam distingui).

dreiteiligen oder drei- und zweiteiligen Systems ließe sich auch der unterschiedliche Gebrauch der diligentia quam suis in den Quellen befriedigend erklären. In D 16, 3, 32 handele es sich um die culpa lata in concreto, da im Sachverhalt von jemandem ausgegangen wird, qui non ad eum modum quem hominum natura desiderat, diligens est[875]. In I 3, 25, 9 werde die culpa levis in concreto[876] erwähnt, in D 23, 3, 17 die culpa levissima in concreto[876], das beweise der Anschluß sed etiam. Diesem Verständnis steht u. a. entgegen, daß es in I 3, 25, 9 heißt: nam qui parum diligentem socium sibi adsumit, de se queri debet; die Haftung des Ehemannes in D 24, 3, 24, 5 durch die immoderata saevitia und eine nicht über die culpa levis hinausgehobene diligentia quam suis bestimmt wird.

Diese und andere Schwierigkeiten, die mit dem Begriff der culpa in concreto verbunden sind, werden bereits von einigen zeitgenössischen Juristen erkannt. Sie[877] lehnen daraufhin den Begriff als nur verwir-

---

[875] Falckner, th. 10; Mögling 2, 6.

[876] Höpfner §§ 757 f.; Klein 276; Menckenius D 13, 6 n 13 (quoties igitur, qui diligentissimus esse solet, vel minus diligens, consuetam hanc diligentiam rebus communibus non adhibet, culpam levem in concreto admittit: sed in tutela et dotis administratione tutor et maritus culpam in concreto secundum quid sc. ad augendam non minuendam diligentiam praestant); Mögling 2, 6 (quando quis ad eum modum, quem hominum natura desiderat, diligens est, et hanc diligentiam non impendit rebus alienis, ut suis); Falckner a. a. O. bezieht sich ferner auf I 3, 24, 5. Er deutet somit den Zusatz suis rebus adhibet falsch, da er vernachlässigt, daß ein Idealtyp und nicht der Schuldner angesprochen ist.

[876] Brunnemann D 23, 3, 17 n 1; Menckenius a. a. O.; Mögling a. a. O. (quando quis alias in rebus suis est diligentissimus, non in alienis hanc summam diligentiam adhibet; quo casu si eum gradum destituat, in abstracto levissimam in concreto levem — levem ist sicher ein Versehen, andernfalls würde sich Mögling widersprechen); Ludwel 88 n 36 glaubt in I 3, 14, 2 eine culpa levissima in concreto entdecken zu können; ebenso Falckner a. a. O.; vgl. Fn. 876.

[877] Nisetus § 15 (Et apparet non recte Bachovium diligentiam considerare in abstracto et concreto); Schilterus II 228, 44 (Id quod vulgo minus commode dicunt culpam in abstracto vel concreto: rectius dixeris culpam latam levemque per se aut per accidens talem ...); Struvius, Dec. Sabbath. c. 11 D. 34; anders noch Hahn-Struven, th. 56; vgl. ferner Zitate bei Wehrn 125, Fn. 53; Thomasius-Wilhelm 7; Wagner § 22; Zollerus-Kees § 9 (sed profiteri cogor, hoc discrimen mihi summopere displicere, nec legis adplausum promereri. Non equidem nego partes a naturalibus interdum recedere et eadem mutare, hinc evenire potest, ut minorem gradum, culpae, quam negotium desiderat, exigant et regulas generales corrigant; non tamen exinde discrimen, quod Doctores statuunt, praesidium consequitur).

rend und zwecklos ab. Tatsächlich bedeutet er keinen Fortschritt gegenüber der Bezeichnung diligentia quam suis und verleitet dazu, dem Gegensatz culpa in concreto und in abstracto eine zu große Bedeutung beizumessen. Die Entstehung des Gegensatzpaares ist ein Ausdruck des seit dem Ausgang des Humanismus zunehmenden Systematisierungsbedürfnisses. Man glaubte, durch neue Begriffe alte sachliche Streitfragen aus der Welt schaffen zu können.

Eine neue Bedeutung gewinnt die doppelte Wertung der Fahrlässigkeit bei Lebrun[878]. Er wendet sich überhaupt gegen eine Wertung der culpa in abstracto, da dadurch immer einige zu hart, andere zu weich angefaßt werden würden[879]. Er tritt somit für eine streng subjektive Betrachtung der Fahrlässigkeit ein. Gesichtspunkte der Rechtssicherheit, die bei ihm Bedenken hervorrufen, versucht er in Extremfällen zu berücksichtigen, indem er von dem Verschuldensgrundsatz abweicht: Wer öffentlich einem Beruf nachgehe, hafte bei Unfähigkeit: L'utilité publique fait souvent aussi présumer une certaine capacité contre laquelle on n'admet point de preuves[880]. Er will nur zwischen gewöhnlicher und außergewöhnlicher Sorgfalt in eigenen Angelegenheiten, groben und leichten Versehen, unterscheiden. Der außergewöhnlichen Sorgfalt sei man nur fähig, falls besondere Anforderungen von der Sache her und eine eigene glückliche Disposition zusammentreffen[881]. Zwar ließen sich diese beiden Hauptarten theoretisch stark untergliedern, doch würden damit unlösbare Abgrenzungsschwierigkeiten verbunden sein[882]. Zu trennen wären nur ein schwerer und ein leichter Grad.

---

878 LEBRUN 34 ff.; vgl. dazu BLONDEAU, Thémis II (1824) 329, Fn. 9, der richtig darauf hinweist, daß LEBRUN nicht selten, z. B. von POTHIER, mißverstanden worden ist; ähnlich geht es HASSE 510, zutreffender 514 f.

879 Auf diese Weise würde der böse Glauben legalisiert werden, denn ein sehr aufmerksamer Schuldner könnte bei der Verwahrung ungestraft nachlässig sein. Ja, das gelte sogar für die Mehrzahl aller Rechtsbeziehungen, in denen nur culpa levis zu vertreten ist, LEBRUN 35 (il y aurait encore plusieurs personnes qui ne pourraient accomplir la règle, et il y en aurait beaucoup d'autres dont la négligence demeurerait impunie), 49 f.; kritisch dazu BLONDEAU, Thémis II (1824) 327, Fn. 1 mit Nachweisen; HASSE 512 f.

880 LEBRUN 36; dazu HASSE 516.

881 LEBRUN 40, 53 f., 56 f.; dazu BLONDEAU a. a. O. 331, Fn. 1, der darauf aufmerksam macht, daß es LEBRUN im folgenden nicht vermeiden kann, seine gewöhnliche und besondere Sorgfalt soweit einander anzunähern, daß ein Unterschied nicht mehr erkennbar ist. Auch gebraucht er nicht selten den Ausdruck culpa levissima im technischen Sinne, im Widerspruch zu seiner Ausgangsstellung, vgl. die Erörterungen zu D 50, 17, 23, Seiten 39 ff.; siehe HASSE 518 ff.

882 LEBRUN 9 ff.; vgl. HASSE 509.

4. *Haftungsrechtliche Grundsätze im Zusammenhang mit der Abstufung der Fahrlässigkeit*

a) Auflösung des Utilitätsprinzips

Während in den vorangegangenen Epochen das Utilitätsprinzip nahezu unangefochten als entscheidende und ausschließliche Regel zur Bestimmung der Haftung in den einzelnen Rechtsbeziehungen betrachtet wurde, wird ihm im Usus Modernus nur eine beschränkte Geltung zuerkannt. Die große Anzahl der Ausnahmen wird hervorgehoben[883], die späte Herausbildung im römischen Recht betont[884]. Runge[885] bemerkt, daß sich in älteren vorjustinianischen Gesetzen fast nichts darüber findet. Thomasius-Wilhelm[886] heben hervor, im Corpus Iuris würden in den meisten Fragmenten nur der dolus oder die culpa erwähnt, so daß der Eindruck entstehe, als ob diese Regel häufig vernachlässigt worden wäre. Außerdem habe keine Einigkeit über den Haftungsumfang in den einzelnen Rechtsbeziehungen geherrscht[887]. Völlig im Widerspruch zum Utilitätsprinzip stehe, daß nach der lex Aquilia für culpa levissima in faciendo zu haften sei, wo doch dem Schädiger keinerlei Nutzen zuteil werde[888]. Wehrn[889] hält daher den Grundsatz von Treu und Glauben, das Maß der Billigkeit und die Natur des übernommenen Geschäfts für entscheidender.

Zur nahezu völligen Bedeutungslosigkeit sinkt das Utilitätsprinzip bei Struvius[890] herab, da er ja bis auf zwei Ausnahmen mit der Haftung für culpa levis eine Verantwortlichkeit für culpa levissima verbindet. Ein Ähnliches gilt für alle Gegner der Trichotomie.

Tabor-Faßnacht[891] bemerken, daß der Haftungsumfang bei den negotia gratia utriusque ganz unterschiedlich ist. Manchmal reiche er nur bis zur Verletzung der diligentia quam suis, ein anderes Mal hafte

---

[883] BACHOVIUS 1, 26, 2 A; BOIS 169; CRAMER 48 (Exceptioque generalis est in contractibus, ubi non tam res, quam singularis personae industriae attenditur ... ex ipsa negotii essentia levissima praestatur); H. COCCEJUS 7 (Mehr Loch als Mauer); KRESSIUS, tit. 8 § 8 (485 f.); POTHIER I 38; PROUSTEAU, cap. 10 n 8; WEHRN 182 ff.

[884] Vgl. die beiden folgenden Fn.

[885] RUNGE 35.

[886] THOMASIUS-WILHELM 6 (quod plerique JCti ex quibus Pandectae sunt collocatae, saltem doli et culpae faciant mentionem, adeoque culpam levissimam neglexisse videantur, quod regulae illae non sunt accuratae: sed exceptionibus variis et saepe pluribus sunt exempla ipsius regulae gaudeant).

[887] THOMASIUS-WILHELM 6.

[888] THOMASIUS-WILHELM 3, 7.

[889] WEHRN 260 (non tam utilitas, quam recta ratio, socialitas, fides pro eo, quod actum est, proque natura, quae est negotii praestanda, atque aequitas dicendae, sint causae obligationum moderatrices).

[890] Vgl. die Ausführungen oben 128 f.

[891] TABOR-FASSNACHT, th. 47.

der conductor sogar für jeden Diebstahl, so nach I 4, 1, 15 und D 47, 2, 48, 4.

Thomasius-Wilhelm und Wehrn überwinden damit als erste[892] in theoretischen Betrachtungen die starren Regeln des Utilitätsprinzips. Es ist für sie nur insofern bedeutsam, als es ein Ausfluß des Grundsatzes von Treu und Glauben ist, der Natur der im Vertrag oder in der vertragsähnlichen Rechtsbeziehung übernommenen Leistung gerecht wird. Voraussetzung für diesen Schritt war eine freie rechtsphilosophische Spekulation, eine Absage an den Autoritätsglauben vorangegangener Jahrhunderte.

b) Haftung des sich anbietenden Schuldners

An Bedeutung gewinnt dagegen der Grundsatz, daß der sich anbietende Schuldner für culpa levissima haftet. Während dieser Satz ursprünglich nur für den Verwahrer bedeutsam war[893], erst allmählich auf den Auftrag[894], die Geschäftsführung ohne Auftrag[895] und teilweise auf die locatio conductio[896] übertragen wurde, billigen eine Reihe von Juristen des Usus Modernus [897] ihm uneingeschränkte Geltung zu.

J. H. Böhmer[898] will gerade die locatio conductio aus dem Geltungsbereich des Satzes herausnehmen, weil der conductor sich immer anbiete. Dahinter steht die Befürchtung, daß sonst praktisch in jeder locatio conductio für culpa levissima einzustehen wäre.

Schierschmid[899] will den Grundsatz nur gelten lassen, wenn der Schuldner wenigstens auch einen Vorteil aus dem Vertrag zieht. Drei Gründe werden angegeben. Der Schuldner hat möglicherweise einen diligentissimus verdrängt[900]; er verspricht, indem er sich anbietet, höchsten Fleiß[901]; profithungrige Elemente werden nicht begünstigt[902].

---

[892] Vor ihnen hatten andere Autoren das Prinzip schon teilweise oder ganz — als Konsequenz einer anderen als trichotomistischen Fahrlässigkeitseinteilung — abgelehnt, jedoch ohne nähere Prüfung des Grundsatzes selbst.

[893] Vgl. oben 48, 65 f., 109.

[894] Vgl. oben 44, 62, 95 f.

[895] Vgl. oben 63, 96 f.

[896] Vgl. oben 65 f., Fn. 690.

[897] Bachovius 1, 29, 6 E; Bauriedel § 324; H. Coccejus, Coll. 7, 9; S. v. Coccejus § 578; Höpfner § 579; Moeckert-Wilmann 31 f.; Mögling 4, 6; Runge 44; Thomasius-Wilhelm 14; vgl. die umfassende Übersicht bei Wehrn 66 ff., Fn. 1.

[898] J. H. Böhmer III 107.

[899] Schierschmid-Mirus §§ 32, 86, er folgt damit Decius, vgl. Fn. 432. Zitate weiterer Anhänger dieser Ansicht bei Wehrn a. a. O., am Ende der Fn.

[900] Bauriedel § 324; Moeckert-Wilmann 31 f.; vgl. Wehrn 68, Fn. 3, mit Zitaten.

[901] H. Coccejus, Coll. 7, 9 (qui negotio se offert, eius simpliciter capacem se profitetur); Moeckert-Wilmann a. a. O.; ähnlich Hackemann-Olt-

Gegen diese Lehre wendet sich entschieden Wehrn[903]. Er läßt nur einen der angeführten Gründe beschränkt gelten. Es widerspräche der Billigkeit, denjenigen schärfer anzufassen, der freiwillig ein Amt, eine Aufgabe übernehme[904]. Soweit die Gesetze den sich anbietenden Schuldner schärfer haften lassen, setzten sie voraus, daß tatsächlich jemand verdrängt wurde, der sorgfältiger gehandelt hätte[905].

5. *Bestimmung des Haftungsumfanges in einer Reihe ausgesuchter Rechtsbeziehungen*

a) commodatum

Die h. L. zur Zeit des Usus Modernus hält an der Verantwortlichkeit des Entleihers für culpa levissima[906] fest. Einige bedeutende Autoren setzen sich für eine Zufallshaftung[907] ein, die ebenso wie in §§ 287, Satz 2, 848 BGB dann ausgeschlossen sein soll, wenn die Sache auch beim Verleiher untergegangen wäre. Grotius[908] meint, diese Haftung beruhe nicht nur auf der Billigkeit, sondern werde auch nach römischem Recht verlangt. Thomasius-Wilhelm[909] erkennen dagegen richtig, daß nach römischem Recht in dieser Vertragsbeziehung nicht für den Zufall aufzukommen ist. Die naturrechtliche Billigkeit verlange es aber[910]. Eine Einschränkung ergebe sich daraus, daß bei häufiger auftretenden Unglücksfällen, so z. B. beim Schiffbruch, zu vermuten sei, daß der Verleiher die Gefahr selbst tragen wolle[911]. Kant[912] führt aus, daß bei der Leihe zwei Momente sorgfältig zu trennen seien, die Gebrauchsüberlassung und die Gefahrtragung. Durch den

---

HOFF § 131 (fälschlicherweise § 181 gedruckt), (imbecillitati enim humanae renuntiasse censetur); weitere Autoren bei WEHRN 68, Fn. 2.

902 BAURIEDEL a. a. O.

903 WEHRN 66.

904 WEHRN 69.

905 WEHRN 70.

906 BOIS 193; H. COCCEJUS 24; ECKOLTEN-BENIGK, th. 9; EICHELIUS 10, 37; HOPPE I 3, 14 (589); LUDOVICUS D 13, 6 n 6 (I 265); LUDWEL 95 n 64; MENCKENIUS D 13, 6 n 9; MÖGLING 4, 6; PROUSTEAU, cap. 10 n 9; PUFENDORFF 637; REIGER D 13, 6 n 29; SCHACHER-CASPAR, th. 9; SCHULTENS-STAHL 59; STRUVIUS I 1227 y; ZOESIUS D 13, 6 n 8; ZOLLERUS-KEES § 4.

907 GROTIUS 2, 12, 13; KANT I 3 § 38; THOMASIUS-WILHELM 42 f.; PUFENDORFF, Jur. Nat et Gent. 5, 46; nach WISSENBACHAUS C 4, 23, 1 schon MORNACIUS, observation. ad C 4, 23, 1 (Iniquum mihi semper visum est, ut qui amici officium in commodando praestitit, damnum sentiat, quod alias, si mihi commodasset, passurus non erat); a. A. z. B. ROYS II 9, 193.

908 GROTIUS a. a. O.

909 THOMASIUS-WLHELM 42.

910 THOMASIUS-WILHELM 43.

911 THOMASIUS-WILHELM a. a. O. (Et ubi casus isti sat frequenter solent intercurrere, uti naufragium navigantibus, praesumi potest, commodantem istos suo periculo esse voluisse).

912 KANT a. a. O.

Abschluß des Leihvertrages verpflichte sich der Verleiher nur zur Gebrauchsüberlassung. Er nehme aber nicht gleichzeitig die Gefahr auf sich, die aus der Entfernung der Sache aus seinem Gewahrsam entspringt. Sie gehe zu Lasten des Entleihers, sofern vertraglich nichts anderes ausbedungen ist. Kant beruft sich weiter auf das natürliche Empfinden und schildert als Beispiel einen Fall, in dem jemandem aus Gefälligkeit ein Regenmantel überlassen wird, der zufällig untergeht.

Gegen eine Haftung wegen culpa levissima sprechen sich natürlich diejenigen Juristen aus, die dieser Fahrlässigkeitsstufe ablehnend gegenüberstehen und nicht für eine Zufallshaftung plädieren.

In einer Stellungnahme zu den Ausführungen Lebruns meint Pothier[913], daß es durchaus sinnvoll wäre, den Entleiher verschärft haften zu lassen, weil allein er einen Nutzen aus der Leihe ziehe. Könne er die von der Rechtsordnung geforderte gesteigerte Sorgfalt nicht erbringen, so solle er von der Leihe Abstand nehmen. Demgegenüber wiegt jedoch der Grundsatz, daß Geschäfte des Alltags nicht mit für die Mehrheit unerfüllbaren Pflichten verbunden sein dürfen, schwerer[914].

Der Meinungsstand zur Haftung des Entleihers, der in einer Notlage die eigene(n) Sache(n) rettet und die fremde(n) notgedrungen untergehen läßt, verändert sich in ähnlicher Weise wie der zur Haftung des Entleihers im allgemeinen. Unter den Juristen[915] des 12. bis 15. Jahrhunderts wurde es kaum bestritten, daß der Entleiher nicht haftet, wenn die eigenen geretteten Gegenstände wertvoller waren. Für die Anhänger[916] einer casus-Haftung muß es selbstverständlich sein, daß der Entleiher auch in der beschriebenen Situation haftet. Aber auch andere Autoren[917] lehnen sich gegen die h. L.[918] auf und

---

913 Lebrun 133.

914 Vgl. Lebrun 31.

915 Vgl. oben 43, 61.

916 Vgl. oben Fn. 907. Besonders klar Thomasius-Wilhelm 43 f. (Multi magis autem tenebitur commodatarius, si, cum ex periculo incendii, naufragii, posset rem commodatam eripere, suam praetulit, utut pretiosiorem).

917 Blumberg, th. 33; Bruckner-Grobe § 22; Hahn D 13, 6 n 9 (Idque — Haftung — licet res propria fuerit pretiosior, commodata autem vilior. Nam maiorem in rebus alienis quam propriis adhibere commodatarius debet); Ludovicus D 13, 6 n 12 (I 266); Menckenius D 13, 6 n 9; Zoesius D 13, 6 n 12; vgl. auch Zitate bei Wehrn 99 ff., Fn. 3.

918 Brunnemann D 16, 3, 32; Reiffenstuel 8, 2, 4, 50; Roys 2, 9, 194; Strube 2, 163; Struvius I 1231; Tabor-Fassnacht, th. 63; Wincop-Bellmont 21 (commodatarius res pretiosiores commodatas suis vilioribus in periculo incendii postponendo de culpa lata tenetur, quia omisit facere id, quod quilibet suae conditionis homo facturus fuisset); vgl. auch Rennemann, th. 21, Fn. g, der hierzu unter Abweichung von seiner grundsätzlichen Ablehnung der culpa levissima meint: Unum tantum amplius praestandum in commodato.

sprechen sich für eine uneingeschränkte Verantwortlichkeit des Entleihers aus, wenn er seine eigenen Sachen vorzieht. Es entspreche der Billigkeit, den Schaden demjenigen anzulasten, der ein Geschenk empfangen habe[919]. Einige Anhänger[920] der h. L. gehen sogar so weit, dem Entleiher, der die wertvollere fremde Sache rettet, einen Aufopferungsanspruch in Höhe des Wertes der verlorengegangenen eigenen zuzubilligen. Eine gesetzliche Grundlage wird nicht angegeben. Offenbar handelt es sich um eine Anleihe im deutschen Recht[921], das weit über den Bereich der lex Rhodia de iactu[922] hinaus quotale Schadensverteilungen kannte.

b) mandatum

Die weitaus überwiegende Lehre macht den Beauftragten für culpa levissima[923] verantwortlich. Er verspreche durch die Übernahme des Auftrags äußerste Sorgfalt[924]. Deshalb werde auch der Satz, daß niemandem sein officium Schaden bringen dürfe, nicht verletzt[925].

Verschiedene Autoren beschäftigen sich mit der Frage, warum der Verwahrer, der sich auch verpflichtet, im Interesse eines anderen tätig zu werden, nur bis zur culpa lata haftet. Struvius-Blumberg[926] sehen den Unterschied darin, daß die Verwahrung einer Sache keinen be-

---

919 Bruckner-Grobe § 22 (Non igitur apparet ratio, cur generalia legis verba contra aequitatem naturalem restringere velimus).

920 Brunnemann D 16, 3, 32; Lauterbach D 16, 3 n 33; dazu gehört eigentümlicherweise auch Pufendorff 639; Struvius I 1231.

921 Vgl. z. B. Stobbe 216 et passim.

922 D 14, 2 (De lege Rhodia de iactu).

923 Brandmyllerus-Locherus XXI; Blumberg, th. 19; Cramer 48; Cellarius 27; S. v. Coccejus § 578; von Eck-de Hertoghe XI; Eckolten-Benigk, th. 5; Falckner, th. 21; Hahn D 13, 6 n 7; Hoppe I 3, 14 (589); Leyser III 91; Ludwel 91 n 52; Noodtius D 17, 1 (II 376), unter Erörterung der Gesetzesstellen, in denen die Haftung auf culpa lata beschränkt wird. Es seien Sonderfälle, die der Verwahrung nahe ständen oder kaum zu erklärende Ausnahmen; Poll-Cary 15; Prousteau, cap. 9, cap. 14 n 22; Pufendorff 634; Roys II 9, 195; Schacher-Caspar, th. 9; Stephanus D 50, 17, 23 n 25; Struvius I 1156, 35; Struvius-Blumberg, th. 19; Thomasius-Wilhelm 14; Vinnius, Select. Quaest. I 52; Walrab 90; Wissenbachius C 4, 35, 13; Zollerus-Kees §§ 5 ff.; weitere Anhänger dieser Lehre bei Wehrn 236, Fn. 15.

924 Cellarius a. a. O.; Eckolten-Benigk a. a. O.; Falckner a. a. O.; Hoppe a. a. O.; Ludwel a. a. O.; Poll-Cary a. a. O.; Prousteau a. a. O.; Schultens-Stahl 58 (in se suscipiendo sese profiteatur diligentissimus et quasi tacite negotium mandatum ita gerere promittat); Stephanus a. a. O.; Struvius-Blumberg, th. 22; Wissenbachius a. a. O.

925 Struvius-Blumberg, th. 23.

926 Struvius-Blumberg, th. 22 (Depositarius autem officio suo satisfecisse censetur, si rem recondat et custodiat, in quo singulari industria et cura opus non est); ähnlich Noodtius a. a. O.; vgl. oben 73.

sonderen Fleiß erfordere. Falckner[927] meint, das stärker passive Verhalten des Verwahrers rechtfertige die Differenzierung. Beide Begründungen besitzen im Regelfall einige Berechtigung. Sobald aber die zu verwahrende Sache wertvoll ist, Obhutspflichten hinzutreten, erreicht die zur Schadensverhütung erforderliche Sorgfalt eine gleiche Intensität wie beim durchschnittlichen Auftrag. Mit Falckner kann aus dem passiven Charakter der Verwahrung nicht abgeleitet werden, daß infolgedessen die Sorgfaltsanforderungen auch geringer werden.

Lebrun[928] wirft die Frage auf, warum in dieser Rechtsbeziehung das äußerste an Fleiß zu erbringen ist, während bei hinzutretender Bezahlung mittlere Sorgfalt genüge. Das Ergebnis der h. L. sei unhaltbar.

Einige Juristen[929] des Usus Modernus stufen die Sorgfaltspflichten beim Auftrag wie Bartolus[930] nach dem Schwierigkeitsgrad des übernommenen Geschäfts ab. Eine interessante Begründung dieser Ansicht liefern Zollerus-Kees[931]. Beim Auftrag gebe es keine Sache, aus der die Vertragsparteien einen Nutzen ziehen. Ein Fahrlässigkeitsgrad könne daher nur aus der Natur und der Qualität des Geschäfts bestimmt werden. Gleichzeitig mit der Übernahme verpflichte sich der Beauftragte, das Geschäft sachgemäß durchzuführen.

Darüber hinaus sind im Usus Modernus kaum Autoren[932] anzutreffen, die nur für eine begrenzte Zahl von Auftragsverhältnissen die culpa levissima für das richtige Haftungsmaß halten.

Stryk[933] beschränkt die Verantwortlichkeit für culpa levissima auf im Zusammenhang mit einem Prozeß stehenden Aufträge;

Schilterus[934] hält eine Bezahlung für entscheidend.

---

[927] Falckner, th. 21; ebenso Ludwel 91 n 52.

[928] Lebrun 18 ff.

[929] Bachovius 1, 27, 7 B, C; Brunnemann C 4, 35, 13; Busius D 13, 6, 5; H. Coccejus 45; Hahn-Struven, th. 81; Klengelius-Erschelius, th. 13; Lynckerus I 3, 14 (I 182); Mögling 4, 6 (quod illa susceptione operam et diligentiam in simili negotio requisitam spondere censetur); Pothier I 280 (mais on exige encore de lui un soin proportioné à la nature de cette affaire); III 716; Reiger D 13, 6 n 29; Schultens-Stahl 57 f. (Verum cum supra dictum diversae admodum naturae, ac conditionis esse negotia, quae mandantur, sequitur, si talia sint, in quibus culpae levissimae, aut levi aliquando locus esse nequeat, merito mandatarium tunc absolvi, si nihil dolo aut culpa lata neglexerit); Tabor-Fassnacht, th. 39; Thomasius-Wilhelm, c. 1 § 43; Tuldenus I 3, 26, cap. 6; Voet D 17, 1 n 9; Wincop-Bellmont 24; sehr entschieden dagegen Schilterus II 235 f. (non ex rei qualitate, sed ex natura contractus regulam esse constituendam).

[930] Vgl. oben 62.

[931] Zollerus-Kees §§ 5 ff.

[932] Dazu Wehrn 237 ff., Fn. 17.

[933] Stryk in Mollenberg Th. I C. Tit. mand. n 46 (nach Wehrn a. a. O.).

[934] Schilterus II 236, 92; vgl. Wehrn a. a. O.

Nur ganz selten wird von einem Trichotomisten die culpa levis[935] für das richtige Haftungsmaß gehalten.

Busius[936] folgt der Ansicht des Martinus und bestimmt den Haftungsumfang nach der Utilitätskonstellation. C 4, 35, 13 zwingt ihn jedoch, für den procurator eine Ausnahme zu machen. Da sein Verschulden als imperitia aufzufassen ist, hafte er.

Den einzelnen Quellenstellen wird sonst nur ein geringes Interesse entgegengebracht[937]. Regelmäßig werden sie ohne nähere Erörterung nur zitiert. Allgemeine Rechtsgedanken treten an die Stelle einer Begründung aus den Quellen. Der Meinungsstand zur Haftung des Beauftragten ist symptomatisch für die im Usus Modernus zu beobachtende Tendenz, die Haftung zu verschärfen.

c) negotia gesta

Im Usus Modernus wird die Lehre herrschend, daß der Geschäftsführer ohne Auftrag regelmäßig für culpa levissima[938] zu haften hat. Einen sehr ähnlichen Standpunkt vertreten die Autoren[939], die die

---

[935] Bois 184 f. (qua tandem ratione, et quo modo, salvo amicitiae, iure plus exigam ab eo, qui gratis id facit — im Vergleich zur geringeren Verantwortlichkeit des conductor); Duranton, Traité des obligations en général 435 f.; Eichelius 10, 39; Ludovicus D 17, 1 n 6; Schilterus II 236, 92 (si regula ita constitutur ut regulariter nulli mandatarii de levissima teneantur de culpa nisi qui mercedem aut simile commodum acceperit, quod non tantum procurator iudicialis, sed et mercatorii facere solent); Waechtlerus 55 ff.; Zoesius D 17, 1 n 14 (Magis dubitatur an et levissima. Quod aliqui affirmant per C 4, 35, 13. Contraria tamen sententia verior est, cum ita in materia debeat sufficere levis culpa, in qua alienum negotium nullo suo commodo geritur, idque ex amicitia et gratuito).

[936] Busius D 13, 6, 5, 2 n 10 (Itaque hic distinguimus ex regula hujus textus, ut si mandatum solius mandantis ... Procurator tamen litis, etsi fere mercede conduci solet, etiam ad exactissimam diligentiam tenetur ... nam etsi levius delinquere videtur, tamen qua imperitia annumeratur culpae, non est absolvendum); im Widerspruch dazu D 13, 6, 5, wo er der Lehre der Bartolonisten folgt; ebenso Meier, culpa 62 ff., mit einer eingehenden Erörterung der h. L.

[937] Vgl. aber Noodtius D 17, 1 (II 376), dem es nicht gelingt, die einander widersprechenden Stellen zu harmonisieren.

[938] Bachovius 1, 10, 5 C—E; S. v. Coccejus § 578; Cramer 48; Falckner, th. 22; Hahn- Struven, th. 81; Hoppe I 3, 14 (589); Klein 105; Klengelius-Erschelius, th. 18; Leyser III 91; Ludwel 92 f. n 56 f.; Lynckerus I 3, 14 (I 182), (ob naturam objecti, quoniam negotium negat omne otium); Poll-Cary 15; Prousteau, cap. 10 n 9; cap. 15 n 17; cap. 16 n 9 mit zahlreichen Zitaten; Reiger D 13, 6 n 29; Schacher-Caspar, th. 9; Schultens-Stahl 83; Stephanus D 50, 17, 23 n 26; Struvius-Blumberg, th. 19; Vinnius I 3, 14, 2 n 12 (585); Voet 10; Wildvogel-Boehmer 3, 42; Wissenbachius C 2, 18 n 3; vgl. dazu die Übersicht bei Wehrn 239, Fn. 18.

[939] H. Coccejus 45, 84 (omnem diligentiam promittit, quae administratione perfici potest); Pothier I 280; Wincop-Bellmont 24.

Abstufung des Bartolus[940] zur Haftung des Beauftragten auf die Geschäftsführung ohne Auftrag übertragen.

Die strenge Haftung des Geschäftsführers wird — als Ausnahme vom Utilitätsprinzip — recht unterschiedlich begründet. Die einen verweisen auf den Grundsatz, daß der sich anbietende Schuldner, z. B. der Verwahrer, für culpa levissima verantwortlich ist[941]. Andere meinen, der Geschäftsführer verpflichte sich konkludent zu höchster Sorgfalt[942]. Dritte orientieren sich stärker am Gesetzeswortlaut, an I 3, 27, 1, und halten für entscheidend, daß möglicherweise ein sorgfältigerer Dritter verdrängt wurde[943]. Die beiden letzten Gruppen stützen sich damit auf Erwägungen, die dazu dienen, den Grundsatz für eine Haftungsverschärfung beim sich anbietenden Schuldner zu rechtfertigen[944].

Die Anhänger[945] der Lehre, die den Geschäftsführer ohne Auftrag im Regelfall für culpa levis verantwortlich macht, führen dieselben Argumente wie die Juristen vorangegangener Epochen an: Eine zu scharfe Haftung halte präsumtive Geschäftsführer von der Übernahme ab[946].

---

[940] Vgl. oben 62.

[941] Bachovius 1, 10, 5 C—E (quod neg. gestor ultro se offerre videtur et ex oblatione etiam in aliis casibus arctius quis obstringitur); Wildvogel-Boehmer 3, 42.

[942] Hoppe I 3, 14 (589); Ludwel 93 n 57; Poll-Cary 15 (se obligant tacite); Pothier a. a. O.; Schultens-Stahl 83 (tacite se obligari); Voet 10 (ita oblatio officiorum et operarum spontanea notat offerentem ea pollere peritia); dazu Blondeau, Thémis 2 (1824) 314, Fn. 2: Mais ne pouvait-on pas dire également que la garde des choses d'autrui, qui est l'objet de dépot...).

[943] Schultens-Stahl 84 (Et nihil in contrarium facit, quod negotiorum gestor ignorantis negotia suscipiat, et ita domino ut diligentissimus se obligasse non videatur, ut in deposito et in mandato, nam negotia adeundo, et ita excludendo forte diligentissimus ... nec necessarium est, diligentiorem revera se obtulisse, dummodo hoc fieri potuisse praesumi queat).

[944] Vgl. oben 138 f.

[945] Berger 3, 8, 2 n 2; Bois 180 (an expectandum erit, ut negotia sint deserta, ut tunc tuto quis se ingerat?); Brunnemann C 2, 18, 20; Busius D 13, 6, 5, 2 n 6; Cellarius 26; wohl auch Eichelius 10, 39; Eckolten-Benigk, th. 5; Frantzke 11, 7, 11; Klengelius-Erschelius, th. 18; Meier, culpa 131 ff.; Tabor-Fassnacht, th. 40; in th. 41 geben sie ihren Standpunkt praktisch auf, da sie bei schwierigen Geschäften die Haftung auf culpa levissima erhöhen; Walrab 91; Wernher D 3, 5 n 4; Zoesius D 3, 5 n 8; weitere Autoren bei Wehrn 240, Fn. 19.

[946] Z. B. Cellarius a. a. O. (ut sic eo magis alliciantur homines ad absentium negotia administranda); gegen dieses Argument Ludwel 93 n 58 (quoniam idem mandato objici potest, in quo tamen culpam levissimam).

Die Vertreter beider Auffassungen berücksichtigen die in den Quellen[947] ausdrücklich geregelten Sachverhalte, in denen die Haftung durch culpa lata[948] begrenzt wird, weil Sachen vor dem drohenden Untergang bewahrt werden sollen. Das gleiche gilt für die Verdrängung eines diligentissimus — dann schließt nur der casus die Haftung aus[949].

Dagegen wird von einigen[950] die casus-Haftung bei der Übernahme von für den Geschäftsführer neuen Geschäften abgelehnt.

Somit wird im Usus Modernus von der Mehrzahl der Autoren die Haftung für den Geschäftsführer verschärft; für den Sonderfall der Übernahme neuer Geschäfte aber von wenigen gemildert.

d) tutela

Unter den Juristen des Usus Modernus setzt sich die Ansicht stärker durch, daß der Vormund für culpa levis[951] verantwortlich ist. Nur ganz vereinzelt wird die Auffassung vertreten, daß die Verletzung der diligentia quam suis[952] das richtige Haftungsmaß ist.

Eine interessante Erklärung für die Erwähnung der diligentia quam suis in D 27, 3, 1 pr findet Nisetus[953]. Es sei zu vermuten — wohl unwiderlegbar —, daß der Vormund ebenso sorgfältig ist wie irgendein anderer sorgfältiger Hausvater. Schultens-Stahl[954] gelangen zu einem ähnlichen Ergebnis, indem sie davon ausgehen, daß immer nur ein geeigneter und sorgfältiger Dritter zum Vormund bestellt wird.

---

[947] D 3, 5, 3, 9.

[948] Bois 167; Falckner, th. 22; Frantzke 11, 7, 5; Ludwel 94 n 60; Prousteau, cap. 15 n 13; Wissenbachius C 2, 18 n 3.

[949] Bois 182 (Denique si quis diligentiorem impediit, et se intrusit, iam ad exactissimam diligentiam tenetur); Frantzke 11, 7, 6 u. 11 u. 25; Tabor-Fassnacht a. a. O.; vgl. I 3, 27, 1.

[950] Klengelius-Erschelius, th. 18; a. A. z. B. Wincop-Bellmont 24; Wissenbachius C 2, 18 n 3 (a. E.).

[951] Bachovius 2, 9, 4 C, D; Bois 182; Busius D 13, 6, 5, 2 n 6; H. Coccejus 45; Duranton a. a. O. 435 f.; Eckolten-Benigk, th. 5; Eichelius 10, 38; Falckner th. 23; Frantzke 3, 9, 4; Hahn-Struven, th. 81; Hoppe I 3, 14 (588); Klengelius-Erschelius, th. 19; Lebrun 129; Ludwel 94 n 61; Lynckerus I 3, 14 (I 182); Noodtius D 26, 7; 27, 3; Prousteau, cap. 16 n 10, der fälschlicherweise meint: Nihilominus tamen contraria sententia communior est eamque longe plures amplexi sunt ... humanior et verior de jure); unter n 9 viele Zitate; Schacher-Caspar, th. 8; Schilterus II 236, 88; Schultens-Stahl 80; Struvius I 1156, 35; Tabor-Fassnacht, th. 43; Walrab 93; Zollerus-Kees § 5; weitere Zitate bei Wehrn 249, Fn. 34.

[952] Berger 3, 8, 1 n 3; Pothier III 716; Puffendorf, culpa P 5 c 3 §§ 5, 7, 9; ähnlich Rennemann, th. 21 (culpa levis in faciendo).

[953] Nisetus § 20, er beruft sich auf J. Gothofredus 137.

[954] Schultens-Stahl 81 (Ratio enim, cur ita locutus fuerit jureconsultus, est, quia pupillo tutor non datur nisi qui sit idoneus, et diligens, vel saltem talis semper praesumatur).

Struvius[955] z. B. bleibt bei der Ansicht der Glosse, daß auf einen diligentissimus Bezug genommen ist.

Einige Autoren[956] betonen ausdrücklich, daß der sich freiwillig anbietende Vormund für culpa levissima haftet.

Stephanus[957] spricht sich gar für eine uneingeschränkte culpa levissima-Haftung aus.

Die Abweichung vom Utilitätsprinzip wird mit dem favor pupilli[958] begründet. Weil jedoch die Vormundschaft eine öffentliche Last ist und sie dem Vormund unabhängig von seinem Willen übertragen wird, gehe der favor nicht so weit, daß auch für culpa levissima einzustehen sei. D 26, 7, 7, 2 wird als Ausnahme verstanden, bei der deswegen nur für culpa lata[959] gehaftet wird, weil beim Kauf von Grundstücken leicht ein Versehen auftritt.

e) societas

Es bleibt weiterhin die Lehre herrschend, daß der Gesellschafter nur die Verletzung der diligentia quam suis[960] zu vertreten hat. Ein Unter-

---

[955] Struvius ex. 19, th. 24; wohl ebenso Frantzke 3, 9, 5 und Hahn-Struven, th. 81. Eigentümlicherweise vertritt auch Lebrun 129 diesen Standpunkt zu D 27, 3, 1 pr und widerspricht sich damit; vgl. Hasse 531 ff.

[956] Engelbrecht-Heine, th. 53; Frantzke 3, 9, 5; Schultens-Stahl 83; Wincop-Bellmont 25; dazu Wehrn 249 f.

[957] Stephanus D 50, 17, 23 n 26 (In tutelam igitur venit quoque levissimam culpam).

[958] H. Coccejus 45 (ultro non suscipiunt, sed ex necessitate quadam muneris, ut tutores, in quibus proinde remittitur diligentia exactissima et media exigitur, quia tutor tamen vir diligens esse debet); Falckner, th. 23; Hoppe I 3, 14 (589), (inviti, nullum emolumentum); Klengelius-Erschelius, th. 19 (invitus, necessitate legis); Ludwel 94 f. n 91; Prousteau, cap. 16 n 11; Zollerus-Kees § 5.

[959] Bois 183; Eckolten-Benigk a. a. O.; Hahn-Struven, th. 81; Noodtius D 26, 7; Prousteau, cap. 5; Schultens-Stahl 82; Struvius, culpa, th. 38; Walrab 93; Wincop-Bellmont 25 (vero in illis negotiis in quibus culpam levem facile admittere potest, non enim in talibus nimis rigide cum tutoribus procedens est.

[960] Berger 3, 8, 1 n 3; Bois 179; Busius D 13, 6, 5, 2 n 13; Cellarius 28; H. Coccejus 57 ff.; Hahn D 16, 3 n 1; Heineccius §§ 947 f.; Höpfner §§ 757 f.; Hoppe I 3, 14 (588); Klein 276; Klengelius-Erschelius, th. 12; Leyser III 91; Mögling 2, 6; Nisetus § 21; Prousteau, cap. 6; cap. 20 n 22 u. 24; ähnlich Rennemann, th. 20 (culpa levis in faciendo); Runge 37, Fn. q; Schultens-Stahl 93; Tabor-Fassnacht, th. 46; Tuldenus I 3, 14, cap. 11; Vinnius I 3, 25, 9 n 3, er nähert sich aber stark der gegenteiligen Auffassung: At extra hunc casum, in homine videlicet diligenti ad communem modum, seu bono alioqui et frugi pf., si quando consuetam in suis rebus diligentiam in re aliena ... levem culpam id reputabimus. Walrab 79; Wehrn 227; Zoesius D 17, 2 n 39 ff.; vgl. ferner Zitate bei Wehrn 241 f., Fn. 23.

schied zum Umfang der Haftung des Verwahrers wird darin gesehen, daß die Verletzung der diligentia quam suis beim socius nicht dem dolus gleichgestellt wird, sondern die Wirkung einer culpa levis besitzt[961]. Eine größere Anzahl von Autoren[962] erblickt in D 16, 3, 32 die Voraussetzung normiert, daß der Schuldner bereits nachlässig ist. Der culpa levis in concreto kann sich nach dieser Ansicht nur schuldig machen, wer selbst im großen und ganzen sorgfältig ist. H. Coccejus[963] weist auf D 17, 2, 72 hin, die Wendung desidiae et negligentiae beweise, daß mehr als nur dolus zu leisten ist. Worin dieses Mehr liegt, führt er jedoch nicht aus.

Den Grund zur Haftungsmilderung erblicken einige nunmehr in dem Umstand, daß der Gesellschafter jederzeit die Auflösung verlangen kann[964]. Die Begründung in D 17, 2, 72 wird nicht selten deswegen abgelehnt, weil sie z. B. bei der rerum communio nicht durchgreift. Andere[965] berufen sich auf das jus fraternitatis. Beide Argumente überzeugen nicht. Sicher kann regelmäßig ein unzufriedener Gesellschafter Auflösung der Gesellschaft verlangen. Dazu wird er sich aber erst entschließen, nachdem ein Schaden aufgetreten ist. Für dieses Schadensereignis kann die (spätere) Möglichkeit, das Gesellschaftsverhältnis zu beenden, keine Bedeutung besitzen. Der Hinweis auf bruderschaftliche Elemente in der Gesellschaft erlangt nur für einige wenige Fälle Geltung, aber nicht für den durchschnittlichen kommerziellen Gesellschaftstyp.

Eine besondere Begründung liefert Lebrun[966]. Es wäre absurd, die Pflichten eines Gesellschafters zu verringern, auf dessen Aktivität und besonderes Talent die Mitgesellschafter bauten — ihm aus diesem Grunde vielleicht auch den Gewinnanteil erhöhten. Andererseits verstieße es gegen Treu und Glauben, von einem unterdurchschnittlich Begabten eine durchschnittliche Sorgfalt zu verlangen.

Diese Argumentation ist ungleich tiefgründiger als die der h. L. Je stärker das sog. personenrechtliche Element in einer Rechtsbeziehung wirkt, desto größer werden die kommunizierenden Treue- und

---

961 H. Coccejus 60 (Illa tamen culpa in societate dolo non comparatur, et hoc effectu levis culpa dici potest), 61 (quia nemo videtur sibi velle abesse et se laedere). Meier, culpa 110 f. qualifiziert sie als culpa lata, im Widerspruch zu seinen Darlegungen auf S. 7 (infimam levem culpam).

962 Vgl. oben 114 f. und Vinnius I 3, 25, 9 n 3.

963 H. Coccejus 63 (Et nihilominus plus praestetur in societate quam in deposito, quia in illa quoque aliquid praestatur, quod extra dolum est, D 17, 2, 72).

964 Heineccius §§ 947 ff.

965 Z. B. Zoesius D 17, 2 n 40.

966 Lebrun 50, später (136 f.) betont er daneben die Tatsache, daß der Gesellschafter Miteigentümer ist und ihn daher die Geschäftsführung schon interessiert.

Fürsorgepflichten. Es ist aber wohl richtiger, von ihnen selbst auszugehen, dem jeweiligen Vertrag, als allgemeine Rechtssätze aufzustellen. Die Vielzahl der möglichen Gesellschaftsformen — angefangen bei der flüchtigen Gelegenheitsgesellschaft, z. B. einem Emissionskonsortium, bis hin zur Jahrhunderte alten Familiengesellschaft — verbietet es, alles über einen Leisten zu schlagen.

Pothier[967] wendet gegen die Lehre Lebruns ein, daß sie den Gesellschafter und den unentgeltlichen Verwahrer gleichsetze, damit gegen D 50, 17, 23 verstoße. Nach diesem Digestenfragment hafte der Verwahrer nur für dolus, der Gesellschafter aber für dolus und culpa. Ferner sei die diligentia quam suis vom Richter regelmäßig gar nicht feststellbar, so daß im Ergebnis die culpa levis die Haftungsgrenze bilde. Lebrun hat diesen möglichen Einwand vorhergesehen[968]. Er gibt zu, daß die Ermittlungen nur ein Wahrscheinlichkeitsergebnis haben könnten[969]. Der Richter müsse sich häufig mit Vermutungen begnügen; ja er ist sogar manchmal genötigt, zu solchen Zuflucht zu nehmen, qui naissent de la qualité, de l'âge et du sexe de ceux dont il examine la conduite[970]. Damit verfehlt die Haftungsfigur aber ihren Zweck, da sie das Haftungsmaß nicht auf die dem Schuldner übliche Sorgfalt reduziert.

Eine starke Mindermeinung setzt sich dafür ein, daß der Gesellschafter uneingeschränkt für culpa levis[971] haftet. Sie übergeht die Quellenaussagen und läßt sich vom Rechtsgefühl leiten. Lediglich Noodtius[972] legt dar, daß in der Mehrzahl der Quellenstellen nur auf die culpa schlechthin Bezug genommen wird. D 17, 2, 72 und I 3, 25, 9 setzten einen diligentissimus voraus.

Thomasius-Wilhelm[973] wenden sich gegen die in den Quellen, z. B. in D 17, 2, 72, aufzufindende Begründung für die Haftungsmilderung. Es sei nicht immer nachlässig, wenn ein weniger fleißiger Gesellschafter

---

[967] Pothier I 282 f. Merkwürdigerweise bekennt er sich aber im Traité du Contrat de Société 88 f. zu ihr.

[968] Gegen die nicht sehr zutreffende Kritik Pothiers Blondeau, Thémis II (1824) 333, Fn. 1.

[969] Lebrun 54 ff.

[970] Lebrun 56; vgl. daneben seine Ausführungen auf Seiten 39, Fn. a, 139 f.; dazu Hasse 516.

[971] Carpzov P. 2 C. 26 D. 12 n 7; von Eck-de Hertoghe XII; Eckolten-Benigk, th. 7; Falckner, th. 38; Noodtius D 17, 2 (II 384); Schacher-Caspar, th. 8; Waechtlerus 38; vgl. ferner die folgenden Fn.

[972] Noodtius D 17, 2 (II 384), (supposito utroque in loco socio diligentissimo: qui electo socio tantum communi more diligente, habet quidem quod sibi imputet).

[973] Thomasius-Wilhelm 41 f.; so ähnlich aber z. B. Zollerus-Kees § 10 (Is enim, qui sibi eligit socium, respicit ad personae qualitatem, et ipso facto declarat, quod a regula recedere, et praestationem culpae tantum ad industriam eius, cum quo contrahit, restringere velit).

aufgenommen wird, da der zukünftige Gesellschafter über seine Sorgfalt täuschen kann. Außerdem sei Nachlässigkeit Nachlässigkeit und der fahrlässig handelnde Gesellschafter stehe dem Schaden näher als die anderen. Wenn die Begründung in D 17, 2, 72 richtig wäre, müßte sie ebenso in anderen Vertragsbeziehungen wirksam werden. Diese letzte Beweisführung ab absurdo leidet darunter, daß die besonderen personenrechtlichen Züge der Gesellschaft übersehen werden. Grundsätzlich ist es aber zutreffend, daß auch von einem Gesellschafter nicht verlangt werden kann, den zukünftigen Partner sorgfältig auf seine Charaktereigenschaften hin zu prüfen. Er muß davon ausgehen können, daß sein Kontrahent ein durchschnittlich fleißiger Schuldner ist.

Die traditionelle Lehre war jedoch zu tief bei der Mehrzahl der Juristen verwurzelt, als daß eine zutreffende Kritik gegen sie erfolgreich sein konnte.

f) dos

Zur Zeit des Usus Modernus kann die Auffassung, daß der Ehemann in bezug auf die Dotalsachen nur die Verletzung der diligentia quam suis[974] zu vertreten hat, kaum noch als herrschend bezeichnet werden. Soweit die Anhänger dieser Ansicht eine Begründung anführen, weisen sie entweder auf die Ähnlichkeit mit der Gesellschaft hin: Die Eheleute müßten es sich selbst zuschreiben, wenn sie einen nachlässigen Partner auswählen[975]. Oder sie halten mit Zollerus-Kees[976] die Tatsache, daß der Ehemann Eigentümer der Dotalsachen ist und daher ein Herrschaftsrecht besitzt, für entscheidend. Schuldhaft könne dann nur die Diskrepanz zwischen dem Verhalten gegenüber ihm gehörenden und Dotalsachen sein. Waechtlerus[977] folgt zwar auch der herrschenden Lehre, mildert ihre Folgen für die Ehefrau aber durch die Vermutung, daß der Ehemann ein bonus paterfamilias ist.

---

[974] Berger 3, 8, 1 n 3; Busius D 13, 6, 5, 2 n 13; Hahn D 17, 2 n 10, er erwähnt nur die culpa levis, meint aber wohl die Verletzung der diligentia quam suis; Höpfner §§ 757 f. (culpa levis in concreto); Klein 276; Lebrun 93 ff.; Meier, culpa 120 ff.; Nisetus §§ 18, 25, in D 23, 3, 17 sei anstelle von sed etiam sed eam zu lesen; Prousteau, cap. 6; ähnlich Rennemann, th. 21 (culpa levis in faciendo); Schultens-Stahl 78 (culpa levis in concreto); Tabor-Fassnacht, th. 61; Tuldenus I 3, 14, cap. 11; Walrab 79; Wehrn 227.

[975] Lebrun a. a. O.; Schultens-Stahl a. a. O. (quod de se queri debeat uxor, quae ejus modi maritum eligerit ... eodem fere modo ac in societate).

[976] Zollerus-Kees § 10 (Cum igitur dominus de rebus suis gaudeat potestate disponendi, nisi restrictio legis adsit, patres vero familias in adhibenda diligentia discrepent, culpam, si aliqua ipsi imputanda est, ex qualitate negotii non aliter, quam respectu habito ad eius personam considerare possum).

[977] Waechtlerus 32 (ut praesumptive bonus pf.).

Die Vertreter der Lehre[978], nach der die Haftung nicht durch die diligentia quam suis gemildert wird, sind in ihrer Begründung nicht einheitlich. Chesius[979] legt dar, daß die Frage im römischen Recht kontrovers war. D 23, 3, 17 und D 24, 3, 24, 5 ließen sich für eine Haftung bis zur Verletzung der diligentia quam suis anführen, D 50, 17, 23 spreche das Gegenteil aus. Tribonian wäre es nicht gelungen, alle Texte zu harmonisieren. Chesius selbst neigt dazu, aufgrund des Utilitätsprinzips die culpa levis für das richtige Haftungsmaß zu halten. Menckenius[980] beruft sich ohne nähere Begründung auf D 24, 3, 24, 5 und stützt sich auf das Verständnis von Mevius[981] und Struvius[982].
Einige Anhänger[983] dieser Ansicht erklären die Erwähnung der diligentia quam suis in den Quellen mit dem Hinweis, daß sie beim diligentissimus zur Haftungssteigerung führen solle.

g) emptio venditio

Der Haftung des Verkäufers wird wenig Interesse geschenkt. Niemand bestreitet, daß als Fahrlässigkeitsstufe nur die culpa levis[984] in Betracht kommt. Lediglich Bois[985] will den Verkäufer für jede fahrlässige Begehung haften lassen: Neque in hac parte distinguatur multum commodatum ab aliis contractibus. Verschiedentlich[986] wird zur Klarstellung dargelegt, daß beim Gattungskauf vor der Konkretisierung auch culpa levissima zu vertreten ist. Das ist selbstverständlich, da die Sachgefahr noch beim Verkäufer liegt.

h) pignus

Die nahezu einhellige Lehre macht den Pfandgläubiger immer für culpa levis[987] verantwortlich. Von Eck-de Hertoghe[988] wollen unter

---

978 Eckolten-Benigk, th. 7; Eichelius 10, 37; Ludwel 99 n 79; Schacher-Caspar, th. 8; Stephanus D 50, 17, 23 n 22; vgl. ferner die folgenden Fn.

979 Chesius n 27.

980 Menckenius D 13, 6 n 13 (Vicissim si maritus in causis propriis parum diligens fuit, a praestatione levis culpae in abstracto non liberatur, D 24, 3, 24, 5).

981 Mevius 4, 9 (380f.), (Quod enim dicitur, tutorem ad eam diligentiam teneri, quam rebus suis adhibet, ita accipiendum est, si talem exhibet, quae boni patrisfamilias est).

982 Hahn-Struven, th. 56; Struvius ex. 30, th. 53.

983 Ludwel 100 n 80; vgl. dazu Wehrn 242f., Fn. 25 mit Zitaten (Mitte).

984 Z. B. Busius D 13, 6, 5, 2 n 13; Eckolten-Benigk, th. 7; Eichelius 10, 37; Ludwel 96 n 68; Nisetus § 20; Prousteau, cap. 17; Schacher-Caspar, th. 8; Schierschmid-Mirus § 30 et passim; Wagner 16; Zollerus-Kees § 4.

985 Bois 175.

986 Z. B. Bois 175; Ludwel 97 n 70.

Anwendung des Utilitätsprinzips beim pignus gratia solus accipientis den Pfandgläubiger für culpa levissima haften lassen und damit D 13, 7, 13, 1 erklären. Selbst die Autoren[989], die ganz allgemein den Grundsatz verfechten, daß der sich anbietende Vertragsteil schärfer haftet, führen nie das Pfand als Beispiel an, so daß es zweifelhaft ist, ob sie bereit sind, so weit zu gehen.

Gegen eine Abstufung nach dem Utilitätsprinzip wird besonders von Prousteau[990] eingewandt, daß dadurch gerade der hilfsbereite Gläubiger benachteiligt wird.

Die Schwierigkeiten, die D 13, 7, 13, 1 aufwirft, werden nicht überwunden. Sofern der Paragraph nicht mit Hilfe einer besonderen Utilitätskonstellation erklärt wird, werden folgende andere Auswege erwogen: Diese Digestenstelle ist interpoliert[991]. Es müsse heißen: venit in hac actione et dolus et culpa, ut in commodato, at in commodato venit et custodia. Schultens-Stahl[992] meinen, daß Ulpian von einem Sachverhalt vereinbarter culpa levissima-Haftung ausgeht. Zollerus-Kees[993] hingegen legen den Ausdruck culpa als culpa lata, den Begriff custodia als culpa levis aus; D 18, 1, 35, 4 zeige, daß custodia diese Bedeutung besitzt. Bois[994] bezieht die Gleichsetzung nur auf die Art, nicht den Umfang der Haftung. Die Mehrzahl der Autoren übergeht das Problem.

i) locatio conductio

Unter den Juristen des Usus Modernus besteht Einigkeit darüber, daß der conductor[995] grundsätzlich für culpa levis[996] verantwortlich

---

987 Bois 169 ff.; Busius D 13, 6, 5, 2 n 9; H. Coccejus 24; Eckolten-Benigk, th. 7; Meier, culpa 116 ff.; Prousteau, cap. 19 n 25 u. 29; Schacher-Caspar, th. 8; Schultens-Stahl 70 f.; Wissenbachius C 4, 24, 9; Zoesius D 13, 7 n 12; Zollerus-Kees §§ 4 f.

988 von Eck-de Hertoghe XII; ebenso Ludwel 97 f. n 71; Tabor-Fassnacht, th. 69; Voetius D 13, 7 n 5; Carpzov P. 2, C 26, D.

989 Vgl. oben 138 f.

990 Prousteau, cap. 19 n 29.

991 Noodtius, probab. lib. 1, c. 4; D 13, 7 (II 324); weitere Autoren bei Wehrn 63, Fn. 21; dagegen scharf Zollerus-Kees § 4 (Equidem bene scio criticorum potestatem eo pervenisse, ut superioritatem legislatoriam sibi tribuant et pro lubitu verba deleant et alia substituant); Wehrn a. a. O.

992 Schultens-Stahl 73.

993 Zollerus-Kees § 4.

994 Bois 171 (Dico verba legis 13 ut in commodato possunt importare duplicam similitudinem, scilicet inter ea quae praestanda sunt, et inter praestandi modum); ebenso Hahn-Struven, th. 55 (tantum in genere, non etiam quoad gradus culpae conferuntur); Meier, culpa 119; Schultingius-Smallenburg 138 f.; Waechtlerus 36.

995 Bzw. der locator, sofern die actio directa sich gegen ihn richtet.

996 Eckolten-Benigk, th. 7; Brunnemann D 4, 9, 5; Schacher-Caspar, th. 8; Cellarius 25 f.; S. v. Coccejus § 578; Cramer 46; Klengelius-

ist. Es bleibt weiterhin ungeklärt, wie die Superlative in I 3, 24, 5 und D 19, 2, 25, 7 zu verstehen sind. Nur wenige meinen, der Superlativ stehe anstelle des Positivs[997] und seine Haftung für culpa levissima komme nur in Betracht, wenn sie vertraglich vereinbart wurde. Fünf Ausnahmen werden von der h. L. häufig anerkannt:

1. Ein bestimmtes Entgelt wird für eine besondere und erhöhte Bewachung gewährt[998], D 19, 2, 40 (Qui mercedem accipit pro custodia alicuius rei, is huius periculum custodiae praestat);

2. Es ist höchste Sorgfalt erforderlich, um die locatio conductio ohne Schaden für den locator durchzuführen — es handelt sich z. B. um die Reparatur wertvoller Gegenstände[999];

3. Ein Künstler oder Handwerker oder jemand, der sich als solcher ausgibt, übernimmt einen Auftrag[1000];

4. Der conductor ist in eigenen Angelegenheiten ein diligentissimus[1001];

Erschelius, th. 10 f.; Falckner, th. 37; Ludovicus D 19, 2 n 21 (355); Mögling 4, 6; Patachich 89; Prousteau, cap. 18; Reiger D 13, 6 n 29; Runge 44; Schultens-Stahl 75; Vinnius 673; Voet D 19, 2 n 30; Wagner 8; Moeckert-Wilmann 33; Zoesius D 4, 9 n 3; Nisetus § 20; Busius D 13, 6, 5, 2 n 9; Ludwel 99 n 75; Wissenbachius C 4, 65, 28.

[997] Meier, culpa 144 ff.; Bachovius 1, 29, 6 E (er erkennt jedoch zwei Sonderfälle an); Ludovicus a. a. O.; Ludwel 98 f. n 74 ff.; Schacher-Caspar a. a. O., nicht ganz eindeutig; Busius D 13, 6, 5, 2 n 14, nur in bezug auf die Institutionenstelle; Noodtius D 19, 2 (II 429); ebenso wohl auch Tuldenus I 3, 24, cap. 8.

[998] Falckner, th. 37 (Si certa merces pro singulari et majori custodia data vel promissa sit); Klengelius-Erschelius, th. 11; Voet D 19, 2 n 30; Tuldenus I 3, 24, cap. 8.

[999] Tabor-Fassnacht, th. 53; Falckner a. a. O. (Si res natura sua diligentiam exactissimam requisiverit, tunc enim rem suscipiens eam, quam natura illius rei exigit, diligentiam promittere videtur); Brunnemann D 4, 9, 5; Klengelius-Erschelius a. a. O.; Voet a. a. O.; Wagner 8; Schacher-Caspar, th. 8 (speciale est in I 3, 24, 5, propter rerum pretiositatem, quae res deteriorationi obnixae sunt); Prousteau, cap. 16 n 20 ff.; Liebhaberus § 11; Tuldenus I 3, 24, cap. 8; ganz entschieden dagegen Vinnius I 3, 24, 5 (673): weder jumenta noch dolia erforderten exactior diligentia; niemand verspreche in derartigen Fällen besondere Sorgfalt.

[1000] Eichelius 10, 37 (cujus notitiam profitetur); Bachovius 1, 27, 6 E; Engelbrecht-Heine, th. 48; Falckner a. a. O.; Cellarius 26; S. v. Cocceјus § 578; Cramer 46; Mögling 4, 6; Reiger D 13, 6 n 29; Runge 44; Schultens-Stahl 75 (Id tamen aequitatem, publicamque utilitatem requirere existimarunt juris periti, ut si quis alicuius artis peritiam publice profiteatur, et ita tacite quasi promittere videatur); Voet D 19, 2 n 30; Wagner a. a. O.; Moeckert-Wilmann 33; Vinnius a. a. O.; Busius D 13, 6, 5, 2 n 15.

[1001] Cellarius 26; Falckner a. a. O.; nur diese Ausnahme vom Grundsatz gesteht Ludwel 99 n 76 zu.

5. Der conductor bietet sich an[1002].

Die verschärfte Haftung in den Fällen 1—3 wird mit einem konkludenten Versprechen äußerster Sorgfalt erklärt. Bei der vierten Fallgruppe stützt man sich häufig auf I 3, 24, 5, dort sei auf die culpa in concreto Bezug genommen. Bois[1003] hält die bereits von einigen Humanisten[1004] verfochtene Auffassung für richtig, daß die Haftung bei der locatio conductio operarum bis zur culpa levissima reicht.

Zur Gastwirtshaftung setzt sich die Auffassung stärker durch, daß die culpa levissima[1005] das richtige Haftungsmaß ist. Doch findet sich auch die Ansicht, daß der Gastwirt für das Verschulden von Personal und Familienangehörigen einzustehen hat[1006]. Recht groß ist daneben der Kreis derer, die aus D 4, 9, 3, 1 eine Haftung ganz allgemein für den niederen Zufall[1007] ablesen. Ludovicus[1008] entwickelt dabei eine

---

[1002] Vgl. oben und Cellarius a. a. O.; Engelbrecht-Heine, th. 48.

[1003] Bois 173 (Qui operas suas tanquam artifex locavit, extremam curam adhibere debet), 74 (idem est si quis faciendum aliquid suscepit, quod diligentiam et circumspectionem magnam requirit); praktisch hält er somit nur die 2. u. 3. Ausnahme für richtig. Ebenso Noodtius D 19, 2 (II 428 f.); Engelbrecht-Heine, th. 48; Waechtlerus 29.

[1004] Vgl. oben 106 f.

[1005] Bois 193; Brunnemann D 4, 9, 3 n 5; Cellarius 37; H. Coccejus 30; Coll. 56 ff.; von Eck-de Hertoghe XIII; Edenus 3, 2, 10; Krausius-Koenigsdoerfer § 2; Liebhaberus § 11; Moeckert-Wilman 27; Patachich 89; Pothier I 195; Reiger D 13, 6 n 29; Strykius IV 9 § 1; Titius X 14 § 2; Vinnius 673; Wissenbachius C 4, 65, 28 erkennt nur diese Ausnahme an: Nisi eos, quibus locarunt operas, ultro ambierint, peritiamque suam serio depraedicarerint; Bachovius 1, 29, 6 E; Zoesius D 4, 9 n 3.

[1006] Engelbrecht-Heine, th. 14; Prousteau, cap. 9; Schultens-Stahl 40 (non solum ex sua culpa, verum etiam ex furto, culpaque eorum, quorum opere utitur); a. A. H. Coccejus, Coll. 58.

[1007] Es handelt sich um eine Neubelebung der medium-Theorie einiger Glossatoren, vgl. oben 36 f.; Cornelius von Bynkershoek 8, 3; Glück 6, 117, 121; Noodtius D 4, 9 (II 144); Peilicke 17; Prousteau, cap. 18 n 19 (Est et in eam rem textus apertus in D 4, 9, 3, 1 neque culpam dumtaxat, sed insuper id omne quod medium interfacit inter culpam et casum fortuitum, sive sit levissima; sive sit omne damnum, quod sine culpa illius accidit, et tamen fatale non est); Tabor-Fassnacht, th. 53; Wernher, Selectae 2, 433, 4 ff., 8, 321, 1 (solum fatalem casum ... excipit JCtus in D 4, 9, 3, 1 ... reliquum vero damnum omne ... Unde etiam factum vectorum); dagegen Krausius-Koenigsdoerfer § 4 (neque interpretatione intelligi satis potest, quod discrimen inter damnum sine culpa datum et damnum fatale, intercedat), § 6 (gegen ein medium); Titius X 15 §§ 8 ff.

[1008] Eine Abart der Ansicht, daß für den niederen Zufall zu haften ist: Ludovicus D 4, 9 n 5 (125); a. A. Krausius-Koenigsdoerfer § 4 (nulla solida ratio ostendi posset, cur damna fatalia, in caupona existentia, magis praestare teneatur quam illa, quae extrinsecus superveniunt); ähnlich wie Ludovicus Wehrn 149 (veluti si in nave ortum sit incendium aliorum culpa, aut si quis vector navem perfoderit. Et certe in his etiam nautae

Sphärentheorie und will den Gastwirt für alle Schädigungen haften lassen, die ihren Ursprung im Gebäude des Gastwirts, im Verhalten seiner Leute haben. Lauterbach[1009] macht den Gastwirt für culpa levissima und für die Schadensereignisse haftbar, die schuldhaft herbeigeführt zu werden pflegen, z. B. den Diebstahl.

k) depositum

Es ist einhellige Lehre, daß der Verwahrer für die Verletzung der diligentia quam suis[1010] einzustehen hat. Umstrittener als unter den humanistischen Juristen ist das Problem, ob der negligentissimus für seine nimia neglegentia haftet. Eine Haftung wird nicht selten mit der Begründung abgelehnt[1011], daß der Hinterleger es seiner eigenen Leichtfertigkeit zuzuschreiben habe, wenn er seine Sachen einem nachlässigen Freund anvertraut, I 3, 14, 3 (itaque securus est qui parum diligenter custoditam rem furto amisit, quia, qui negligenti amico rem custoditam tradit, suae facilitatit id imputare debet). Noodtius[1012] ist davon überzeugt, daß der Verwahrer nur für dolus haftet. Aufgrund seiner besonderen Auffassung von der culpa lata[1013] gelangt er dazu, die Negligenzsachverhalte darunter zu ziehen, in denen die dolus-Präsumption nicht durch klare Indizien widerlegt wird. Die Verletzung der diligentia quam suis durch einen negligens sei immer verdeckter dolus.

Nach nunmehr herrschender Auffassung haftet der diligentissimus nicht mehr, wenn er sich nur diligenter verhält[1014]. Die Mehrzahl der

---

nonnulla culpa est, si non occurrit, potuit enim praevidere et diligente atque assidua perscrutatione adhibita consequi aut ne evenirent, aut statim subveniretur).

[1009] Lauterbach D 4, 9 n 18 f., mit Nachweisen.

[1010] Bois 165 ff.; Brunnemann D 16, 3, 32; Cellarius 28; H. Coccejus 18; Cramer 40; Falckner, th. 19; Hahn D 16, 3 n 1; Hoppe I 3, 14 (589); Ludovicus D 16, 3 n 9; Ludwel 89 f. n 45; Reiger D 13, 6 n 31; Runge 51 (sed id singulare videtur, quod imperator in I 3, 14, 3 dicat ... ex eo solo tenetur, si quid dolo commiserit); Schacher-Caspar, th. 7; Schultens-Stahl 51 f.; Voet D 16, 3 n 7; Wehrn 73; Zoesius D 16, 3 n 16 f.

[1011] Für eine Haftung treten alle unter Fn. 1010 zitierten Autoren ein, soweit sie nicht im folgenden als Anhänger der Gegenmeinung angeführt werden: Bachovius 1, 10, 5 C—E; 1, 26, 2 A; Brunnemann a. a. O. n 6; Frantzke 9, 9, 6; Hackemann-Olthoff § 129; Hahn D 16, 3 n 14; Reiger a. a. O.; Schacher-Caspar a. a. O.

[1012] Noodtius D 16, 3 (II 370).

[1013] Vgl. Fn. 750.

[1014] Für Haftung: Bruckner-Grobe § 8, in § 9 beruft er sich auf das kanonische Recht, cap. 2 X Dep; Brunnemann D 16, 3, 32 n 6; Cellarius 19; Hahn D 16, 3 n 14; Schacher-Caspar, th. 7; Wincop-Bellmont 21. — Gegen Haftung: H. Coccejus 19; Locamer 186; Meier, culpa 53 (Eam vero diligentiam in diposito exigere, insanum est); Mögling 2, 6; Nisetus, th. 25; Schultens-Stahl 36; Waechtlerus 12; Wehrn 73.

Anhänger dieser Ansicht sehen in D 16, 3, 32 die Voraussetzung festgelegt, daß ein in eigenen Angelegenheiten nachlässiger Schuldner handelt[1015]. Für diesen Meinungsumschwung spielen sicher die Entwicklung des Begriffs der culpa in concreto und die Diskussion über ihre Grade eine Rolle.

Vorwiegend naturrechtlich orientierte Autoren[1016] bezweifeln die Richtigkeit der Regelung, die im römisch-byzantinischen Recht getroffen ist. Die Verwahrung unterscheide sich ihrem Wesen nach nicht vom Auftrag[1017]. Es treffe einfach nicht zu, daß die Verwahrung weniger Sorgfalt erfordere. Bei wertvollen Sachen müsse nicht selten höchste Aufmerksamkeit erbracht werden, um die Sache vor einem Diebstahl zu bewahren[1018]. Richtig sei es vielmehr, entsprechend wie beim Auftrag nach dem Schwierigkeitsgrad der Verwahrung die Sorgfaltspflichten abzustufen[1019].

Den Sonderfällen der Verwahrung widmen die Juristen des Usus Modernus nur in geringem Umfang ihre Aufmerksamkeit. Lediglich in bezug auf den sich anbietenden Verwahrer wird immer wieder betont, daß er culpa levissima[1020] zu vertreten hat. Lediglich Zoesius[1021] macht eine Ausnahme und verlangt nur culpa levis, ohne seinen abweichenden Standpunkt näher zu begründen. Seine flüchtige Äußerung läßt ein Versehen vermuten.

[1015] Vgl. oben 114 f.

[1016] Thomasius, Fundamente 2, 5, 7 (Praeprimis cum ibi ostenderim doctrinam juris Romani de deposito non posse deduci ex jure gentium et etiam ideo a Germanis non fuisse observatam); vgl. die folgenden Fn.

[1017] Hackemann-Olthoff § 112.

[1018] Pufendorff 639 (Imo et exactissima quandoque cura est adhibenda non solum quando super ea expresse fuit conventum, sed et ubi rei depositae conditio id requirit; puta si sit pretiosissima, aut si ex ea omnes alicuius fortunae dependerent), er stützt sich auf Ambrosius, Officium 12 c 29.

[1019] Hackemann-Olthoff a. a. O. § 129 (Cuius quidem viri — Pufendorff — sententia ratione non destituitur, forum tamen sequitur Latii principia); Pufendorff 639 ff.; Thomasius-Wilhelm 38 (etiam custodiae esse pro diversitate rerum depositarum, adeoque et hic industriam variare); entschieden dagegen Wagner 29, der irrtümlich glaubt, daß bereits Joh. Robertus, ein Humanist, 182 ff., die neue Lehre vertritt.

[1020] H. Coccejus 84; Falckner, th. 19; Ludwel 90 n 47; Tabor-Fassnacht, th. 36 (facile convenisse, et culpae praestationi se illigasse censetur); Schultens-Stahl 52; Tuldenus I 3, 14, cap. 11; Wildvogel-Boehmer, cap. 3 § 42; Wincop-Bellmont 27.

[1021] Zoesius D 16, 3 n 19; ebenso Bois 166 (Dico ergo eum tenere de levi), 185; Lauterbach D 16, 3 n 31; Schröter-Behrisch, th. 39; vgl. v. Kreittmayr IV 113 f., der diesen Standpunkt auch Stryk, de civilitate norica C 5 § 13 zuschreibt.

l) precarium

Im Usus Modernus melden sich die ersten Stimmen, die den Prekaristen für mehr als nur culpa lata verantwortlich machen wollen. Thomasius-Wilhelm[1022] berufen sich auf die Billigkeit und das jus gentium. Die communis opinio[1023] stützt sich auf die bereits den Humanisten bekannten Argumente. In der Akzentuierung neu ist lediglich die Begründung von Pothier[1024]. Das precarium knüpfe keine Vertragsbande, verpflichte die Parteien nur kraft Billigkeit, die der Prätor im Edikt berücksichtigt und daher erscheine eine Haftung für culpa lata als ausreichend.

1022 Thomasius-Wilhelm 44.

1023 Bois 166; Busius D 13, 6, 52 n 7 f. (sibi enim imputabit precario dans, quod rem non repetierit ante, quia revocabile); Cellarius 28 (usus incertus ... quod non citius rem revocaverit); Falckner, th. 31; am instruktivsten Hahn-Struven, th. 82 mit der Erörterung aller bekannten Argumente der h. L.; Hoppe I 3, 14 (589), (revocabile ... non magna, vel instabilis utilitas); Lebrun 80 (peut être considéré comme un donataire); Ludwel 96 n 67 (totum ex liberalitate concedentis descendat); Leyser III 91; Pothier III 716; Prousteau, cap. 12 (ratio petitur ab usus concessi levitate, incertitudine et omnimodo revocabilitate); Reiger D 13, 6 n 20; Schultens-Stahl 53; Vinnius I 3, 14, 2 n 12 (585); Wincop-Bellmont 23 (quia repeti potest a concedente, adeoque eius vel magna vel instabili utilitas est).

1024 Pothier a. a. O.; ähnlich Bois 167; im Ansatz z. B. schon Bocerus 103 (nulla est civilis actio, nec etiam est quasi contractus).

4. Kapitel: Die großen Kodifikationen des 18. und 19. Jahrhunderts

1. Untergliederung der Fahrlässigkeit

a) culpa lata

Kreittmayr[1025] umschreibt die culpa lata des CMBC als Nichterbringung „der allgemeinsten Sorgfalt, welche sonst jeder mit fünf Sinnen begabte Mensch, der nicht gar für albern gehalten sein will, zu beobachten pflegt".

In ähnlicher Weise wird sie im CTher[1026] als Unterlassen eines „gemeinen Fleißes" bezeichnet, „der allen Menschen gleichsam angeboren ist und aus keiner Scharfsinnigkeit, sondern aus gemeinem Verstand herrührt".

Auch das ALR[1027] folgt noch den eingefahrenen Bahnen und bezeichnet jenes Versehen als grob, „welches bei gewöhnlichen Fähigkeiten, ohne Anstrengung der Aufmerksamkeit vermieden werden konnte".

Eine Abweichung vom Usus Modernus zeigt sich aber im folgenden: Die Verletzung der diligentia quam suis wird nicht mehr als Unterfall der culpa lata betrachtet. In den §§ 11 ff. ALR I 14 hat sie gleichzeitig die Aufgabe, die Haftung des Verwahrers für culpa lata zu mildern und zu verschärfen. Nach § 12 a. a. O. mildert sie die Haftung, falls nachweisbar ist, daß der Schuldner in eigenen Sachen selbst äußerst nachlässig ist[1028]. Der Code civil kennt eine grobe Fahrlässigkeit ausdrücklich nur in Art. 804, einem Fall redaktioneller Nachlässigkeit[1029]. Die diligentia quam suis bei der Verwahrung in Art. 1927 wird von der einhelligen Lehre[1030] als Haftungsmilderung, nicht als Haftungsverschärfung aufgefaßt.

Der Sache nach tritt eine obere Fahrlässigkeitsstufe im Code civil jedoch häufiger auf. Die Verantwortlichkeit des Beauftragten ist nach Art. 1992 II weniger streng zu bestimmen, wenn er kein Entgelt erhält. Damit sind die Sorgfaltsanforderungen herabzusetzen. In wel-

[1025] KREITTMAYR IV 60, er hält auf der folgenden Seite die Verletzung der diligentia quam suis für eine species culpae latae.

[1026] § 102 CTher III, 1; vgl. daneben §§ 103 f. a. a. O.

[1027] § 18 ALR I 3.

[1028] Das ALR schließt sich damit einer Mindermeinung in der Literatur an, die schon auf IGNEUS zurückgeht, vgl. oben 65 f.

[1029] LAURENT 16, 276.

[1030] Z. B. ESMEIN 521; LAURENT 16, 285 (le dépositaire n'est pas tenu des soins d'un bon père de famille, son obligation est moins étendue).

chem Umfange dies zu geschehen hat, ist offengeblieben. Den Redaktoren wird aber wohl vorgeschwebt haben, auf diesem Wege eine Haftungsmilderung ähnlich wie durch das Einfügen des Ausdrucks faute grave zu erreichen. Diesen terminus technicus vermieden sie jedoch, um deutlich die Rolle des Richters hervorzuheben, bei dem letztlich die Entscheidung liegt.

Die inhaltliche Bestimmung der faute lourde erfolgt mit Vorliebe durch Beispiele. So halten Mazeaud-Tunc[1031] folgende Sätze aus einem Urteil des Tribunal civil de la Seine[1032] für richtungweisend: la faute lourde ... réside essentiellement dans une erreur, une imprudence ou une négligence telle qu'elle ne pourrait s'expliquer que par la stupidité, la témérité ou l'incurie de l'agent. Ähnlich geht beispielsweise Josserand[1033] vor, indem er die faute lourde als énormité qui dénonce l'incapacité, l'inaptitude du coupable à s'acquitter des obligations dont il est tenu ... charakterisiert. Dagegen bemüht sich Constantinesco[1034] um eine analytische abstrakte Umschreibung. Die größere Wahrscheinlichkeit des Schadeneintritts[1035], die Stärke der verletzten Pflichten und das Maß der schuldnerischen Fähigkeiten zeichnen die grobe Fahrlässigkeit aus. Er gelangt damit in seiner Kombination von subjektiven und objektiven Kriterien nicht über die Ergebnisse der Autoren des Usus Modernus[1036] hinaus.

Eine große Bedeutung besitzt die grobe Fahrlässigkeit im Code civil bei der Bestimmung des zu ersetzenden Schadens; in Art. 1150 wird sie dem Vorsatz gleichgesetzt. Nach dieser Vorschrift verliert der Schuldner sein Privileg auf eine Haftung nur für voraussehbare Schäden, wenn er vorsätzlich handelt. Nach heute noch herrschender, in den letzten Jahrzehnten stärker angefochtenen[1037] Lehre wird grobe Fahrlässigkeit für gleichwertig gehalten. Diese zunächst als selbstverständlich empfundene Gleichbewertung der groben Fahrlässigkeit beruht ganz offensichtlich auf der gemeinrechtlichen Lehre, daß culpa lata dolo aequiparatur[1038]. Diese glauben besonders Mazeaud-Tunc[1039]

[1031] Mazeaud-Tunc I 754 n 676.

[1032] Trib. civ. Seine, 2 juil. 1954, J. C. P. 1954. II. 8317; mit einer Anmerkung von M. de Juglart, Gaz. Pal. 1954. 2. 338.

[1033] Josserand, D. P. 1933. J. 49 (50).

[1034] Constantinesco 311 ff. n 193.

[1035] Das ist nach Ansicht von Esmein 507 der entscheidende Faktor.

[1036] Vgl. oben 112 f.

[1037] Übersicht bei Mazeaud-Tunc I 473, Fn. 5, I 474, Fn. 7; vgl. auch Meyer 28 ff.

[1038] So auch Mazeaud-Tunc I 473; vgl. auch Lalou 20 ff.

[1039] Mazeaud-Tunc a. a. O.; die gleiche Auffassung begegnet bei Lalou 19, der meint, daß die faute lourde schwerer sei als die faute inexcusable, da letztere kein dolosives Element enthält; dazu Cian, Riv. dir. civ. 63, 152, Fn. 14; Meyer 31 ff. Näher kann hier auf den Streitpunkt nicht eingegangen werden.

so verstehen zu müssen, daß es sich um eine widerlegbare Vermutung wissentlicher Schädigung handele: La loi suppose établie chez l'auteur d'une faute grave l'intention de nuire. Somit folgen die Verfasser des wichtigsten Werkes der französischen haftungsrechtlichen Literatur einer Lehre, die — auf Zasius[1040] zurückgehend — bis ins beginnende 18. Jahrhundert als Mindermeinung[1041] vertreten wurde, im 19. Jahrhundert weiter als rechtspolitische Erwägung auftritt[1042]. Nur die culpa lata mit einer suspicio doli sei dem dolus gleichzusetzen, nur die culpa lata versutiae besitze dolosen Charakter, wurde behauptet. Diese stark psychologisierende Lehre konnte sich nicht durchsetzen, weil sie zu einseitig das volitive Element des Verhaltens in den Vordergrund stellte. Nicht allein wegen des Verdachts willentlicher Schadensherbeiführung wurde im römischen Recht[1043] die culpa lata im vertraglichen Bereich dem dolus gleichgesetzt, obwohl die Beweisschwierigkeiten, die mit jedem subjektiven Tatbestandsmerkmal verbunden sind, sicher von Bedeutung waren. Entscheidend ist jedoch die rechtliche Gleichbewertung beider Verschuldensformen auf dem Hintergrund einer ethisch offenen bona fides gewesen. In den Augen der römischen Juristen und den ihnen insoweit folgenden abendländischen mittelalterlichen und neuzeitlichen Autoren verdient eine grobe, einem ordentlichen Bürger nahezu unverständliche Nachlässigkeit dieselbe Sanktion wie eine vorsätzliche Schädigung[1044]. Darin drückt sich die Erziehungsfunktion, die mit dieser rechtlichen Kategorie verbunden ist, aus.

Auf die keinesfalls geringe Bedeutung[1045] der schweren Fahrlässigkeit in anderen französischen Gesetzen kann an dieser Stelle nur hingewiesen werden.

Im ABGB ist die grobe Fahrlässigkeit im Bereich des haftungsbegründenden Verschuldens bedeutungslos[1046]. Sie spielt dagegen bei der Begrenzung des Schadensumfanges eine ähnliche Rolle wie im französischen Recht. § 1324 setzt fest, daß nur im Falle böser Absicht oder auffallender Sorglosigkeit volle Genugtuung zu leisten ist, andernfalls bloße Schadloshaltung. Zur bloßen Schadloshaltung gehört nach § 1331 nicht der Ersatz des entgangenen Gewinns[1047].

[1040] Vgl. oben 69 f.

[1041] Vgl. oben Fn. 750.

[1042] Vgl. unten 177.

[1043] Siehe oben 6 und Cian a. a. O. 153 ff., ablehnend zur relativen Lehre von Mazeaud-Tunc.

[1044] Das ist auch die herrschende französische Lehre; vgl. Meyer 34 ff. mit umfangreichen Nachweisen.

[1045] Vgl. Esmein 504 ff.; Lalou 20 ff.; Meyer passim und Mayer-Maly, AcP 163 (1964) 122, Fn. 63, besonders zu den arbeitsrechtlichen Gesetzen.

[1046] Krainz-Pfaff II 131, mit Nachweisen.

[1047] Krainz-Pfaff a. a. O.

Die inhaltliche Konkretisierung der auffallenden Sorglosigkeit wird vorwiegend durch Beispiele zu erreichen versucht. Zeiller[1048] bezieht sich auf die zur Vermeidung des Schadens erforderliche Sorgfalt, die bei einfachsten Fähigkeiten ohne besondere Aufmerksamkeit zu erbringen ist. Das sächs BGB verwendet die grobe Fahrlässigkeit im Sinne der Spätpandektistik mit haftungsbegründender Funktion. Im § 122 wird sie durch die Verletzung der Sorgfalt umrissen, „welche gewöhnlich auch ein minder ordentlicher Mensch beobachtet". Obwohl im Gesetz die Verletzung der diligentia quam suis nicht erwähnt ist, meint Siebenhaar[1049], daß sie ein unselbständiger Unterfall der groben Fahrlässigkeit sei. Dem widerspricht die enge Fassung von § 122. Siebenhaar kann sich auch nicht auf D 16, 3, 32 berufen. § 1266, Satz 1 macht den unentgeltlichen Verwahrer für culpa lata verantwortlich, ohne die diligentia quam suis zu erwähnen.

Nach dem alten und neuen italienischen codice civile hat die culpa lata bis auf eine Ausnahme[1050] keine Bedeutung für das haftungsbegründende Verschulden. Eine gravità della colpa, damit eine culpa lata, hat nur einen Einfluß auf den Umfang des Schadensersatzanspruchs bei mitwirkendem Verschulden des Gläubigers, Art. 1227 cci von 1942 und dem Regreß eines Gesamtschuldners nach Art. 2055 cci. In diesem Zusammenhang wird der Begriff der culpa lata erörtert, meist mit dem Hinweis, daß es ihn als festumrissene Kategorie nicht gebe. Vielmehr sei die Abstufung gleitend und dementsprechend wären die Quoten zu bestimmen[1051].

b) culpa levis

In der Bestimmung der culpa levis ergeben sich nur terminologische Unterschiede. Sei es, daß man sich an der gewöhnlichen Aufmerksamkeit[1052] orientiert, sei es, daß der gute Hausvater[1053] als Idealtypus

---

[1048] ZEILLER III 759; die Bezugnahme auf § 18 ALR I 3 ist offensichtlich.

[1049] SIEBENHAAR 123.

[1050] Art. 491 cci von 1942; entspricht Art. 804 cc; dazu CIAN, Riv. dir. civ. 63, 175.

[1051] Vgl. CIAN a. a. O. 175 ff.; DE CUPIS, Anm. zu Art. 2055 cci von 1942; MAIORCA sv colpa civile (teoria gen.) n 32, 40; im Sinne der älteren Lehre mit einer festumgrenzten culpa lata noch DE RUGGIERO III (6. A.) 120 f., 127, mit Darstellung des Streitstandes.

[1052] Z. B. § 20 ALR I 3 (Ein mäßiges Versehen heißt dasjenige, welches bei einem gewöhnlichen Grade von Aufmerksamkeit vermieden werden konnte); § 1297 ABGB.

[1053] Z. B. CROME 350; MAZEAUD-TUNC I 63 (bon père de famille); Art. 1224, 1 p. cci von 1865 (buon padre di famiglia); ebenso Art. 1176 cci von 1942; dazu MAIORCA sv colpa civile (teoria gen.) n 39; § 122 sächs BGB (ordentlicher, aufmerksamer Hausvater); KREITTMAYR IV 61 kombiniert fungiert. Lediglich der Entwurf Martinis und das sich ihm anschließende Westgalizische Gesetzbuch verlangen eine höchste Aufmerksamkeit des Durchschnittsbürgers[1054]. Dagegen verliert die diligentia quam suis — wenn auch erst in den späteren Kodifikationen — ganz entschieden an Bedeutung.

Der CMBC[1055] kennt die diligentia quam suis wie der Usus Modernus als species culpae latae, hingegen nicht als Mittel, die Haftung für culpa levis zu mildern.

Am detailliertesten ist die Regelung der diligentia quam suis im CTher. Sie übernimmt eine haftungsverschärfende Aufgabe[1056]. § 105 CTher III, 1 setzt fest, daß ein Vormund sich nicht darauf berufen kann — wenn er sich einer culpa levis schuldig gemacht hat —, er habe so gehandelt, wie er es in eigenen Angelegenheiten zu tun pflege. Im Gegenteil, ein Gesellschafter z. B. ziehe sich den Vorwurf einer culpa levis zu, wenn er zwar wie ein fleißiger Hausvater den Geschäften der Gesellschaft nachgehe, aber doch nicht seinen eigenen größeren Fleiß erbringe, § 107 a. a. O. Der letzte Satz dieser Vorschrift charakterisiert die Bedeutung der diligentia quam suis folgendermaßen: „Es ist dahero in Abmessung der leichten Schuld bei Nachlässigen allemal das Beispiel anderer, und bei Fleißigen die Besorgnis eigener Geschäfte zur Richtschnur zu nehmen."

Das ALR gewährt der diligentia quam suis noch ein weites Anwendungsfeld[1057]. Es ist größer als das des Usus Modernus, denn der unentgeltlich handelnde Beauftragte[1058] z. B. haftet für die Verletzung der diligentia quam suis. In § 25 ALR I 3 wird allgemein festgelegt: „Nur bei Verbrechen und bei Verträgen, welche ein besonderes Vertrauen unter den Handelnden voraussetzen, wird der Grund der Zurechnung nach solchen bestimmten persönlichen Eigenschaften des Handelnden abgemessen. Trotz des zweideutigen Ausdrucks „Eigenschaften" wird nicht eine subjektive Wertung der Fahrlässigkeit verlangt, sondern nur eine Bezugnahme auf die eigenübliche Sorgfalt.

---

beide Bezugspunkte, wie es auch in der Literatur häufiger geschieht: „Außerachtlassung der gemeinen Sorgfalt, welche sonst jeder kluge und fleißige Mensch in Obacht nimmt"; ebenso § 102 CTher 3, 1; vgl. daneben §§ 103 ff. a. a. O.

1054 § 14 EM III 13.

1055 Vgl. Kreittmayr IV 61 (Eine species culpae latae ist auch jene, da man in fremden oder gemeinschaftlichen Sachen nicht so viel Fleiß als in selbst eigenen verwendet; denn der dieses nicht tut, ist nicht in bona sed mala fide).

1056 Einige italienische Juristen vertraten diese Auffassung für den codice civile von 1865; vgl. (zustimmend) de Ruggiero III (6. A.) 123, Fn. 2.

1057 Vgl. die Ausführungen zur Haftung in den einzelnen Rechtsbeziehungen.

1058 § 55 ALR I 13.

Nach Koch[1059] entfaltet die diligentia quam suis ihre Hauptbedeutung bei Schuldverhältnissen mit freier Partnerwahl, deren Abwicklung eine längere Zeit andauert. Das ist in doppelter Hinsicht unzutreffend. Einerseits sind weder die unentgeltliche Verwahrung noch der unentgeltliche Auftrag Dauerschuldverhältnisse, andererseits sind es z. B. Miete, Pacht und Dienstvertrag. Auch läßt sich bei der zufälligen Rechtsgemeinschaft nicht behaupten, daß die Partner einander frei wählen.

Bornemann[1060] behauptet gar, das ALR hätte die Unterscheidung zwischen culpa in concreto und in abstracto beseitigt. Darin kann, wie die obigen Darlegungen zeigen, nur ein Mißverständnis liegen.

Das ALR kennt keine Unterscheidung zwischen einer culpa lata und levis in concreto. Die diligentia quam suis dient einheitlich dazu, die Haftung für mäßige, bei der Verwahrung für grobe[1061] Versehen zu mildern. Der Verwahrer hat, falls er nicht den Nachweis erbringt, daß er in eigenen Angelegenheiten genauso nachlässig ist, grobe Fahrlässigkeit zu vertreten.

Damit steht § 214 ALR I 17 nicht in Einklang. Durch diese Vorschrift wird klargestellt, daß der Gesellschafter auch dann, wenn er ausnahmsweise für culpa lata oder levis haftet, sich der Verletzung der diligentia quam suis schuldig machen kann. In diesem Bereich besitzt sie folglich eine haftungsverschärfende Aufgabe. Der Paragraph zeigt, daß dem ALR keine einheitliche Konzeption der diligentia quam suis zugrunde liegt.

Den Redaktoren des ALR hat nicht die Einsicht gefehlt, daß es Fälle geben kann, in denen die diligentia quam suis mangels eines Vergleichsmaßstabes nicht festgestellt werden kann. Deswegen führten sie in mehreren Vorschriften[1062] aus, daß der Schuldner bei einer solchen Sachlage ein mäßiges bzw. bei der Verwahrung ein grobes Versehen zu vermeiden hat. Sie konnten auf den bereits bekannten beweisrechtlichen Satz zurückgreifen, daß ein non liquet zu Lasten des Schuldners geht.

[1059] Koch I 292.

[1060] Bornemann I 126.

[1061] Daneben kann die diligentia quam suis hier zu einer Haftungsverschärfung führen, sofern der Schuldner in eigenen Angelegenheiten grobe Versehen vermeidet. Ob in den sonstigen Fällen einer Haftungsmilderung durch die diligentia quam suis ausnahmsweise auch einmal auf diesem Wege für ein geringes Versehen einzustehen ist, wird weder im Gesetz entschieden noch im Schrifttum erörtert. Es ist aber anzunehmen, daß nach der Intention des Gesetzgebers die diligentia quam suis nur die Haftung für mäßige Versehen — abgesehen von §§ 11 ff. ALR I 14 — mildern sollte, obwohl der Wortlaut des § 25 ALR I 3 keine Einschränkung kennt.

[1062] § 56 ALR I 13 (Auftrag); § 12 ALR I 14 (unentgeltliche Verwahrung).

Im 19. Jahrhundert wandelt sich das Bild grundlegend. Der Code civil gebraucht die diligentia quam suis in Art. 1927 nur noch zur Begrenzung der Haftung des unentgeltlichen Verwahrers. Im ersten Jahrhundert seiner Geltung bestand die Tendenz, Vorschriften analog zu Art. 1927 zu interpretieren. So meinte z. B. Laurent[1063] zu Art. 1374 II[1064], daß hier auf eine diligentia quam suis Bezug genommen sei. Absatz 2 von Art. 1374 ermöglicht es aber nur, den Schadensumfang zu begrenzen, hinsichtlich des haftungsbegründenden Verschuldens gilt uneingeschränkt Absatz 1.

Die neuere französische Lehre hält die Haftungsfigur der diligentia quam suis für verfehlt und ist bemüht, den Anwendungsbereich so klein wie möglich zu halten. Mazeaud-Tunc[1065] sehen in ihr eine pönale Remineszenz — wegen der Betonung des subjektiven Moments. Außerdem sei es dem Richter im Zivilprozeß unmöglich de sonder la conscience de l'auteur. Er würde notgedrungen auf den bonus paterfamilias zurückgreifen.

Dem ABGB ist eine diligentia quam suis gänzlich unbekannt[1066]. In den Materialien[1067] wird sie aus praktischen Gründen abgelehnt. Der Richter wisse nie, ob er genügend Beispiele für das Verhalten des Schuldners ausgewählt habe. Außerdem würde ein fleißiger Schuldner benachteiligt werden. Wer nicht einmal gewöhnliche Fähigkeiten zur Besorgung eines Geschäfts besitze, solle sich nicht damit befassen.

Diese und ähnliche Bedenken machen sich die Verfasser des sächs BGB nicht zu eigen. In ähnlicher Weise wie im ALR wird die diligentia quam suis als Mittel zur Haftungsmilderung benutzt[1068]. Sieben-

---

[1063] LAURENT 16, 287; vgl. a. a. O. ähnliche Ausführungen zu Art. 1929 II cc, die zwar weniger abwegig, aber ebensowenig überzeugend sind; wie hier CROME 351 f.; siehe ferner die gute Übersicht über die ältere französische Lehre bei CHIRONI 27 ff. Zum ähnlichen Vorgehen der italienischen Jurisprudenz vgl. statt vieler DE RUGGIERO III (6. A.) 122 f., 128, mit Nachweisen.

[1064] Art. 1374 II cc (Néanmoins les circonstances qui l'ont conduit à se charger de l'affaire, peuvent autoriser le juge à modérer les dommages et intérêts qui résulteraient des fautes ou des négligences du gérant).

[1065] MAZEAUD-TUNC I 480 ff., dort weitere Literatur; so auch schon DEMOLOMBE 24 (3. A.) 389 f.

[1066] Sie begegnet dagegen in Art. 7, Nr. 3 der 4. EinfV; früher Art. 94 AHGB; vgl. HÄMMERLE II 410.

[1067] OFNER, Protokolle II 185 f.; vgl. daneben ZEILLER III 711 f.

[1068] Z. B. § 1371 sächs BGB; grundlegend § 730 sächs BGB (Wer nach besonderer Vorschrift der Gesetze nur den Fleiß zu beobachten hat, welchen er in seinen eigenen Angelegenheiten anzuwenden pflegt, ist zwar für geringe Fahrlässigkeit nur mit der aus dieser Vorschrift hervorgehenden Einschränkung verantwortlich, kann sich aber gegen den Vorwurf grober Fahrlässigkeit nicht damit schützen, daß er in eigenen Angelegenheiten nicht anders zu handeln pflegte).

haar[1069] vertritt die Ansicht, daß sie jedoch nie eine Haftung für eine culpa levis in faciendo verhindere. Zu dieser These scheinen ihn der besonders von den Kommentatoren herausgestellte Satz[1070], daß Begehungen schwerer wiegen als Unterlassungen und die uneingeschränkte Verantwortlichkeit für culpa in faciendo nach der Lex Aquilia veranlaßt zu haben.

Der italienische codice civile von 1865 ließ in Art. 1843 den unentgeltlichen Verwahrer für die Verletzung der diligentia quam suis haften. Nachdem sich jedoch in unserem Jahrhundert die Stimmen mehrten, die diese Regelung für verfehlt hielten, hat der codice civile von 1942 von ihr Abstand genommen[1071].

Nach der italienischen Lehre[1072] kommt der diligentia quam suis auch nicht die Aufgabe zu, den Schuldner in Einzelfällen über die culpa levis hinaus verantwortlich zu machen.

Damit weist die geschichtliche Entwicklung eindeutig in die Richtung auf eine Zurückdrängung oder Abschaffung der diligentia quam suis. Erstaunlicherweise findet diese Tendenz zunächst wenig Widerhall in der Jurisprudenz, die teilweise versucht, mit Hilfe von Analogieschlüssen zum Meinungsstand des Usus Modernus zurückzukehren.

c) culpa levissima

Der CMBC[1073] kennt die culpa levissima im Sinne der herkömmlichen Dogmatik. Kreittmayr[1074] hält nur die allerklügsten und aufmerksamsten Leute für imstande, sie zu vermeiden. In der Praxis würden sich erhebliche Schwierigkeiten ergeben, sie vom Zufall abzugrenzen, letztlich sei das arbitrium judicis entscheidend[1075].

Auch das ALR folgt der Lehre der Trichotomisten und weist ein geringes (geringstes) Versehen auf. § 22 ALR I 3 bestimmt: „Ein geringes Versehen ist dasjenige, welches nur bei vorzüglichen Fähigkeiten oder bei einer besonderen Kenntnis der Sache oder des Geschäfts oder durch eine ungewöhnliche Anstrengung der Aufmerksamkeit vermieden werden konnte." Im übernächsten Paragraphen wird ausdrücklich darauf hingewiesen, daß es nicht auf die Einsichtsfähigkeit des Schuldners ankommt. Ebenso wie Kreittmayr betont z. B. Dernburg[1076], daß die Entscheidung eines konkreten Falles nicht nach einer juristischen Formel, sondern nur unter Anschauung aller besonderen tatsächlichen

[1069] SIEBENHAAR 122 ff.

[1070] Vgl. oben 59 f.

[1071] Dazu besonders FORCHIELLI, Riv. dir. civ. 63, n. 2, 33; ferner RODOTA, sv diligenza (dir. civ.) diritto civile n 1.

[1072] Gegen diese Ansicht schon entschieden CHIRONI 19 f.

[1073] KREITTMAYR IV 61.

[1074] KREITTMAYR a. a. O.

[1075] KREITTMAYR IV 63.

[1076] DERNBURG I 274.

Umstände gefällt werden könne. Häufig wird hervorgehoben[1077], daß die Dreiteilung im ALR eine Abweichung vom römischen Recht ist, daß nur zwei Grade besaß.

Im Code civil wird erstmals in einer Kodifikation die culpa levissima nicht mehr berücksichtigt. Dieser gesetzgeberische Entschluß kam so überraschend, daß Art. 1137 II[1078] von einer Reihe von Autoren[1079] als Anlaß benutzt wurde, um zu behaupten, daß das Gesetzgebungswerk die Fahrlässigkeit doch dreifach unterteile.

Tatsächlich erweckt Art. 1137 II den Eindruck, als ob — ausgehend von einer mittleren Fahrlässigkeit — es einen unteren und oberen Grad der Sorgfaltspflichtverletzung gebe. Ein oberer Grad, eine gröbere Fahrlässigkeit, findet sich auch in einigen Fällen[1080]. Eine Verschärfung der Haftung dagegen wird nirgendwo festgelegt[1081].

Nach der Intention des Gesetzgebers sollte es nur eine einheitliche Fahrlässigkeit — von geringen Ausnahmen abgesehen — geben. Favard[1082] erläuterte in seinem Tribunatsbericht, daß es nur noch eine Fahrlässigkeit, die leichte, gebe. Die Existenz des Art. 804 cc[1083] erklärt sich nur aus dem Umstand, daß bis zu seiner Fassung noch kein Beschluß vorlag, der diese Fragen entschied. Man folgte daher zunächst der gemeinrechtlichen Doktrin[1084].

Verschiedentlich ist in der französischen Lehre[1085] behauptet worden, daß in Art. 1882 die culpa levissima schadensersatzpflichtig mache. In dieser Vorschrift wird der Entleiher haftbar gemacht, wenn er in einer

---

1077 BORNEMANN I 125; KOCH I 239.

1078 Art. 1137 II cc (Cette obligation est plus ou moins étendue relativement à certains contrats, dont les effets, à cet égard, sont expliqués sous les titres qui les concernent).

1079 DURANTON X 422f. nos 410ff.; ähnlich DEMOLOMBE 24 (1. A.) nos 402ff.; anders aber in der 3. A., wo er unter dem Einfluß von BLONDEAU, HASSE und LEBRUN schließlich auf S. 395 zugibt, daß es sich letztlich um eine Tatfrage handelt, niemals aber über die Sorgfalt eines guten Familienvaters hinausgegangen werden darf. Vgl. die Darstellung des Streitstandes bei DEMOLOMBE, 3. A.; LAURENT 16, 279 und auch LALOU 17.

1080 Art. 804 (fautes graves); Art. 1929 II (moins rigoureusement). Besonders ist damit Art. 1927 angesprochen, nach dem der unentgeltliche Verwahrer nur für die Verletzung der diligentia quam suis haftet.

1081 BLONDEAU, Thémis II (1824) 320 (Nous conviendrons, si l'ont veut, que, dans l'article 1137 II, le législateur a, par inadvertance, laissé quelques vestiges de l'ancienne doctrine); BOILEUX IV 392f.; LAURENT 16, 292.

1082 FAVARD, Locré VI 195 n. 32; dazu LAURENT 16, 277; TOULLIER III 322f. n. 232, n. 234.

1083 Art. 804 (Il — l'héritier bénificiaire — n'est tenu que des fautes graves dans l'administration dont il est chargé).

1084 LAURENT 16, 275; vgl. ferner BOILEUX IV, 393, der sich gegen eine Mindermeinung wendet, nach der unter faute grave die Verletzung der diligentia zu verstehen ist.

1085 Dazu, mit Zitaten, LAURENT 16, 285ff.

Notlage, vor die Wahl gestellt, die eigenen oder die fremden Sachen zu retten, die eigenen vorzieht. Entgegen Donellus[1086], der offenbar in diesem Punkte seinen Einfluß ausübte, steht kein Fahrlässigkeitssachverhalt zur Entscheidung, sondern ein Fall vorsätzlichen Unterlassens, bei dem die Frage der Zumutbarkeit problematisch ist.

Nach recht einheitlicher Auffassung[1087] ging die Verantwortlichkeit des deliktischen Schuldners bis zur culpa levissima. Diese Trennung der deliktischen und vertraglichen Haftung hat die französische Lehre heute zu Recht aufgegeben[1088].Sie wird nie eine praktische Bedeutung besessen haben. Es ist nicht vorstellbar, daß ein Bürger, der gewissenhaft seine Pflicht erfüllte, von einem französischen Gericht deshalb zum Schadenersatz verurteilt wurde, weil er es an einer außerordentlichen Sorgfalt mangeln ließ, die nur die wenigsten erbringen. Richtigerweise ist unter dem in diesem Zusammenhang gebrauchten Ausdruck culpa levissima das geringste Verschulden zu verstehen, das einem ordentlichen, durchschnittlich sorgfältigen Bürger unterlaufen kann[1089]. Auch dann ist für den ganzen Schaden aufzukommen.

Der CTher[1090] übernahm ebenso wie andere Kodifikationen des 18. Jahrhunderts die Dreiteilung der Fahrlässigkeit. Doch schon in den ersten Umarbeitungen, im Entwurf Hortens[1091] und im Entwurf Martinis[1092], fehlte sie. Etwas zweifelhaft mag es beim zweiten Entwurf sein. Nach § 14 EM III 13 „ist vom geringsten Versehen frei, wer alle mögliche Aufmerksamkeit darauf richtet, alle seine Kräfte dabei anstrengt". Demzufolge ist die höchste Sorgfalt eines Durchschnittsbürgers zur Vermeidung des geringsten Versehens erforderlich. Im § 15

[1086] Vgl. oben 85.

[1087] Laurent 16, 292; Mazeaud-Tunc I 239, 488 ff.; Toullier III 322 n. 232; dazu auch Blondeau a. a. O. 317 f.; vgl. ferner Crome 351, Fn. 21: „Die französische Jurisprudenz bewegt sich noch in den veralteten Bahnen der culpa levissima."

[1088] Mazeaud-Tunc I 488 ff., mit Nachweisen; vgl. daneben Forchielli, Riv. dir. civ. 63, n. 2, 23; mißverständlich Lalou 18.

[1089] Toullier III 323 n. 234 (Le débiteur est tenu d'apporter à la conservation de la chose tous les soins d'un bon père de famille. Le Code n'en excepte pas les moindres soins, il les exige tous: donc le débiteur répond de la faute la plus légère); dazu Blondeau a. a. O. 320, Fn. 3; Crome 351. Zu ähnlichen Äußerungen im italienischen Recht siehe Forchielli, Riv. dir. civ. 63, n. 2, 16.

[1090] § 9 CTher III 1 (allervorsichtigste und allersorgfältigste Hausväter); § 102 a. a. O. (der ausbündigste und genaueste Fleiß, den nicht alle auch sonst fleißigere Leute, sondern nur die allervorsichtigsten und allersorgfältigsten Hausväter gebrauchen); vgl. daneben § 108 a. a. O.

[1091] § 2 EH III 22.

[1092] §§ 13 ff. EM III 13. Mayer-Maly, AcP 163 (1964) 121 nimmt eine Sonderstellung der culpa levissima bei Martini an.

a. a. O. wird dieses Versehen als in „menschlicher Weise nicht so leicht" vermeidbar angesehen. Es sei daher „mehr für einen Zufall, als für ein Versehen zu halten". Dazu steht § 19 a. a. O. im Widerspruch, nach dem es ein Gebot der Gerechtigkeit ist, den Schädiger beim geringsten Versehen haften zu lassen, weil sonst der Beschädigte ohne alles Verschulden eine Einbuße erleiden würde. Über Grade des Verschuldens zu streiten, sei dann müßig.

Im Ergebnis lehnt Martini daher eine selbständige culpa levissima ab und vermeidet es auch, die Sorgfaltsanforderungen so anzuspannen, daß sie nur wenige erfüllen können. Unter dem Einfluß der naturrechtlichen Lehre[1093] entwickelt er einen strengen Durchschnittsmaßstab — er verlangt zur Vermeidung eines Schuldvorwurfs ein Höchstmaß der dem Durchschnittsbürger möglichen Sorgfalt.

Der Urentwurf, das Westgalizische Gesetzbuch, schließt sich eng an den Entwurf Martinis an[1094]. Die dort getroffene Regelung ist insofern inkonsequent, als in § 424, 3. Teil, drei Grade bestimmt werden, während es in § 429 a. a. O. heißt: „Es ist unnütz und sogar bedenklich, über die Grade eines schon erwiesenen Versehens zu streiten. Die Gerechtigkeit erheischt, daß derjenige, welcher ein noch so geringes Verschulden begangen hat, die Folge davon eher trage als der andere, welcher ohne alles Verschulden dadurch beschädigt worden ist."

Das ABGB selbst kann sich vollständig dem Einfluß der Trichotomisten entziehen. Schon die Materialien verlangen, daß das einheitliche Versehen durch ein Mittelmaß an Sorgfalt bestimmt werde[1095]. Aus den §§ 1294, 1297 und 1299 ABGB läßt sich auch nichts für ein begrenztes Weiterbestehen der culpa levissima ableiten[1096]. Nach ein-

---

[1093] Vgl. oben 122, 139 die Ausführungen der Naturrechtler, die meinten, daß grundsätzlich für jede Fahrlässigkeit einzustehen sei, ja noch weiter gingen und teilweise für eine allgemeine Gefährdungshaftung eintraten, weil sie nur den reinen Gerechtigkeitswert berücksichtigten; vgl. hierzu auch Ehrenzweig 31.

[1094] Vgl. Mayer-Maly, AcP 163 (1964) 121; Swoboda 179 f.

[1095] Ofner, Protokolle II 183.

[1096] A. A. Mayer-Maly, AcP 163 (1964) 121, Fn. 52. Er beruft sich auf Wahle, JurBl. 61, 498, der folgende Passage von Zeiller III 718 zitiert: „Nach Beschaffenheit des Gegenstandes kann hier — wie z. B. bei gefährlichen Heilungsoperationen oder bei Befestigung und Verbesserung sehr gefährlicher Stoffe — der erforderliche Grad der Geschicklichkeit und des Fleißes in Vergleichung mit anderen Bürgern, die keine Fachgenossen sind, bis zum höchsten steigen, und das geringste Versehen zum Verschulden machen. Immer aber besteht die Regel — §§ 1297 f. —, daß man nur für einen solchen Grad des Fleißes verantwortlich werde, welcher von Fachgenossen bei gewöhnlichen Fähigkeiten angewendet werden kann." Ein solcher Vergleich verbietet sich immer dann, wenn der Idealtypus variabel ist und für einzelne Berufsgruppen und Verkehrskreise besonders festgelegt wird. Es sind dann mehrere Unterarten derselben culpa levis gegeben. Das helliger Lehre hat gemäß § 1299 ein Künstler oder Handwerker nur die Sorgfalt gewöhnlicher Fachgenossen aufzuwenden[1097]. Somit ist diese Vorschrift nur ein Hinweis auf die Gruppenbildung bei der Bemessung der Sorgfaltsanforderungen. Zwar erbringt ein durchschnittlicher Arzt eine höchste Sorgfalt bei der Behandlung von Kranken im Vergleich mit einem Laien, nicht aber im Vergleich mit einem Idealtypus seiner Gruppe. Bei einer Typenbildung ist ein Quervergleich nicht mehr zulässig, weil die Anforderungen jeweils unter besonderen Voraussetzungen stehen.

In den Erörterungen der deliktischen Verantwortlichkeit wird es ausdrücklich abgelehnt, über die culpa levis hinauszugehen. Andernfalls würde die Handlungsfreiheit zu stark eingeschränkt werden[1098].

§ 1311 ABGB betrifft den Fall eines casus mixtus und verschärft nicht die Sorgfaltsanforderungen[1099].

Das sächs BGB[1100] lehnt in eindeutiger Weise eine culpa levissima ab, nachdem z. B. Schaumburg[1101] noch 1781 zum sächsischen Zivilrecht darlegte, daß entsprechend der verschiedenen Arten der Hausväter die culpa drei Grade aufweise.

Das gleiche gilt für den codice civile von 1865[1102]. Die in diesem Gesetz geregelten Fälle einer qualifizierten Sorgfaltspflicht haben ebenso wie im österreichischen Recht einen Anlaß zur Annahme gegeben, daß in diesem Teilbereich die culpa levissima überlebt habe. Nach neuerer italienischer Lehre — im codice civile von 1942 und in Nebengesetzen finden sich dieselben und ähnliche Normierungen — war dies ein Mißverständnis, da von der jeweiligen Durchschnittssorgfalt in dem betreffenden Beruf ausgegangen wurde[1103].

---

ist auch die Auffassung Wahles a. a. O.: „Es handelt sich hier nicht um einen anderen Verschuldensbegriff, sondern nur darum, daß man von einem Fachmann eine erhöhte Sorgfalt verlangen darf und verlangen muß." Vgl. ferner Ehrenzweig 227; Krainz-Pfaff I 352; Swoboda 179 f.

[1097] Zeiller a. a. O. und III 717 f., wo eine culpa levissima ausdrücklich abgelehnt wird.

[1098] Zeiller III 711 f.

[1099] Vgl. nur Krainz-Pfaff I 345 f.

[1100] § 121, Satz 2; Siebenhaar 122 ff.; a. A. Danz 20 f., aufgrund der Auslegung von §§ 129, 750.

[1101] Schaumburg III 853.

[1102] Z. B. de Ruggiero III (7. A.) 122.

[1103] Vgl. nur Forchielli, Riv. dir. civ. 63, n. 2 mit einer detaillierten Darstellung der Entwicklung des Meinungsstandes, besonders 29 f. n. 25 (Come concepire una diligenza standard, una diligenza valida ed immutabile per ogni circonstanza? Come ritenere che il pedone debba usare la stessa diligenza del conducente di jet? Come ritenere che l'operaio che dissoda il terreno debba usare la stessa diligenza del chirurgo?); Maiorca sv colpa civile (teoria gen.) n 59; vgl. ferner Mayer-Maly, AcP 163 (1964) 123, Fn. 64.

Ähnlich wie im Geltungsbereich des Code civil konnte sich noch lange die Auffassung[1104] halten, daß es im deliktischen Bereich eine culpa levissima gibt. Damit wurden den Trichotomisten teilweise recht gegeben. Heute ist dieser Standpunkt ebenso wie in Frankreich aufgegeben[1105].

Nur bei der Bestimmung der höheren Gewalt hat das pendant zur culpa levissima, die diligentia exactissima, nach der subjektiven Theorie überleben können. Ein Teil der italienischen Lehre[1106] benutzt zur Abgrenzung der vis maior von den casus minores eine höchste Sorgfalt, gerät dadurch in Konflikt mit dem ethischen Schuldbegriff. Auf die damit verbundene Problematik ist näher bei der Darstellung des heutigen deutschen Rechts einzugehen.

Die Berücksichtigung der culpa levissima in den Kodifikationen ist ein Spiegelbild der Entwicklung, wie es sich in der Lehre darbietet. Alle Gesetzgebungswerke des 18. Jahrhunderts — außer den Umarbeitungen des CTher — folgen der gemeinrechtlichen Doktrin. In den Kodifikationen des 19. Jahrhunderts begegnet dagegen eine dritte Fahrlässigkeitsstufe nicht mehr.

Es ist nicht möglich, das Fehlen der culpa levissima im Code civil und im ABGB allein durch den Einfluß der Lehre zu erklären. In den jeweiligen Gesetzesmaterialien fehlt die Berufung auf einzelne Autoren, die sich gegen eine culpa levissima wandten. Es wird lediglich betont, daß man der überkommenen Doktrin nicht zu folgen gewillt sei[1107] — entweder aus naturrechtlich beeinflußten Gedankengängen oder rein praktischen Erwägungen[1108]. Die Zurückdrängung der culpa levissima läuft demnach im vollen Sinne des Wortes mit der Verwerfung der Trichotomie in der Wissenschaft parallel.

2. *Regelung des Haftungsumfanges in verschiedenen Rechtsbeziehungen*

a) commodatum

Nach dem CMBC[1109] haftet der Entleiher für culpa levissima. Ein deutschrechtlicher Einfluß macht sich insofern bemerkbar, als bei Zufallsschäden ein billiger Ersatz zu leisten ist[1110].

Der Entleiher ist aufgrund von § 53 CTher III 5 regelmäßig für geringste Schuld verantwortlich. § 54 a. a. O. stuft die Haftung in Übereinstimmung mit dem dreiteiligen Utilitätsprinzip ab.

[1104] Chironi 10 f.; de Ruggiero III (6. A.) 124 f.; weitere Zitate bei Forchielli a. a. O. 13, Fn. 25.

[1105] Forchielli a. a. O. 15 ff.; Maiorca a. a. O. n. 6, 14.

[1106] Vgl. nur Maiorca a. a. O. n. 15, 31.

[1107] Bigot-Préameneu, Locré VI 153 n. 32; Favard, Locré VI 195 n. 32; Ofner, Protokolle II 182; vgl. auch Zeiller III 715 f.

[1108] Bigot-Préameneu a. a. O. (Cette division des fautes est plus ingénieuse qu'utile dans la pratique); Laurent 16, 273 et passim; Zeiler a. a. O.

[1109] Kreittmayr IV 104.

[1110] Kreittmayr IV 105.

Im Falle gemeinsamer Gefahr für fremde und eigene Sachen bringen die §§ 57 ff. a. a. O. einige Abweichungen vom Usus Modernus. Läßt der Entleiher die fremde Sache untergehen, so haftet er gemäß § 57 immer auf den vollen Wert. Rettet er hingegen die fremde, so kann er Ersatz für die im Stich gelassene eigene verlangen — bis zum Wert der fremden. Diese Regelung ist widersprüchlich, weil der Entleiher nur geschützt wird, wenn er fremde Sachen rettet, der Verleiher ein Interesse daran hat, daß seine Sache untergeht.

Im ALR wird der Entleiher gemäß dem in § 277 ALR I 5 niedergelegten dreiteiligen Utilitätsprinzip nach § 248 ALR I 21 für ein geringes Versehen haftbar gemacht. Im Verfolg dieses Grundsatzes bestimmt § 249 a. a. O., daß die Haftung sich bis auf mäßige Versehen mildert, wenn der Verleiher aus dem Geschäft irgendeinen Vorteil zieht. Das gleiche gilt, falls die Initiative zum Vertragsschluß von ihm ausgegangen ist.

Die Kodifikationen[1111] des 19. Jahrhunderts lassen den Entleiher in Übereinstimmung mit ihrer Ablehnung der culpa levissima nur für Fahrlässigkeit schlechthin haften.

Bei einem besonderen Sachverhalt gehen sie — unter dem Einfluß von D 13, 6, 5, 4 und der darauf beruhenden gemeinrechtlichen Lehre — über eine Verschuldenshaftung[1112] hinaus. Rettet der Entleiher in einer Notlage die eigenen Sachen, obwohl er die geliehenen unter Aufopferung der eigenen sicherstellen konnte, so hat er die Beschädigung oder den Untergang zu vertreten. Erstaunlicherweise wird die Abwägung zwischen dem Wert der eigenen und geliehenen Sachen fallengelassen[1113]. Weniger römischrechtliche Exegetik als praktische Überlegungen werden dazu geführt haben: Durch diese Entscheidung wurde jeder Streit über den Wert der Sachen abgeschnitten.

b) mandatum

Der CMBC[1114] folgt der herrschenden Lehre im Usus Modernus und macht den Beauftragten für culpa levissima verantwortlich.

Die §§ 85 ff. CTher III 15 positivieren die von Bartolus entwickelten Grundsätze, nach denen je nach Schwierigkeitsgrad des Geschäfts culpa lata, levis oder levissima zu vermeiden sind.

[1111] Z. B. Art. 1808 cci von 1865.

[1112] § 250 ALR I 21 und § 1177, Satz 2 sächs BGB bezeichnen das Verhalten des Entleihers als Verschulden; LAURENT 16, 285 zitiert einige Autoren, die zu Art. 1882 cc die Meinung vertreten, daß damit für culpa levissima einzustehen ist. Vgl. ferner oben 169 zur Regelung im CTher. Die Sachentscheidung ist auch aus Art. 1810 cci von 1865 in den neuen cci übernommen worden, Art. 1805 I.

[1113] Eine Ausnahme macht der CMBC, er folgt in diesem Punkt der h. L. im gemeinen Recht; vgl. KREITTMAYR IV 104.

[1114] KREITTMAYR IV 444.

Im ALR[1115] ist die Haftung je nach Interessenlage besonders stark abgestuft. In § 55 ALR I 13 wird von einer Verantwortlichkeit für die Verletzung der diligentia quam suis ausgegangen. Gemäß § 56 a. a. O. ist jedoch für ein mäßiges Versehen aufzukommen, wenn das Maß der diligentia quam suis aus tatsächlichen Gründen nicht festgestellt werden kann oder der Beauftragte eine Bezahlung erhält. Aufgrund von § 57 a. a. O. haftet ein Kunst- oder Sachverständiger sogar für ein geringes Versehen. § 58 a. a. O. schränkt diesen Satz auf den Fall ein, daß ein Entgelt geleistet wird. Andernfalls ist nur ein mäßiges Versehen zu vertreten.

Das ALR kombiniert folglich die Lösungsversuche des Martinus[1116] und des Bartolus[1117]. Von Martinus übernimmt es den Grundsatz, daß wegen des einseitigen Nutzens für den Auftraggeber der Beauftragte nur für die culpa lata und damit aufgrund des damaligen Verständnisses auch für die Verletzung der diligentia quam suis haftet. Auf Bartolus, der sich seinerseits auf Dynus[1118] beruft, geht der Satz zurück, daß ein Fachmann, der besonders schwierige Geschäfte übernimmt, für culpa levissima haftet.

Der Code civil kennt nur eine Abweichung von der grundsätzlichen Verantwortlichkeit für Fahrlässigkeit schlechthin. Art. 1992 II weist den Richter an, die Sorgfaltsanforderungen weniger streng zu bemessen, falls der Auftrag unentgeltlich ist[1119]. Laurent[1120] meint, in Entsprechung zu Art. 1927 sei die Haftung dadurch zu mildern, daß es dem Schuldner gestattet wird, sich auf eine mäßigere diligentia quam suis zu berufen. Mazeaud-Tunc[1121] entscheiden sich nicht, stehen erstaunlicherweise solchen Versuchen nicht ablehnend gegenüber, obwohl sie sich gegen die Haftungsform der diligentia quam suis aussprechen[1122]. Die französische Rechtsprechung[1123] ignoriert Art. 1992 II und verlangt auch beim unentgeltlichen Auftrag die Sorgfalt eines bon père de famille. Lediglich das Tribunal de paix de Saint-Malo hat entschieden, daß die Haftung des Beauftragten im Falle des Art. 1992 II durch culpa lata begrenzt wird[1124]. Nur diese Auffassung ist gesetzestreu[1125].

[1115] Vgl. dazu Koch I 255.

[1116] Vgl. oben 44.

[1117] Vgl. oben 62.

[1118] Siehe oben 62.

[1119] Ebenso Art. 1746 II cci von 1865; heute Art. 1710.

[1120] Laurent 16, 285.

[1121] Mazeaud-Tunc I 823 f.

[1122] Mazeaud-Tunc I 480 ff.; vgl. dazu oben 163.

[1123] Vgl. Mazeaud-Tunc I 824, Fn. 6, mit einer Übersicht über die Judikatur.

[1124] Tribunal de paix de Saint-Malo, 6 juin 1946, S. 1946, chr., p. 81.

[1125] Vgl. oben 162 f.

Die drei anderen Kodifikationen[1126] des 19. Jahrhunderts begrenzen die Haftung durch die culpa levis.

c) negotia gesta

Der CMBC[1127] folgt uneingeschränkt dem Usus Modernus, stuft in gleicher Weise die Haftung je nach der Sachlage ab.

Eine abweichende Regelung enthält dagegen der CTher. § 24 CTher III 19 verlangt vom Geschäftsführer die Anwendung desjenigen Fleißes, „welchen Natur und Beschaffenheit der Geschäfte erheischt". Im allgemeinen sei er daher auch für culpa levis verantwortlich. Ist das Geschäft mit Schwierigkeiten verbundenn, so steigen die Sorgfaltsanforderungen entsprechend, § 25 a. a. O. Außerdem hat er nach dieser Bestimmung immer die Verletzung der diligentia quam suis zu vertreten, auch wenn er selbst ein diligentissimus ist. Damit übernimmt der CTher die Haftungsgrundsätze, die Bartolus im Hinblick auf die Verantwortlichkeit des Beauftragten entwickelt hat, für die Geschäftsführung ohne Auftrag. Der CTher verwirklicht auf diese Weise das in den §§ 1 ff. CTher III 19 ausgesprochene Leitbild, daß bei den sog. „Handlungen, welche den Contracten gleichkommen", Vertragsgrundsätze anzuwenden sind.

Im § 27 a. a. O. wird entsprechend D 3, 5, 3, 9 die Haftung auf grobe Fahrlässigkeit herabgesetzt, wenn die Übernahme erfolgte, um Sachen vor dem drohenden Verlust zu retten.

Während der Geschäftsführer ohne Auftrag nach § 245 ALR I 13 für geringe Versehen einzustehen hat, bestimmt der Code civil in Art. 1374 I wie die anderen Kodifikationen[1127] des 19. Jahrhunderts, daß die Sorgfalt eines bon père de famille zu leisten ist. Absatz 2 gibt dem Richter die Möglichkeit, die Höhe des zu leistenden Schadensersatzes je nach den Umständen, die zum Eingreifen führten, herabzusetzen. Damit ist die Haftung für Fahrlässigkeit schlechthin nicht berührt, entgegen der Ansicht von Laurent[1128], der Art. 1927 analog anwenden möchte.

Der italienische codice civile von 1865 folgt in Art. 1143[1129] der Regelung des Code civil.

d) tutela, emptio venditio, pignus

Zur Haftung des Vormunds, des Käufers und des Pfandgläubigers enthalten die Kodifikationen keine besonderen Bestimmungen. Alle drei[1130] haben, unabhängig von der Entscheidung, ob die culpa zweifach oder dreifach zu unterteilen ist, für culpa levis zu haften.

[1126] § 1012 ABGB; §§ 1302, 729 sächs BGB; Art. 1746 I cci von 1865.

[1127] Z. B. §§ 1347, Satz 1, 729 sächs BGB.

[1128] LAURENT 16, 287.

[1129] Art. 2030 cci von 1942.

e) dos

Regelmäßig ist der Ehemann nach den Kodifikationen des 18. und 19. Jahrhunderts für culpa levis[1131] verantwortlich. Lediglich §§ 554 f. ALR II 1 und § 1655 sächs BGB begrenzen die Haftung durch die Verletzung der diligentia quam suis. Die Regelung im ALR ist nicht ganz eindeutig, § 554 a. a. O. erwähnt ein mäßiges Versehen, § 555 a. a. O. fügt hinzu, daß auf die persönlichen Fähigkeiten und Einsichten des Mannes Rücksicht zu nehmen ist. Das Wort „Rücksicht" weist eher auf eine Milderung als auf eine bloße Bezugnahme hin, so daß mit Koch[1132] davon auszugehen ist, daß die Haftung des Ehemannes durch die diligentia quam suis gemildert wird.

f) societas

Nach dem CMBC[1133] haftet der Gesellschafter nur für die Verletzung der diligentia quam suis.

Das gleiche gilt gemäß § 97 CTher III 14.

§ 211 ALR I 17 begrenzt die Verantwortlichkeit des Gesellschafters auf die Verletzung der diligentia quam suis. § 212 a. a. O. bringt eine Abweichung von diesem Grundsatz für den Fall, daß der Gesellschafter eine besondere Entlohnung für ein Geschäft erhält. Dann seien die Vorschriften anzuwenden, die allgemein selbst über das Geschäft ergangen sind. § 213 a. a. O. erweitert diese Ausnahme auf eine besondere Verwahrung oder Verwaltung, die der Gesellschafter übernommen hat. Zu diesen Abweichungen setzt § 214 a. a. O. fest: „Vorstehende Verordnungen — §§ 212 f. — finden jedoch nur zum Vorteile der übrigen Gesellschafter, nicht aber zur Entschuldigung des Bevollmächtigten ... selbst, der etwa in seinen eigenen Geschäften selbst einen höheren Grad von Fleiß und Aufmerksamkeit zu äußern pflegt, Anwendung."

Koch[1134] meint richtig zu dieser komplizierten Regelung, daß damit der Gesellschafter im Zweifel für culpa levis haftet.

In Art. 1850 cc wird nur die Verantwortlichkeit für die faute[1135]

[1130] Zur Haftung des Vormundes: Kreittmayr I 375 zum CMBC; §§ 339, 343 CTher I 6; § 111 ALR I 14; Art. 450 II cc; anders § 1949 sächs BGB, nach dem nur diligentia quam suis zu erbringen ist. Zur Haftung des Pfandgläubigers: § 74 CTher III 7; § 121 ALR I 20; § 1445 sächs BGB; Art. 1885 I cci von 1865. Zur Haftung des Verkäufers: Kreittmayr IV 149 f. zum CMBC; § 151 CTher III 9; § 1088 sächs BGB.

[1131] Kreittmayr I 218 f. zum CMBC; § 140 CTher I 3.

[1132] Koch I 256.

[1133] Kreittmayr IV 421 f.

[1134] Koch I 292; vgl. auch I 256.

[1135] Hutteau z. B. war in seiner Ausgabe von Pothier, Traité du Contrat de Société 88 f. noch der Ansicht, daß der Gesellschafter sich mit eigenem unsorgfältigen Verhalten entschuldigen kann.

erwähnt, in § 1191 ABGB taucht lediglich der Ausdruck „Verschulden“ auf.

Nach § 1371 sächs BGB wiederum muß der Gesellschafter ohne Ausnahme für die Verletzung der diligentia quam suis einstehen.

Art. 1714 cci von 1865 macht den Gesellschafter für jede Fahrlässigkeit haftbar.

g) locatio conductio

Im Bereich des CMBC[1136] geht die Haftung bei der actio directa regelmäßig bis zur culpa levis. Ebenso wie im gemeinen Recht erhöht sie sich bei sehr schwierigen Verrichtungen auf culpa levissima. In Abweichung vom Usus Modernus haften aber nur die Handwerker verschärft, denen eine Sache übergeben worden ist. Damit kehrt merkwürdigerweise hier die custodia-Haftung des klassischen römischen Rechts, wenn auch unter dem Zeichen der culpa levissima, wieder.

Ähnlich ist die Regelung im CTher, der ebenfalls von einer grundsätzlichen Verantwortlichkeit für culpa levis ausgeht, § 113 CTher III 12. In Übereinstimmung mit der herrschenden Lehre im Usus Modernus verschärft sich die Haftung auf culpa levissima, falls es sich entweder um eine schwierige Angelegenheit handelt oder sich jemand als Künstler oder Handwerker angeboten oder einen besonderen[1137] Lohn für die Verwahrung der Sachen erhalten hat, § 129 a. a. O.

Interessant ist die „rudimentäre“ Haftung für technische custodia nach § 115 a. a. O. Für Mäusefraß[1138] und Schabenbiß ist unbedingt einzustehen.

Mit Ausnahme des ALR hat der conductor in den anderen Kodifikationen[1139] culpa levis zu vertreten.

Das ALR verschärft gemäß seiner allgemeinen Tendenz die Haftung und macht ihn auch für geringe Versehen verantwortlich, gleichgültig, ob es sich um Künstler, Handwerker oder sonstige Werkunternehmer handelt[1140].

Die Kodifikationen[1141] lassen den Gastwirt, meistens auch den Transportunternehmer, für culpa levissima, bzw. bis zur höheren Gewalt für einen Schaden einstehen.

[1136] Dazu KREITTMAYR IV 300 ff.

[1137] Vgl. § 57 CTher III 6. Hat sich der Hinterleger nur „erkenntlich gezeigt“, so haftet der Verwahrer für culpa levis.

[1138] Vgl. D 19, 2, 13, 6.

[1139] Art. 1728 n. 1 cc (Mieter und Pächter), Art. 1784 cc (Transportunternehmer zu Wasser und zu Lande); §§ 1193, 1236, 1243, Satz 2 sächs BGB; Art. 1583, 1588, 1636 cci von 1865.

[1140] §§ 921, 954, 956 ALR I 11, § 441 ALR I 21.

[1141] Vgl. nur § 1285 sächs BGB; Art. 1866 ff. cci von 1865, abgeändert durch Dekret vom 12. 10. 1919, ohne daß in diesem Punkt eine sachliche Änderung eintrat.

h) depositum

Der CMBC[1142] macht den Verwahrer für culpa levis verantwortlich — unter deutschrechtlichem Einfluß.

§ 56 CTher III 6 beläßt es bei einer Haftung für culpa lata. Der sich anbietende Verwahrer wird mangels einer besonderen Vorschrift nach § 112 a. a. O. bis zur culpa levis haften. Danach hätte sich die Haftung gegenüber dem Usus Modernus gemildert.

§ 11 ALR I 14 verpflichtet den unentgeltlich tätig werdenden Verwahrer, die ihm übliche Sorgfalt zu erbringen[1143]. Sollte dieses Maß nicht bestimmbar sein, so haftet er für grobe Versehen, §§ 12 f. a. a. O. Der Umfang der Verantwortlichkeit erweitert sich auf mäßige Versehen, falls der Verwahrer sich anbietet, § 18 a. a. O., oder eine Bezahlung annimmt, § 17 a. a. O.

Art. 1927 cc verlangt vom unentgeltlichen Verwahrer ebenso wie das ALR eine diligentia quam suis rebus adhiberi solet. Nach Art. 1928 cc haftet er avec plus de rigeur, wenn er sich anbietet, ein Entgelt bekommt oder die Verwahrung allein seinen Zwecken dient[1144].

Hingegen bestimmt § 964 ABGB, daß der Verwahrer immer jede Fahrlässigkeit zu vertreten hat.

§ 1266, Satz 1 sächs BGB beschränkt die Haftung auf grobe Fahrlässigkeit, wenn der Verwahrer keinen Vorteil aus dem Vertrag zieht. Drängt er sich auf oder bietet er sich unaufgefordert an, so hat er nach der allgemeinen Vorschrift des § 729 sächs BGB für jede Fahrlässigkeit einzustehen. Steht der Verwahrer vor der Wahl, in einer Notlage sich entweder für die eigenen oder die fremden Sachen entscheiden zu müssen, so führt es nach allen Kondifikationen[1145] nicht zur Haftung, falls er die eigenen vorzieht. §§ 21 f. ALR I 14 setzen sogar fest, daß der Verwahrer einen Ersatzanspruch bis zum Werte der fremden Sache hat, falls er sich für die Rettung der fremden entscheidet[1146].

[1142] Kreittmayr IV 113.

[1143] Vgl. zum folgenden Koch I 252.

[1144] Ebenso Art. 1843 f. cci von 1865. Im neuen cci wird in Art. 1768 als Grundsatz eine Haftung für jede Fahrlässigkeit statuiert. Nach Absatz II der Vorschrift wird bei einer unentgeltlichen Verwahrung la colpa valutata con minor rigore.

[1145] § 56 CTher III 6; § 20 ALR I 14; § 964 ABGB; § 1266, Satz 2 sächs BGB, allerdings mit einer Beweislastumkehr.

[1146] Vgl. die Regelung bezüglich der Haftung des Entleihers im CTher.

5. Kapitel:
Die Pandektistik des 19. Jahrhunderts und ihre Kodifikation im BGB

1. *Aufgliederung der Fahrlässigkeit*

a) culpa lata

(1) nimia neglegentia

In der Pandektistik des 19. Jahrhunderts nehmen die Bemühungen um eine genauere Eingrenzung der culpa lata zu. Viele Autoren begnügen sich nicht mehr damit, darauf hinzuweisen, daß sie in einer sehr großen Nachlässigkeit liege, in einem Unterlassen dessen, was allen einleuchtet[1147].

Kritz[1148] erblickt das Wesen der culpa lata in der Unmöglichkeit anzunehmen, daß der Schädiger unwissentlich gehandelt hat. Hasse[1149] geht nicht ganz so weit; seiner Meinung nach drückt sich das besonders Verwerfliche der culpa lata in einer Gleichgültigkeit gegenüber den Rechtsgütern anderer aus. Diesen Standpunkt konnte er einnehmen, da er die culpa lata von der Voraussetzung abhängig macht, daß der Handelnde die Gefahr und die Mittel, ihr zu begegnen, kannte[1150]. Das bedeutet noch keine Gleichsetzung von culpa lata und bewußter Fahrlässigkeit, vielmehr ist sie eine Mindestbedingung für die Annahme einer culpa lata.

Fries[1151] enthält sich jeder moralisierenden Wertung und stellt die leichte Voraussehbarkeit des Schadenseintritts in den Vordergrund.

[1147] Dieser oder einer ähnlichen Definition bedienen sich aber z. B. ARNDTS § 86 (Es kann aber auch die geringere Vorsicht, die selbst ein wenig achtsamer Mensch gewöhnlich nicht vermissen läßt, und deren Mangel als eine auffallende Sorglosigkeit oder an Gewissenlosigkeit streifende Gleichgültigkeit gegen Benachteiligung eines anderen erscheint, zum Maßstab der Beurteilung dienen); GRIES 9 (quam a quolibet homine expectare fas est); MOLITOR I 243; PUCHTA II 89; THIBAUT I 190 (§ 253); WINDSCHEID-KIPP I 22, Fn. 10.

[1148] KRITZ 35; ähnlich FR. MOMMSEN III 350 (error non probabilis).

[1149] HASSE 114 (1. A.).

[1150] HASSE 111 (1. A.).

[1151] FRIES 168; ebenso MÜHLENBRUCH II 311 (§ 352), (welcher entweder im höchsten Grade leichtsinnig und unachtsam handelt ... oder sogar das Gefährliche und Schädliche seiner Handlungsweise einsehen konnte und mußte); UNTERHOLZNER 274, Fn. f. (... und seine angebliche Unwissenheit sei eine leere Ausflucht); ähnlich DRESCH 7 (cum ignarus suam actionem necessario nocere).

Seuffert[1152] präzisiert die Bedeutung dieses Moments dahingehend, daß selbst ein Rechnen mit dem Schaden culpa lata nicht ausschließt, sofern der Handelnde das Resultat nicht wollte. Andererseits bedeute ein Nichterkennen der drohenden Schadensmöglichkeit noch nicht, daß damit eine Verantwortlichkeit für culpa lata außer Betracht zu bleiben habe. Zeichnet sich nämlich dadurch der Schädiger als äußerst leichtsinniger und unachtsamer Mensch aus, so ist seine mangelnde Kenntnis nicht mildernd zu berücksichtigen.

Löhr[1153] zieht unter die culpa lata nur wissentliche Unterlassungen und verändert damit grundlegend die Bedeutung des Begriffs. Seine Ansicht stützt er auf D 16, 3, 32; die culpa lata (latior) sei eine minor quam in suis rebus diligentia. Er schlägt somit dem Bereich der culpa levis einen Teil der herkömmlichen culpa lata-Sachverhalte zu. Mit der Lehre des Donellus[1154] hat dieses Verständnis nur wenig zu tun, da er als culpos nur ansah, was inconsulter geschah. Löhr gelangt zu dieser Auffassung, weil er die Verneinung des dolus in den Quellen wegen Handelns aus achtbaren Motiven[1155] in ihrer Bedeutung überbewertet und in der Verletzung der diligentia quam suis das Wissensmoment einseitig hervorhebt.

Auf die dogmatisch beträchtlich weiter entwickelte[1156] Trennung von culpa und dolus in der Strafrechtslehre kann hier nur kurz verwiesen werden. Die dort aufgestellten Abgrenzungskriterien sind erst um die Jahrhundertwende in die Zivilistik — und zwar nur teilweise[1157] — übernommen worden. In der Strafrechtsdogmatik des 19. Jahrhunderts bildeten sich zwei Hauptlehren aus, die später mit den Schlagwörtern

---

[1152] SEUFFERT I 99; ebenso HESSE AcP 61 (1878) 206 f., auf S. 216 einschränkend: grundsätzlich sei Kenntnis der Gefahr erforderlich; vgl. ferner 237 f., dort betont er als entscheidend das Willenselement; ähnlich FR. MOMMSEN III 349 f., die Billigung des Erfolges begründe dolus, die Hoffnung auf einen guten Ausgang culpa lata.

[1153] LÖHR I 63; II 55; dagegen z. B. BRAUN 249; am eingehendsten BINDING II 338 ff., Fn. 510; ELVERS 10; HAENEL 17; HASSE 105 ff.

[1154] Vgl. oben 80.

[1155] Dazu oben 5 mit Angabe der einzelnen Digestenstellen.

[1156] Wie BESCHÜTZ 89 richtig erkennt, ist im Zivilrecht eine genaue Trennung von dolus und culpa lata ohne große Bedeutung gewesen, weil hier grundsätzlich die Rechtsfolgen für beide Schuldformen gleich sind. Im Strafrecht hingegen wurde die culpa lata erheblich milder als der dolus bestraft.

[1157] BESCHÜTZ 47 ff., 53 und PERNICE II (1. A.) 379 z. B. leugnen die Identität von strafrechtlichem und zivilrechtlichem dolus. Von diesem Standpunkt aus verbieten sich grundsätzlich Parallelen; ablehnend gegenüber einer einheitlichen Betrachtung von Zivil- und Kriminalunrecht auch HEYSSLER 12 et passim.

Vorstellungs- und Willenstheorie belegt wurden[1158]. Doch fehlte es auch nicht an konservativen Autoren[1159], die selbst den dolus eventualis ablehnten, weil in diesem Falle der Erfolg nicht erstrebt werde. Dieses traditionelle Verständnis beherrschte die Zivilrechtslehre.

Im BGB wird in den §§ 276 f. der Fahrlässigkeit schlechthin und der Nichterbringung der eigenüblichen Sorgfalt eine grobe Fahrlässigkeit[1160] gegenübergestellt. Irgendwelche Präzisierungen dieses unbestimmten Rechtsbegriffs enthält das Gesetzbuch nicht; es ist Lehre und Rechtsprechung überlassen worden, Kriterien zur Abgrenzung der groben Fahrlässigkeit von der Fahrlässigkeit schlechthin und dem bedingten Vorsatz zu entwickeln. Das BGB bringt daher in diesem Bereich wie so oft keine Zäsur und Entscheidung; die Interpretation der gesetzlichen Begriffe ist nichts anderes als die Fortsetzung der Pandektistik.

(2) dolus-Verneinung aus achtbaren Motiven

Die Tatsache, daß die römischen Juristen bei wissentlichen Schadenszufügungen aus Mitleid oder Dankbarkeit einen dolus ablehnen, beschäftigt in erstaunlichem Maße die Spätpandektistik.

Auf Fr. Mommsens Erläuterungsversuch, daß damit nur die Nebenfolge der Infamie vermieden werden sollte, ist bereits[1161] eingegangen worden. Da zur Zeit der Spätpandektistik im geltenden Zivilrecht Zivilprozesse keine Infamiewirkung besitzen, folgert Fr. Mommsen, daß nunmehr die Sachverhalte uneingeschränkt als dolus zu bewerten sind.

Regelmäßig wird betont, daß ein Schuldner mit ethisch billigenswerten Motiven zu schonen sei, er vor dem Vorwurf des dolus geschützt werden solle[1162].

[1158] Vgl. nur Storch 33 ff. mit einem ausgezeichneten historischen Überblick. Ausgangspunkt der Diskussion war der Aufsatz von Feuerbach, Betrachtungen über dolus und culpa, Bibliothek für die peinliche Rechtswissenschaft und Gesetzeskunde, 2 (1800) 193 ff.

[1159] Z. B. Bar 72 ff.

[1160] Das BGB weist den Ausdruck grobe Fahrlässigkeit in folgenden Paragraphen auf: 276 II, 277, 300 I, 460, Satz 2, 521, 523 II 1, 529 I, 539, Satz 2, 599, 617 I 1, 680, 851, 912 I, 932, 968. Eine grobe Pflichtverletzung wird in den §§ 27 II 2, 712 I, 723 I, 2227 I erwähnt; dazu Kuhlenbeck II 52, Fn. 2 (Die grobe oder schwere Pflichtverletzung ist offenbar identisch mit grober Fahrlässigkeit). Vgl. ferner die Rechtsprechung zu § 847, nach der ein schweres Verschulden eine alternative Voraussetzung des Schmerzensgeldanspruchs ist, BGHZ 35, 369; dazu nur Deutsch 341; Hubmann, JZ 62, 121 f.

[1161] Siehe oben; ähnlich wie Fr. Mommsen auch Binding II 341.

[1162] Braun 247; Elvers 11; Hasse (1. A.) 99; (2. A.) 74 f.; Koch I 234; Kritz 43; Löhr I 13; Molitor I 243; Seuffert I 98 f.; Wening 167 f.; a. A. Hesse, AcP 61 (1878) 206 f., der sich irrtümlicherweise auf Hasse beruft; einschränkend auch Schaaff 111 ff.

Dem BGB ist eine entsprechende Kategorie der groben Fahrlässigkeit unbekannt. Die ethische Bewertung der Motivation bleibt bei der Abgrenzung von Vorsatz und Fahrlässigkeit außer Betracht.

(3) Verletzung der diligentia quam suis

Häufig wird die Verletzung der diligentia quam suis ohne jede Kritik als unselbständiger Fall der culpa lata erwähnt[1163]. Es fehlt selbst nicht an Stimmen, nach denen es dolos ist, wenn ein äußerst Fleißiger nur fleißig ist[1164]. Die herrschende Lehre[1165] verwahrt sich jedoch gegen solche Schlüsse. Einige[1166] schließen sich der im Usus Modernus nicht selten vertretenen Lehre an, daß Voraussetzung für die Annahme einer culpa lata sei, daß ein Nachlässiger handelt, D 16, 3, 32.

Nach der Konzeption des BGB ist die Verletzung der diligentia quam suis nicht als Unterfall der groben Fahrlässigkeit zu bewerten, wie es verschiedentlich noch kurz nach Erlaß des BGB geschah[1167]. Das zeigt deutlich § 277, wonach die Milderung der Haftung auf die Verletzung der eigenüblichen Sorgfalt nicht von der Verantwortlichkeit für grobe Fahrlässigkeit entbindet. Ein weiteres geht aus dieser Bestimmung hervor, daß nämlich die Verletzung der diligentia quam suis zur groben Fahrlässigkeit führen kann, aber nicht muß. Solange der Schuldner nur geringfügig gegenüber seiner eigenen durchschnittlichen Sorgfalt nachläßt, bleibt er in den Grenzen der Fahrlässigkeit schlechthin. Lediglich eine ethisierende Wertung könnte dem Moment der Treuwidrigkeit, das in dem Zurücksetzen der fremden Angelegenheiten liegt, eine qualifizierende Wirkung beimessen — doch davon ist im Gesetz nichts zu erkennen.

Abzulehnen ist auch die nicht selten aufgestellte These[1168], daß die diligentia quam suis eine Zwischenstufe sei. Sie beruht auf einem anderen Wertungsgesichtspunkt als die Abstufung nach der Intensität der Sorgfaltspflichtverletzung und ist daher ein aliud.

1163 Brinz II 255; Elvers 11 f.; Gries 78; Hasse (1. A.) 115; JenAllgLitZ 1807, 223; Mühlenbruch II 311 (§ 352); Schaaff 15; Seuffert I 100; Windscheid-Kipp I 523; am eingehendsten hierzu Binding II 355 ff., der aber auch uneingeschränkt der h. L. folgt.

1164 Molitor I 264; Seuffert I 100; Wening 169; so wohl auch Brinz II 255 f.; vgl. auch Staub, Anm. 1 zu Art. 94 ADHGB.

1165 Z. B. Haenel 38; Unterholzner I 273, Fn. a.

1166 Der namentlich nicht genannte Rezensent in der JenAllgLitZ 1807, 236.

1167 Kuhlenbeck II 48; Schollmeyer 101; Weyl 291, Fn. 1, für den Regelfall; dagegen Hagen 17 ff.

1168 Endemann I 488; Hagen 11 (Mittelgebilde); Rother 185 (Zwischenraum zwischen grober und leichter Fahrlässigkeit); Weyl 288. Richtig dagegen Staudinger-Werner, Rdnr. 5 zu § 276.

(4) dolus praesumtus

Ein dolus praesumtus wird nahezu einhellig[1169] abgelehnt, da es sich um eine prozessuale Kategorie handele. In diese Richtung weist bereits die Entwicklung im frühen Usus Modernus[1170].

(5) Gleichsetzung der culpa lata mit dem dolus

Es ist unbestritten, daß im Bereich des haftungsbegründenden Verschuldens die culpa lata dem dolus gleichzusetzen ist[1171]. Besonders überzeugend ist die Begründung der Gleichwertigkeit beider Schuldformen durch Fr. Mommsen[1172]. Sie sei eine Konsequenz des Satzes, daß der nicht entschuldbare Irrtum keine Berücksichtigung verdient. Außerdem spiele ein praktisches Bedürfnis eine Rolle. Beweisschwierigkeiten entstehen nicht, wenn offengelassen werden kann, wie die innere Einstellung des Täters zu dem eingetretenen Erfolg war.

Hesse[1173] hält die Gleichsetzung aus dem Grund für berechtigt, weil sowohl bei der culpa lata als auch beim dolus der Schuldner die Gefahr erkennt. Diese Begründung steht folglich unter der Voraussetzung, daß grobe und bewußte Fahrlässigkeit identisch sind.

Im BGB taucht ein Gleichsetzungsproblem aus dem Grunde nicht auf, weil nach der Systematik des Gesetzes jede Einschränkung des Haftungsrahmens wegen der grundsätzlichen Haftung für jede Fahrlässigkeit gemäß § 276 ausdrücklich ausgesprochen sein muß. Soll nur für Vorsatz oder grobe Fahrlässigkeit gehaftet werden, so ist ein entsprechender Hinweis erforderlich. Es ist daher nicht angängig, das Merkmal „vorsätzlich" in § 826 extensiv zu interpretieren und auch grobe Fahrlässigkeit für ausreichend zu halten. Aus dem gleichen Grund konnten die Bemühungen einiger Autoren[1174] nicht erfolgreich sein, dem Wissen in § 892 die grobe Fahrlässigkeit gleichzustellen. Die

---

[1169] Hasse (1. A.) 116; Wening 85, der die Vorsatzpräsumtion als Herabwürdigung des Bürgers verurteilt.

[1170] Vgl. oben 115 f.

[1171] Dresch 7; Molitor I 243 f.; Mühlenbruch II 311 (§ 352); für Löhr I 23 erübrigt sich eine Gleichsetzung, die culpa lata ist seiner Ansicht nach eine species doli.

[1172] Fr. Mommsen III 355.

[1173] Hesse, AcP 61 (1878) 246 f.

[1174] Dafür insbes. Ratz, AcP 128 (1928) 342 f., mit einigen seine Auffassung stützenden Judikaten; weitere Anhänger der Mindermeinung bei Wolff-Raiser 145, Fn. 23, die sich zur h. L. bekennen; vgl. ferner Staudinger-Seuffert, Rdnr. 42 zu § 892. Wie Raiser a. a. O. richtig bemerkt, kommt die h. L. in Wirklichkeit über eine weite Auslegung des Begriffs „Kenntnis" und die Anwendung der §§ 226, 826 fast zu dem de lege ferenda wünschenswerten Ergebnis, der Kenntnis grobe Fahrlässigkeit gleichzusetzen. Meyer übersieht in ihrer diesen Fragen gewidmeten Dissertation das Problem.

Frage, ob eine Gleichsetzung von Haftungsgraden vorzunehmen ist, begegnet nur in insoweit offenen, in der Entwicklung befindlichen Systemen, nicht aber in echten Kodifikationen.

b) culpa levis

Neben dem Idealtypus des bonus (diligens) paterfamilias[1175] dient als Maß zur Bestimmung der culpa levis der tüchtige, ordentliche oder sorgsame Mann[1176]. Hervorragende Fähigkeiten brauchen nicht entwickelt werden[1177]. Nur selten verschäft ein Autor die Sorgfaltsanforderungen in einem Maße, daß es zweifelhaft ist, ob ein Durchschnittsbürger ihnen noch nachzukommen in der Lage ist. Dazu neigt beispielsweise Bruckner[1178], der in bezug auf die custodia eines bonus paterfamilias darlegt, daß er die ihm übergebenen Sachen keinerzeit außer acht läßt und immer die besten Maßnahmen zu ihrer Erhaltung trifft.

Nach Dresch[1179] entsteht bei der culpa levis der Schaden nicht allein durch das Verhalten des Schädigers, sondern es treten Momente hinzu, die er weder kannte noch herausforderte. Wohl zuerst beschäftigt sich Fr. Mommsen[1180] allgemein mit der Frage, wie nun zu ermitteln ist, welche konkreten Pflichten einem diligens paterfamilias obliegen, ohne auf Beispiele auszuweichen. Es sei auf die jeweils gegenwärtigen Anschauungen, wie sie im Verkehr herrschten, abzustellen[1181]. Jedoch haben selbst in weiten Kreisen eingerissene Nachlässigkeiten außer Betracht zu bleiben[1182]. Ein diligens paterfamilias wird danach das Maß seiner Sorgfaltsanspannung an der Natur der Handlung, den Begleitumständen ihrer Vornahme, den möglicherweise auftretenden, also voraussehbaren Gefahren orientieren[1183]. Der Maßstab sei demnach ein durchaus objektiver[1184]. Das bedeute nun wiederum nicht eine völlige Ablösung vom einzelnen Vertrag; ganz im Gegenteil, er müsse Ausgangspunkt der Betrachtung sein. Wer einen als Schnell-

---

1175 Z. B. Arndts § 86; Hesse, AcP 61 (1878) 208; Puchta II 90.

1176 Fr. Mommsen III 361; Seuffert I 101; Thibaut I 190 (Vernachlässigung des Fleißes eines durchaus ordentlichen und vorsichtigen Mannes); Unterholzner I 275 (§ 135).

1177 Fr. Mommsen a. a. O.; Seuffert I 102.

1178 Bruckner 39.

1179 Dresch 7 (cum non actione peccantis solum, sed accedentibus momentis, quae peccans non novit, nec postulavit); ähnlich Wening 102.

1180 Fr. Mommsen III 345 ff.

1181 Fr. Mommsen III 363.

1182 Fr. Mommsen a. a. O. Fn. 5.

1183 Fr. Mommsen III 364.

1184 Fr. Mommsen III 371.

maler bekannten Künstler aufsucht, könne an die Ausführung des Werkes nicht die Ansprüche stellen, die üblicherweise erhoben werden[1185].

Schließlich geht Fr. Mommsen noch auf die Frage ein, wie einzelne geringe Versehen zu beurteilen sind, die auch einmal dem diligens paterfamilias unterlaufen können. Allein entscheidend sei, ob sich solche Versehen durchgängig nicht ereignen[1186]. Damit stößt Fr. Mommsen auf die Frage der entschuldbaren Fehlleistung, die in den letzten Jahrzehnten im Arbeitsrecht eine unüberschaubare Literatur hervorgebracht hat[1187]. Er stellt sich für das Zivilrecht auf den der heute im Arbeitsrecht einhelligen Lehre konträren Standpunkt, da er soziale Erwägungen nicht in seine Argumentation einbezieht.

Löhr[1188] bildet ebenso wie Donellus zwei Unterarten der culpa levis. Den Begehungssachverhalten ständen die Unterlassungssachverhalte gegenüber, die vom Gesetz besonders dann angesprochen werden, wenn von custodia die Rede ist.

Dem BGB fehlt neben der allgemeinen Definition der Fahrlässigkeit in § 276[1189] eine besondere Bestimmung der leichten oder gewöhnlichen Fahrlässigkeit. Sie ist daher im Subtraktionsverfahren[1190] zu gewinnen, indem von der Fahrlässigkeit schlechthin der Bereich der groben Fahrlässigkeit abgegrenzt wird.

Der Sache nach unterscheidet sich damit das BGB nicht von Systemen, die für die leichte Fahrlässigkeit eigene Begriffsumschreibungen aufweisen, denn der diligens paterfamilias vermeidet erst recht Ver-

---

1185 Fr. Mommsen III 345 f., 372.

1186 Fr. Mommsen III 362; der Sache nach ebenso schon Hasse 93. Diesen Standpunkt greift später Brodmann, AcP 99 (1906) 342 ff. scharf an, auf S. 345 heißt es: „Denn den paterfamilias, den man sich da zurecht machte, gibt es in konkreter Wirklichkeit überhaupt nicht, er ist ein konstruiertes Gebilde, ein Wesen ohne Fleisch und Blut, der homunculus ..."

1187 Gaul, Schaden und Haftung im Arbeitsverhältnis in Stichworten; Gamillscheg/Hanau, Die Haftung des Arbeitnehmers; Geigel X 34; Mayer-Maly, AcP 163 (1964) 114 ff.; Rother 273 ff., alle mit zahlreichen Literaturhinweisen. Leider unbeachtet bleibt die ältere Literatur, in der die Fragen noch uneingeschränkt als allgemeines Problem des Schadensersatzrechts diskutiert wurden, vgl. Marton, Verschuldensprinzip 45, Fn. 67, er befürwortet eine Lösung im Sinne von Art. 44 OR; Mataja 90 ff., mit rechtspolitischen Erörterungen zur Milderung der Haftung; ferner die Ausführungen Mommsens, dazu oben 196 f. und Wilburg 68 f., 145. Neuestens Bolla-Kotek, Festschr. f. Wilburg 33, 36 f., 39 ff.; Edlbacher a. a. O. 87 ff.

1188 Löhr 71.

1189 Paragraphen ohne Gesetzesangabe sind solche des BGB.

1190 So auch der 3. Senat des BGH, Urt. v. 19. 1. 59, VR 59, 349 (... Begriff der leichten Fahrlässigkeit kennt das Gesetz nicht; gemeint ist vom Berufungsgericht erkennbar ... eine nicht grobe).

sehen, die kaum jemandem unterlaufen. Aus diesem Grunde ist zu Recht bemerkt worden[1191], daß sachlich gegenüber dem ersten Entwurf zum BGB[1192], der als Maß den ordentlichen Hausvater enthielt, keine Änderung bewirkt wurde, als an seine Stelle die im Verkehr erforderliche Sorgfalt trat.

Zu diesem Schritt entschlossen sich die Redaktoren[1193] des BGB auf Grund der Vorwürfe[1194], die darin gipfelten, daß nunmehr die Ballettänzerin mit der Sorgfalt des ordentlichen Hausvaters tanzen müsse. Sachlich waren diese Einwände unangebracht, denn das gemeine Recht[1195] bildete ebenso wie das römische[1196] Berufsgruppen und unterschied natürlich auch nach dem Geschlecht. Der E I greift aus der großen Zahl der einzelnen Idealtypen als pars pro toto für den allgemeinen Rechtsverkehr den ordentlichen Hausvater heraus[1197].

Nunmehr ist die beispielhafte durch eine abstrakte Umschreibung ersetzt worden. Nachdem die zweite Kommission zunächst die Wendung „die im Verkehr übliche Sorgfalt" gewählt hatte, ersetzte sie „übliche" durch „erforderliche", weil sie befürchtete, daß sonst ein eingerissener Schlendrian zum Maßstabe erhoben werden könnte[1198].

Gegenüber der Spätpandektistik ist als neuer Streitpunkt nur die Frage hinzugetreten, ob ein unterdurchschnittlich Begabter für ein Durchschnittsmaß an Fähigkeiten haftet. Ebenso wie heute die überaus herrschende Lehre[1199] ist man sich bei Erlaß des BGB über die

---

[1191] Z. B. Danz, DJZ 14, 841; Deutsch 15 ff.; Enneccerus-Nipperdey II 1308, Fn. 3; Hagen 9; Hartmann, AcP 73 (1888) 382; Kuhlenbeck II 50; Tuhr II 2, 488.

[1192] § 144 E I; Brodmann, AcP 99 (1906) 348 kritisiert die Übersiedlung in den allgemeinen Teil des Schuldrechts, da der Begriff für alle Bücher des BGB von Bedeutung ist; vgl. dazu Protokolle I 187 (... da auf diesem Gebiet, wenn es auch nicht die sedes materiae sei, die meisten Anwendungsfälle liegen).

[1193] Protokolle I 187, 302 f.

[1194] Dazu Deutsch 16; Zusammenstellungen der gutachtlichen Äußerungen zu dem Entwurfe eines BGB I 207 (Berlin 1890). Kritik an der Kritik üben Brodmann, AcP 99 (1906) 348; Wendt, AcP 87 (1897) 422 ff. u. a.

[1195] Vgl. oben 50.

[1196] Vgl. oben 9.

[1197] Ungenau Enneccerus-Nipperdey II 1308, Fn. 3.

[1198] Vgl. Protokolle II 604; Brodmann, AcP 99 (1906) 348 f. wirft der zweiten Kommission vor, daß sie letztlich doch wieder zur Verkehrsübung zurückkehrt; siehe ferner Scheffler, KF 59, 52.

[1199] Böhmer, VR 61, 393; Bruck-Möller, Anm. 30 zu § 6 VVG; Danz, DJZ 14, 841; Endemann 486 f., Fn. 7; Esser, KF 59, 18 ff.; AcP 148 (1943) 131; Schuldrecht 202 (Art gesetzlicher Garantiepflicht); Goldtschmidt, 34. DJT II 430 ff., mißverständlich 511 f.; Hagen 5 ff., er hält jedoch eine Berücksichtigung der individuellen Leistungskraft für erforderlich, unter Ablehnung eines rein subjektiven Maßstabes (8); Heck 78; Heinsheimer, AcP 95 (1904) 251; Henkel 76 ff.; Kadecka, 34. DJT II 467 ff., besonders

Verantwortlichkeit des Minderbegabten einig gewesen. Diese Entwicklung ist im Zusammenhang mit dem Eindringen strafrechtlichen Ideengutes in das Zivilrecht seit Anfang des 20. Jahrhunderts zu sehen.

Die überwiegende Lehre[1200] der Pandektistik des 19. Jahrhunderts geht ebenso wie der Usus Modernus von der Existenz einer die culpa levis mildernden diligentia quam suis aus. Neue Begründungen für die doppelte Stellung dieser Fahrlässigkeitsform in der culpa levis

---

472 ff., 474 mit der merkwürdigen Einschränkung auf „persönliche Eigenschaften des Handelnden ... die diesen in der öffentlichen Meinung herabzusetzen geeignet sind"; KUHLENBECK II 46 ff.; LANGE, HEINRICH, AcP 156 (1957) 116, Fn. 15 (Erfolgshaftung des Unterdurchschnittlichen); dazu v. CAEMMERER, KF 61, 26, Fn. 43; LARENZ I 220 ff.; KF 59, 14 (Kombination von Verschuldensprinzip und Risikohaftung); LINCKELMANN 34 ff. (insoweit besteht eine Garantiepflicht); LITTEN, JherJ 49 (1905) 441 ff., Fn. 1, der wie viele andere zugibt, daß die objektive Theorie zu Schuldfiktionen führt; er sucht einen Widerspruch zu vermeiden, indem er es auf die „Qualität der Handlung" abstellt; a. A. noch Haftung 69; LUCHSINGER 26 ff.; MANDL 97 f., 100 (Bei objektiver Auffassung der Fahrlässigkeit gibt nicht eine etwaige Schuld — die eine Beachtung der Subjektivität des Schuldigen voraussetzt —, sondern nur deren Tatbestand den Ausschlag), 114 ff.; NIESE, JZ 56, 461 f., 465 f., aus strafrechtlicher Sicht; OERTMANN, Anm. 1 b α, ββ, mit einer Übersicht über das ältere Schrifttum; RICHTER, NJW 58, 1171; RITTLER 158; RÜMELIN, Schadensersatz 52 f.; Gründe 5; AcP 90 (1900) 253; SCHEFFLER, JZ 59, 51 (Pauschalierung der Vorwerfbarkeit); SOERGEL-REIMER SCHMIDT, Rdnr. 14 ff. zu § 276, besonders Rdnr. 17 (kann in Wahrheit nicht mehr ausschließlich als Schuldkategorie angesprochen werden); STAUDINGER-WERNER, Rdnr. 97 vor § 275; Rdnr. 14 ff. zu § 276 mit umfassender Literaturübersicht; es ist aber unzutreffend, daß WENDT, AcP 87 (1892) 422 ff. der Sache nach eine subjektive Theorie vertritt; vgl. WENDT a. a. O. 441; dazu richtig LEONHARD, Festg. f. Enneccerus 6; WIETHÖLTER 45 ff.; ZEUNER, JZ 66, 8; einschränkend GEIGEL II 7 (Von einer Person, die zufolge ihres Bildungsgrades oder ihrer Erfahrungen eine Gefahr schwerer erkennen kann als ein Durchschnittsmensch, wird ein geringerer Grad ...); anders wieder II 26; vermittelnd R. WEIMAR, JuS 62, 138 f. Eine besonders gelungene Darstellung des Theorienstreits liefert DEUTSCH 80 ff., der sich der h. L. anschließt. Vgl. die historischen Erörterungen bei LEONHARD, Festg. f. Enneccerus 4, der die objektive Lehre für eine Erfindung weniger Spätpandektisten hält. Das trifft aber nur auf die subjektive Theorie zu. Aus der unübersehbaren Judikatur seien nur herausgegriffen: RGZ 68, 423; 152, 140; BGH JZ 54, 297; Bedenken äußert der GrS, BGHZ 24, 27. — Die neuere schweizerische Lehre folgt der h. L. in der Bundesrepublik, vgl. GMÜR 172, Fn. 96, während es z. B. noch bei EGGER 81 heißt: „Das Verschulden verliert seinen Sinn, eben als persönliche, als Willensschuld ..."

[1200] CHIRONI 23; GENSLER, ex. 9 (Übersicht); MÜHLENBRUCH II 311 (§ 352); SEUFFERT I 116; UNTERHOLZNER I 273, mit einer ähnlichen Begründung wie J. GOTHOFREDUS für die Tatsache, daß nach D 16, 3, 32 die Verletzung der diligentia quam suis als culpa latior gewertet wird, vgl. dazu oben 73.

und lata werden nicht entwickelt. Immer wird bei der mildernden culpa levis der Vorbehalt gemacht, daß der Schuldner nicht bereits in eigenen Angelegenheiten nachlässig ist; er müsse im wesentlichen den durchschnittlichen Sorgfaltsanforderungen entsprechen[1201].

Einige Autoren[1202], aus deren Kreis besonders Löhr[1203] herausgehoben zu werden verdient, lehnen eine culpa levis in concreto ab. Es seien genügend Fälle denkbar, in denen der Schuldner selbst noch keine eigenen Geschäfte geführt hat, so z. B. der Minderjährige oder der filius familias[1204].

Diese Kritik hat die Verfasser des BGB aber nicht dazu bewegen können, von der Haftungsfigur der diligentia quam suis[1205] Abstand zu nehmen. Sie ist in § 277 einheitlich als Form der Haftungsmilderung[1206] verwandt; das belegt eindeutig das Partikel „nur". Trotz fundierten Polemik einiger Autoren[1207] gegen die innere Berechtigung der diligentia quam suis, ist in Rechtsprechung und Lehre nicht die Tendenz verspürbar, ihren Anwendungsbereich einzuschränken[1207a].

c) culpa levissima

(1) Entwicklung in der Pandektistik des 19. Jahrhunderts

(a) Gegner der culpa levissima

Im 19. Jahrhundert bestimmen die Gegner[1208] der culpa levissima die Diskussion über die Existenz eines solchen Fahrlässigkeitsgrades.

[1201] Z. B. MÜHLENBRUCH a. a. O.; SEUFFERT I 116.

[1202] GENSLER, Lehre 15; KRITZ 143; beide mit Einschränkungen; daher zu weitgehend SANDER 8.

[1203] LÖHR II 50 f., die Verletzung der diligentia quam suis führt bei ihm immer zur culpa lata, D 16, 3, 32; dagegen besonders sein Rezensent in der JenAllgLitZ 1807, 52, 224.

[1204] HESSE, AcP 61 (1878) 221 will diesem Einwand dadurch begegnen, daß er in solchen Fällen das „Gesamtbild des Mannes entscheidend sein" läßt. Damit überantwortet er praktisch die Entscheidung dem Richter.

[1205] Sie begegnet in §§ 277, 690, 708, 1359, 1664, 2131.

[1206] HAGEN 10 f.; unklar KUHLENBECK II 47 (regelmäßig eine Milderung der Haftung); OERTMANN, Anm. zu § 277; ROTHER 187, Fn. 7, mit Zitaten; SOERGEL-REIMER SCHMIDT, Rdnr. 7 zu § 277; STAUDINGER-WERNER, Rdnr. 1 zu § 277; WEYL 286 f., Fn. 8, mit zahlreichen Nachweisen; Motive I 280; anders noch STAUB, Anm. 1 zu Art. 94 ADHGB, da dort ein „nur" fehlte; vgl. dazu HAGEN a. a. O.

[1207] LANGE, Schuldrecht 30; MÜLLER-ERZBACH, AcP 106 (1910) 316; ROTHER 185 ff.; anders DEUTSCH 314 ff., der die ältere Lehre verteidigt, ohne neue Argumente aufzuweisen.

[1207a] Vgl. jedoch neuestens BGH NJW 67, 558 f.: Im Straßenverkehr gelte § 708 nicht.

[1208] ARNDTS § 86; BERDING 7 f., 13, die diligentia exactissima sei nur ein Mittel zur Bestimmung der vis maior, vgl. aber die Ausführungen zur custodia; BÖCKING, Inst. 46; BRAUN 254; BRINZ, zweifelnd in 1. A., 594; ablehnend II (2. A.) 258, Fn. 26; BRUCKNER 71; CROME I 486, Fn. 23; ELVERS

Kurz nach der Jahrhundertwende begann Thibaut[1209] die Trichotomie unter Berufung auf Donellus in seinen Vorlesungen anzugreifen. Sein Vortrag war so überzeugend, daß er bald einen größeren Kreis von Schülern[1210] um sich versammeln konnte, die seine Ideen weiter verfochten. Am herausragendsten unten ihnen waren Hasse[1211] und Löhr[1212].

Die Besonderheit ihrer Argumentation — der Grund auch ihres Erfolges — liegt in der stärkeren Betonung der rechtspolitischen Aspekte. Während sich vor ihnen die Gegner der culpa levissima, wenn von Lebrun und wenigen Naturrechtlern abgesehen wird, mit exegetischen Angriffen begnügen, gewinnt bei ihnen das Maß der Gerechtigkeit und der Rechtssicherheit das entscheidende Gewicht.

Thibaut[1213] beschränkt sich in seinem System des Pandektenrechts noch darauf, auf Donellus' Ausführungen hinzuweisen, dessen exegetische Bedenken in den wichtigsten Punkten zusammenzustellen.

Hasse wählt ebenfalls zum Ausgangspunkt seiner Betrachtung einzelne Quellenstellen, zeichnet sich hierbei durch eine starke Hervorhebung der doppelten Wertung der culpa in abstracto und in concreto aus. So erklärt er beispielsweise D 30, 47, 5. Die Wendung numquid et diligentia? besage, daß nicht nur die Verletzung der diligentia quam suis als Unterart der culpa levis, sondern auch die Außerachtlassung der diligentia sensu stricto ersatzpflichtig mache[1214]. Ebenso erläutert er den Zusatz et diligentia in D 50, 17, 23[1215]. Diese Lösung

---

18 f. (Quamquam ergo duo tantummodo diligentiae gradus Romani statuunt, tamen ob utilitatis diversitatem praecipue in secundo diligentiae gradu duo ejus genera agnoscunt, quo trium culpae graduum error exortus est), er unterscheidet a. a. O. zwischen custodia als cura damni vitandi und diligentia als cura lucri captandi; a. A. hierzu Mayer-Maly, AcP 163 (1964) 120, Fn. 34; Gries 10; Heimberger 261; Kaufmann 23 ff.; dazu Mayer-Maly, Festh. Schönbauer 29 f.; Kritz 6, 168; a. A. bezüglich des Standortes von Kritz Mayer-Maly a. a. O.; Laurent 16, 274; Molitor I 256 ff.; Puchta II 88; Regelberger I 651, Fn. 9; Schweppe § 137, Fn. 2; Tarbouriech 12 ff.; Unger II 238 ff.; Vangerow I § 107; Windscheid-Kipp I 521, Fn. 8.

1209 Thibaut I § 253.

1210 Gries 10; vgl. die folgenden Fn.

1211 Hasse passim.

1212 Löhr I 59. Dieser Standpunkt hinderte ihn nicht daran, jeden Diebstahl für verschuldet zu halten, Löhr I 163; dagegen Braun 252; Bruckner 42; Hasse (1. A.) 422; Hepp 38; einschränkend Puchta II 91.

1213 Thibaut a. a. O., von der 5. A. an beruft er sich daneben auf die Schriften seiner Schüler.

1214 Hasse 173.

1215 Hasse 226 ff.; beide Stellen erklären ebenso Braun 257; Dresch 33; Seuffert I 111, in bezug auf D 50, 17, 23; Thibaut, HJahrb 8 (1815) 947; Vangerow I § 107, auch D 13, 6, 5, 2, unter Berufung auf Hasse.

mag gedanklich elegant sein; sie hat aber nur den Wert einer Hypothese, die sich nicht quellenmäßig belegen läßt[1216].

Durchschlagender sind seine rein logischen und rechtspolitischen Argumente.

Hasse erkennt die scheinphilosophische Begründung für eine sachnotwendige Dreiteilung der Fahrlässigkeit nicht an. Es sei zwar richtig, daß jedes Ding zwei Enden und eine Mitte aufweise, jedoch habe das nichts mit den Graden der Fahrlässigkeit zu tun. Extreme seien keine Grade, sondern Punkte, die gedanklich, aber nicht praktisch sicher auszumachen sind[1217].

Größte Beachtung verdient seine These, daß bei der Bemessung der Fahrlässigkeit nicht über das gewöhnliche Maß menschlicher Kräfte hinausgegangen werden darf[1218]. Zur Vermeidung der Haftung aus der lex Aquilia sei das Äußerste an Sorgfalt erforderlich, aber derjenigen, welche fleißige Bürger gewöhnlich anwenden[1219].

Somit stimmt Hasse mit Lebrun darüber überein, daß die Anforderungen an den Schuldner grundsätzlich nicht das Maß der von ihm im allgemeinen zu erwartenden Kräfte übersteigen dürfen. Diese Erwägung ließ sich schon bei Bellapertica[1220] feststellen, der sich dagegen wandte, daß in so alltäglichen Rechtsverhältnissen wie einer Auftragsbeziehung eine Sorgfalt zu leisten ist, die nur wenige erbringen können. Damit wird nicht der Ausschluß jeder weiteren Zurechnung verlangt — sie hat nur als Gefahrtragung, Gefährdungs- oder Garantiehaftung zu erfolgen.

Seuffert[1221] prüft das Argument der Trichotomisten, nach dem der Unterschied der Sorgfaltsanforderungen eine Aufteilung der Fahrlässigkeit notwendig mache. Ohne culpa levissima sei es nicht möglich, den Mangel außerordentlicher Anstrengung oder besonderer Geschicklichkeit zuzurechnen. Dem widerspricht Seuffert, indem er

---

[1216] Ähnliche Bewertung bei BRODMANN, AcP 99 (1906) 328 ff.

[1217] HASSE 97; ebenso UNTERHOLZNER I 277, Fn. f.

[1218] HASSE 94. Dieses Postulat der praktischen Vernunft ist den Strafrechtlern eine Selbstverständlichkeit; vgl. z. B. FEUERBACH § 58, der Schäden, die nicht durch „mäßige" Sorgfalt abwendbar sind, dem Zufall zuschreibt oder BERNER 146, der die „Anwendung der im bürgerlichen Leben erforderlichen Aufmerksamkeit" verlangt; zu diesen Fragen siehe STORCH 42 ff., zu den Graden überhaupt und dem Auffassungswandel bei FEUERBACH insbesondere STORCH 56 ff.

[1219] HASSE 69 f., 135 (die Aquilia erfordert das Äußerste an Sorgfalt, damit keine culpa eintritt: sie verlangt aber nicht mehr als den Fleiß, welchen fleißige Männer gewöhnlich anwenden); UNTERHOLZNER II 697; WINDSCHEID-KIPP II (6. A.) 751, Fn. 12 (wenn jemand es an der von einem ordentlichen Mann zu erwartenden Bedachtsamkeit hat fehlen lassen, gesetzt auch, daß noch so wenig daran gefehlt hätte).

[1220] Vgl. oben 51.

[1221] SEUFFERT I 106.

darlegt, daß auch vom bonus paterfamilias außerordentliche Leistungen zu verlangen sind, wenn die Situation es erfordert, falls er sich konkludent — als Künstler z. B. — dazu verpflichtet hat. Diesem Gedankengang ist zu folgen, da das Maß der jeweils erforderlichen Sorgfalt situationsbezogen, von konkludenten Vereinbarungen beeinflußbar ist.

Bei vielen anderen Autoren[1222] kehrt der von Hasse herausgestellte Gedanke wieder: Es darf nicht mehr als die Sorgfalt des bonus paterfamilias verlangt werden; andererseits sind die Sorgfaltsanforderungen, denen dieser Idealtypus genügt, auch nicht zu gering zu veranschlagen[1223].

Die Übersteigerung der dem diligentissimus paterfamilias obliegenden Sorgfaltspflichten im 18. Jahrhundert[1224] veranlaßt Puchta[1225] zu behaupten, daß nur ein Narr sich so verhalten könne.

Einige rechtsgeschichtlich orientierte Juristen versuchen eine Erklärung dafür zu liefern, warum die Glossatoren eine culpa levissima in die Quellen interpretierten. Stobbe[1226] meint, darin sei ein deutschrechtlicher Einfluß erkennbar. Nach den meisten germanischen Stammesrechten[1227] haftet z. B. der Entleiher auch für den zufälligen Sachuntergang. Die Glossatoren konnten nun nicht die Quellenaussagen übergehen, in denen im Vertragsbereich der casus nur ausnahmsweise zugerechnet wird. Sie bildeten daher eine zwischen der culpa levis und dem casus befindliche Kategorie und schufen somit einen Kompromiß zwischen römischem und deutschem Recht. Diese Tatsache erkläre die Lebenskraft der Haftungsfigur und ihre Rezeption in den Partikularrechten.

Dieser interessanten Hypothese ist entgegenzuhalten, daß aus den überlieferten Schriften der Glossatoren und Kommentatoren nichts Derartiges belegt werden kann. Ihr steht die scharfe Trennung von römischem und eigenem Recht entgegen, die Tatsache, daß die culpa levissima in den vulgarrechtlichen Kodifikationen des beginnenden Mittelalters fehlt.

[1222] Hesse, AcP 61 (1878) 204; Mühlenbruch II 316 (§ 354); Schaaff 13, damit steht sein Angriff auf die Dichotomie nicht ganz im Einklang, vgl. unten Fn. 1229; Seuffert I 107 ff.; Unterholzner I 276 f. (Der Natur der Sache nach kann es überhaupt nicht gebilligt werden, wenn eine Zurechnung stattfinden soll, obgleich alles geschehen ist, was man von einem nach gewöhnlichem Maßstabe vorsichtigen Mann verlangen kann).

[1223] So nahezu alle unter Fn. 1222 zitierten Autoren.

[1224] Vgl. oben 120.

[1225] Puchta II 90.

[1226] Stobbe 230; ihm folgt Gierke III 120, 126.

[1227] Sachsenspiegel III 5, 4; III 14, 6; weitere Quellen bei Stobbe 235 ff.; vgl. dazu Planitz 160; Schröder-v. Künssberg 781, Fn. 25, 803; Stobbe 234 ff.

Die Ableitung der culpa levissima aus dem dreiteiligen Utilitätsprinzip und die Bestimmung der Haftung einiger Sachverhalte der Geschäftsführung ohne Auftrag und der locatio conductio durch sie sind vielmehr eine Frucht der Quellenexegese; die Quellen boten der keinesfalls willkürlichen Auslegung genügend Anhaltspunkte[1228].

Dies berücksichtigt Haenel[1229], der zwar ebenfalls die culpa levissima ablehnt, jedoch zugibt, daß einige Quellenstellen wie D 13, 6, 5, 2; 13, 6, 18 pr[1230] und D 30, 47, 5 für sie sprechen. Jedenfalls aber habe es sich nicht um eine vorherrschende Meinung unter den römischen Juristen gehandelt.

(b) Anhänger der Trichotomie

Die Anhänger[1231] einer culpa levissima sind in der Minderheit. Sie begegnen selbst noch Ende des 19. Jahrhunderts. Deshalb ist es unzutreffend, wenn Unger[1232] ausführt, „daß sie seither (der Schrift Hasses) samt ihrem naturrechtlichen Fundament aus allen civilistischen Schriften verbannt ist und nur noch in Anmerkungen als literaturhistorische Notiz fungiert".

Der Sache nach gehört Baron[1233] zu ihnen; der „kritische Kopf", der dem „Durchschnittsphilister" seiner Zeit voraus ist, verhindert den Eintritt der von der custodia-Verantwortlichkeit erfaßten Schadensereignisse. Baron lehnt es allerdings ausdrücklich ab, das Nichterbringen der Sorgfalt eines kritischen Kopfes als culpa zu bezeichnen[1234]. Es werde nichts als Verschulden zugerechnet; sondern aus erzieherischen Gründen, um eine fortschrittliche Entwicklung zu fordern, wird der Handelnde ersatzpflichtig gemacht. Diese Einsicht ist

---

[1228] Vgl. oben 19.

[1229] Haenel 31; ähnlich Braun 254; Seuffert I 110 f. Noch weiter geht Schaaff 17: „So wird man sagen müssen, daß die ältere Theorie mit den mehreren, der Wahrheit etwas näher stand als die neue Lehre mit ihren wenigen Graden"; ferner 146.

[1230] Vgl. zu diesen Stellen Dresch 18, der sie als Bestätigung dafür versteht, daß die negotia gratia solus accipientis Unterfälle der negotia gratia utriusque sind.

[1231] Gensler, ex. 42, 97 ff.; Schoeman I 248 (höchste Achtsamkeit, deren der Mensch nach der Bildung seines Zeitalters fähig ist); Viroszil 96; vgl. auch die folgenden Fn.

[1232] Unger II 238 ff.

[1233] Baron, AcP 78 (1892) 232; vgl. Berding 25 ff. mit Kritik an Baron; ähnlich wie Baron aber Goldschmidt, ZHR 16, 327 ff.; Windscheid-Kipp I 521 u. a. Zu diesem Ergebnis gelangt ebenfalls Luchsinger 102 f., 115. — Bedenklich ist die communis opinio in der italienischen Rechtswissenschaft, daß Baron der Hauptrepräsentant eines objektiven custodia-Verständnisses ist. Er tritt für die Existenz einer technischen custodia ein, die er aber eindeutig subjektiv bestimmt; vgl. statt vieler Cannata 25 ff.; Luzzatto, BIDR 63 (1960) 49.

[1234] Baron a. a. O. 206, 233.

weder neu noch hindert sie die Annahme einer culpa levissima. Immer schon war betont worden, daß die culpa levissima nur von pauci vermieden werden kann[1235]. Fries[1236] hat sie daher als „zufällige Verschuldung" bezeichnet.

Es ist allerdings zutreffender, diese Zurechnungsform dementsprechend nicht unter den Oberbegriff culpa zu stellen; es bleibt sich letztlich aber gleich, wie sie bezeichnet wird, wenn über die Sache Einigkeit herrscht.

Stucki[1237] trägt dann auch keine Bedenken, von einer culpa levissima zu reden und weist den Einwand mangelnder Praktikabilität gegen sie zurück. Warum sollte es nicht gelingen, zwischen einer culpa levissima und levis zu unterscheiden, wo anerkanntermaßen die Abgrenzung zur culpa lata möglich ist[1238]?

Sachlich sei die culpa levissima insbesondere erforderlich, um den Begriff der höheren Gewalt zu bilden[1239]; außerdem sollte sie immer dann ersatzpflichtig machen, wenn Leben und Gesundheit betroffen sind[1240].

Fries[1241] gibt offen zu, daß die culpa levissima nicht vorwerfbar ist. Sie sei deswegen zuzurechnen, weil sie mit der eigenen „freien Tätigkeit in genauem Zusammenhang steht".

Dieses Verständnis der culpa levissima ist eine Weiterentwicklung des von einigen Naturrechtslehrern[1242] vertretenen Postulats, unter bestimmten Voraussetzungen auch den Zufall dem Verursachenden zuzurechnen.

Chironi[1243] bezieht eine vermittelnde Stellung. Seiner Ansicht nach haben die römischen Juristen im Vertragsbereich die Fahrlässigkeit nur zweifach abgestuft; dadurch aber, daß im Bereich der lex Aquilia eine culpa levissima haftbar macht, insgesamt dreifach. Das würden all die Juristen auch zugeben, die mit ihm darüber übereinstimmten, daß die Sorgfaltsanforderungen der lex Aquilia die Fähigkeiten des bonus paterfamilias übersteigen[1244]. Dieser Standpunkt ist in der Tat noch lange, besonders in Frankreich und Italien, vertreten worden, ja es fehlt selbst heute nicht an Stimmen, die den Sprachgebrauch

---

1235 Vgl. oben 119.

1236 Fries 168.

1237 Stucki 18 ff., 25, Fn. 3, die Quellen enthielten im Vertragsbereich nicht den Ausdruck, weil die Ausbildung der culpa hinter der der diligentia zurückgeblieben ist.

1238 Stucki 23.

1239 Stucki 25.

1240 Stucki 32.

1241 Fries 168.

1242 Vgl. oben 139 ff.

1243 Chironi 10 ff.; der Sache nach ebenso z. B. Sander 11.

1244 Chironi 24.

von Ulp D 9, 2, 44 pr für technisch halten[1245]. Seine Unhaltbarkeit sollte aber nach den Ausführungen Lebruns[1246] und Hasses[1247] nicht mehr bezweifelt werden.

Molitor[1248] lehnt zwar eine culpa levissima ab, entwickelt aber aus D 13, 6, 5, 2 eine diligentia, die z. B. bei den negotia gratia solus accipientis zu leisten ist. Diese besondere Sorgfalt richte sich darauf, eine Sache gewinnbringend zu verwalten. Somit ersetzt er die culpa levissima durch eine culpa in non faciendo, bezogen auf eine gewinnbringende Verwaltung der Sache.

Auf diese Weise berücksichtigt er das in D 13, 6, 5, 2 ausgesprochene dreiteilige Utilitätsprinzip, ohne sich mit den Anhängern der verpönten culpa levissima zu identifizieren. Doch seine Lösung ist mehr phantasievoll als quellengetreu.

Daß eine scharfe Abgrenzung zur culpa levis und zum casus nicht möglich ist, wird nicht bestritten[1249]. Derartige Schwierigkeiten würden sich immer ergeben, wenn der äußere rechtliche Einfluß innerer Einstellungen zu beurteilen wäre[1250]. Sie habe auch zur Folge, daß, obwohl weit mehr Abstufungen denkbar sind[1251], über eine zwei- oder dreifache nicht hinausgegangen wird.

(c) Vertreter einer einheitlichen Fahrlässigkeit

Diese notwendigerweise mit jeder Aufteilung der Fahrlässigkeit verbundene Unsicherheit bewog einige[1252], jede Abstufung der Fahrlässigkeit abzulehnen. Mit diesem Schritt wird jedoch eher das Gegenteil erreicht, da es nunmehr dem Richter überlassen ist, eine Entscheidung zu treffen. Denn man darf sich nicht darüber hinwegtäuschen, daß bei einer fehlenden Haftungsmilderung der Richter von sich aus dazu neigen würde, bei unentgeltlichen Geschäften die

---

1245 Vgl. oben Fn. 53.

1246 Vgl. oben 125 f.

1247 Siehe oben 186 f.

1248 Molitor I 266, 276.

1249 Z. B. Trendelenberg § 112 (Aber daß Maß für die Abstufung fällt notwendig roh aus, da es nicht nach den mannigfaltigen mitbestimmenden Bedingungen, sondern nur nach dem Durchschnitt einer unbestimmten Erfahrung gewonnen werden kann).

1250 Schoemann I 161.

1251 Hugo 482; Kritz 19 (unendliche Abstufungen) 20 (so können diese ein Gegenstand der Gesetzgebung doch nur insofern sein, als sie nicht nur denkbar, sondern auch äußerlich erkennbar sind); Thibaut I 190 (§ 253); Unterholzner I 275 (§ 135).

1252 Binding II 2, 390 (daß diese echte culpa unzählige quantitative Abstufungen zuläßt, ist unbestreibar; daß sie zwei qualitative Stufen kenne, deren eine die culpa lata darstelle, ist ein verhängnisvoller Irrtum); Dresch 12 unterteilt die Fahrlässigkeit zweifach, in eine diligentia summa und eine diligentia consueta; Wening 102.

Sorgfaltsanforderungen herabzusetzen, vielleicht im Wege der Vertragsauslegung. Dann ist es besser, unsichere Maximen zu besitzen, als alles der Entscheidung des Richters zu überlassen[1253].

Das herkömmliche Bild von der Bedeutung der culpa levissima in der Pandektistik ist daher folgendermaßen zu korrigieren: Noch bis zum Ende des 19. Jahrhunderts setzen sich Autoren für eine culpa levissima ein. Seit Hasse verliert die Diskussion ihren betont exegetischen Charakter und berücksichtigt stärker die Bedürfnisse der Praxis. Im alltäglichen Rechtsverkehr dürfe über eine Durchschnittssorgfalt, die ein fleißiger Bürger erbringen kann, nicht hinausgegangen werden. Das gelte in besonderer Weise für die lex Aquilia, die das Sorgfaltsmaß für den allgemeinen Rechtsverkehr aufstellt.

(2) Überleben der culpa levissima im BGB und zivilrechtlichen Sondergesetzen

In der ersten Zeit nach Erlaß des BGB hieß es in Lehrbüchern, Kommentaren und Monographien stereotyp: Eine culpa levissima gibt es nicht[1254]. In den Motiven wird ebenfalls ausgeführt, daß ein geringes Versehen im Sinne der culpa levissima der früheren Doktrin dem Entwurf fremd ist[1255]. Heute begegnet der Ausdruck sehr selten; der Begriff scheint nur noch historische Bedeutung zu besitzen.

Gelegentlich[1256] wird behauptet, daß durch die Gleichsetzung der culpa levissima durch Donellus und die Pandektistik der ersten Hälfte des 19. Jahrhunderts die Sorgfaltsanforderungen zu sehr verschärft worden wären — eine culpa levissima mache schadensersatzpflichtig. Diesen Autoren unterläuft ein Mißverständnis. Donellus[1257], Hasse[1258] u. a. legten lediglich dar, daß Superlativ, Komparativ und Positiv inhaltlich in gleicher Weise auf den fleißigen, ordentlichen Hausvater hinweisen. Der Bereich, den die culpa levissima umfaßte, wurde ausnahmslos dem Zufall zugeschlagen[1259].

[1253] Vgl. Schoeman I 161 (Ein guter Gesetzgeber verbannt die Willkür des Richters).

[1254] Bar II 457f.; Brodmann, AcP 99 (1906) 327; Exner 198 (Es gibt, wie im Zivilrecht, so auch im Strafrecht keine culpa levissima); Kuhlenbeck II 47, Fn. 1. Ferner siehe z. B. Herschel, JherJ 90 (1942) 156ff.

[1255] Motive I 280.

[1256] Himmelschein, AcP 158 (1959/60) 273f.

[1257] Vgl. oben 85ff.

[1258] Vgl. oben 186ff.

[1259] So auch grundsätzlich Brodmann, AcP 99 (1906) 339, 404, er meint aber, daß die Rechtsprechung durch eine Überspannung der Sorgfaltsanforderungen zu einer beschränkten Ausdehnung der Haftung auf das Gebiet der früheren culpa levissima gelangt ist; zur Überspannung der Sorgfaltspflichten — besonders bei der Verkehrssicherungspflicht, um auf „kaltem Wege" eine Gefährdungshaftung einzuführen —, die nahezu alle Autoren rügen, vgl. ferner Esser, JZ 53, 30ff.; G. Rümelin, AcP 88 (1898) 287f.

Wenn z. B. Maurach[1260] bemerkt, daß auch eine culpa levissima im Strafrecht als Fahrlässigkeit bewertet werden müsse, dann wird nicht auf den technischen Begriff Bezug genommen. Maurach stellt damit klar, daß auch die geringste Sorgfaltspflichtverletzung zu einem Schuldvorwurf führt, behauptet aber nicht, daß überdurchschnittliche Fähigkeiten zu entwickeln sind.

a) Wiederkehr im Arbeitsrecht der Gegenwart?

Mayer-Maly[1261] stellt die These auf, daß die Rechtsprechung und auch ein Teil der Lehre[1262] im Arbeitsrecht bei der Haftung des Arbeitnehmers zu den drei Fahrlässigkeitsgraden der gemeinrechtlichen Doktrin zurückgekehrt ist. Bekanntlich geht die Rechtsprechung des BAG[1263] dahin, daß ein Arbeitnehmer, der eine gefahrgeneigte[1264] Tätigkeit auszuüben hat und Sachen des Arbeitgebers verletzt, bei grober Fahrlässigkeit voll haftet, bei Fahrlässigkeit schlechthin einen nach den einzelnen Umständen zu bemessenden Teil des Schadens trägt, bei geringer in aller Regel nicht in Anspruch genommen werden kann. Werden Sachen Dritter beschädigt, so erhält der Arbeitnehmer einen in der Höhe entsprechenden Ausgleichs- oder Freistellungsanspruch. Die Sonderbehandlung der Fälle, in denen ein Arbeitskollege Dritter ist, interessiert hier nicht.

Damit ist zwar zum Zwecke einer Typisierung des gleitenden Übergangs von allergeringster zu allergröbster Fahrlässigkeit der Bereich der unvorsätzlichen Schuld dreifach unterteilt, aber es wird nicht die Grenze zum Zufall zugunsten der Fahrlässigkeit verschoben. Das BAG hat folglich nicht die frühere culpa levissima zu neuem Leben erweckt, sondern zur Erzielung einer größeren Rechtssicherheit für die interne Beziehung zwischen dem Arbeitnehmer und dem Arbeitgeber, ohne von § 276 abzuweichen, die frühere culpa levis und lata dreifach untergliedert. Eine solche Gliederung ist sehr sinnvoll und sollte auch im Bereich des § 254 praktiziert werden, neben der Abwägung der Schwere der Verursachung[1265]. Überall dort, wo

---

[1260] MAURACH I 458; dazu vgl. MAYER-MALY, AcP 163 (1964) 120; siehe auch GAUL, NJW 66, 330; ROTHER, NJW 66, 327 (äußerster Grad derjenigen Sorgfalt ... der zur Abwendung des Schadensfalles erforderlich gewesen wäre); BAG, Urt. v. 11. 1. 66, Betrieb 66, 543.

[1261] MAYER-MALY, AcP 163 (1964) 133; Anm. zu BAG AP — Haftung des Arbeitnehmers Nr. 33 mit der Einschränkung: „Darin liegt ... nicht notwendig die Behauptung allgemeiner Haftung für culpa levissima"; ähnlich auch DEUTSCH 156 f.

[1262] Vgl. oben Fn. 1187.

[1263] BAG AP — Haftung des Arbeitnehmers Nr. 14, 16, 19[1] verso (Bei leichtester — geringer — Fahrlässigkeit des ArbN ist der Schaden in aller Regel vom ArbGeb. zu tragen), 22, 23, 26, 28, 33. Siehe auch BGHZ 27, 62.

[1264] Vgl. nur GAMILLSCHEG 39 ff.; GAUL, NJW 66, 329 ff., der sich gegen die erfreuliche Tendenz einiger LAGe wendet, diese Kategorie aufzugeben.

das Verschulden neben der haftungsbegründenden Wirkung noch eine den Schadensumfang bestimmende Aufgabe wahrnimmt, ist es sinnvoll und aus Gründen der Rechtssicherheit geboten, eine stärkere Aufgliederung der Fahrlässigkeit vorzunehmen. Am ehesten bietet sich eine dreifache Abstufung an. Im Bereich des § 254 wäre entsprechend den Grundsätzen einer Schuldkompensation — unter Außerachtlassung der später zu berücksichtigenden (objektiven) Mitverursachung — von folgender Arbeitshypothese auszugehen: Geringste Fahrlässigkeit des Schädigers gegenüber grober des Beschädigten führt zur Haftungsfreistellung. Ist das Verschulden gleichstufig, so gilt der Grundsatz der Schadensteilung. Ist das Verschulden des Geschädigten gering, während den Schädiger der Vorwurf grober Fahrlässigkeit trifft, dann ist der Schaden voll zu ersetzen[1266]. Treffen geringe und mittlere bzw. mittlere und grobe Fahrlässigkeit zusammen, so leistet oder trägt der schuldhaftere Teil $^{2}/_{3}$ des Schadens[1267]. Das ist, wie betont, zunächst nur eine Hypothese, die der Präzisierung durch eine eingehende und alle Aspekte des § 254 erfassende Analyse bedürfte, für die hier nicht der Ort ist.

b) Funktion der culpa levissima im Bereich der Garantie- und Gefährdungshaftung

[1] Garantiehaftung

Larenz[1268] und im folgenden Diederichsen[1269] wollen § 538 restriktiv auslegen und den von der herrschenden Lehre[1270] zugebilligten Schadensersatzanspruch bei anfänglichen Mängeln nur anerkennen, wenn dem Vermieter der Mangel wenigstens bei „äußerster (überdurchschnittlicher) Sorgfalt erkennbar war". Damit wird ein Kompromiß zwischen Verschuldens- und Garantiehaftung bezweckt. Zwar wird die Haftung nicht von echtem Verschulden abhängig gemacht, da nur die wenigsten einer überdurchschnittlichen Sorgfalt fähig sein werden; die diligentia exactissima dient aber als subjektives Korrektiv für die Fälle, in denen der Mangel von niemandem entdeckt worden wäre.

1265 Vgl. nur Rother, NJW 65, 177 ff.; NJW 66, 326 ff., mit Nachweisen. — Die Rechtsprechung gelangt zu Quotelungen bis zu $^{1}/_{5}$, vgl. z. B. BGH, Urt. v. 9. 2. 65, NJW 65, 1075; Urt. v. 22. 6. 65, NJW 65, 1708; dazu Rother, NJW 66, 326 ff.

1266 So nun auch BGH, Urt. v. 20. 4. 66, NJW 66, 1211 ff., 1213.

1267 Zu einer solchen Typisierung neigt auch Wilburg 61 ff.

1268 Larenz II 137.

1269 Diederichsen, AcP 165 (1966) 168.

1270 BGH, Urt. v. 13. 12. 62, NJW 63, 805 f.; Enneccerus-Lehmann 517 f.; Palandt-Gramm, Anm. 2 zu § 538; Staudinger-Kiefersauer, Rdnr. 10 zu § 538; Motive II 376; zur systematischen Einordnung des Problems Wilburg 140 ff.

Eine versteckte rudimentäre, aber gleichzeitig bedeutsame Rolle spielt die culpa levissima im Zusammenhang mit der Garantie- und Gefährdungshaftung.

Die von beiden Autoren aufgestellten Grundsätze müßten von ihnen konsequenterweise auf andere Sachverhalte einer gleich strukturierten Garantiehaftung übertragen werden.

[2] Gefährdungshaftung

Deutlicher wird ihr Vorgehen, wenn den Spuren einer technischen culpa levissima im Bereich der Gefährdungshaftung nachgegangen wird. Dabei ist es erforderlich, über den Rahmen des BGB hinauszugreifen, da die Entwicklung der Gefährdungshaftung sich überwiegend in Spezialgesetzen vollzogen hat.

Heute noch ungeklärt ist das Verhältnis von Gefährdungs- und Verschuldenshaftung. Als gescheitert dürfen die Versuche angesehen werden, beide Grundsätze zu vereinen[1271]. Zwar ist als Oberbegriff z. B. „Schadenszurechnung" brauchbar, damit ist aber nur auf die Gleichheit in den Rechtsfolgen Bezug genommen, über den Haftungsgrund nichts gesagt[1272]. Und die causae imputationis sind unterschiedlicher Natur.

Das Verschuldensprinzip beruht auf der Erwägung, daß eine vorwerfbare Schadensverursachung zum Schadensersatz verpflichtet, eben weil sie durch sorgfältigeres Verhalten vermeidbar war; bei der

---

1271 Vgl. die kritische Übersicht über die Einheitsbestrebungen ESSERS und WILBURGS bei REINHARDT, AcP 148 (1943) 150 ff., 169 (Dagegen ist W. die systematische Erfassung der Einheit dieser Haftungselemente noch nicht gelungen); 41. DJT I 268 ff., 279. Es trifft nicht zu, wenn ROTHER 75 behauptet, die neuere Lehre strebe eine Versöhnung beider Prinzipien an. Das tun lediglich einige Autoren, vgl. ROTHER 76, Fn. 1; ferner MARTON, AcP 162 (1963) 34 ff., aber im wesentlichen in juristisch unverbindlichen Bildern, vgl. aus dem älteren Schrifttum CROISSANT 31 (ihre Mutter ist die Schuld). Wenn das OLG Frankfurt in einem Urt. v. 1. 7. 52, NJW 53, 470 den Ausdruck „verstärkte Verschuldenshaftung" prägt, begibt es sich in den populär-juristischen Raum. Wie hier EHRENZWEIG, Schuldhaftung 191 ff.; ERDSIEK, KF 60, 3; RÜMELIN, Schadensersatz 30; WUSSOW-WUSSOW 35 ff.; im Grunde auch WILBURG 27 ff., 101 f., der lediglich den Gedanken der Antinomie beider Zurechnungskategorien durch eine synthetische Betrachtung ersetzt, sein „bewegliches System".

1272 Dementsprechend heißt es bei MARTON, AcP 162 (1963) 37: „Die gesamte einschlägige Gruppe bildet nämlich ihrerseits nur einen besonderen Teil jener breiteren, weitverzweigten Gruppe von Maßregeln, mit deren Hilfe eine kluge moderne Staatsverwaltung den Schaden im allgemeinen, also die Vernichtung oder Minderung wirtschaftlicher Güter der Gesellschaft, zu bekämpfen strebt, auch wenn er den Einzelnen trifft." Er sieht die Schadenszurechnung einseitig unter einem öffentlichen Aspekt und vernachlässigt ihre Ausgleichsfunktion. Siehe ferner a. a. O. 38 (ohne Rücksicht darauf, aus welchem Grund).

Gefährdungshaftung trägt jemand das Risiko für die (einseitige) Verwirklichung eigener Interessen[1273]. Er darf sie durchsetzen, obwohl damit Gefahren verbunden sind, weil es im Interesse des Fortschritts oder auch nur eines anderen öffentlichen Zweckes liegt[1274]. Bewußte Fahrlässigkeit oder bedingter Vorsatz sind ihm schon deswegen nicht vorzuwerfen, weil sein Verhalten erlaubt ist[1275]. Außerdem ist die Möglichkeit eines Schadenseintritts statistisch meistens so gering, daß auch ein Schuldvorwurf nicht möglich wäre.

Historisch hat sich die Gefährdungshaftung im 19. Jahrhundert aus der custodia, besonders des receptum nautarum etc. entwickelt[1276]. Die actiones de pauperie, noxales und de effusis et ejectis haben in der Diskussion nur eine geringe Rolle gespielt. Nicht selten ist sie unter dem Vorzeichen der vis maior geführt worden[1277], da es einfacher erschien, den haftungsfreien Raum zu bestimmen.

Mit den Begriffen custodia und vis maior ist im 19. Jahrhundert der Gegensatz von objektiver und subjektiver Bestimmung der Grenze zwischen dem Bereich der Gefährdungshaftung und dem haftungsfreien Raum in die Gesetze und in die sich dazu bildende Literatur gelangt. Wie häufig in der Rechtsgeschichte, ist es im wesentlichen zu einem Kompromiß gekommen[1278].

[1273] Böhmer, VR 61, 965; Esser, Schuldrecht 222; Kuhlenbeck II 66; Marton, AcP 162 (1963) 20ff., in Zusammenschau mit dem Präventionsprinzip; Mataja 57ff.; Merkel 144ff.; Müller-Erzbach, AcP 106 (1910) 353ff., 396; G. Rümelin, AcP 88 (1898) 293, mit Einschränkungen; Rümelin, Schadenersatz 23, Fn. 2, 31; dagegen Mauczka 113ff. — Häufig, besonders in der älteren Literatur, wird betont, daß selbst die Gefährdungshaftung nicht auf einem Prinzip beruht, z. B. Rümelin a. a. O. 302.

[1274] Esser a. a. O.; Nipperdey, NJW 57, 1778; Rümelin a. a. O. 26; ebenso z. B. die amerikanische Rechtslehre, vgl. Ehrenzweig, negligence 22. — A. A. Weitnauer 120ff., der die Gefährdungshaftung als eine Zurechnung widerrechtlich verursachter Schäden begreift; ebenso Clauss, NJW 62, 1709 zu § 7 II StVG, aufgrund der irrigen Meinung, daß dem Kraftfahrer äußerste Sorgfalt zugemutet wird, in dem Sinne, daß die Nichterbringung rechtswidrig ist; dazu Ehrenzweig, Schuldhaftung 42, Fn. 10; Wilburg 18f.

[1275] Zur Kritik älterer, auf diesen Haftungsformen aufbauender Lösungsversuche vgl. Müller-Erzbach, AcP 106 (1910) 360ff.

[1276] Vgl. den nächsten Unterpunkt; daneben besonders Brunner 16ff.; Kuhlenbeck II 65ff.; Luchsinger 84ff.; Marton, Verschuldensprinzip 19f.; Mataja 68, 80f.; G. Rümelin, AcP 88 (1898) 287; Rümelin, Zufall 25ff.; Gründe 18ff.; Wilburg 112ff., 155; grundlegend war der Aufsatz von Goldschmidt, ZHR 3 (160) 58ff., 331ff.

[1277] Vgl. den Titel der Arbeit von Hollander, Vis Maior als Schranke der Haftung und sein Vorwort.

[1278] Brunner 96ff.; Croisant 54ff.; Endemann 493f., Fn. 13; Esser, Schuldrecht 223f., 951; Rümelin, Zufall 26ff.; Staudinger-Coing, Rdnr. 4

In § 1 RHG entfällt die Haftung bei höherer Gewalt; das gleiche gilt gemäß § 1 SHG für Sachschäden beim Verkehr von Bahnen, die nicht den Verkehrsraum einer öffentlichen Straße benutzen. Verkehrt sie dort, so genügt der Nachweis eines unabwendbaren Ereignisses, das weder auf einem Fehler der Anlagen noch der Vorrichtungen der Fahrzeuge beruht, um die Haftung auszuschließen. Bis zur höheren Gewalt geht auch die Haftung aus § 22 II WHG.

§ 7 II StVG stimmt mit § 2 SHG bezüglich Bahnen im Verkehrsraum einer öffentlichen Straße überein: Die Gefährdungshaftung ist ausgeschlossen, wenn der Schaden durch ein unabwendbares Ereignis verursacht wird, „das weder auf einem Fehler in der Beschaffenheit des Fahrzeuges noch auf einem Versagen seiner Vorrichtungen beruht".

Die Gefährdungshaftung des Luftfahrzeughalters ist absolut, selbst höhere Gewalt entlastet nicht, § 33 LVG; das gleiche gilt nach § 22 I WHG für die Verschmutzung von Gewässern im allgemeinen; nach § 25 AtG für Anlagen zur Erzeugung und Spaltung von Kernbrennstoffen. Die Besitzer und Verwender von Isotopen haften entsprechend § 7 II StVG, § 26 AtG.

Bei der Gefährdungshaftung sind demnach drei Zurechnungsstufen zu unterscheiden, die Zurechnung jeder kausalen Schädigung; der Haftungsausschluß durch höhere Gewalt und die Begrenzung durch ein unabwendbares Ereignis. Eine technische diligentia exactissima ist für den Begriff der höheren Gewalt eines von drei, des unabwendbaren Ereignisses praktisch das einzige Bestimmungselement.

Ein Ereignis wird als höhere Gewalt[1279] qualifiziert, wenn es externen Ursprungs ist[1280], also nicht der Betriebssphäre entspringt, ganz ungewöhnlicher Natur ist, so daß nicht damit gerechnet werden kann[1281] und es auch nicht durch eine diligentia exactissima abwendbar ist[1282]. Ein unabwendbares Ereignis hingegen braucht weder hin-

---

zu § 203; die beste Darstellung des Streitstandes bei Wilburg 205 ff., der ein bewegliches System objektiver Zurechnungsgründe vorschlägt.

[1279] Auf die Besonderheiten der §§ 203, 1996 und ähnlicher prozessualer Vorschriften wie z. B. § 233 ZPO kann hier nicht eingegangen werden, vgl. nur Soergel-Siebert, Rdnr. 4 zu § 203; Staudinger-Coing, Rdnr. 4 zu § 203.

[1280] RGZ 75, 387; BGHZ 9, 339; OLG Koblenz, Urt. v. 18. 5. 55, VR 55, 440. Böhmer, RdK 54, 19; Brunner 76 ff. (vis extraria), mit Darstellung der älteren Literatur; Dickertmann, DAR 57, 141; Esser, Schuldrecht 951; Geigel XVIII 23 ff.; Kuhlenbeck II 93; Soergel-Siebert, Rdnr. 4 zu § 203; Staudinger-Nipperdey, Rdnr. 46 zu § 701; Wussow-Wussow 327.

[1281] Böhmer a. a. O.; Brunner 48 ff.; Dickertmann, DAR 57, 142; Esser a. a. O.; Kuhlenbeck a. a. O.; Staudinger-Coing a. a. O.; Wussow-Wussow a. a. O. RGZ 75, 387; BGHZ 9, 339.

[1282] RGZ 75, 387 (äußerste Vorsicht); RG JW 03, 316; 26, 2290 (höchstes nur denkbare Maß an Vorsicht); 27, 28; 29, 2815; 31, 865; BGH VR 52, sichtlich des Ursprungs noch der Seltenheit seines Auftritts qualifiziert zu sein, die Aufwendung der diligentia exactissima genügt[1283]. Eine Einschränkung ist lediglich hinsichtlich des Ursprungs eines Ereignisses zu machen. Gemäß § 7 II StVG gilt ein Ereignis nicht als unabwendbar, wenn es auf Fehler des Fahrzeuges zurückzuführen ist[1284]. Der Halter haftet somit absolut für die Intaktheit seines Fahrzeuges, bis zur culpa levissima im übrigen.

Das gleiche gilt für den Besitzer und Benutzer radioaktiver Stoffe insofern, als er absolut nur für die einwandfreie Beschaffenheit der Schutzvorrichtungen haftet[1285] und mutatis mutandis für Bahnen, die den Verkehrsraum einer öffentlichen Straße benutzen, § 2 SHG[1286].

Daß § 7 II StVG, § 26 AtG, § 2 SHG — abgesehen von der beschränkten absoluten Haftung — auf der Figur der culpa levissima aufbauen, ist bisher nicht erkannt worden[1287]. Wohl hat die Be-

---

358; BGHZ 9, 339; OLG Koblenz, Urt. v. 18. 5. 55, VR 55, 440. Böhmer, RdK 54, 19; Esser a. a. O.; Geigel XVIII 28 (Unabwendbar ist das Ereignis, wenn es nach menschlicher Einsicht und Erfahrung unvorhersehbar war und mit wirtschaftlich erträglichen Mitteln auch durch die äußerste nach der Sachlage vernünftigerweise zu erwartenden Sorgfalt nicht verhütbar oder unschädlich zu machen war); Kuhlenbeck a. a. O.; Soergel-Siebert, Rdnr. 16 zu § 701 (nicht voraussehbar und abwendbar); Staudinger-Coing, Rdnr. 4 zu § 203; Staudinger-Nipperdey, Rdnr. 46 zu § 701; Wussow-Wussow a. a. O. — Vgl. in diesem Zusammenhang Ehrenzweig, negligence 21 ff., mit einem Überblick über die amerikanische Literatur, in der ebenfalls Ausdrücke wie slightest negligence begegnen, so z. B. Story, Commentaries on the Law of Bailments, 3. A., 1843, S. 592.

[1283] Floegel-Hartung, Rdnr. 26 zu § 7 StVG; Geigel XIX 27 ff.; Wussow-Wussow 353.

[1284] Floegel-Hartung, Rdnr. 32 ff. zu § 7 StVG; Geigel XIX 29; Lütkes, Anm. 6 zu § 7 StVG; Müller, Anm. A Ib zu § 7 StVG; Wussow-Wussow 354 ff.

[1285] Zur Kritik an der umständlichen Fassung der Bestimmung vgl. Mattern-Raisch, Rdnr. 19 ff. zu § 26 AtG; Schindl 29 ff. Außerdem ist für Verrichtungsgehilfen nach § 831 keine Exkulpationsmöglichkeit vorhanden, vgl. Greulich 48 f.

[1286] Zur notwendigerweise weiteren beschränkt absoluten Haftung nach dieser Vorschrift vgl. nur BGH NJW 63, 1831.

[1287] Bei einigen Autoren sind Ansätze vorhanden, vgl. Brodmann, AcP 99 (1906) 338 (Nur in der m. E. verkehrten Begriffsbestimmung der vis maior, welche die herrschende Lehre sich angeeignet hat, führt sie noch ein illegitimes — und vermutlich deswegen nicht gern genanntes — Dasein); Esser, Schuldrecht 205 (Er — der Maßstab der „erforderlichen Sorgfalt" — wird im Straßenverkehrsrecht noch auf den Grad „aller nach den Umständen gebotenen Sorgfalt" konkretisiert, womit praktisch die culpa levissima, ja die an Zufallshaftung grenzende custodia des römischen Rechts dort eingefügt wird, wohin sie paßt, nämlich als ganz eng begrenzte Exculpationsmöglichkeit im Rahmen einer Gefährdungshaftung); Lange, Schuldrecht 30 schränkung der Haftung auf die Nichterbringung einer höchsten (überdurchschnittlichen) Sorgfalt zu der Kontroverse geführt, ob es sich in diesen Fällen noch um eine echte Gefährdungshaftung handelt.

Eine Gruppe[1288] von Autoren meint, daß die drei Vorschriften eine Gefährdungshaftung festlegen, obwohl auf eine gesteigerte Sorgfalt Bezug genommen ist. Von Verschulden könne nur gesprochen werden, wenn die im Verkehr erforderliche Sorgfalt verletzt wird. Dieses Argument lassen einige[1289] nicht gelten und fassen die Haftung als eine Zurechnung aufgrund schuldhaften Verhaltens auf. Die Gefährdung des Straßenverkehrs, des Umgangs mit Isotopen erhöhe die Sorgfaltspflichten, so daß der Grundsatz des § 276 gewahrt bleibe.

Eine wohl herrschende Mittelmeinung[1290] sieht in den Vorschriften eine modifizierte Gefährdungshaftung, ein Zwischengebilde, geregelt.

(zu der man, wenn man will, die leichteste des § 7 KFG hinzufügen kann); TUHR II 2, 490, Fn. 73.

[1288] BGH (6. S.), Urt. v. 16. 4. 55, VR 55, 311. FLOEGEL-HARTUNG, Rdnr. 2 zu § 7 StVG (im wesentlichen Gefährdungshaftung, jedoch gemischt mit Elementen der Verschuldenshaftung); ESSER, Schuldrecht 952; HAFFERBURG, NJW 59, 1400; LÜTKES, Anm. 1 zu § 7 StVG; MÜLLER, Anm. A III a 2, b 2 zu § 7 StVG; SCHEIDWIMMER 74.

[1289] BÖHMER, VR 61, 966; LANGE, Schuldrecht 30; PIÉRARD 157 (une responsabilité exorbitante du droit commun), 159; SCHINDEL 17, 26, 27 (kommt einer Gefährdungshaftung sehr nahe); GIESEKE 29 (Verschuldenshaftung mit umgekehrter Beweislast); REIMER SCHMIDT 135 (vermutetes Verschulden); WEITNAUER 120, lediglich die Beweislast sei umgekehrt; vorsichtiger in VEnergR 3/4, 42 (nähert sich einer Verschuldenshaftung), 43 (Gefährdungs- und Verschuldenshaftung sind hier also miteinander vermischt — in Hinblick auf die teilweise absolute Haftung); WILBURG 94; WUSSOW, NJW 58, 892 (reine Verschuldenshaftung mit Umkehrung der Beweislast und erhöhten Pflichten des Kraftfahrers); VR 59, 778; TUHR II 2, 490, Fn. 73 (m. E. ist nur die Vorschrift des § 276 BGB mit anderen Worten wiedergegeben); das war auch die Auffassung der an der Gesetzgebung beteiligten Organe, vgl. Begründung des Entwurfs (zum AtG), BT-Drucks. 3026, Anl. 1 b, 36 f.; Stellungnahme der Bundesregierung, BT-Drucks. 3026, Anl. 3, 61; Stellungnahme des Bundesrates, BT-Drucks. 3026, Anl. 2 b, 53. Vgl. KELSO 13, der darlegt, daß im amerikanischen Recht die Haftung einheitlich als Verschuldenshaftung qualifiziert wird, mit Hilfe des res ipsa loquitur-Prinzips, einer Kombination von Fiktion und Anscheinsbeweis; dazu EHRENZWEIG, negligence 16 ff.

[1290] FISCHERHOFF, Rdnr. 3 zu § 26 AtG; GEIGEL XVIII 47; GREULICH 48; KRUSE, Rdnr. 4 zu § 26 AtG; MATTERN-RAISCH, Rdnr. 1 zu § 26 AtG; RASEHORN, DAR 60, 107 (Mittelstellung); ROTHER 70, er gebraucht den Ausdruck „modifizierte Verschuldenshaftung"; in NJW 66, 328 heißt es: „gesteigerte Verschuldenshaftung"; das OLG Frankfurt, Urt. v. 1. 7. 52 spricht in antinomischer Weise vom „Schuldcharakter der Gefährdungshaftung".

Eine objektive Theorie, die keine individuelle Vorwerfbarkeit im Einzelfall verlangt, könnte die Bestimmungen — sofern von der partiell absoluten Haftung abgesehen wird, als mit dem Schuldprinzip vereinbar betrachten. Die drei Paragraphen würden § 276 für besonders gefahrtragende Bereiche konkretisieren, die Bestimmungen hinsichtlich des Haftungsumfanges leges speciales gegenüber den §§ 249 ff. sein[1291].

Eine so verstandene Schuld würde nur noch einen sehr geringen ethischen Bezug besitzen, da das Verhalten lediglich denjenigen vorwerfbar ist, die in der Lage sind, jede nach den Umständen gebotene Sorgfalt zu erbringen.

Mit Hilfe der Kategorie des Übernahmeverschuldens kann hier keine Verbindung zur Vorwerfbarkeit geschaffen werden. Man kann einem Teilnehmer am Straßenverkehr nicht vorwerfen, daß er ein Fahrzeug benutzt, obwohl er keine überdurchschnittlichen Fähigkeiten besitzt. Solch ein Vorwurf wäre zu abstrakt, er müßte sich zumindestens auf eine konkrete Situation beziehen. Und dann tritt die Gefahr regelmäßig deshalb auf, weil aufgrund durchschnittlicher Fähigkeiten ihre Entwicklung nicht vorauszusehen ist.

Es handelt sich eindeutig um eine objektive Zurechnung. Das Verhalten ist in der Mehrzahl der Fälle nicht vorwerfbar, die Orientierung an einer diligentia maxima ändert daran nichts. Es ist auch nicht richtig, die Regelung als ein Zwischengebilde zu bezeichnen, eine modifizierte Gefährdungshaftung. Es ist die unterste Stufe der Gefährdungshaftung, die mildeste Form[1292].

[1291] Die Rechtsprechung stellt hingegen immer wieder fest, daß jemand schuldlos im Sinne von § 276 sein könne, ohne jede nach den Umständen gebotene Sorgfalt erbracht zu haben, vgl. RG JW 28, 797, 1723; 31, 3330; Gruch 30, 420 Nr. 47; RGZ 86, 151; 92, 38; 96, 131; BGH (6. S.), Urt. v. 1. 3. 55, VR 55, 309; Urt. v. 14. 4. 55, VR 55, 311; Urt. v. 28. 11. 61, VR 62, 165; Urt. v. 11. 2. 64, NJW 64, 859 f.; BGHZ 20, 259; OLG Stuttgart, Urt. v. 28. 7. 55, VR 56, 563. — Ebenso das Schrifttum zu § 7 II StVG: Clauss, NJW 62, 1709, der zu Unrecht von Weimar, JuS 62, 135, Fn. 13 behauptet, er ziehe § 7 II StVG in den § 276; einschränkend Dickertmann, DAR 57, 145 f.; Floegel-Hartung, Rdnr. 34 ff. zu § 7 StVG; Lütkes, Anm. 9 zu § 7 StVG; Müller, Anm. A II b 3 zu § 7 StVG und zu § 26 AtG: Fischerhoff, Rdnr. 20 zu § 26 AtG; Fonk, Atom und Strom 57, 45; Mattern-Raisch, Rdnr. 16 zu § 26 AtG; Schindel 27 f.; Seydel-Salger, NJW 56, 1359 (Nur dann hat der Besitzer jede zur Vermeidung einer Gefahr nach den Umständen des Einzelfalls gebotene Sorgfalt beobachtet, wenn er eine über die gewöhnliche Verkehrssorgfalt hinausgehende Überlegung und gesammelte Aufmerksamkeit, Umsicht und Geistesgegenwart bewahrt hat).

[1292] Sehr klar auch Esser, Schuldrecht 952 (Denn es handelt sich hier eben nicht um den Schuldvorwurf ad personam, wie bei der Fahrerhaftung nach § 18 StVG, sondern um den weitergehenden Entlastungsbeweis des objektiv unabwendbaren Ereignisses).

Bedenklich stimmt, daß ihre Vorgängerin, die culpa levissima, heftige Kritik erfahren hat und schließlich im 19. Jahrhundert — wenn auch nicht in allen Bereichen, wie es der Begriff des unabwendbaren Ereignisses zeigt — endgültig aus dem Instrumentarium der Juristen verschwunden ist. Fiktionscharakter kann der Regelung nicht mehr vorgeworfen werden, sofern sie als Gefährdungshaftung anerkannt wird. Damit entfällt auch das Argument, es dürfe in alltäglichen Lebensverhältnissen nichts dem Durchschnitt Unmögliches verlangt werden, da die höchste Sorgfalt ethisch wertfrei nur noch eine technische Maßstabsfunktion besitzt[1293]. Dagegen behalten ungeschmälerte Bedeutung die Einwände gegen die Praktikabilität einer solchen Zurechnungsform. Einmal ist die höchste Sorgfalt gegen die im Verkehr erforderliche, zum anderen gegen die Menschen unmögliche Sorgfalt abzugrenzen. Beträchtliche, aber noch zu meisternde Schwierigkeiten wirft die erste Grenzziehung auf, theoretisch unmöglich ist die zweite. Es läßt sich nämlich immer wieder ein noch sorgfältigeres Handeln denken, so daß ein definierbarer Endpunkt fehlt[1294]. Diese Eigenschaften weisen alle Superlative auf.

Als einziger Ausweg bietet sich die Entwicklung eines Typus, eines Über- oder Idealmenschen an. Die Juristen des Mittelalters und der Neuzeit, soweit sie eine culpa levissima anerkannten, haben daher den richtigen Weg eingeschlagen, indem sie einen diligentissimus paterfamilias mit bestimmten Eigenschaften schufen. Die Rechtsprechung und die Lehre schlagen heute notwendigerweise denselben Weg ein, ohne unbedingt die Summe der Eigenschaften, die zur Vermeidung der culpa levissima erforderlich sind, einem Idealtyp zuschreiben zu müssen. Das zeigt sich auch darin, daß betont wird, absolute Unvermeidbarkeit sei nicht zu fordern, damit ein unabwendbares Ereignis anerkannt werden kann[1295], überraschende und unerwartete Situationsänderungen zur Berücksichtigung der physisch bedingten Reaktionszeit führen[1296]. Für gewichtiger als diese Bedenken gegen den Begriff des unabwendbaren Ereignisses werden rechtspolitische Erwägungen erachtet, die für ihn sprechen.

d) Das Gegensatzpaar culpa in faciendo und in omittendo

Die Unterscheidung in Begehungs- und Unterlassungssachverhalte gewinnt bei einigen eine neue Bedeutung; der Satz, daß Begehungen

---

1293 Vgl. Esser a. a. O.

1294 Dazu Forchielli, Riv. dir. civ. 63 n. 2, 15 ff.

1295 Floegel-Hartung, Rdnr. 26 zu § 7 StVG; Lütkes, Anm. 5 zu § 7 StVG.

1296 BGH, Urt. v. 28. 11. 61 (6. S.), VR 62, 164 f. Esser, Schuldrecht 952; Floegel-Hartung a. a. O., mit einer Rechtsprechungsübersicht; Lütkes, Anm. 5 zu § 7 StVG; Müller, Anm. A II b 3 zu § 7 StVG; Wussow-Wussow 353.

schwerwiegender sind als Unterlassungen, wird nicht mehr anerkannt[1297]. Während eine Reihe von Autoren[1298] den Unterschied für bedeutungslos erklärt, verlangen andere[1299] bei Unterlassungen eine besondere Verpflichtung zum Tätigwerden.

Im BGB wird zu dieser Frage nicht Stellung genommen. Es gilt der allseitig anerkannte Satz, daß im außervertraglichen Bereich eine Unterlassung nur schuldhaft sein kann, wenn eine besondere Garantenpflicht besteht.

2. *Stellung der custodia im Haftungssystem*

a) Objektivierungstendenzen in der Pandektistik des 19. Jahrhunderts

Das besondere Interesse der Juristen des 19. Jahrhunderts galt der custodia. Während zunächst noch der überkommenen Auffassung[1300] gefolgt wurde, die in der custodia eine species diligentiae sah, meldeten sich bald Stimmen, die in den Quellen eine technische[1301] custodia entdeckten.

Thibaut[1302] und seine Schüler Gries[1303], Löhr[1304] und Hasse[1305] sowie die anderen Autoren des ersten Drittels des 19. Jahrhunderts sind einmütig der Ansicht, daß die custodia als eine Diligenzpflicht, bezogen auf die Verwahrung der Sache, verstanden werden muß. Löhr macht hierbei keine Ausnahme, obgleich seiner Ansicht nach der Kustodient

---

[1297] Z. B. Hasse (1. A.) 148; Schaaff 18.

[1298] Mühlenbruch II 312 (§ 352); Gensler, ex. 14ff. hält die Unterscheidung für praktisch nicht durchführbar; vgl. dazu Löhr, HJahrb 8 (1815) 291.

[1299] Hesse, AcP 61 (1878) 204 mit Zitaten; Löhr II 11; Seuffert I 97.

[1300] Gensler, ex. 60; Haenel 40; vgl. besonders Schaaff 17ff.; Schoeman I 248, II 263, 285f.; Schweppe § 134; Wening 103, 176. Sie finden sich aber noch bei einer ganzen Reihe späterer Autoren; vgl. Arndts § 86; Böcking, Inst. 46; selbst noch Gerth passim; Puchta II 90; Vangerow I § 107; Windscheid-Kipp I 521 (Richtig ist, daß jemand unter Umständen für einen widerrechtlichen Erfolg haftbar sein kann, obgleich er nicht unter der Sorgfalt eines ordentlichen Mannes geblieben ist, wenn nur der Erfolg durch eine noch mehr gesteigerte Fürsorge hätte abgewendet werden können), II 84, Fn. 9, 89, Fn. 2; vgl. ferner die folgenden Fn. und zum ganzen Fragenkreis besonders Cannata 23ff. und Luzzatto, BIDR 63 (1960) 49ff.

[1301] Cannata 25 hält Windscheid für den Schöpfer dieses Ausdrucks. Bereits Elvers 48f. benutzt den Ausdruck custodia sensu absolutiore, den Löhr, JenAllgLitZ 1807, 229 als custodia im technischen Sinne benutzt. Auch schon humanistischen Autoren war die custodia im technischen Sinne bekannt, sofern sie den Begriff custodia nämlich als culpa levissima interpretierten.

[1302] Thibaut I §§ 251ff.

[1303] Gries 22.

[1304] Löhr I 71f.; II 15; Magazin 4 (1844) 476.

[1305] Hasse 335.

immer für ein furtum verantwortlich ist. Dieser auch vor ihm nicht selten eingenommene Standpunkt[1306] beruht auf der Annahme, daß mit dem Abhandenkommen der Sache durch Diebstahl der Nachweis für eine nachlässige Verwahrung geführt ist[1307].

Elvers nimmt eine Sonderstellung ein. Nachdem er dargelegt hat, daß die custodia die Abwehr von Schädigungen der Sache, die diligentia die Sorge um Gewinnerzielung zum Inhalt hat[1308], erläutert er, daß es auch eine custodia sensu absolutiore gebe, die eine Verantwortlichkeit für casus minores mit einschließt[1309]. Daher nehme die custodia einen mittleren Platz zwischen der culpa und dem casus ein, sie neige sich sogar mehr dem casus zu[1310]. In ähnlicher Weise meint Gensler[1311] in einer beiläufigen Bemerkung, daß die custodia einen anderen als den regelmäßigen Sinn annehmen kann und dann das periculum casus mit umfasse.

Um die Jahrhundertmitte beginnt sich das neue Verständnis der custodia in der Literatur durchzusetzen, ohne daß jedoch immer jede Beziehung zur diligentia aufgegeben wird.

Mühlenbruch[1312] bezeichnet die custodia als regelmäßige Verantwortlichkeit wegen Diebstahls und Ersitzung — weil anzunehmen ist, daß dies durch Anwendung gebührender Sorgfalt hätte vermieden werden können.

Molitor[1313] schließt sich der Ansicht Elvers an, daß die Verantwortlichkeit für custodia zwischen der Haftung für culpa und der Zurechnung der vis maior liegt. Zugerechnet werden die casus minores wie Diebstahl, die Flucht von Sklaven etc.

Brinz[1314] gibt jeden Bezug zu einer noch so gesteigerten Sorgfaltspflicht auf[1315]; der Schuldner hat, sofern ihm eine custodia-Verantwortlichkeit auferlegt ist, unbedingt bis zur vis maior einzustehen[1316].

1306 Vgl. oben 122.

1307 Löhr I 72; II 15.

1308 Elvers 32; vgl. Löhr, JenAllgLitZ 1807, 229 (Custodia im technischen Sinn enthält die Verantwortlichkeit für alle äußeren Einwirkungsfälle, die durch menschliche Vorsicht hätten abgewendet werden können, zu haften).

1309 Elvers 48 f., 51.

1310 Elvers 52 (Quo modo ergo custodiae praestatio inter culpae et casus praestationem medium fere obtinet).

1311 Gensler, AcP 1 (1818) 423, Fn. 7; anders aber a. a. O. 425, Fn. 10, wo er der h. L. folgt.

1312 Mühlenbruch II 311 (§ 352).

1313 Molitor I 231.

1314 Brinz II 262 ff. (§§ 268 ff.); vgl. zum folgenden Stintzing, AcP 81 (1893) 431 ff., mit scharfer Kritik, er möchte den Unterschied zwischen culpa und custodia in einer Beweislastverlagerung sehen, 439 ff.

1315 Brinz a. a. O. 262, 265 f.

1316 Brinz a. a. O. 272.

Er begrenzt allerdings den Anwendungsbereich praktisch auf Fälle vertraglicher Übernahme, neben der Gastwirtshaftung[1317].

Pernice[1318] glaubt, daß es im römischen Recht nur etwa bis zur Zeit Hadrians eine von der diligentia unabhängige custodia gegeben habe. Sie war seiner Ansicht nach eine objektive Zurechnungskategorie, bei der nur das damnum fatale haftungsbefreiend wirkte[1319]. Für diese Zeit erkennt er sie neben der Gastwirts- und Speicherverwalterhaftung in den von Gai inst III 205 f. ausdrücklich aufgeführten Rechtsverhältnissen an[1320], ferner für alle, die zur Erhebung der actio furti aktivlegitimiert sind[1321].

Wohl am intensivsten befassen sich in der zweiten Jahrhunderthälfte Baron und Bruckner mit der custodia[1322]. In seinem ersten Aufsatz in der AcP[1323] gelangt Baron zu der Überzeugung, daß unter custodia eine Haftung für fremde Schuld zu verstehen ist. Diesen Standpunkt revidiert er in seinem zweiten größeren Aufsatz[1324] dahingehend, daß außerdem jeder Zufall zuzurechnen ist, der nicht als höhere Gewalt bezeichnet werden kann[1325]. Zwei Gründe führten zur Verpflichtung, custodia zu erbringen: Polizeiliche Motive wie bei dem receptum nautarum oder eine seit alters her bestehende Übung, sie zu vereinbaren; das wären die Fälle kontraktlicher Haftung[1326]. Pernice, der annahm, daß in hadrianischer Zeit sich die objektive custodia in eine subjektive diligentia in custodiendo umgewandelt hätte, würde die Dinge geradezu auf den Kopf gestellt haben[1327]. Es sei nicht anzunehmen, daß in der klassischen Zeit ein Rückschritt eingetreten ist. Vielmehr sei die Haftungskategorie vermittels der diligentia exactissima oder der diligentia diligentissimi patrisfamilias in Bereiche übernommen worden, die keine Sachübergabe charakterisiert[1328].

[1317] Brinz a. a. O. 275, Fn. 40, mit zahlreichen Zitaten.

[1318] Pernice II 339 ff.; dazu Berding 71. Diese genetische Interpretation fand um die Jahrhundertwende der Sache nach viele Anhänger, vgl. nur Hollander 60 ff.

[1319] Pernice II 346 f.

[1320] Pernice II 348 ff.

[1321] Pernice II 356 ff.

[1322] Vgl. ferner Stobbe 247.

[1323] Baron, AcP 52 (1869) 44 ff.

[1324] Baron, AcP 78 (1892) 205 ff.

[1325] Baron a. a. O. 206.

[1326] Baron a. a. O. 210.

[1327] Baron a. a. O. 214.

[1328] Baron a. a. O. 233, die diligentia diligentissimi patrisfamilias gehe dementsprechend weiter; Ausgangspunkt der Entwicklung sei das edictum nautarum gewesen, 254.

Die Übernahme der custodia in einige wichtige Gesetze[1329] in neuester Zeit würde die wachsende Bedeutung der Haftungsfigur im geltenden Recht zeigen. Parallelen zum germanischen Erfolgsstrafrecht[1330] zu ziehen, verbiete sich schon aus methodischen Gründen[1331].

Die Haftung für custodia diene dazu, den technischen Fortschritt voranzutreiben, da sie dazu ansporne, neue Wege ausfindig zu machen, mögliche Schadensereignisse abzuwenden[1332]. Sie könne, angesichts der Tatsache, daß nur der „kritische Kopf" in der Lage ist, die erforderliche Sorgfalt aufzubringen, nicht als culpa levissima bezeichnet werden[1333].

Diese richtige dogmatische Einsicht hindert es aber, wie bereits bemerkt wurde[1334], nicht, daß sich Baron der Sache nach im wesentlichen mit den Anhängern einer culpa levissima in Übereinstimmung befindet. Er zeichnet sich lediglich darin aus, daß er sich — ebenso wie eine Mindermeinung[1335] unter den Anhängern der culpa levissima — für eine unbedingte Zurechnung bestimmter Schadensursachen ausspricht. Mit diesem Verständnis hätte er sich sogar auf Vorgänger unter den Glossatoren berufen können, denn der medium-Begriff z. B. des Odofredus[1336] stimmt inhaltlich mit der objektiv betrachteten custodia überein.

Bruckner[1337] tendiert scheinbar wieder stärker dazu, der custodia einen subjektiven Charakter beizumessen. Zwar sei sie keine species diligentiae, aber immerhin eine species curae. Doch sodann greift er Windscheids Annahme an, daß sie zur Leistung von außerordentlichen, das gewöhnliche Maß der diligentia noch übersteigenden Vorsichtsmaßregeln verpflichtet[1338]. Es gehe vielmehr um eine vom Verschulden unabhängige Garantiehaftung, die denjenigen trifft, den das Corpus Iuris bei einem Sachverlust durch Diebstahl zur actio furti aktivlegitimiert[1339].

[1329] Vgl. die Übersicht bei BARON a. a. O. 215; MÜLLER-ERZBACH, AcP 106 (1910) 375 ff.

[1330] Vgl. dazu EKK. KAUFMANN, Die Erfolgshaftung.

[1331] BARON a. a. O. 216.

[1332] BARON a. a. O. 234; gegen die Aufgabe des Richters als Erzieher STINTZING, AcP 81 (1893) 456, er sei allein Urteiler. STINTZING verkennt, daß erzieherisch Normen der Rechtsordnung wirken sollen, der Richter nicht aus seiner Urteilerrolle herauszutreten braucht.

[1333] BARON a. a. O. 206, 232, er verwahrt sich gegen die Auffassung DERNBURGS (I § 120, Fn. 3), nach der er sich für eine culpa levissima einsetze.

[1334] Vgl. oben 204.

[1335] Vgl. oben z. B. 36 f.

[1336] Siehe oben 36 f.

[1337] BRUCKNER 79.

[1338] BRUCKNER 92.

[1339] BRUCKNER 105.

Entgegen Baron sei die Garantiehaftung die erste Stufe der Rechtsentwicklung, auf die der Verschuldensgrundsatz folge, um schließlich einer Versicherungsregelung Platz zu machen[1340]. Das römische Recht, so wie es auf uns überkommen ist, repräsentiere die zweite Stufe[1341]; deshalb würden nicht selten Entscheidungen begegnen, in denen trotz objektiver Zurechnung eine culpa fingiert wäre[1342].

b) Aufgabe und dogmatischer Ort der custodia-Haftung im BGB

Die Redaktoren[1343] des BGB glaubten, eine besondere custodia entbehren zu können. Diese Auffassung verwundert nicht, wenn festgestellt wird, daß sie die custodia mit einer Mindermeinung im Schrifttum als species diligentiae begriffen. Dann ist es sicherlich richtig, daß „er — der Schuldner — die ihm nach dem betreffenden Schuldverhältnisse obliegende Sorgfalt auch in der besonderen Richtung auf die Bewahrung zu betätigen" hat.

Wird hingegen die custodia als Zurechnung aller Schädigungen verstanden, sofern der Schuldner nicht höhere Gewalt nachweist, so stellt sich ernsthaft die Frage, ob diese Haftungsform nicht in das BGB zu übernehmen ist. Es wäre bezüglich der Begriffsbestimmung der höheren Gewalt nicht an eine subjektive oder vermittelnde Theorie anzuknüpfen, sondern an die objektive. Nur von außerhalb der Schuldnersphäre kommende, außergewöhnliche Ereignisse entlasten.

In einer Rechtsbeziehung ist die Verantwortlichkeit für technische custodia in das BGB übernommen worden, ohne daß es die Redaktoren erkannten. Ein Gastwirt haftet nach § 701 I 2[1344] für eingebrachte Sachen bis zur höheren Gewalt. Das ist die Haftung aus dem receptum nautarum etc.[1345].

Im BGB übernimmt sonst die Beweislastregelung des § 282 die Aufgabe, den Beweisnotstand[1346] des Gläubigers zu mildern. Diese Vorschrift kann aber nicht voll[1347] die gewünschte Wirkung haben. Zwar ist in Zweifelsfällen der Schuldner schadensersatzpflichtig, seine Entlastungsmöglichkeit reizt ihn aber zur Fortführung des Prozesses an.

1340 Bruckner 177, Fn. 1.

1341 Bruckner 255, Fn. 1.

1342 Bruckner 182.

1343 Motive II 28.

1344 Zur Neuregelung der Gastwirtshaftung, die nicht den Begriff der höheren Gewalt berührte, vgl. nur Niessen, MDR 66, 718 ff.

1345 Vgl. nur Kuhlenbeck II 65; Müller-Erzbach, AcP 106 (1910) 456 f.; Staudinger-Nipperdey, Rdnr. 5 ff. vor § 701.

1346 Dazu nur die eingehenden Darlegungen von Marton, AcP 162 (1963) 46 ff.

1347 Die Rechtsprechung und die Lehre stellen keine hohen Anforderungen an den Entlastungsbeweis, vgl. RG HansRZ 23, 380; BGH LM BGB § 282 Nr. 6; BAG AP — Haftung des Arbeitnehmers Nr. 20[2] verso; Soergel-Reimer Schmidt, Rdnr. 2 zu § 282.

Entlasten ihn nur bestimmte von ihm nachzuweisende elementare Ereignisse, dann werden die Prozesse verringert und die Rechtssicherheit gefördert[1348].

Nicht nur praktische Erwägungen rechtfertigen die Überwälzung der Haftung für casus minores auf den Schuldner, sondern auch rechtsethische. Der Gläubiger muß in einer Reihe von Schuldverhältnissen seine Gegenstände dem Schuldner anvertrauen, auf dessen Sphäre[1349] er keinen Einfluß hat. Dem Schuldner allein ist es möglich, sie zu gestalten und abzusichern. Will er nicht Maßnahmen ergreifen, die casus minores ausschließen oder ist er dazu nicht in der Lage, so mag er sein Risiko versichern[1350]. Diese zusätzliche Belastung durch Prämien kann er auf den Preis aufschlagen. Von dieser Regelung wären Sachhingaben im Rahmen einer unentgeltlichen Rechtsbeziehung auszunehmen, da hier der Gläubiger keinen so großen Schutz verdient.

3. *Funktion der culpa in concreto*

Im 19. Jahrhundert wird ein fruchtbares Streitgespräch über das Wesen der culpa in concreto geführt. Die Skala der Meinungen reicht von der Annahme einer culpa levis und lata in concreto bis zur Ablehnung jeder culpa in concreto.

Herkömmlicherweise wird eine culpa levis und lata in concreto unterschieden[1351]. Die beiden Unterarten zeichneten sich durch eine unterschiedliche Beweislastregelung aus, bei der culpa levis in concreto liege sie beim Schuldner[1352]. Ein Wertungsunterschied ergebe sich aus der Tatsache, daß der Schuldner einerseits fremde, andererseits teilweise oder ganz eigene Sachen im Fremdinteresse zu verwalten hat[1353]. Nach Thibauts[1354] Ansicht rechtfertigt sich die subjektive Wertung der

---

[1348] Für eine Neubelebung der custodia besonders MARTON, AcP 162 (1963) 24 ff., der darauf hinweist, daß die Rechtsprechung in Ungarn ohne gesetzlichen Anhalt von sich aus dazu übergegangen ist, eine solche Haftung für Wäschereien und ähnliche Unternehmen zu statuieren. Unzutreffend ist allerdings, daß sonst in modernen Rechten die custodia keine Bedeutung mehr besitzt. Vgl. ferner RÜMELIN, Zufall 29 ff.; WILBURG 112 ff., 124 ff., 155, der diese Zurechnungskategorie ebenfalls sehr positiv beurteilt.

[1349] Zum Sphärengedanken vgl. nur die tiefgründigen Ausführungen von WILBURG 5 ff., 40, 114 ff.

[1350] Eine versicherungsrechtliche Lösung entspräche der allgemeinen Tendenz, bei Schadensregulierungen das Insolvenzrisiko auszuschalten, dem Unternehmer eine kostenmäßige Berücksichtigung der Haftungsbelastung zu ermöglichen.

[1351] ARNDTS § 86; CHIRONI 23; REGELSBERGER I 651; UNGER II 246; der Sache nach auch BRINZ II 259.

[1352] BRINZ II 260; HASSE 178 ff.; TARBOURIECH 72; UNGER a. a. O.; dagegen z. B. MOLITOR I 262; SCHAAFF 188.

[1353] Vgl. nur HESSE, AcP 61 (1878) 209.

[1354] THIBAUT, HJahrb 8 (1815) 952 ff.

culpa in einigen Fällen aus der besonders engen Verbindung der Parteien. Bei gemeinschaftlichen Sachen sei die culpa in concreto eine Mittelgröße, die gewählt werden müsse, da es gegenüber eigenen Sachen kein Verschulden gebe.

Pernice[1355] bemüht sich um eine historische Erklärung für die doppelte Funktion der diligentia quam suis in den Quellen. Durch die diligentia quam suis sei in der Nachklassik eine Milderung der culpa levis erreicht worden. D 16, 3, 32 enthalte eine singuläre und daher nicht zu berücksichtigende Entscheidung[1356]; die Entwicklung sei über sie hinweggegangen.

Einige Autoren[1357] nehmen an, daß die Verletzung der diligentia quam suis regelmäßig oder immer als culpa lata zu qualifizieren ist.

Löhr[1358] ist zwar nicht, wie manchmal behauptet wird, ein Gegner der culpa in concreto — er lehnt allerdings die Bezeichnung ab —, vertritt aber die Auffassung, daß die Verletzung der diligentia quam suis immer als culpa lata zu betrachten ist, D 16, 3, 32 liefere dafür einen deutlichen Beweis.

Hasse glaubt, daß die Vernachlässigung der eigenen Sorgfalt wesensmäßig culpa lata sei, da der Handelnde sich der drohenden Gefahr bewußt sein muß — sonst würde er auch in eigenen Angelegenheiten keinen höheren Fleiß aufbringen[1359]. Eine culpa levis in concreto sei aber nicht schlechthin ausgeschlossen.

Er läßt — notwendigerweise — die Überlegung nicht gelten, daß doloses Handeln bei gemeinschaftlichen Sachen nicht angenommen werden kann. Es sei „eine bekannte Erfahrung, daß z. B. bei einer gemeinsamen Erbschaft, Neid und kleinlicher Eigennutz gerade am meisten die Köpfe zu verwirren, und den guten Willen zu lähmen pflegt"[1360].

Puchta[1361] und ihm folgend Fr. Mommsen[1362] sind der Ansicht, daß eine culpa lata nur angenommen werden darf, wenn wissentlich eigene Sachen den fremden vorgezogen werden.

1355 Pernice II 360 ff.; vgl. dazu Sander 9 f., der sich auch dagegen wendet, einen Theorienstreit anzunehmen.

1356 Pernice II 367; ähnlich zum Celsus-Fragment Schaaff 210 f.

1357 Z. B. Rosshirt 49 f., unter Einschränkungen.

1358 Löhr, Magazin 4 (1844) 475, 481, 510 ff.; HJahrb 8 (1815) 292; ebenso Dresch 28; Elvers 17 (Qui autem minorem alienis, quam suis rebus diligentiam adhibet, in dolo est et ne unquam levi tantum in culpa.

1359 Hasse 141; 148 unterscheidet er wieder — der Sache nach — zwischen culpa lata und levis in concreto.

1360 Hasse 143.

1361 Puchta II 92; deutlicher Pandekten 405 f.; kritisch zu dieser Lehre Hesse, AcP 61 (1878) 223, auf S. 224 schließt er sich ihr aber an.

1362 Fr. Mommsen III 377 f., 382, 390; vgl. dazu auch Hasse 141 ff.

De lege ferenda tritt Hasse[1363] für eine Abschaffung der culpa in concreto ein. Er macht sich im wesentlichen die Argumentation Genslers[1364] zu eigen; die culpa in concreto wäre eine wahre Lockspeise der Faulheit, denn ein Gesellschafter zum Beispiel würde sich sehr in acht nehmen, in eigenen Angelegenheiten allzu fleißig zu sein. Eher sei der der culpa in concreto zugrunde liegende Rechtsgedanke umzukehren, einem besonders vorzüglichen Vormund seien gelegentliche Nachlässigkeiten nachzusehen.

Ähnlich kritisch wie die Haltung Genslers ist die Stellungnahme Molitors[1365]. Es wäre ungerecht zu erlauben, daß sich jemand auf seine eigene Nachlässigkeit beruft. Die Entscheidung in D 16, 3, 32 wäre vom heutigen Standpunkt überflüssigerweise auf eine Verletzung der diligentia quam suis gestützt; der Schuldner befände sich bereits per se in einer culpa lata, da von einem negligens ausgegangen wird.

Nach Bruckner[1366] ist die Verletzung der diligentia quam suis kein selbständiger culpa-Grad, sondern eine Haftungsmilderung. Praktisch ergebe sich kaum ein Unterschied zur Verantwortlichkeit für eine culpa levis, da dem Beklagten lediglich eine prozessuale Einrede gewährt wird.

Seuffert[1367] schränkt die Bedeutung der culpa levis in concreto für die Praxis erheblich ein, indem er vom Schuldner den Nachweis verlangt, daß er ständig eigenen Angelegenheiten nur diese Sorgfalt widmet. Ein einmaliges Abweichen von einer durchschnittlichen Sorgfalt liefere noch keinen Grund für eine Haftungsfreistellung.

Blondeau[1368] will den Anwendungsbereich der culpa in concreto auf die Fälle einschränken, in denen die Vertragsparteien sich vorher gut kannten. Im Rechtsverkehr unter Fremden oder nur flüchtig Bekannten sei unbedingt das Vertrauen, der Vertragspartner verhalte sich wie ein durchschnittlicher Rechtsgenosse, zu schützen.

Unterholzner[1369] läßt eine Berufung auf eine eigene geringe diligentia quam suis nur bei Unterlassungssachverhalten zu. Haenel[1370] macht

---

[1363] Hasse 138, Fn. 2.

[1364] Gensler, ex 90ff.; ähnlich auch Kritz 155, 160, 171, 181f.; a. A. z. B. Schaaff 183ff., 193ff. einschränkend.

[1365] Molitor I 263; vgl. dazu Tarbouriech 23.

[1366] Bruckner 72, Fn. 2; vgl. auch 79, Fn. 1; ähnlich Fr. Mommsen III 375.

[1367] Seuffert I 115.

[1368] Blondeau, Thémis 2 (1824) 335.

[1369] Unterholzner I 282f.; ebenso Brinz II 259, Fn. 30; ablehnend Thibaut, HJahrb 8 (1815) 947, der Hasse 120ff. mißversteht, wenn er von ihm behauptet, daß er den Anwendungsbereich der diligentia quam suis auf Omissionen beschränken will.

[1370] Haenel 36.

zur Voraussetzung, daß der Schuldner ähnliche[1371] eigene Geschäfte führt, damit die diligentia quam suis ermittelt werden kann.

Unabhängig von der grundsätzlichen Zuordnung der culpa in concreto zur culpa lata oder levis oder beiden Fahrlässigkeitsstufen ist sich die Lehre darüber einig — wenn von Löhr abgesehen wird —, daß für nimia neglegentia immer einzustehen ist[1372]. Die Haftung des diligentissimus wird dagegen überwiegend abgelehnt[1373].

Die Juristen der Pandektistik des 19. Jahrhunderts gelangen somit nicht selten, sofern sie die culpa in concreto einer sorgfältigen Prüfung unterziehen, entweder zu einer Ablehnung, einer Kritik oder aber stellen besondere Voraussetzungen für die Annahme auf. Sie liegen hauptsächlich in der wissenschaftlichen Vernachlässigung fremden Eigentums oder — anders nuanciert — in seiner bewußten Gefährdung.

Wie schon erwähnt[1374], haben die Verfasser des BGB dieses literarische Material nicht verwertet, sondern gingen von der unkritischen herrschenden Lehrmeinung aus, ja die zweite Kommission[1375] bewies den Ehrgeiz, die Zahl der Anwendungsfälle gegenüber dem ersten Entwurf noch zu vergrößern. Und auch in den heutigen spärlichen Äußerungen tritt deutlich der Verlust des historischen Bezuges zutage; die wertvolle Kritik der Spätpandektistik ist nahezu unbekannt.

4. *Grundsätze zur Bestimmung des Haftungsumfanges in den einzelnen Rechtsbeziehungen*

Nachdem im Usus Modernus[1376] das Utilitätsprinzip starken Angriffen ausgesetzt war, wird es in der Pandektistik von nahezu allen bedeutenden Rechtslehrern abgelehnt. Bedeutung behält es lediglich in seiner zweiteiligen Fassung[1377].

[1371] Die durchaus h. L. wählt als Vergleichsmaß ähnliche eigene Angelegenheiten und nicht das Gesamtverhalten des Schuldners, vgl. z. B. Hasse, 140 (dieselbe Art der Tätigkeit); anders z. B. Sander 10; ungenau daher Rother 189, Fn. 3.

[1372] Z. B. Molitor I 263; Hasse 148; Sander 11; a. A. wohl nur Puchelt zu Art. 94 ADHGB.

[1373] Haenel 38; Hasse 143 ff.; Mommsen III 376; Sander 11; vgl. abweichende Stellungnahmen oben Fn. 1164 und Hesse, AcP 61 (1878) 221 f.

[1374] Vgl. oben 185.

[1375] Nach dem ersten Entwurf sollte die Haftungsmilderung nur unter Gesellschaftern und Ehegatten gelten, vgl. Motive II 27; dazu Rother 186 f.

[1376] Vgl. oben 137 f.

[1377] Dresch 14; Jhering Schuldmoment 53 (Es ist in meinen Augen einer der glücklichsten Gedanken der römischen Juristen, wenn sie das Interesse des Vertrages für die Contrahierenden zum leitenden Gesichtspunkt machen); Löhr I 141. Die schärfste Kritik erhebt Schaaff 147 ff., der im Vertragsbereich jede generelle Begrenzung der Haftung durch einen — wenn auch einer dreifach unterteilten culpa — Fahrlässigkeitsgrad für zu schematisch hält.

Es ist nicht einleuchtend, daß deswegen verschärft gehaftet wird, weil der andere nicht auch einen Vorteil aus dem Vertrag zieht[1378] — und warum wirke die Zahlung eines Entgelts für den Leistenden haftungserleichternd[1379]?

Bei den römischen Juristen hätten Utilitätserwägungen eine Rolle gespielt, aber nicht die entscheidende[1380]. Bruckner[1381] glaubt, daß sich gewohnheitsrechtlich für die verschiedenen Rechtsbeziehungen ein Haftungsgrad einspielte; erst später sei versucht worden, ein Schema auf der Grundlage der utilitas herauszuarbeiten. Dieser Versuch wäre mißlungen, da sie nur ein Hauptbestimmungselement sei.

Der Grundsatz, daß der sich anbietende Schuldner verschärft — nunmehr wegen der herrschenden Zweiteilung der Fahrlässigkeit bis zur culpa levis — haftet, kann sich stärker behaupten, obwohl auch ihm nur geringes Interesse entgegengebracht wird[1382].

Die Interessenlosigkeit der Spätpandektistik an allgemeinen Gesichtspunkten zur Bestimmung des Haftungsrahmens spiegelt sich im Schweigen des BGB wieder. Die Gesetzesredaktoren hielten es entweder für zu akademisch, Grundsätze über das Maß des haftungsbegründenden Verschuldens zu normieren oder glaubten angesichts der vermeintlich abschließenden Regelung, eine Stellungnahme sei überflüssig. Daß sie im letzteren Falle einem Irrtum unterlaufen sind, zeigt die völlig verfahrene Diskussion zur Frage, ob der altruistisch Handelnde in den Genuß eines Haftungsprivilegs gelangt[1383]. Unter diesem Aspekt erweist sich somit die Kodifizierung des bürgerlichen Rechts als nachteilig; sie hat die Diskussionsbasis empfindlich verengt.

[1378] Vangerow I § 107.

[1379] Braun 225.

[1380] Brinz I 593; Dresch 34.

[1381] Bruckner 71.

[1382] Thibaut I 192 (§ 254); Wening 182.

[1383] Dafür Beitzke, MDR 58, 678 (Die Haftung müßte daher mindestens auf die Sorgfalt beschränkt sein, die man in eigenen Angelegenheiten anzuwenden pflegt. Gefälligkeit würde sonst bestraft); H. D. Fischer 38 ff., 44; Flume, 100 Jahre DJT I 180 kraft Analogieschlusses; Geigel X 32; Müller-Erzbach, AcP 106 (1910) 455, 456 (Ein Grund der Rechtspolitik läßt sich, soviel ich sehe, für diese Ausnahmebehandlung des Beauftragten nicht ausfindig machen); Marton, Verschuldensprinzip 44 f.; Staudinger-Werner, Rdnr. 26 zu § 276 nehmen für echte Gefälligkeitsverhältnisse einen stillschweigenden Haftungsausschluß an; Wilburg 119 f., 161 f.; Rother 170, 178, Fn. 3, aber einschränkend bei deliktischen Schädigungen; unentschieden Larenz I 231; a. A. die h. L., z. B. Böhmer, VR 64, 808, Fn. 13; Floegel-Hartung, Rdnr. 6 zu § 8 a StVG; Übersicht bei Esser, Schuldrecht 961 f.; Lange, Schuldrecht 30 (materialistischer Anschauung entspricht es ...).

5. *Die Haftung in einigen vertraglichen und vertragsähnlichen Rechtsbeziehungen*

a) commodatum

Der Entleiher haftet nach der Ansicht aller Autoren[1384] für die jeweils geringste Haftungsstufe.

Schoeman[1385] macht ihn bei Sachverschlechterungen für das geringste Versehen verantwortlich; Molitor[1386] legt ihm die Pflicht zur diligentia auf.

Unter den Anhängern einer technischen custodia scheint die Auffassung zu überwiegen, daß sie vom Entleiher zu vertreten ist[1387].

Nach dem BGB haftet der Entleiher für Fahrlässigkeit schlechthin, § 276.

Besonders von Heck[1388] und Reichel[1389] ist Kritik an der Regelung des BGB hinsichtlich der Haftung des Entleihers geübt worden. Es widerspräche grob dem Rechtsgefühl, bei einem zufälligen Untergang den Schaden beim Verleiher zu lassen. Die herrschende Lehre stimmt dem zu, findet sich allenfalls zu der Konzession bereit, ohne strengen Nachweis eine vertraglich ausbedungene Zufallshaftung anzunehmen[1390].

b) mandatum

Die Mehrzahl der Autoren[1391] spricht sich für eine Haftung bis zu dem jeweils geringsten Fahrlässigkeitsgrad aus. Vereinzelt[1392] wird in Übereinstimmung mit der Utilitätskonstellation beim Auftrag eine Begrenzung der Haftung durch die culpa lata für richtig gehalten. Schärfer — wegen culpa levis — sei nur zu haften, wenn der Auftrag

---

1384 Arndts § 284; Brinz II 596 f.; Elvers 37; Löhr, Magazin 4 (1844) 499; Thibaut II § 889; Windscheid-Kipp II 553 (§ 375).

1385 Schoeman I 278.

1386 Molitor I 276.

1387 Baron, AcP 78 (1892) 260 f.; Bruckner 206 ff., Elvers 55; a. A. Brinz II 274, Fn. 38; Windscheid-Kipp a. a. O. Fn. 8; weitere Gegner bei Baron a. a. O.

1388 Heck 323 (§ 104 Nr. 4), mit der Leihe sei eine Geschäftsbesorgung im Interesse des Leihers verbunden, demzufolge wäre Aufwendungsersatz zu leisten.

1389 Reichel, LZ 22, 543 ff., im Wege der Vertragsauslegung nach §§ 157, 242.

1390 So ausdrücklich Soergel-Erdsiek-Mühl, Rdnr. 3 zu § 599. Zur h. L. vgl. Larenz II 174; Staudinger-Riedel, Rdnr 5 zu § 599.

1391 Arndts § 292; Bethmann-Hollweg 569; Brinz II 778; Chironi 23, Fn. 2; Elvers 38; Mühlenbruch II 462 (§ 427); Schoeman I 278; Thibaut II § 867, etwas unklar, er scheint beim unentgeltlichen Auftrag nur culpa lata für haftungsbegründend zu halten; Windscheid-Kipp II 747, Fn. 4, mit zahlreichen Zitaten.

1392 Molitor I 246 f.

entgeltlich ist oder ein besonderes Können wenigstens konkludent zugesichert ist[1393].

Das BGB folgt der herrschenden Lehre in der Spätpandektistik und kennt keine Ausnahme von der Verantwortlichkeit für leichte Fahrlässigkeit.

c) negotia gesta

Unbestritten ist die regelmäßige Verantwortlichkeit des Geschäftsführers ohne Auftrag für jede Fahrlässigkeit[1394]. Nimmt sich der Geschäftsführer einer Sache an, die unterzugehen droht, so mildert sich die Haftung auf culpa lata[1395].

Diese Lehre gibt das BGB in § 680 unter Ausdehnung des Haftungsprivilegs auf alle Fälle drohender Gefahr für den Geschäftsherrn wieder.

d) tutela

Die herrschende Lehre in der Pandektistik des 19. Jahrhunderts läßt den Vormund für die Verletzung der diligentia quam suis[1396] haften. Nur wenige[1397] halten es für richtig, die Verantwortlichkeit durch die culpa levis zu begrenzen.

Schoeman[1398] folgt der herrschenden Lehre unter der Einschränkung, daß der Vormund bereits eigene Geschäfte ähnlicher Art geführt haben muß. Molitor[1399] läßt ihn nicht für seine die culpa excedierende diligentia halten, weil ihm die Verwaltung aufgezwungen wird. Elvers[1400] schreibt der diligentia quam suis nur die Bedeutung zu, den Vormund möglicherweise bei den auf Gewinnerzielung gerichteten Geschäften zu entschuldigen. Löhr[1401] hält ihn nur für eine culpa levis in faciendo verantwortlich.

1393 Molitor I 277 f.

1394 Arndts § 297; Chironi 23, Fn. 2; Molitor I 267, 277; Schoeman I 278; Thibaut II § 970; Windscheid-Kipp II 855 f., mit Nachweisen.

1395 Z. B. Thibaut a. a. O.

1396 Arndts § 453 (der sich aufdrängende Vormund haftet für culpa levis); ebenso Sander 20 ff.; Thibaut I § 517 und Windscheid-Kipp III 140, Fn. 5 f.; Brinz II 260 f., 660, Fn. 13 a; Hasse 274, der tutor werde mit seiner exceptio aber nur selten durchdringen; Hesse, AcP 61 (1878) 208; Mühlenbruch II 314 (§ 353); Puchta, Pandekten 406, Fn. q (bei einer fortlaufenden Tätigkeit kann ein Hinausgehen über das subjektive Maß nicht gefordert werden); Schaaff 186 ff. mit der Feststellung, daß die einzelnen Quellenstellen sich widersprechen; vgl. ferner besonders Pernice II 364 mit einer Erörterung nahezu aller Quellenstellen und eine Mutmaßung über die Entwicklung des römischen Rechts.

1397 Kritz 171; vgl. die folgenden Fn.

1398 Schoeman I 278, 322.

1399 Molitor I 275.

1400 Elvers 27 (diligentia, quam suis rebus, lucri ratione se excusare possunt).

1401 Löhr, Magazin 4 (1844) 515 f.

Lediglich ein namentlich nicht festzustellender Rezensent[1402] verficht noch die Auffassung, daß aufgrund von D 23, 3, 17 die diligentia quam suis eine haftungsverschärfende Aufgabe besitzt.

Angesichts dieses Meinungsstandes und der praktischen Bedenken[1403] gegen die Haftungsfigur der diligentia quam suis ist die Entscheidung des BGB zu begrüßen, dem Vormund kein Haftungsprivileg zu gewähren.

e) dos

Zur Haftung des Ehemannes kann sich keine einheitliche Meinung bilden. Überwiegend wird angenommen, daß die diligentia quam suis[1404] die Haftung begrenzt.

Schoeman[1405] hält neben anderen[1406] eine Verantwortlichkeit bis zur culpa levis für richtig, da nicht selten eine diligentia quam suis nicht auszumachen sein wird — bei einem Minderjährigen beispielsweise. Molitor[1407] gewinnt aufgrund der Konjunktion sed etiam in D 23, 3, 17 die Überzeugung, daß die diligentia quam suis haftungssteigernd wirkt: Eine höhere eigene Diligenz sei bei der auf Gewinn gerichteten Verwaltung anzuwenden, bezüglich der Verwahrung der Mündelsachen genüge die Sorgfalt eines guten Hausvaters.

Löhr[1408] mißt dem sed etiam auch eine haftungssteigernde Funktion zu: Gegenüber der aquilischen culpa in faciendo würde noch eine culpa lata in non faciendo in den Zurechnungsbereich aufgenommen werden.

Das BGB entwickelt aus dem begrenzten Haftungsprivileg zugunsten des das Dotalvermögen verwaltenden Ehemannes den allgemeinen Satz, daß Ehegatten einander nur für die eigenübliche Sorgfalt einstehen. Versuche einer teleologischen Reduktion der Norm sind gescheitert[1409]; andererseits sieht sich die Rechtsprechung[1410] beim Zu-

---

[1402] JenAllgLitZ 1807, 234.

[1403] Vgl. oben 199 f., 224 ff.

[1404] Arndts § 401; Bethmann-Hollweg 571 f.; Brinz II 260 f.; Hasse 528 ff., er zieht eine Parallele zur Gesellschaft; Hesse, AcP 61 (1878) 208; Heimberger § 562; Jhering, Schuldmoment 54; Pernice II 365, es handele sich um eine spätere billigenswerte Neuerung im römischen Recht; Puchta, Pandekten 406, Fn. q; Sander 17 ff.; Schaaff 199 wegen der Ähnlichkeit mit der Gesellschaft, mit Einschränkungen; Thibaut I § 451.

[1405] Schoemann I 172, 278.

[1406] Kritz 155, 160, nicht eindeutig; Elvers 19 ff. beschränkt wie auch sonst den Anwendungsbereich der diligentia quam suis auf lukrative Geschäfte.

[1407] Molitor I 266 f.

[1408] Löhr, Magazin 4 (1844) 515 f.

[1409] So aber Böhmer, MDR 59, 816; NJW 59, 1714; MDR 63, 885 ff.; Rother 192 ff. — Vgl. BGH VR 61, 919 (Der Senat sah keinen Anlaß ...); die Übersicht bei Wilts, VR 64, 456, Fn. 10.

[1410] Vgl. nur BGH, Urt. v. 27. 6. 61 (6. S.), VR 61, 918 ff. (= BGHZ 35, 317 ff.); dazu Blomeyer, MDR 64, 21; Roloff, VR 64, 703.

sammentreffen von deliktischem Schädiger und leichtfahrlässig, aber mit eigenüblicher Sorgfalt handelndem Ehegatten gezwungen, im Bereich des Schadensausgleiches nach § 426 dem § 1359 eine „Außenwirkung“ abzuerkennen. In dem dogmatischen Bruch drücken sich die Bedenken der Rechtsprechung an dem Gerechtigkeitswert der Vorschrift aus.

f) societas

Ein ähnliches Bild bietet der Meinungsstand zur Haftung des Gesellschafters. Die Mehrzahl der Autoren spricht sich dafür aus, die diligentia quam suis[1411] als Maß heranzuziehen. Einige[1412] wenige verstehen dabei die Verletzung der diligentia quam suis — wegen D 16, 3, 32 — als culpa lata.

Eine starke Mindermeinung macht Einschränkungen geltend oder verwirft eine Begrenzung der Haftung durch die diligentia quam suis vollständig.

Schoeman[1413] schließt sich der herrschenden Lehre nur unter der Voraussetzung an, daß eine diligentia quam suis tatsächlich zu ermitteln ist; ein gerade mündig Gewordener habe für culpa levis einzustehen. Diese Ansicht hat die unbillige Folge, daß gerade Unerfahrene härter angefaßt werden.

Kritz[1414] meint, daß eine Feststellung der eigenen Sorgfalt bei einer Gesellschaft praktisch unmöglich ist, da die Gesellschafter kaum andere Geschäfte *gleicher Art* nebenher führen. Einem Fleißigen den Vorwurf zu machen, er habe sich mit einem weniger Fleißigen eingelassen, sei nicht angängig. Vielmehr sei man jemandem, zu dem ein enges Verhältnis besteht, mindestens zu dem gleichen Fleiß verpflichtet wie einem Fremden.

Hasse hält die Regelung des römischen Rechts ebenfalls für verfehlt, glaubt aber, daß im Bereich des gemeinen Rechts der herrschenden Lehre zu folgen sei.

Wening[1415] versucht alle Schwierigkeiten dadurch zu umgehen, daß er den Gesellschafter bei Begehungen für jede culpa, bei Unterlassun-

---

[1411] Arndts § 318; Bethmann-Hollweg 570, der starke personenrechtliche Chrakter sei der Grund für die Haftungsmilderung; Brinz II 260 f., 784, Fn. 10; Hasse (1. A.) 318; Hesse, AcP 61 (1878) 209; Jhering, Schuldmoment 54; Mühlenbruch II 314 (§ 353); Pernice II 360 ff. mit Kritik an dieser Entscheidung; Puchta, Pandekten 406; Sander 13 ff.; Thibaut II § 881; Windscheid-Kipp II 728, Fn. 3.

[1412] Z. B. Molitor I 265.

[1413] Schoeman I 278, 309 ff.

[1414] Kritz 181 f.

[1415] Wening 186; ebenso Elvers 17 (ita ut socius jam propter exiguam desidiam, non autem etiam propter exiguam negligentiam obligatus sit; cum negligentiae ratione dolum dumtaxat praestet); Löhr, Magazin 4 (1844) 517, vgl. auch oben 207 ff.

gen nur bis zur culpa lata haften läßt. Diese unter dem Einfluß des in der Spätpandektistik abgelehnten Satzes, daß Begehungen schwerer wiegen als Unterlassungen, stehende Ansicht kann sich nicht auf Quellenzeugnisse stützen. Außerdem setzt sie die besonders im Bereich der Fahrlässigkeit problematische Scheidung von Tun und Unterlassen voraus.

Schaaff[1416] hält die in den Quellen festgelegte Haftungsmilderung nur dann für angebracht, wenn der Gesellschafter eine umfassende Verwaltungstätigkeit ausübt. Dann umgrenze das eigene Vermögen den Verschuldensbereich und ein Übernahmeverschulden mache nicht haftbar. Ist der Kreis der Geschäfte enger umgrenzt, dann hafte der Gesellschafter wegen culpa levis.

Die Verfasser des BGB schließen sich der herrschenden Lehre an, § 708. Alle Kritik[1417] an dieser Vorschrift, besonders aber ihrer Übernahme in das Recht der Handelsgesellschaften[1418], hat nicht vermocht, die Rechtsprechung zu einer Entscheidung contra legem zu bewegen. Die Begründungen sind dürftiger als die der Autoren des 19. Jahrhunderts.

g) locatio conductio

Der aus der locatio conductio mit der actio directa in Anspruch genommene Schuldner haftet unbestrittenermaßen für culpa levis[1419]. Molitor[1420] hält ihn für culpa, diligentia und custodia verantwortlich. Ebenfalls für eine Zurechnung im Rahmen einer technischen custodia, jedenfalls beim Walker und Flickschuster, der Miete aller Mobilien, setzt sich Baron[1421] ein, während die herrschende Lehre[1422] am Ausgang der Spätpandektistik anderer Auffassung ist.

[1416] Schaaff 194 ff.

[1417] Böhmer, NJW 59, 1713 f.; VR 60, 105 (erscheint einfach grotesk ... so steht nichts im Wege anzunehmen, daß diese Bestimmung, da für die heutige Zeit nicht mehr passend, als stillschweigend ausgeschlossen gelten muß); Palandt-Gramm, Anm. 1 zu § 708; Titze 82; a. A. Hagen 41 (bedeutsamer civilpolitischer Gedanke) und viele andere.

[1418] Vgl. A. Hueck 81, Fn. 1, mit Belegen, J. v. Gierke 195 geht sogar soweit, eine abweichende Handelssitte anzunehmen.

[1419] Arndts §§ 309, 311, 314; Brinz II 758, 763, 766; Elvers 42 f.; Puchta, Pandekten 541; Schoeman I 278; Thibaut II § 864; Windscheid-Kipp II 677, Fn. 6, 693 f.

[1420] Molitor I 277, 279.

[1421] Baron, AcP 78 (1892) 252 ff., 258; teilweise auch Elvers 56 ff.

[1422] Brinz II 274, Fn. 38; Windscheid-Kipp II 693, Fn. 2, mit zahlreichen Nachweisen.

Bei der Bestimmung der Gastwirtshaftung bildet sich, wenigstens der Sache nach, die Lehre aus, daß für casus minores[1423] gehaftet wird. Ungeklärt bleibt, ob allein Beweisschwierigkeiten zu dieser Verantwortlichkeit führten[1424], wie casus minores von casus maiores abzugrenzen sind.

Regelmäßig dient, wie oben ausgeführt[1425], eine diligentia exactissima als Abgrenzungskriterium. Andere Autoren[1426] vertreten einen objektiven Begriff der vis maior und unterscheiden z. B. danach, ob das Ereignis von außen kommt oder seine Ursache im Bereich des Gastwirts zu suchen ist. Dem Merkmal der Unwiderstehlichkeit wird eine entscheidende Bedeutung beigemessen[1427].

In den unter der locatio conductio zusammengefaßten einzelnen Schuldverhältnissen ist nach dem BGB für jede Fahrlässigkeit einzustehen, der Grundsatz des § 276 wird nicht eingeschränkt. Eine generelle oder spezielle custodia-Haftung fehlt[1428], wenn von der Gastwirtshaftung abgesehen wird, zu der bereits Ausführungen gemacht worden sind[1429]. Zum Teil übernimmt § 282 die Aufgabe der custodia — der Schuldner hat den Entlastungsbeweis zu führen.

h) pignus und emptio venditio

Der Pfandgläubiger und der Verkäufer haften wegen culpa levis[1430]. Baron[1431] nimmt für beide gegen die herrschende Lehre[1432] eine Ver-

---

[1423] Arndts § 289; Baron, AcP 78 (1892) 237 ff.; Elvers 57; Engelmann 68 ff., 120 ff., 141 ff. nimmt nur hier eine gesteigerte custodia-Verantwortlichkeit an; Fischer, JherJahrb 37 (1897) 206; Hasse 291; Molitor I 279; Rümelin 27 ff.; Stucki 30; Thibaut II § 911; Windscheid-Kipp II 578, Fn. 6, mit zahlreichen Zitaten.

[1424] Stucki 5, später stellt er den Versicherungsgedanken in den Vordergrund, 30; dazu mit Zitaten Rümelin 29 f.

[1425] Vgl. oben 202 ff. und ferner Fischer, JherJ 37 (1897) 199 ff.; Stintzing, AcP 81 (1893) 427 ff.

[1426] Exner, GrünhZ 10, 503; dazu Baron a. a. O.; Berding 76 ff.; Kuhlenbeck II 91 ff.; Goldschmidt, ZHR 3, 84, mit weiteren Angaben und Windscheid-Kipp a. a. O. Goldschmidt a. a. O. 87 meint ferner, daß Ereignisse, die regelmäßig unverschuldet eintreten, auch nicht über die custodia zur Haftung führen; anders ZHR 16, 326 ff., dort benutzt er die diligentia exactissima als Abgrenzungskriterium; vgl. dazu Friese, JR 50, 334, der Goldschmidt deshalb nicht ganz unberechtigt als Anhänger der subjektiven oder relativen Theorie bezeichnet; zur Lehre Goldschmidts vgl. ferner die sorgfältige Analyse von Luchsinger 90 ff.

[1427] Baron a. a. O. 288 ff., mit weiteren Autoren; Rümelin 34 f.; Stintzing, AcP 81 (1893) 438; Windscheid-Kipp a. a. O.

[1428] Vgl. oben 206 f. [1429] Vgl. oben 206 f.

[1430] Arndts § 288 (Pfand); § 302 (Kauf); Elvers 29 (Pfand); 40 (Kauf); Jhering, Schuldmoment 53 f.; Löhr, Magazin 4 (1844) 499; Puchta, Pandekten 531 (Kauf); Schoeman I 278; Thibaut II § 653; Windscheid-Kipp II 572.

pflichtung zur technischen custodia an; Molitor[1433] und Elvers[1434] ausdrücklich nur für den Pfandgläubiger.

Zum Haftungsmaß beim Pfand und Kauf enthält das BGB keine Besonderheiten, nach § 276 ist für Fahrlässigkeit schlechthin zu haften.

i) depositum

Unbestrittenermaßen haftet der unentgeltliche Verwahrer für grobe Fahrlässigkeit[1435]. Lediglich von Bethmann-Hollweg[1436] berichtet Brinz[1437], daß er sich für eine Verantwortlichkeit bis zur culpa schlechthin ausgesprochen hat.

Das BGB macht ihn für die Verletzung der diligentia quam suis verantwortlich, § 690. Diese angesichts der §§ 521, 599 überraschende Regelung ist auf den Einfluß von D 16, 3, 32 zurückzuführen. Eine innere Rechtfertigung für diese Besonderheit ist nicht ersichtlich.

1431 Baron, AcP 78 (1892) 267 (Pfand); a. a. O. 270 (Kauf).

1432 Vgl. nur Brinz II 274, Fn. 38; Pernice II 356; Windscheid-Kipp II 572, Fn. 8.

1433 Molitor I 277, 279.

1434 Elvers 55 f., unter Berufung besonders auf D 13, 7, 13, 1.

1435 Arndts § 285; Brinz II 609; Bethmann-Hollweg 569; Hasse (1. A.), 239; Molitor I 246; Schoeman I 275; Thibaut II § 892; Windscheid-Kipp II 562, Fn. 5, etwas unklar, da nur Arglist erwähnt wird.

1436 Anders aber Bethmann-Hollweg a. a. O., auf der vorhergehenden Seite wiederholt er die von gemeinrechtlichen Autoren entwickelte Begründung für die schärfere Haftung des Beauftragten: Der Verwahrer verpflichte sich nicht zu einem positiven Tun; vgl. oben 141 f.

1437 Brinz a. a. O.

Kolibri 360 GmbH
Ferdinand-Jühlke-Straße 7
99095 Erfurt, Deutschland
produktsicherheit@kolibri360.de